비주얼 스토리텔링 프레젠테이션을 위한

파워포인트 FOR 인포그래픽

예문사

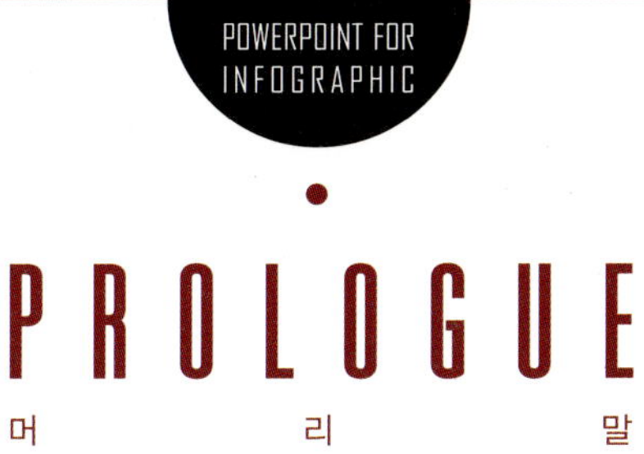

PROLOGUE
머 리 말

대학교 4학년, 나에게 남은 시간이 1년밖에 없다면 무엇을 할 것인가를 생각했다. 남은 시간이 1주일, 한 달이라면 무언가를 할 필요도 없이 소중한 사람들과 시간을 함께 보내야지라고 생각하겠지만 1년이라면 이야기가 달라진다. 그렇게만 보내기에는 남아있는 시간이 길었다. 나에게 남은 시간이 1년밖에 없다면 내가 받았던 사랑과 교육을 다른 사람에게 나누어 주고 싶었다. 그렇게 해서 블로그를 통한 파워포인트 강의가 본격적으로 시작됐다. 블로그를 개설하며 처음 세웠던 모토는 "나누면서 다른 사람도 돕고 나도 성장하는 기쁨"이었다. 아직 그 모토는 변하지 않았고 앞으로도 계속 추구할 것이다.

이 책을 쓰기까지 우여곡절이 많았다. 처음 책을 쓰기 시작했던 것이 2012년 초였고 한 권 분량의 책 작업을 했지만 블로그와 별다른 차이점이 없었다. 그동안의 수고가 아까웠지만 그 상태로는 책을 내고 싶지 않았고, 결국 내지 않았다. 어쩌면 이 책을 보는 독자들의 고민일 수도 있다. 내가 만든 파워포인트가 다른 파워포인트와 큰 차이점이 없는 파워포인트라는 것이 고민이었다. 색다른 파워포인트를 고민하고 있던 찰나 파워포인트로 인포그래픽을 만드는 것이 어떻겠느냐는 제안을 받았다. 디자이너들의 전유물로만 느껴졌던 인포그래픽을 누구나 사용하는 파워포인트를 이용해서 만든다는 것은 한계도 있지만 파워포인트의 한계를 뛰어넘을 수 있는 계기가 될 것이라 생각했다.
블로그와는 달리 자료를 바탕으로 인포그래픽에 기반을 두어 디자인 요소를 가미한 파워포인트 제작은 결코 쉽지 않았다. 핑계라면 핑계지만 회사 생활과 블로그 활동, 결혼 준비를 하며 책 작업을 하다 보니 계속 마감을 지키지 못해 홍성근 기획자님께 너무 죄송하다. 책을 쓸 때 출판사와 담당자에게 감사의 인사를 적는 것에 별 의미를 두지 않았는데 정말 감사한 일이라는 것을 알게 되었다.

지면을 빌어 이 책의 출판을 도와준 예문사와 책의 기획과 방향성을 잡아주고 마감 지연에도 참을 인을 여러 번 그으며 기다려준 홍성근 기획자님께 감사의 인사를 전합니다. 여자 친구가 바쁘다고 결혼 준비를 도맡아 하고, 부인이 바쁘다고 가사를 도맡아 한 남편 국동원에게도 감사의 인사를 전합니다. 무엇보다도 삶의 의미를 다시 깨닫게 하시고 이끌어주신 하나님께 영광을 돌립니다.

저자 | **이혜강**

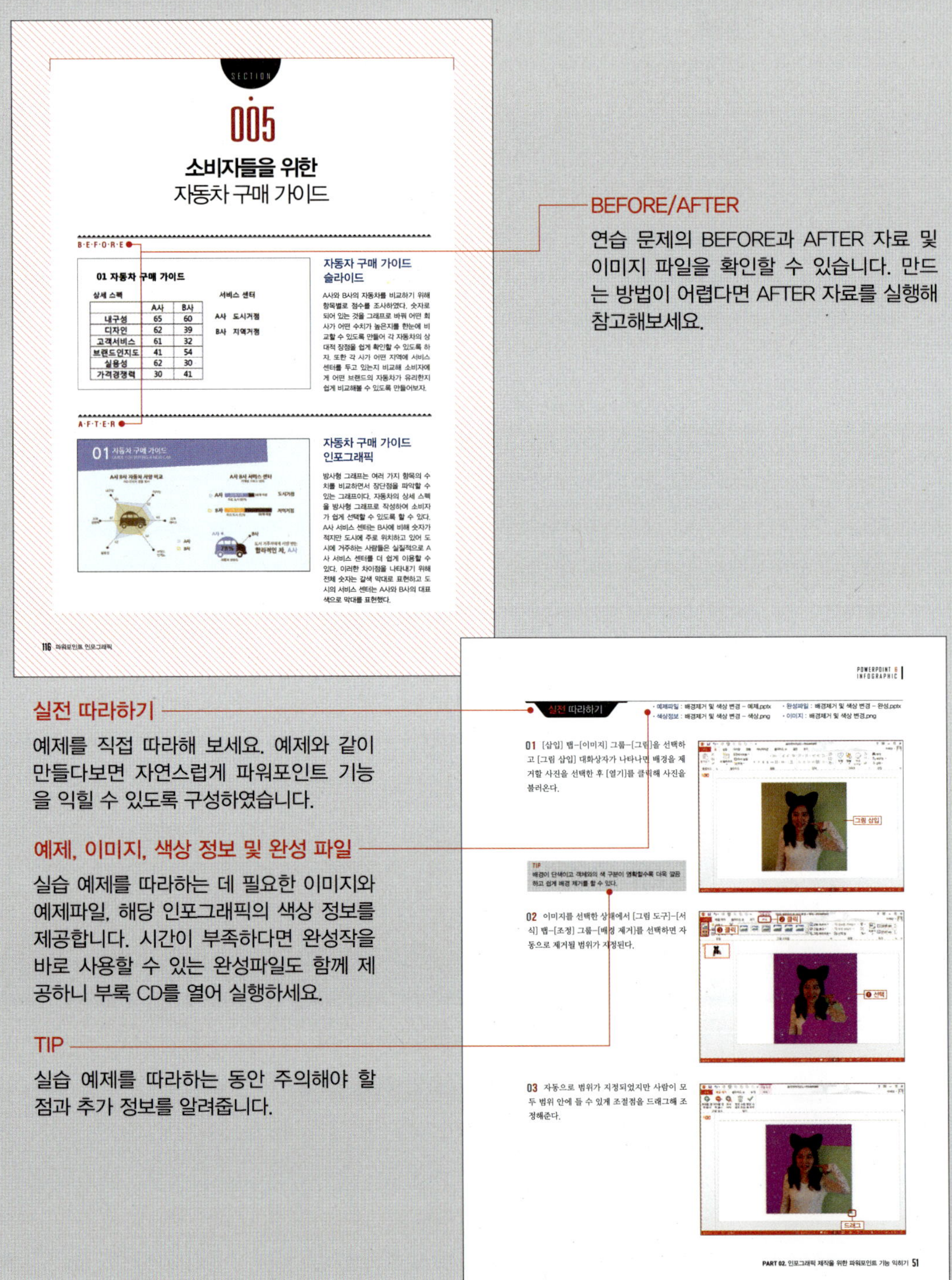

BEFORE/AFTER

연습 문제의 BEFORE과 AFTER 자료 및 이미지 파일을 확인할 수 있습니다. 만드는 방법이 어렵다면 AFTER 자료를 실행해 참고해보세요.

실전 따라하기

예제를 직접 따라해 보세요. 예제와 같이 만들다보면 자연스럽게 파워포인트 기능을 익힐 수 있도록 구성하였습니다.

예제, 이미지, 색상 정보 및 완성 파일

실습 예제를 따라하는 데 필요한 이미지와 예제파일, 해당 인포그래픽의 색상 정보를 제공합니다. 시간이 부족하다면 완성작을 바로 사용할 수 있는 완성파일도 함께 제공하니 부록 CD를 열어 실행하세요.

TIP

실습 예제를 따라하는 동안 주의해야 할 점과 추가 정보를 알려줍니다.

수정포인트

연습문제

실제 파워포인트 예제를 직접 변경해 보세요.

수정포인트

BEFORE 자료를 AFTER 자료로 바꾸는 데 도움이 될 만한 힌트입니다. 앞의 실습 예제를 충실히 따랐다면 어렵지 않게 만들 수 있습니다.

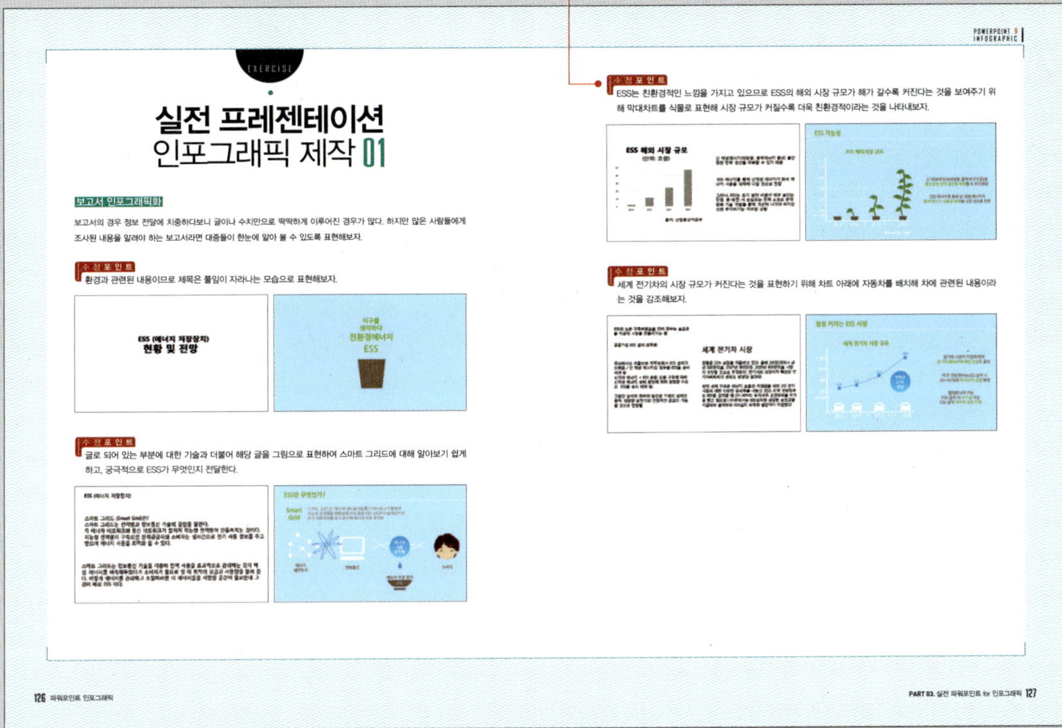

부록 CD 활용

이 책에 포함된 부록 CD에는 각 파트별 폴더로 구분되어 예제를 따라 할 수 있도록 사용예제와 완성예제가 포함되어 있습니다.

부록 CD 내용은 예문사 홈페이지 **부록 CD A/S**(http://www.yeamoonsa.com/cscenter/cdas.php)에 요청하시면 메일로 받아보실 수 있습니다.

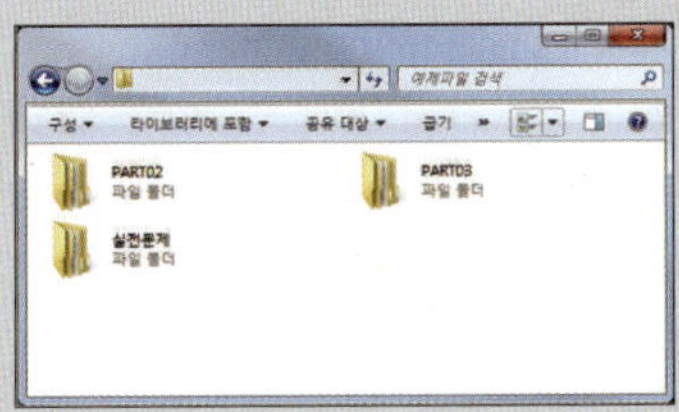

▲ 부록 CD 구성

▲ 예문사 부록 CD A/S

이 책의 특징

Q 왜 '파워포인트 인포그래픽'을 공부해야 하나요?

A 이 책은 많은 사람들이 사용하는 파워포인트를 이용해 정보를 효과적으로 표현하는 인포그래픽을 만드는 방법을 제시합니다. 파워포인트로 인포그래픽 예제를 따라 만들다보면 자연스럽게 파워포인트 기능도 익히고 디자인 요소도 함께 배울 수 있습니다.

1 대상 독자

- 파워포인트를 공부해야 하는데 파워포인트가 딱딱하게만 여겨졌던 독자
- 남들과 차별화된 파워포인트를 만들고 싶은 독자
- 많은 양의 데이터를 효과적으로 표현하고 싶은 독자

2 파워포인트 사용 수준에 따른 학습 단계는?

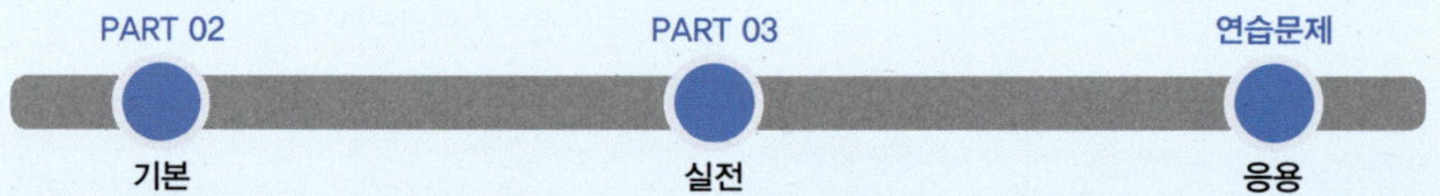

- **기본**
  파워포인트를 처음 사용하거나 익숙하지 않으신 분들은 PART 02를 먼저 보길 바랍니다. PART 02 에서는 실전 예제에 들어가기 전 알아야 할 파워포인트의 주요 기능들을 다루고 있습니다.

- **실전**
  기본적인 파워포인트 기능을 알고 있다면, 바로 PART 03 실전 예제를 따라하면 됩니다. 만약 PART 02의 기능을 알아야 진행되는 예제라면 TIP으로 담아두었으니 기억이 나지 않는다면 PART 02의 해당 부분을 찾아 확인하면 됩니다. PART 03에서는 사소하지만 알지 못했던 파워포인트 기능들을 예제를 만들며 알아갈 수 있어 재미있게 예제를 따라하다 보면 파워포인트 기능을 자연스럽게 익힐 수 있게 구성하였습니다.

- **응용**

  실제 파워포인트 자료를 인포그래픽으로 만들어보는 코너입니다. AFTER 작품과 반드시 동일하게 만들 필요는 없으며 자신의 아이디어를 추가해 만들고 필요하다면 AFTER 작품을 참고하여 제작해 보세요.

3 파워포인트 버전

이 책에서는 파워포인트 2013을 기준으로 작업하였지만 그 이하 버전이라도 사용자 환경(UI)은 다르지만 동일한 방식으로 작업할 수 있습니다. 지원하지 않는 기능들은 다른 방법으로 처리할 수 있는 방법에 대한 TIP도 함께 첨부하였으므로 참고하길 바랍니다.

4 책을 읽다가 막히는 부분이 있다면?

책을 읽다가 막히는 부분이 있다면 "친절한 혜강씨"의 블로그를 방문해 "Guest"에 질문을 올려주세요.

① 친절한 혜강씨의 블로그(http://leehyekang.com)로 찾아오세요.
② 네이버 아이디로 로그인 한 후 "Guest" 게시판에 질문을 올려주세요. 해당 페이지 번호와 질문에 대해 구체적으로 적어주시면 더 빠른 답을 얻을 수 있습니다.

PREVIEW
예제 미리보기

 인원현황 분석을 통한 인력보강 계획

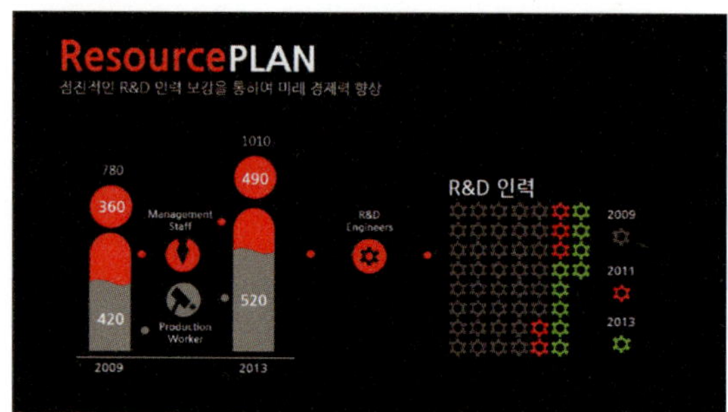

 제품 홍보를 위한 신제품 발표회

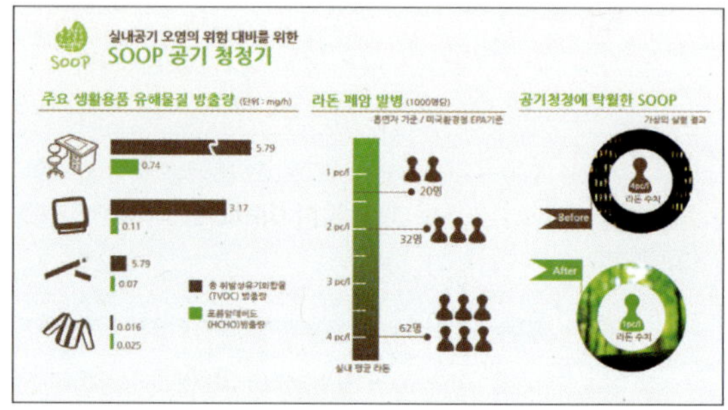

 사회 이슈 데이터 분석을 통한 이혼율 비교

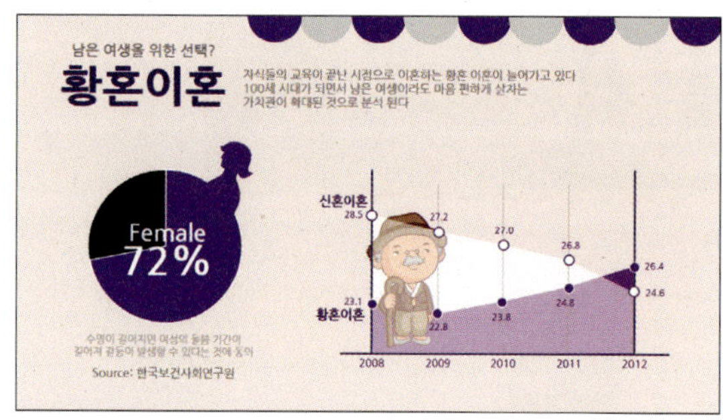

 지역 데이터 시각화를 통한 선호 지역 지도

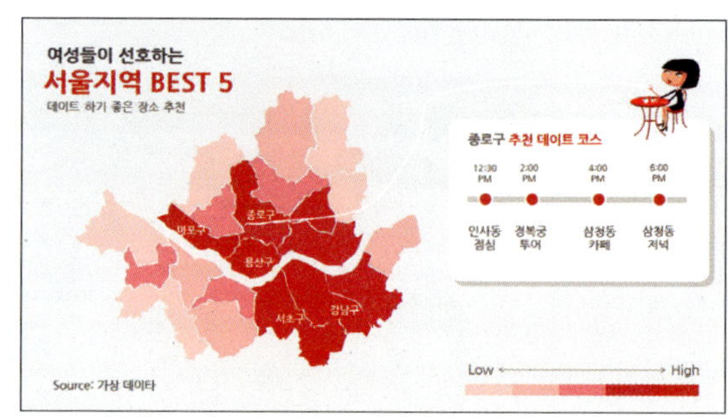

 소비자들을 위한 자동차 구매 가이드

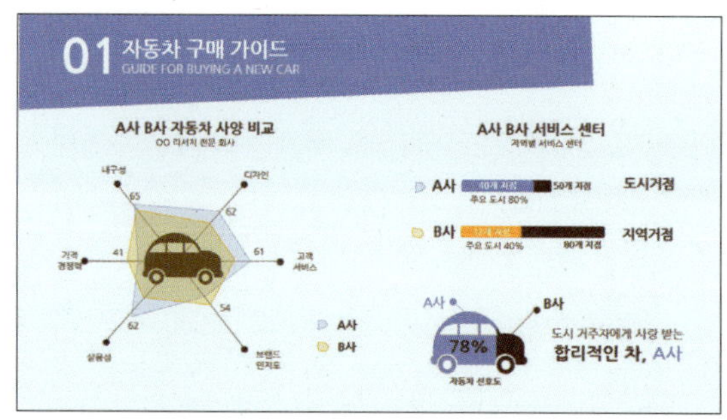

 업무 효율성을 높이는 회의 시간 효율화 방안

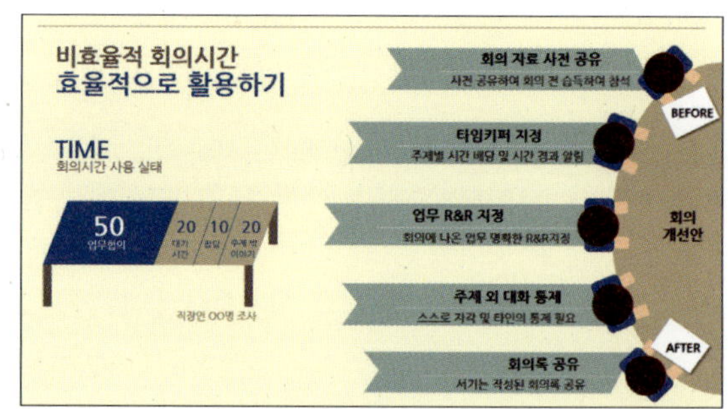

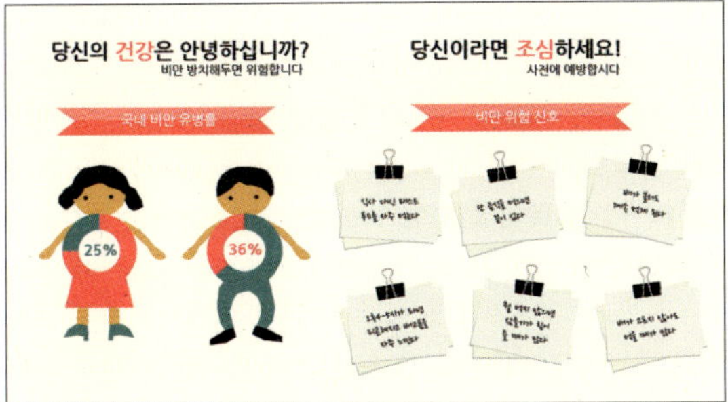

SECTION **07** 비만문제 해결을 위한 건강관리 점검표

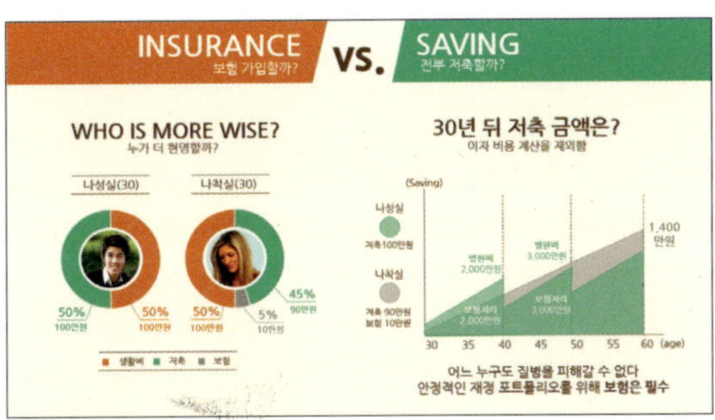

SECTION **08** 상반된 데이터 비교를 통한 보험 가입 설명문

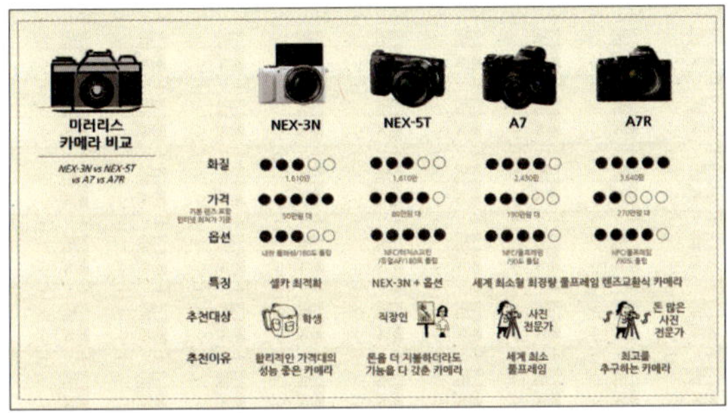

SECTION **09** 상품 스펙 비교를 통한 미러리스 카메라 비교표

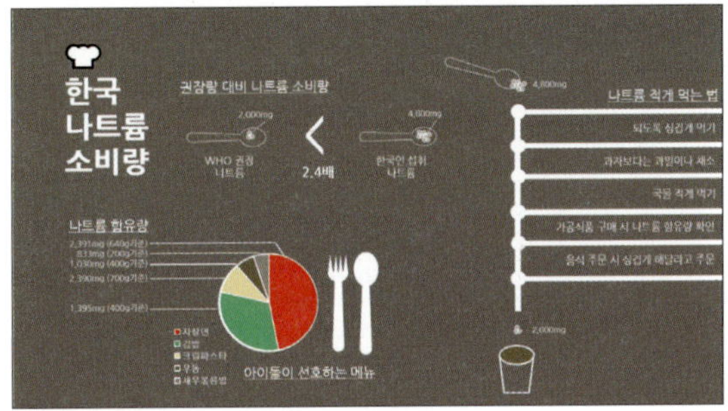

SECTION **10** 다양한 정보를 한눈에 표시하는 나트륨 소비 권장량 홍보

SECTION **11** 사진을 활용해 시안성을 높이는 겨울철 추천 차 소개

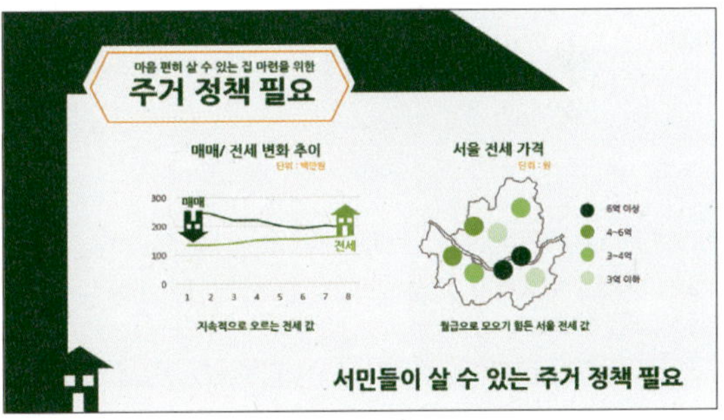

SECTION **12** 그래프와 지도를 활용한 주거 정책 자료

SECTION **13** 지도를 활용한 스마트폰 시장 분석

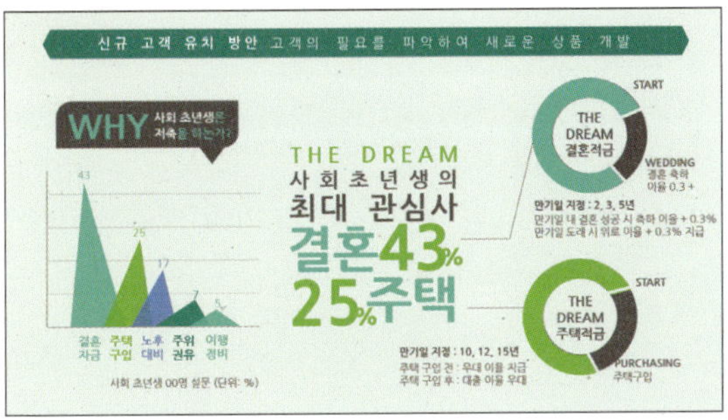

SECTION **14** 은행 상품 홍보를 통한 신규고객 유치방안

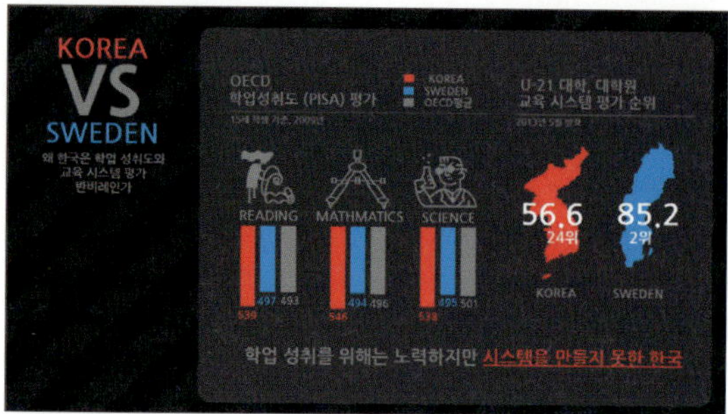

KOREA
VS
SWEDEN
왜 한국은 학업 성취도와
교육 시스템 평가가
반비례인가
OECD
학업성취도 (PISA) 평가
U-21 대학, 대학원
교육 시스템 평가 순위
KOREA
SWEDEN
OECD평균
READING
MATHMATICS
SCIENCE
56.6
24위
85.2
3위
KOREA
SWEDEN
학업 성취를 위해서 노력하지만 시스템을 만들지 못한 한국

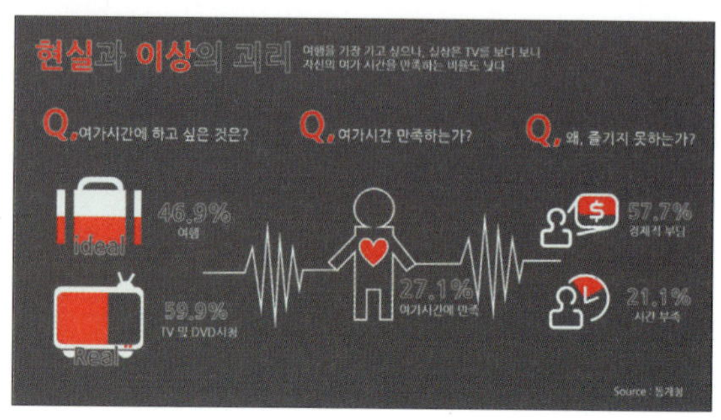

현실과 이상의 괴리
Q. 여가시간에 하고 싶은 것은?
Q. 여가시간 만족하는가?
Q. 왜, 즐기지 못하는가?
Ideal
46.9%
여행
Real
59.9%
TV 및 DVD시청
27.1%
여가시간에 만족
57.7%
경제적 부담
21.1%
시간 부족
Source: 통계청

지속적인 운동 방법
극소수의 꾸준한 사람
CO-Player 제도 시행
꾸준하게 운동하는 사람
95%
5%
"꾸준하다"의 기준:
한 주에 평균 3회 이상
6개월간 출석
시간적 여유 없음
혼자는 외로움
금전적 부담
운동 방법 모름
Co-Player
Co-player 모집공고
공동의 목표 설정
저렴한 상생 지정
회원간의 친목 도모를 통한
방법 전수 및 재미 증가

Q. 연봉이 다소 낮더라도
복지제도가 좋다면 이직하겠는가?
YES 78.3
YES 75.2
Q. 기업의 복지제도 중 직장인이
가장 바라는 복지제도는?
OO회사 New 복지 정책
사내식당 운영
최고급 요리사가 준비한
2가지 메뉴 중 선택 가능
배낭여행 지원
매년 100만원 한도 내
배낭 여행비 및 휴가 5일 제공
휘트니스 지원
한 달 5만원 한도 내
운동 강습비 지원
복지 정책 강화를 통한
직원 만족도 향상
출처: 설문조사 (국내외 기업에 재직중인 직장인 55.1명) / 단위 7%

아라비아 반도의 U.A.E
(United Arab Emirates)는
사막으로 이루어진 도시
외국인의 비율이 1/3을 차지
United Arab Emirates
Middle East
POPULATION
5,314,000
노동 비중
7%
건설
15%
산업
78%
서비스
문맹률
22%
기대수명
77세
도시화율
84%
면적
30,000 sq mi
77,700 sq km
아부다비

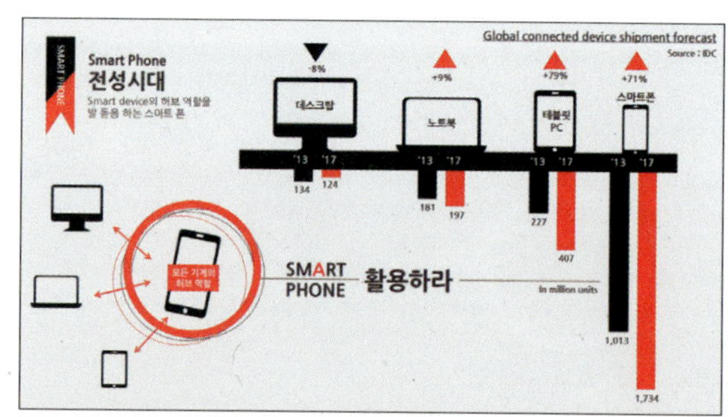

Global connected device shipment forecast
Source: IDC
Smart Phone
전성시대
Smart device의 허브 역할을
할 동을 하는 스마트 폰
데스크탑
-8%
노트북
+9%
태블릿 PC
+79%
스마트폰
+71%
'13 '17
134 124
'13 '17
181 197
'13 '17
227 407
'13 '17
1,013 1,734
SMART PHONE 활용하라
in million units

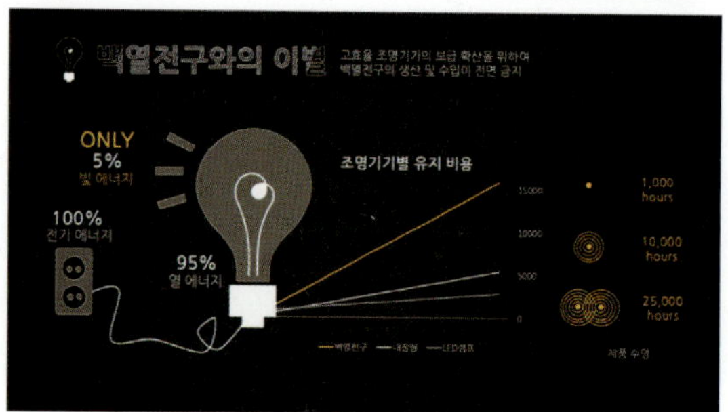

백열전구와의 이별
고효율 조명기기의 보급 확산을 위하여
백열전구의 생산 및 수입이 전면 금지
ONLY 5%
빛 에너지
100%
전기 에너지
95%
열 에너지
조명기기별 유지 비용
1,000 hours
10,000 hours
25,000 hours

KOREAN MOUNTAINS
집은 힐상적이 국내산을 알고 있지만
쓰레기를 두고 가는 어두운 고정가 문제
2012년 방문객
단위: 명
쓰레기 배출량
단위: ton
쓰레기 배출량 줄이기
Campaigns
쓰레기 봉투 가져가기
떠난 자리 정리하기
분리수거 하기
출처: 국립공원관리공단

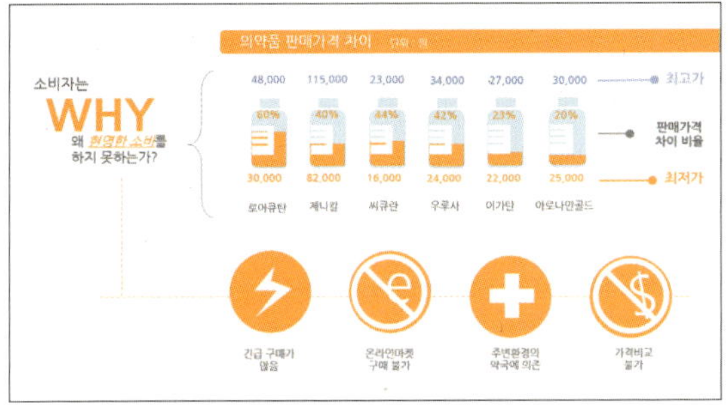
소비자는
WHY
왜 현명한 소비를
하지 못하는가?
의약품 판매가격 차이
48,000 115,000 23,000 34,000 27,000 30,000 최고가
30,000 82,000 16,000 24,000 22,000 25,000 최저가
판매가격 차이 비율
로아큐탄 제니칼 씨큐안 우루사 이가탄 아로나민골드
긴급 구매가 많음
온라인유통 구매 불가
주변환경의 약국에 의존
가격비교 불가

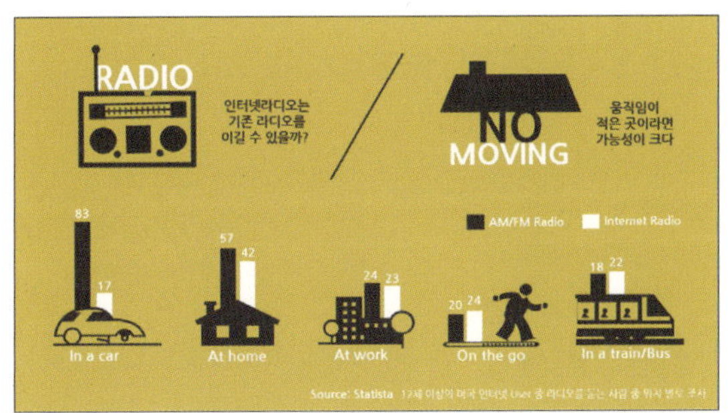
RADIO
인터넷라디오는
기존 라디오를
이길 수 있을까?
NO MOVING
움직임이
적은 곳이라면
가능성이 크다
AM/FM Radio   Internet Radio
In a car   At home   At work   On the go   In a train/Bus
Source: Statista

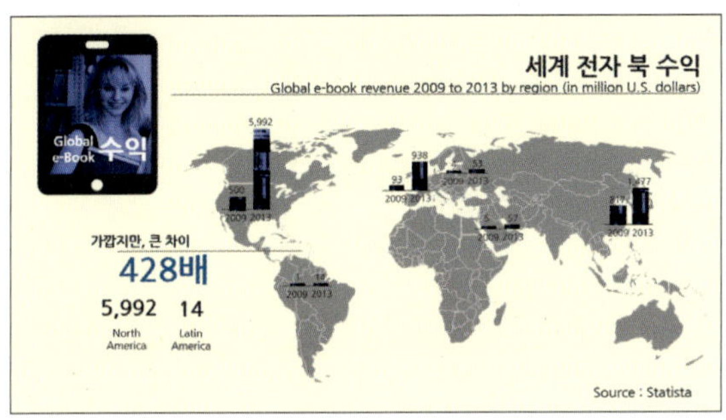
세계 전자 북 수익
Global e-book revenue 2009 to 2013 by region (in million U.S. dollars)
Global e-Book 수익
가깝지만, 큰 차이
428배
5,992 14
North America   Latin America
Source : Statista

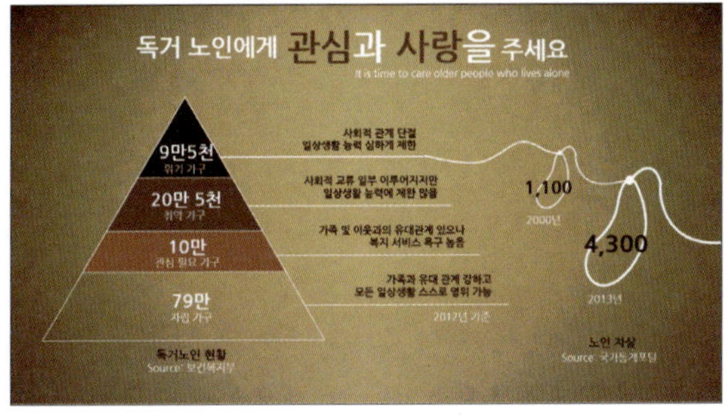
독거 노인에게 관심과 사랑을 주세요
It is time to care older people who lives alone
9만5천 위기 가구
20만 5천 취약 가구
10만 관심 필요 가구
79만 자립 가구
사회적 관계 단절 일상생활 능력 심하게 제한
사회적 교류 일부 이루어지지만 일상생활 능력에 제한 있음
가족 및 이웃과의 유대관계 있으나 복지 서비스 욕구 높음
가족과 유대 관계 강하고 모든 일상생활 스스로 영위 가능
1,100 2000년
4,300 2013년
노인 자살
독거노인 현황
Source: 보건복지부
Source: 국가통계포털

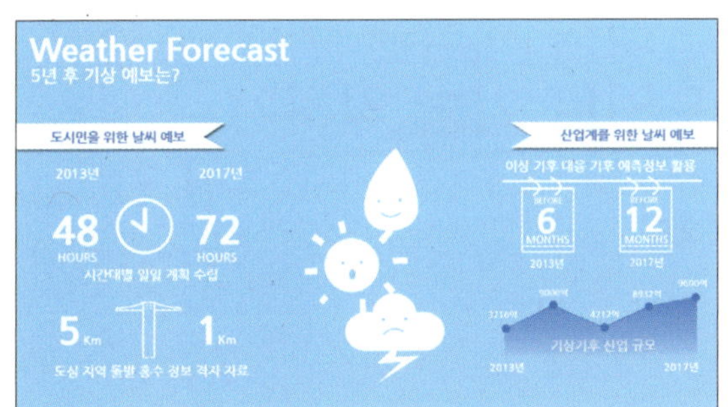
Weather Forecast
5년 후 기상 예보는?
도시민을 위한 날씨 예보
산업계를 위한 날씨 예보
이상 기후 대응 기후 예측정보 활용
2013년 2017년
48 HOURS 72 HOURS
시간대별 일일 계획 수립
BEFORE 6 MONTHS 2013년
12 MONTHS 2017년
5 Km 1 Km
도심 지역 동별 홍수 정보 격자 자료
기상기후 산업 규모
2013년 2017년

Source : 세계 은행, 한국 수출입 은행
브라질 빈부격차
점차 양극화 되어가는 브라질의 빈부 격차
50% 60% 44%
소득 상위 10% 국부의 소유 비율
소득 상위 3% 전체 농경지 소유 비율
빈곤층 비율 (하루 소득 2달러 이하)

03 PART 실전 파워포인트 for 인포그래픽

POWERPOINT FOR INFOGRAPHIC

POWERPOINT FOR INFOGRAPHIC

01

왜 인포그래픽인가?

인포그래픽이라는 단어 자체가 생소한 사람들이 많을 것이나 최근 몇 년
간 인포그래픽을 활용한 정보 전달은 급진적으로 증가하였고 그 추세에 맞추
어 한계에 봉착한 파워포인트 프레젠테이션에 대한 해결책으로 인포그래픽
을 소개하고자 한다. 단순히 파워포인트 기술만 익히는 것이 아니라 많은 양
의 정보를 시각적으로 표현하는 방법까지 함께 얻을 수 있을 것이다.

001

인포그래픽이란?

특정 계층에만 집중되던 정보가 정보화 시대에 발맞추어 누구나 마음만 먹으면 정보를 접할 수 있을 뿐만 아니라 정보를 생산해 낼 수 있게 되었다. 하지만 무분별하게 정보의 양이 많아지면서 사람들은 정보를 습득하는 것에 피로감을 느끼게 되었다. 따라서 이제는 어떤 정보를 전달하는가도 중요하지만 범람하고 있는 정보 속에서 어떻게 하면 내가 알리고자 하는 정보를 효과적으로 전달할 수 있을까를 고민해 봐야 할 시점이 되었다. 그 해결의 키로 인포그래픽을 이야기하고자 한다.

(1) 인포그래픽이란?

인포그래픽(Infographic)은 인포메이션(Information)과 그래픽(Graphic)의 합성어로 많은 정보를 한눈에 파악할 수 있도록 지도, 다이어그램, 이미지, 차트 등을 활용하여 만든 자료를 의미한다. 인포그래픽이라는 용어가 대중에 알려진 지는 얼마 되지 않았지만 우리는 이미 오래전부터 이를 사용해왔다. 선생님들이 한 나라의 역사를 설명하기 위해 칠판에 지도를 그려가며 각 사건을 정리해주거나 선조들이 사용하였던 도구를 표현하기 위해 그림을 그렸던 것들이 바로 인포그래픽이다. 인포그래픽이란 독자 혹은 상대방의 이해를 돕기 위해 시각화하는 일련의 행동들이라고 생각하면 된다. 인포그래픽의 장점으로는 대표적으로 아래의 네 가지를 들 수 있다.

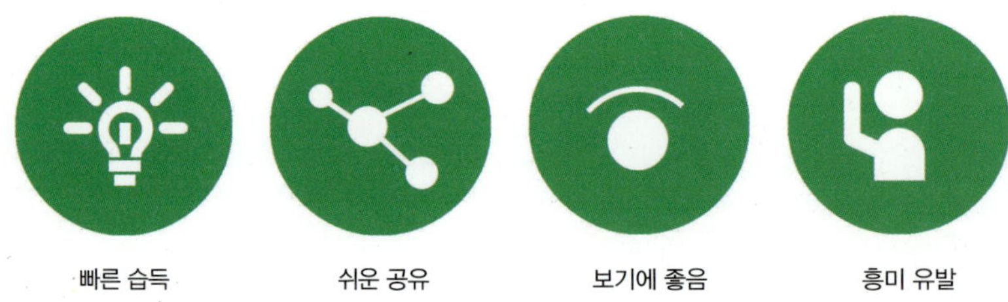

■ **빠른 습득**

방대한 정보를 우선순위에 따라 효과적으로 배치하고 이미지화함으로써 빠르게 습득할 수 있을 뿐만 아니라 오래 기억할 수 있다. 영어 단어를 외울 때 그냥 단어만 외우는 것보다 이미지화시켜 외우는 것이 더 오래 가는 것과 동일한 원리이다.

■ **쉬운 공유**

인스턴트 식의 빠르고 시각적인 정보를 좋아하는 SNS의 특성상 장문의 글이나 표보다 이미지로 된
인포그래픽이 더욱 쉽게 공유되고 전파된다. 한 장 혹은 몇 장의 이미지로 주제를 나타냈기 때문에
다양한 매체로의 공유가 가능하다.

■ **보기에 좋음**

인포그래픽은 무조건 보기에 좋다고 정의 내리기는 어렵다. 하지만 일반적으로 인포그래픽은 시각
적인 미를 추구하는 편이다. 그 이유는 똑같은 정보라고 하더라도 보기에 좋은 정보가 더 눈에 들
어오기 때문이다. 따라서 인포그래픽 제작자는 내용 전달에도 집중해야 하지만 디자인적 요소에도
집중해야 한다.

■ **흥미 유발**

보기에 좋은 정보성 자료는 SNS에서 쉽게 접할 수 있어 보는 사람의 이목을 끌 수 있게 되었다. 시
각화된 이미지를 통해 사람들의 흥미를 유발하고 정보를 좀 더 친근감 있게 전달할 수 있다 보니
기업이나 관공서 등에서 적극적으로 활용하고 있는 추세이다.

(2) 인포그래픽의 대표 사례

인포그래픽은 정보의 양이나 성격에 따라 다양한 결과물로 창출되므로 종류를 나눌 수는 없지만 많
이 사용되는 기법이나 방식에 대해 몇 가지 예를 들어보도록 하겠다.

■ **단순화된 이미지를 활용한 인포그래픽**

◀ 출처 : http://inspiredm.com/coffee-infographics

위의 이미지는 인포그래픽이 알려지는 데 큰 역할을 했던 인포그래픽이라고 할 수 있다. 커피와 그
외에 다른 원료가 어떤 비율로 섞이는지에 따라 커피의 이름이 어떻게 달라지는지를 나타낸 인포
그래픽이다. 이 작품만큼 인포그래픽의 진정한 의미를 살린 것이 있을까란 생각이 들만큼 효과적
으로 정보를 전달하였다. 만약 커피에 대한 설명을 다음과 같이 했다면 어땠을까?

차근차근 자세히 읽는다면 어떤 내용인지 알 수 있겠지만 눈으로 한 번에 훑어보았을 때는 어떤 내용인지 잘 알 수 없고, 커피에 대해 관심이 있는 독자가 아니라면 자세하게 읽을 노력조차 하지 않을 것이다. 하지만 앞의 인포그래픽은 자세히 읽지 않아도 커피의 구성에 따라 이름이 달라진다는 것을 한눈에 알 수 있다.

■ 실제 사진을 활용한 인포그래픽

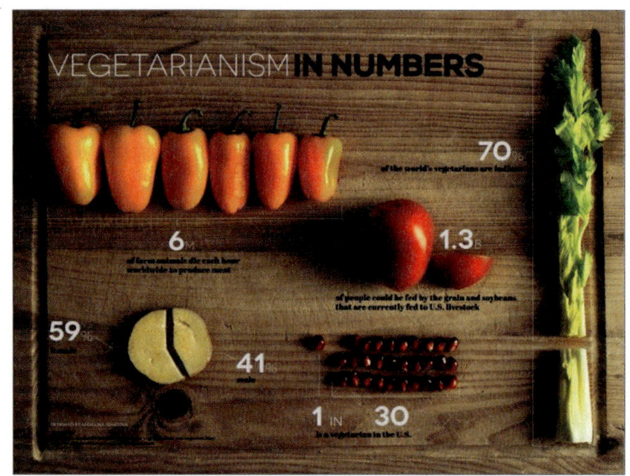

◀ 출처 : http://visual.ly/vegetarianism-numbers, Angelina

채식주의자들과 관련된 내용을 숫자로 표현한 인포그래픽이다. 채식주의자라는 주제에 맞게 야채를 이용해 숫자를 표현한 것이 인상적이다. 한눈에 야채와 관련된 내용이라는 것을 알 수 있다. 물론 해당 야채의 숫자가 무엇을 의미하는지는 글을 읽기 전까지 알 수 없으나 숫자가 무엇인지 궁금증을 유발해 독자로 하여금 글에 집중할 수 있게 도와준다.

■ 많은 양의 자료를 다룬 인포그래픽

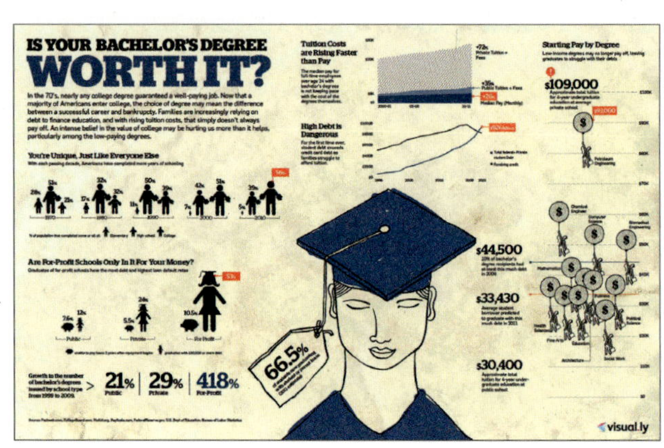

◀ 출처 : http://visual.ly/your-bachelors-degree-worth-it

인포그래픽 제작 시 많은 양의 데이터를 나타내야 할 때가 많다. 즉 정보성 인포그래픽인 경우가 많으며 이 책에서도 주로 다루게 될 내용으로, 많은 양의 정보를 주제와 연관시켜 이미지화시키는 방법이다. 우리는 빅데이터(Big Data)의 시대를 살고 있다. 따라서 많은 양의 데이터에서 표현하고자 하는 정보를 어떻게 정리하고 표현하는지가 중요하다. 이러한 빅데이터를 처리하기 위해서는 위의 인포그래픽처럼 주제를 뒷받침할 수 있는 수치 자료를 주제에 맞게 가공하고, 직관적으로 알 수 있도록 이미지화시키는 작업을 해야 한다.

> **TIP**
> 빅데이터란 통상적으로 사용되는 데이터 수집 및 관리, 처리 소프트웨어의 수용 한계를 넘어서는 크기의 데이터를 말한다.

■ 그림과 글을 혼합한 인포그래픽

◀ 출처 : http://www.thebolditalic.com/articles/2842-how-to-ride-an-escalator, helen Tseng

인포그래픽이라고 하여 모든 것을 일대일 매칭하여 이미지로 표현할 필요는 없다. 위의 인포그래픽은 에스컬레이터를 탈 때 하지 말아야 할 행동과 해야 할 행동을 나열한 것이다. 행동만 나열했다면 진부한 내용이 되었겠지만 에스컬레이터를 타는 이미지를 넣어 보기 좋게 만들었다. 이미지를 자세히 보면 행동 수칙에 맞는 행동을 하고 있는 사람들을 찾을 수 있어 독자는 의외의 재미를 느낄 수 있다. 이미지와 행동을 일대일 매칭하여 정리하진 않았지만 효과적으로 정보가 전달된 인 포그래픽이다.

■ 이력서 인포그래픽

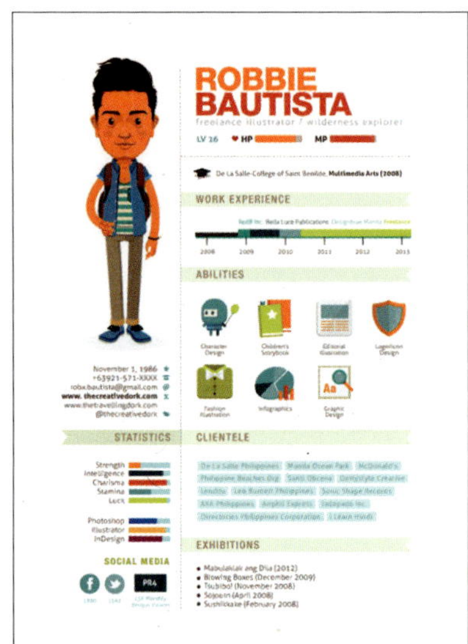

◀ 출처 : 2013 Curriculum Vitae, Robx Bautista

일반적으로 이력서라고 하면 정해진 틀에 자신의 경력을 기입하고 자기 소개서를 적는 것을 생각 한다. 하지만 인포그래픽과 자기 소개서가 만난다면 남들과는 다른 이력서를 만들 수 있다. 검은색 과 흰색뿐인 이력서들 중에 다채로운 색과 이미지로 시선을 끌 수 있는 인포그래픽은 면접관의 눈 을 사로잡을 뿐만 아니라 지원자가 무엇을 잘하는지도 쉽게 확인할 수 있다.

002

인포그래픽 **제작 과정**

프레젠테이션에서 가장 많이 사용하는 툴은 파워포인트이다. 프레젠테이션을 할 일이 있다면 대부분의 사람들은 파워포인트부터 실행시킬 것이다. 그러다보니 파워포인트로 다른 사람과 차별화된 발표 자료를 만드는 것은 더욱 어려워졌다. 필자는 디자이너들의 전유물로만 여겨졌던 인포그래픽을 파워포인트에 접목시켜 보았다. 물론 파워포인트가 디자인 툴이 아니기 때문에 디자이너들이 만든 작품처럼 화려한 그래픽을 표현하기는 어렵다. 하지만 직관적이고 익숙하여 누구나 사용할 수 있다. 익숙하게만 여겼던 파워포인트에 새로운 관점을 접목시켜 다른 사람과 차별화된 인포그래픽 프레젠테이션을 만들어보자. 이번 절에서는 파워포인트를 이용해 인포그래픽을 만들기 위한 준비와 제작과정에 대해 알아보자.

S·T·E·P 01 자료 수집하기

나타내고자 하는 주제를 뒷받침할 수 있는 자료를 수집한다. 가장 손쉬운 방법은 포털 사이트에서 검색하면 되지만 정보의 신빙성을 보장하기 어려우므로 검증된 사이트에서 먼저 자료를 찾는 것도 좋은 방법이다.

(1) 객관적인 수치를 얻을 수 있는 사이트

■ 통계청(국가통계포털) – http://kosis.kr

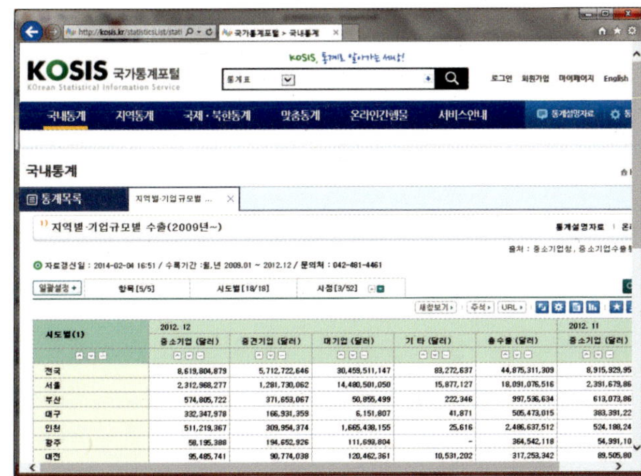

원하는 주제에 대하여 조건을 지정하여 검색할 수 있다. 특히 출산율, 고용률, 물가 등 국가에서 조사하는 수치들을 손쉽게 얻을 수 있다. 검색 결과가 광범위해 실제로 활용하기 위해서는 2차 가공이 필요하지만 정확한 데이터가 필요한 제작자에게는 매우 유용한 사이트이다.

■ **주제와 연관 있는 공공기관 사이트**

만들고자 하는 주제는 사람마다 다르고, 같은 사람일지라도 언제나 같은 주제로 자료를 만드는 경우는 거의 없을 것이다. 그만큼 자신이 원하는 자료를 바로 찾기는 쉽지 않다. 이럴 때는 그 주제와 연관되어 있는 공공기관 사이트를 방문해보자. 공공기관 사이트는 유관 자료에 대한 객관적인 자료 및 보도 자료들을 모아두거나 연결해 놓은 경우가 많다. 예를 들어 식품 관련 주제를 정했다면 "식품 의약품안전처(http://www.mfds.go.kr/)"를 방문하고 무역과 관련된 주제를 다룬다면 "한국무역협회(http://www.kita.net/)" 등을 방문해본다.

(2) 기업에서 운영하는 연구소

포괄적인 주제를 다루는 기업 경제 연구소도 자료 수집에 도움이 된다.

- 삼성경제연구소 – http://www.seri.org
- LG경제연구원 – http://www.lgeri.com

(3) 인포그래픽을 다루는 미디어

인포그래픽을 이용해 보도하는 사이트를 방문해 주제를 검색한 후 자료를 찾을 수도 있다. 찾는 자료가 없다면 해당 기사의 출처를 방문해 더 많은 정보가 있는지 확인해본다.

- 비주얼 다이브 – http://www.visualdive.co.kr
- 전자신문 인포그래픽 – http://www.etnews.com/news/infographic.html
- 조선닷컴 인포그래픽 – http://inside.chosun.com

S·T·E·P 02 자료 구성하기

자료를 수집했다면 자료를 재구성해야 한다. 주제를 뒷받침할 수 있는 자료들을 선택하고 문맥상 불필요한 내용들은 삭제한다. 해당 작업은 자료를 이미지화하는 작업과 병행할 수도 있고 이미지화 전에 모든 것을 구성하고 변경해도 된다.

S·T·E·P 03 자료의 이미지화

자료를 이미지화하기 위해서는 먼저 그 주제를 생각했을 때 가장 먼저 떠오르는 이미지를 정리해본다. 예를 들어 주제가 영화라면 영화를 생각할 때 가장 먼저 떠오르는 것을 생각해본다. 영화배우 중 조인성을 좋아해 영화하면 조인성이 떠오를 수 있다. 하지만 내가 가장 먼저 떠오른 이미지가 다른 사람에게도 같은 효과를 낼 수 있을까를 생각해보아야 한다. 즉, 나에게만 국한된 이미지가 아닌 보통의 사람들이 함께 공유할 수 있는 이미지를 떠올려야

한다. 영화하면 영화관이 생각나고 영화관을 표현하기 위해서는 스크린, 팝콘, 음료수가 필요하다는 결론에 도달하게 된다. 만약 이미지가 쉽게 떠오르지 않는다면 해당 사이트를 참고해보자.

(1) google 검색 이용(http://google.co.kr)

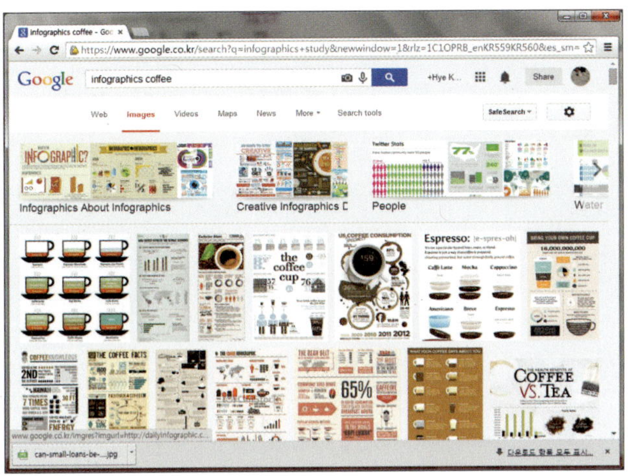

google은 해외의 다양한 인포그래픽을 접하기에 매우 유용하다. 원하는 주제에 대한 구성이 잘 떠오르지 않는다면 구글 검색 창에 'Infographics + 주제 단어(영어)'로 검색한 후 'image' 카테고리에서 조회하면 동일한 주제로 만든 다양한 인포그래픽을 찾을 수 있다.

> **예** infographics + 주제 단어(영어)
> infographics coffee, infographics car

(2) 픽토그램 사이트 활용하기

픽토그램(pictogram)이란 "그림"을 뜻하는 라틴어 pict(us)와 "글"을 의미하는 그리스어 grámma의 합성어로, 사물과 시설 그리고 행동 등을 상징화하여 불특정 다수의 사람들이 빠르고 쉽게 이해할 수 있도록 나타낸 표의 문자이자 시각 디자인을 말한다. 픽토그램은 주제에 맞는 이미지를 시각화시킨 것으로 인포그래픽에 활용하기 매우 유용하다. 눈에 보이는 사물을 단순하게 표현하여 힌트를 주기도 하고 추상적인 대상을 표현하는 데도 도움을 준다.

대표적인 픽토그램으로는 비상구 표시가 있다.

■ 주요 픽토그램 사이트

• theNounProject(http://thenounproject.com)

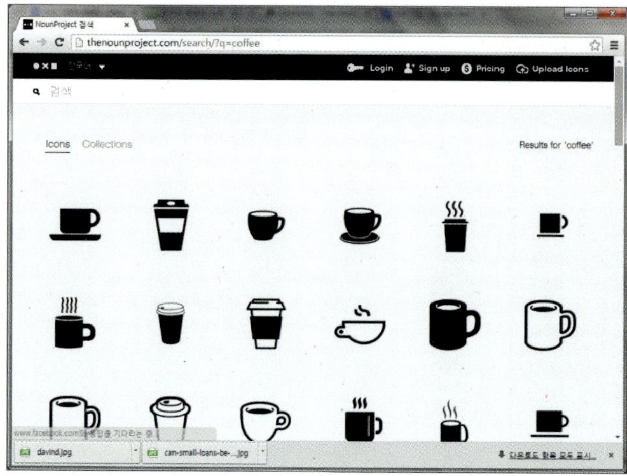

필자가 개인적으로 가장 선호하는 사이트로, 다양한 픽토그램을 접할 수 있다. 위 그림과 같이 커피를 표현하는 방식이 수없이 많다는 것을 알 수 있다. 다양한 표현 방식 중에서 본인의 인포그래픽과 가장 자연스럽게 어울릴 수 있는 픽토그램을 선택한다.

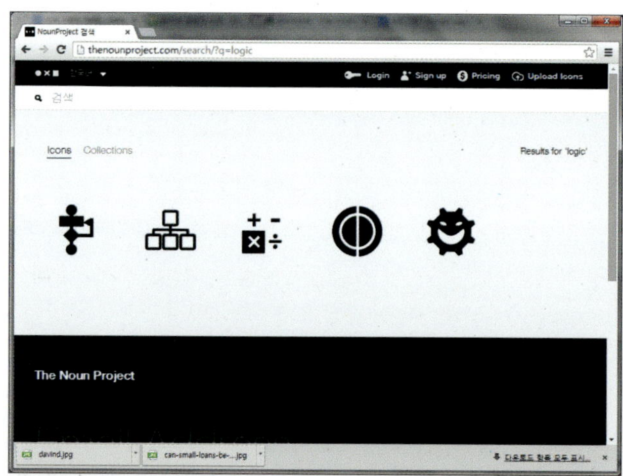

"논리(logic)"라는 추상적인 단어는 커피만큼 다양한 픽토그램이 나오지는 않지만 논리라는 추상적인 단어를 이미지화시키는 데 아이디어를 얻을 수 있다.

• Icons DB(http://www.iconsdb.com)

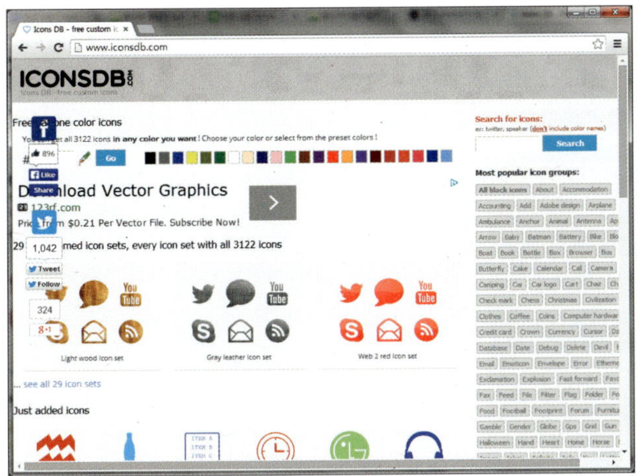

theNounProject보다 픽토그램의 수는 적지만 다양한 색상과 질감으로 픽토그램이 표현되어 있어 일관된 픽토그램을 찾기 좋다.

■ 그 외 픽토그램 사이트

• 아이콘몬스터(http://iconmonstr.com)

• 엔들리스아이콘스(http://www.endlessicons.com)

• 플랫아이콘(http://www.flaticon.com)

S·T·E·P 04 색상 선정하기

인포그래픽의 전체적인 구성과 이미지를 생각했다면 이제 전체 색상을 선택해야 한다. 이 작업은 필요에 따라 이미지를 떠올리기 전에 미리 선정할 수도 있다. 색상을 선택할 때는 주제와 어울리는 것을 선택하는 것이 좋다. 죽음에 대해서 이야기하는 인포그래픽에 전체적인 색상을 분홍색으로 선택하는 것은 적절하지 않다. 주제와 관련은 없지만 주제를 전달하는 데 아무런 방해가 되지 않는다면 해당 색을 선택해도 무방하다.

주제와 맞는 색상을 선정해도 색상 선택에는 여전히 어려움이 있다. 분홍색이라도 밝은 분홍색, 진분홍 등 수없이 많은 분홍색이 존재하며 색의 선택에 따라 인포그래픽 분위기 전체가 달라질 수 있기 때문이다. 대표 색을 지정했다면 강조하거나 부연 설명을 표현할 때 사용해야 할 색도 필요하다. 대표 색과 어울리는 색을 선택하는 것은 디자이너가 아닌 이상 어려움이 따르는데 이때 도움을 받을 수 있는 사이트를 참고해보자.

(1) 색상 정보 사이트 참고하기

■ Adobe Kuler(http://kuler.adobe.com)

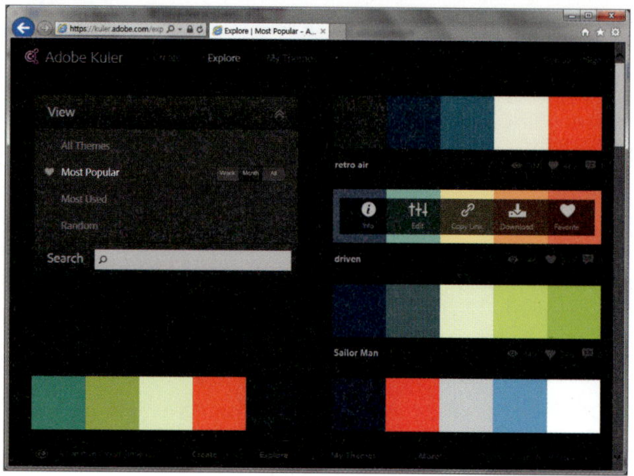

Adobe사에서 제공하는 색상 정보로 세계 각국의 사람들이 인정한 보기 좋은 색상 조합을 확인할 수 있다.

(2) 잘 만든 디자인 색상 참고하기

색상 조합이 잘 된 자료는 스크랩하거나 저장해두는 습관을 들이는 것이 좋다. 만약 미리 준비해둔 자료가 없다면 다음 사이트를 참고해보자.

■ Dribbble(http://dribbble.com)

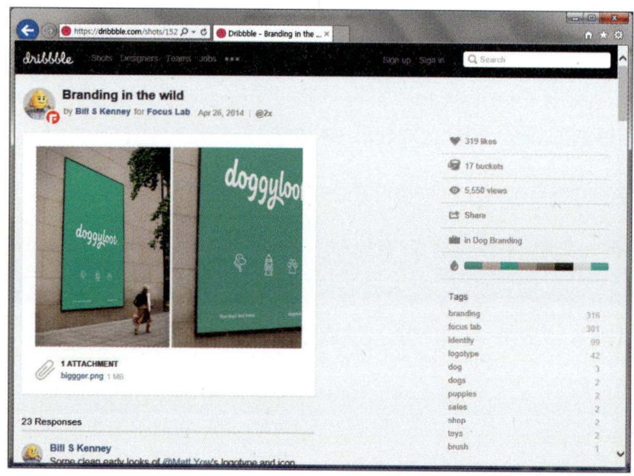

세계 각국의 디자이너들이 자신의 포트폴리오를 공유하는 곳으로, 사용한 색상에 대한 정보를 제공하기 때문에 색 배치에 대한 도움도 받을 수 있다. 그뿐 아니라 편집할 수 있는 파일을 무료로 제공하는 디자이너도 있어 여러모로 유용한 사이트이다.

(3) 해외 인포그래픽 참고하기

Google에서 'Infographic'이라고 검색하면 많은 인포그래픽 자료를 얻을 수 있다. 내용은 관련 없을지라도 색상 조합을 잘했거나 적절한 이미지화를 통해 만들어진 인포그래픽이 있다면 별도로 저장해두었다가 향후 인포그래픽 제작할 때에 참고하자.

- 비주얼리 – http://visual.ly
- 데일리인포그래픽 – http://dailyinfographic.com

(4) 국내 인포그래픽 사이트 참고하기

불과 몇 년 전만 해도 국내에 인포그래픽을 제작하는 곳은 거의 존재하지 않아 대부분의 자료는 해외를 통해서만 얻을 수 있었다. 하지만 인포그래픽의 국내 수요가 많아짐에 따라 많은 회사들이 적극적으로 참여하여 국내에도 좋은 인포그래픽 자료가 많아지고 있다. 해외 자료에 비해 국내 인포그래픽이 가진 장점은 한글을 사용하여 더욱 쉽게 이해할 수 있고, 국내 상황에 맞는 정보를 습득할 수 있다는 것이다.

- 인포그래픽웍스 – http://www.infographicworks.com
- 인포그래픽코리아 – http://infographickorea.com
- 슬로워크 – http://slowalk.co.kr
- 바이스버사 – http://v-vdesign.com

S·T·E·P 05 제작하기

이제 모은 자료를 가지고 메인 컬러에 맞게 디자인하면서 내용이 잘 전달되도록 직접 제작하면 된다. 파워포인트를 이용해 인포그래픽을 제작하는 방법은 이 책의 PART 03에서 직접 따라해볼 수 있도록 구성하였다.

알·고·가·자

인포그래픽 제작 사이트 도움 받기

- Infogram(http://infogr.am)

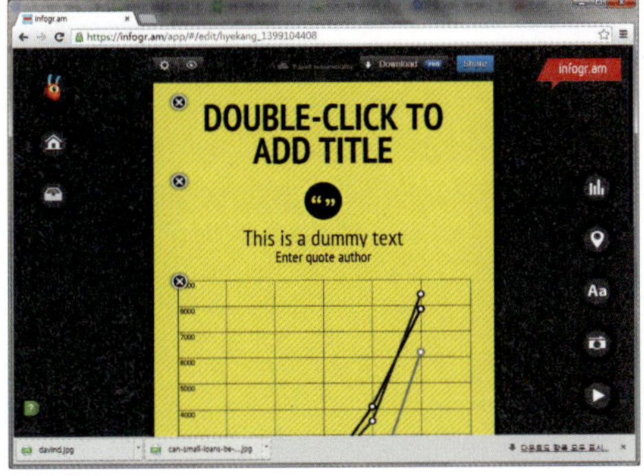

간단한 회원 가입만으로도 센스 있는 인포그래픽을 제작할 수 있다. 직접 만드는 것보다 자유도는 떨어지지만 간단하면서도 품질 좋은 인포그래픽을 만들 수 있다는 장점이 있다.

POWERPOINT FOR INFOGRAPHIC

POWERPOINT FOR INFOGRAPHIC

02

인포그래픽 제작을 위한
파워포인트 기능 익히기

파워포인트를 활용하여 인포그래픽을 제작하는 것은 단순한 작업이 아니다. 하지만 파워포인트의 기능만으로도 포토샵이나 일러스트에서만 가능할 것이라 생각했던 작업들을 처리할 수 있다. 이를 위해서는 기본적으로 파워포인트의 주요 기능들을 익혀 두는 것이 중요하다. 이번 파트에서는 인포그래픽을 만들 때 자주 사용하는 파워포인트 기능들을 정리해보았다. 이미 알고 있는 내용들이라면 바로 PART 03으로 넘어가 실습을 해도 된다.

001

폰트 다운받는 방법

폰트 하나만으로도 슬라이드의 분위기가 달라진다. 만들고자 하는 분위기에 따라 폰트를 선택해주면 슬라이드에 변화를 줄 수 있다. 이 책에서는 대부분 '나눔고딕' 폰트를 사용하였다. '나눔고딕' 폰트는 가독성이 좋으며 저작권이 자유로워 누구나 다운로드 받아 사용할 수 있다. 하지만 독자들은 실제 주제와 어울리는 폰트를 활용하기를 추천한다.

01 작업자의 PC에 '나눔고딕' 폰트가 없을 경우 따라하기를 위해 '나눔고딕' 폰트를 먼저 설치하자. 포털 사이트에서 '네이버 소프트웨어'라고 검색하여 사이트에 접속하거나 'http://software.naver.com'으로 이동한다.

02 [카테고리]–[무료폰트]에서 '나눔고딕' 폰
트를 선택하고 [무료 다운로드]를 클릭해 폰트
를 다운로드한다.

알·고·가·자 •

폰트 설치하기

• **설치형 폰트의 경우**

다운로드 받은 설치 파일을 더블클릭한 후 순서에 따라 설치
한다.

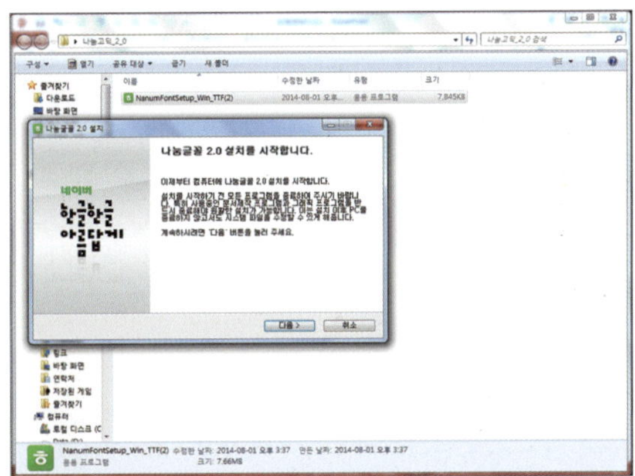

• **폰트만 있는 경우(개별)**

폰트를 더블클릭하여 실행한 후 [설치] 버튼을 클릭하면 자동
으로 설치된다.

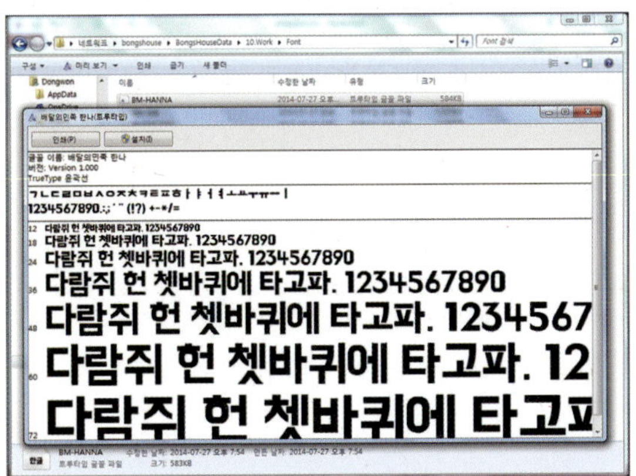

• 폰트만 있는 경우(복수)

설치할 폰트가 많다면 설치할 폰트를 모두 선택하고 Ctrl + C
를 눌러 복사한다.

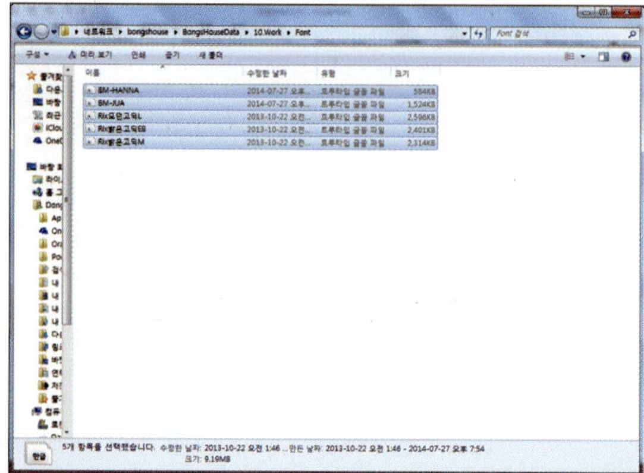

윈도우의 [홈]−[제어판]−[모든 제어판 항목]−[글꼴] 폴더를
열고 Ctrl + V 를 눌러 붙여 넣어준다.

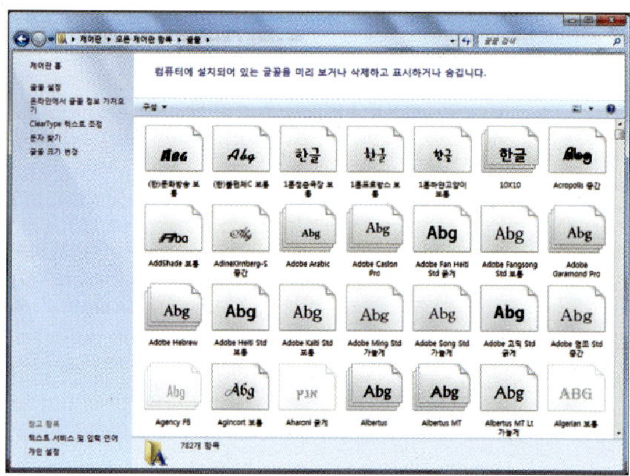

03 폰트 설치가 완료되면 파워포인트를 실
행하여 텍스트를 입력한다.

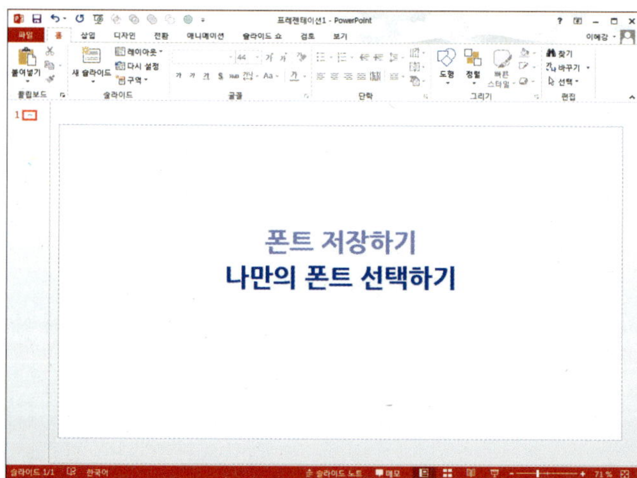

04 기본 폰트가 아닌 다른 폰트를 사용했을 경우 다른 PC에서 슬라이드를 실행하면 다른 폰트로 교체되어 표시된다. 따라서 슬라이드를 저장할 때 반드시 폰트와 함께 저장해야 한다. [파일] 탭을 선택한 후 [옵션] 메뉴를 선택한다.

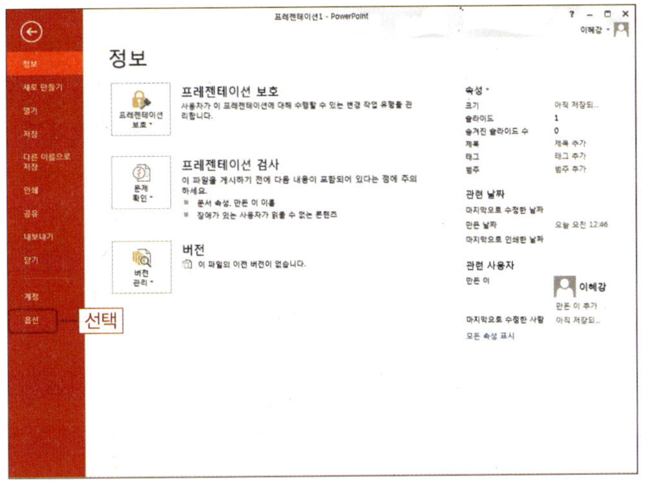

05 [저장]-[파일의 글꼴 포함]을 선택한다.

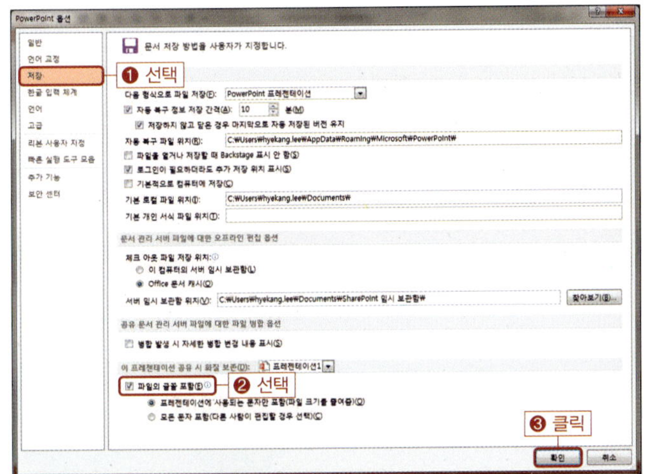

알·고·가·자

글꼴 포함 방식

- **프레젠테이션에 사용되는 문자만 포함**
  폰트가 설치되지 않은 PC에서는 수정이 불가능하다. 하지만 '모든 문자 포함'에 비하여 용량이 적기 때문에 최종본을 전달할 때 자주 사용되는 방법이다.

- **모든 문자 포함**
  모든 문자를 저장하기 때문에 수정이 가능하다. 단, 해당 파워포인트에 사용된 문자만 저장되므로 사용되지 않은 문자가 입력될 경우 해당 문자는 깨진다. 따라서 수정할 일이 많다면 폰트를 별도로 챙겨가는 것이 좋다.

002

색상 정보 활용법

이번 절에서는 이 책에서 제공되는 색상 정보를 활용하는 방법에 대해 알아보겠다. 이 책의 예제 슬라이드를 만들다보면 다양한 도형이나 개체에 색을 적용하게 되는데 예제와 같은 색을 적용하려는 독자들을 위해 색상 정보를 각 예제마다 제시하였다. 2013 버전 독자는 스포이트 도구를 활용하고, 2010 버전 이하 독자는 color cop이라는 프리웨어 소프트웨어를 활용하기 바란다. PART 03의 모든 예제는 해당 색상 정보를 활용하며 '(1) 회색', '(2) 청록색' 등으로 색상을 지칭할 것이다. 연한색, 진한색의 기준은 해당 강의의 색상표에서 상대적으로 표현한 것이며, 정확한 색은 색상표의 번호를 확인하면 된다.

Preview

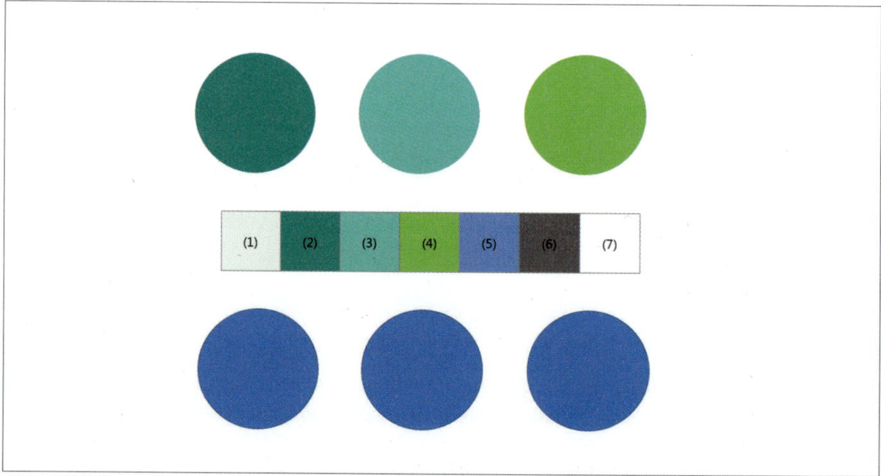

파워포인트 2013 버전 사용자 활용법

01 파워포인트가 실행된 상태에서 윈도우 탐색기를 활용해 예제 폴더의 '색상.png' 이미지가 있는 폴더를 열어 해당 이미지를 파워포인트 슬라이드로 드래그하여 이미지를 삽입한다.

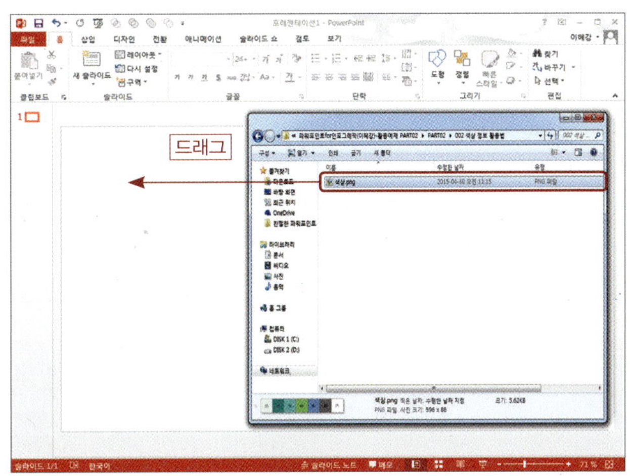

02 [홈] 탭-[일러스트레이션] 그룹-[도형]-[타원]을 선택해 도형을 추가하고 색상을 변경하고자 하는 도형을 선택한 후 [그리기 도구]-[서식] 탭-[도형 스타일] 그룹-[도형 채우기]에서 [스포이트]를 선택한다.

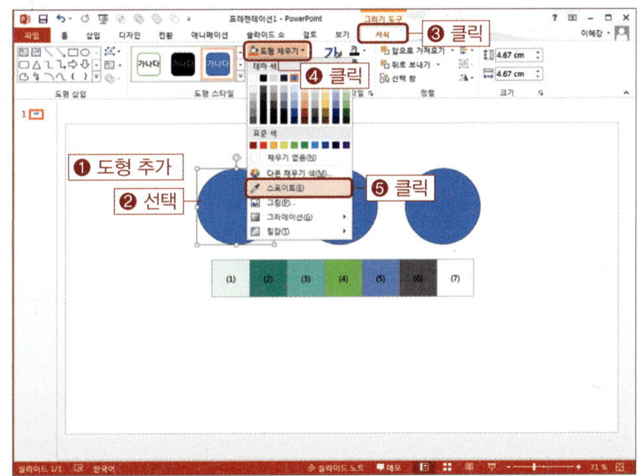

03 마우스 포인터가 스포이트 모양으로 변경되면 변경하려는 '(2) 색상'을 클릭한다. 선택한 도형의 색이 클릭한 이미지의 색으로 변경된다.

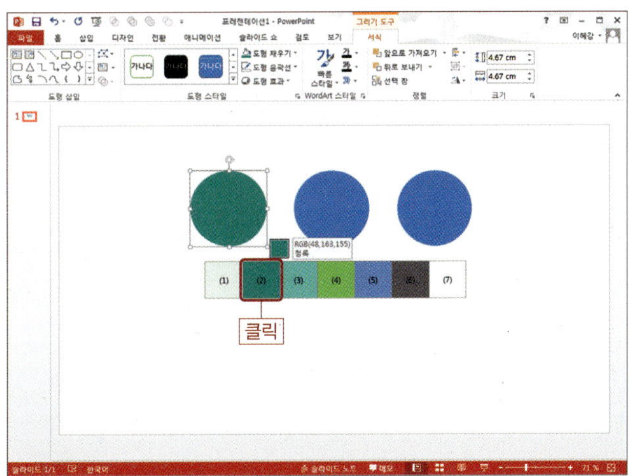

04 같은 방법으로 두 번째와 세 번째 도형 색도 변경해보자.

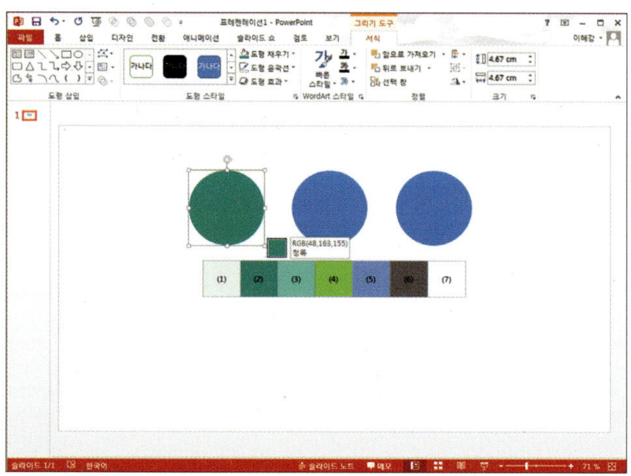

파워포인트 2010 이하 버전 사용자 활용법

01 파워포인트 2010 이하 버전에는 스포이트 도구가 없으므로 외부 프로그램을 설치해 사용해야 한다. 포털 사이트에서 "color cop"이라고 검색하거나 해당 소프트웨어 다운로드 페이지 (http://colorcop.net/download)에서 다운로드 받은 후 소프트웨어를 설치한다.

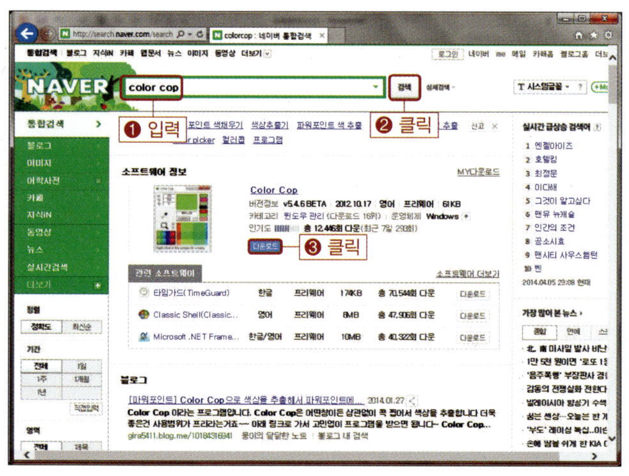

> **TIP**
> color cop은 색상 정보를 알려주는 프리웨어로 무료로 다운로드 받아 사용할 수 있다.

02 설치가 완료되면 Color cop을 실행한다. Color cop의 스포이트를 선택한 상태에서 이동하면 스포이트가 가리키는 곳의 색상 정보를 확인할 수 있다. (2)의 색상이 R:48 / G:163 / B:155라는 것을 알 수 있다.

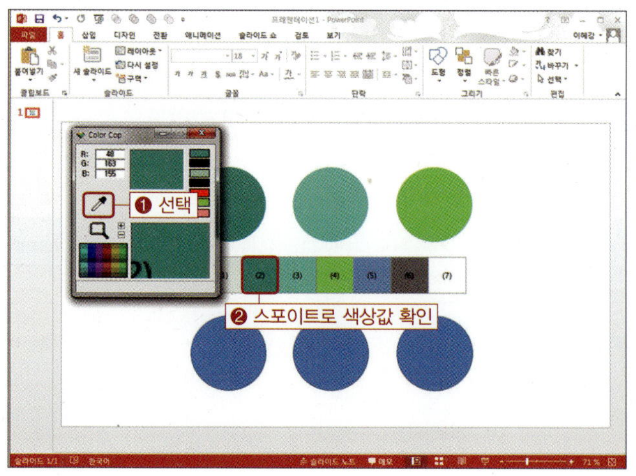

03 변경하고자 하는 도형을 선택한 후 [그리기 도구]-[서식] 탭-[도형 스타일] 그룹-[도형 채우기]에서 [다른 채우기 색]을 선택한다.

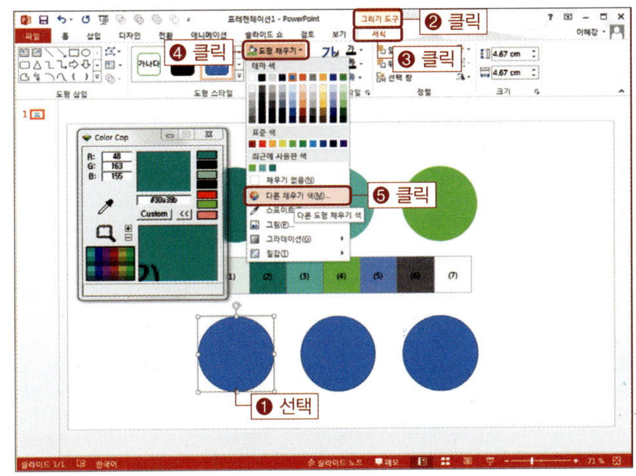

04 [색] 대화상자-[사용자 지정] 탭을 클릭하고 R에 '48', G에 '163', B에 155'를 입력한 후 [확인] 버튼을 클릭한다.

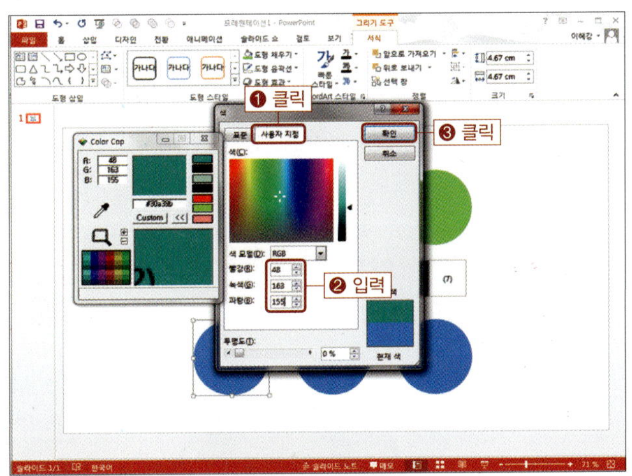

05 같은 방법으로 다른 도형의 색상도 변경해보자.

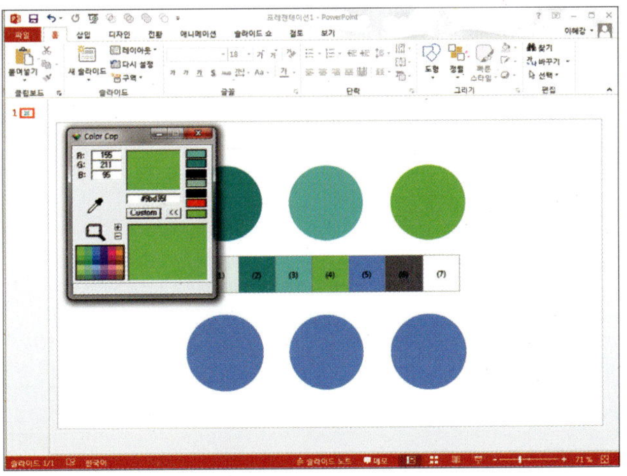

003

도형 안에 이미지 넣기

파워포인트에서는 이미지를 원하는 모양으로 자르는 기능을 제공하지 않으므로 원하는 모양으로 이미지를 편집하고 싶다면 그래픽 프로그램을 사용해야 한다. 하지만 파워포인트에서 제공되는 도형을 이용해 해당 도형에 이미지를 넣으면 도형의 모양으로 이미지를 만들 수 있다. 여기서는 도형 안에 원하는 크기, 위치, 방향 등을 조절해 이미지를 삽입하는 방법을 알아보자.

Preview

실전 따라하기

• 예제파일 : 도형 안에 이미지 넣기 – 예제.pptx
• 완성파일 : 도형 안에 이미지 넣기 – 완성.pptx

01 예제 파일을 실행하면 도형과 그림이 추가 되어 있다. 이제 타원 도형 안에 옆으로 눕혀진 이미지를 삽입할 것이다. 이미지를 선택한 후 Ctrl + C 를 눌러 복사하면 클립보드에 복사한 내용이 저장된다.

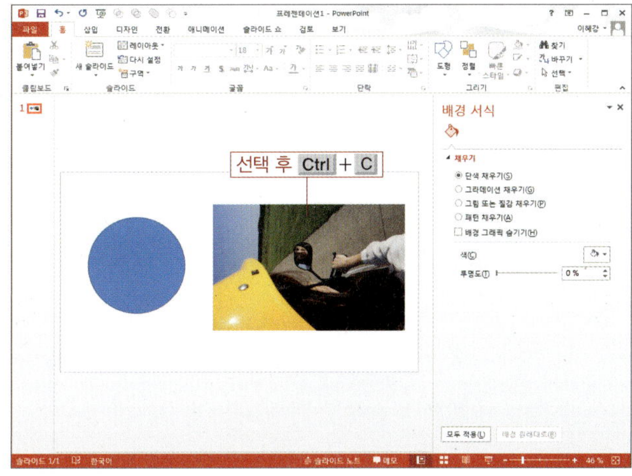

02 도형을 선택하고 마우스 오른쪽 버튼을 클릭한 후 [도형 서식]을 선택한다. [도형 서식] 작업 창의 [채우기 및 선]–[채우기]에서 '그림 또는 질감 채우기'를 선택한다. '다음에서 그림 삽입' 항목에서 [클립보드]를 선택하면 복사했던 이미지가 도형에 채워진다.

TIP
[도형 서식] 작업 창을 클릭했지만 [그림 또는 질감 채우기]를 선택하면 자동으로 [그림 서식] 작업 창으로 변경된다.

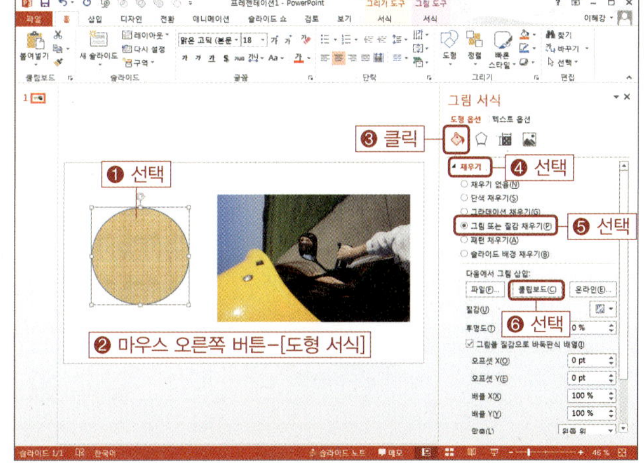

03 원본 사진은 가로가 더 길지만 도형은 가로 세로 길이가 동일하다. 따라서 원 도형 안에 원본 사진이 다 들어갈 수 있게 넣다 보니 사진의 가로 길이가 축소되었다.

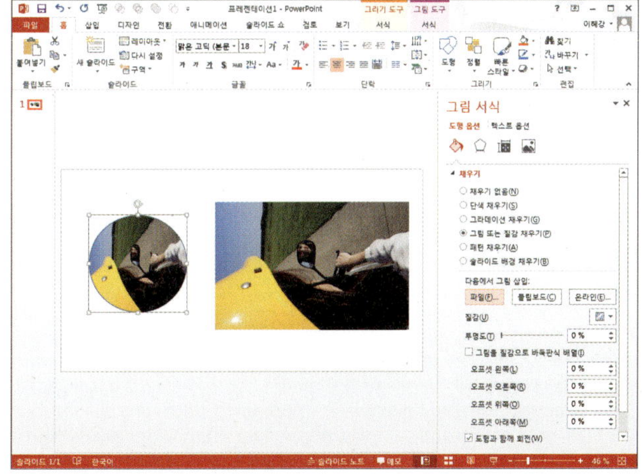

04 [그림 서식] 작업 창의 '그림을 질감으로 바둑판식 배열'을 체크하면 원본 이미지와 동일한 크기로 변경된다. 원본의 이미지가 큰 경우 원 도형에는 원하는 중심 주제가 드러나지 않게 된다.

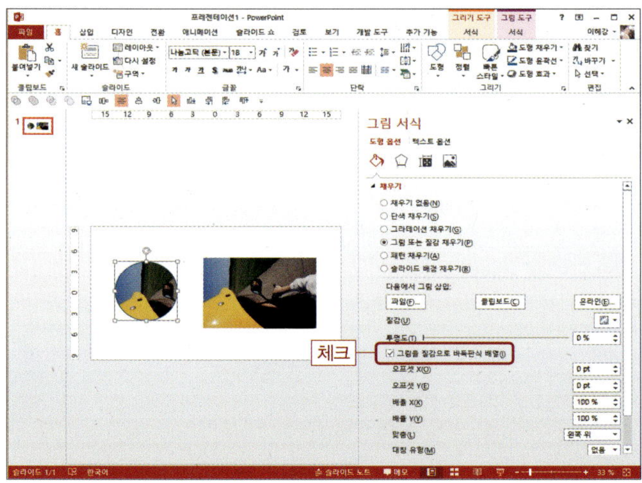

05 [배율 X]와 [배율 Y]의 %를 조절하여 타원과 그림이 맞도록 조절한다. 여기서는 각각 '40%'로 지정하였다.

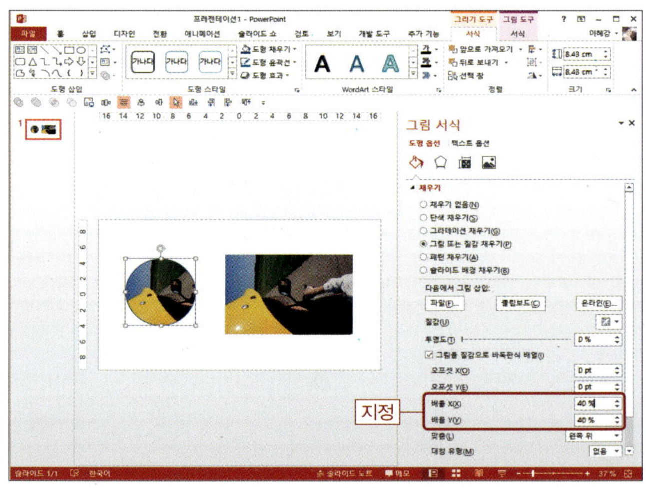

06 기울어져 있는 이미지를 바로 세우기 위해 타원을 선택하면 나오는 회전 조절점을 드래그하여 그림처럼 회전시킨다.

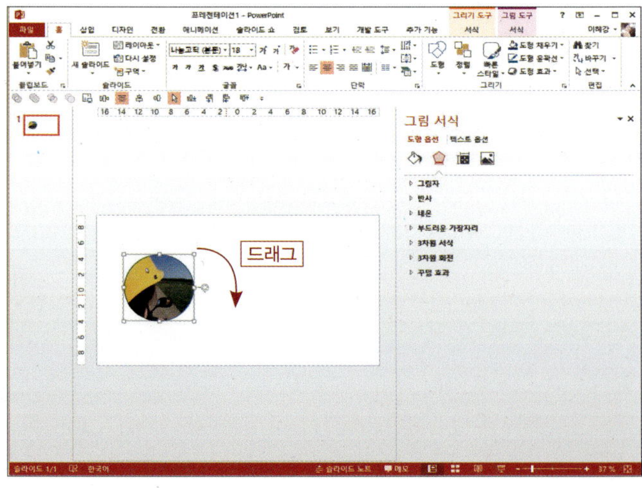

07 Ctrl + Shift 를 누른 채 도형을 좌우로 드래그하면 도형이 수평으로 복사된다. 두 개의 도형을 복사하고 [오프셋 X]의 수치를 각각 변경해보자. 양수는 이미지가 하단으로 내려가고, 음수는 이미지가 상단으로 올라가는 것을 확인할 수 있다.

TIP
[도형 선택]–[마우스 오른쪽 버튼]–[그림 서식]–[도형 옵션]–[채우기]의 오프셋 X의 수치를 각각 30, 0, −30으로 지정한다.

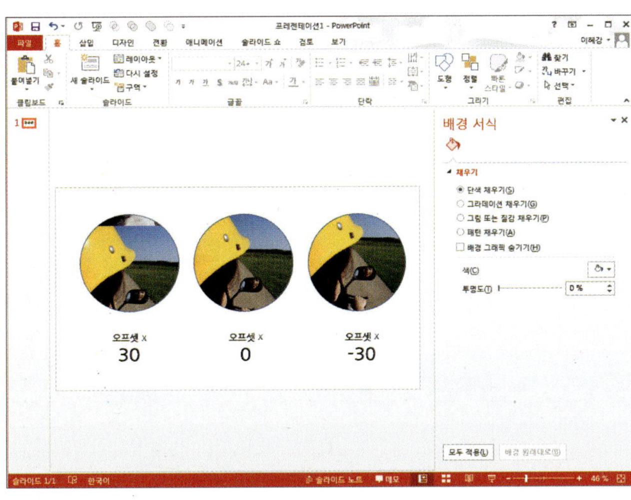

08 이번에는 [오프셋 Y]의 값을 변경해보자. 양수는 이미지가 왼쪽으로 이동하고, 음수는 이미지가 오른쪽으로 이동하는 것을 확인할 수 있다.

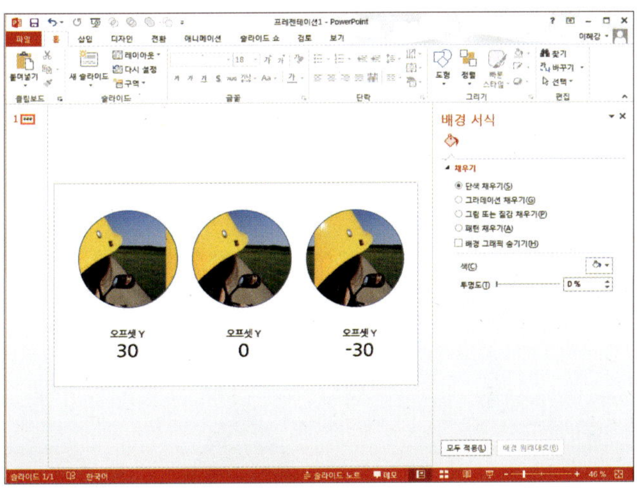

09 이번에는 [배율 X]와 [배율 Y]를 동일한 수치로 변경해보자. 수치가 작을수록 이미지의 크기도 작아지며 수치가 클수록 이미지의 크기도 커진다.

004

벡터 파일 활용법

파워포인트에서는 벡터형식의 파일을 사용해야 하는 경우가 많다. 기존 파워포인트에서 제공하던 클립아트는 세련된 이미지는 아니었지만 급할 때 이미지와 도형을 찾아 활용하기 편리하였으나 아쉽게도 MS의 정책 변화로 더 이상 사용할 수 없게 되었다. 하지만 해외에서 제공하는 저작권 무료 사이트를 활용하면, 그 아쉬움을 덜 수 있을 것이다. 이번 절에서는 벡터형식의 파일 중 대표격이라고 할 수 있는 EPS 파일을 사용하여 실습해보자.

참고로, 그룹설정 해제를 통해 도형으로 변환되는 파일 형식은 EPS, AI 파일 외에도 WMF, EMF 파일이 있다. 일반적으로 사용하는 PNG, JPEG 파일과 같은 비트맵 형식의 이미지 파일은 도형으로 변환할 수 없다.

Preview

실전 따라하기

• 완성파일 : EPS 활용법 – 완성.pptx
• 색상정보 : EPS 활용법 – 색상.png

01 Flaticon(http://flaticon.com)에 접속 후, 영어로 검색한다. 여기에서는 'rain'이라고 검색했다.

TIP
Flaticon에서 다운로드 받은 파일은 상업적인 용도로 사용할 수 있다. 무료로 받은 파일의 경우 출처를 표기해야 하며, 구매를 통해 출처를 표기하지 않을 수도 있다.

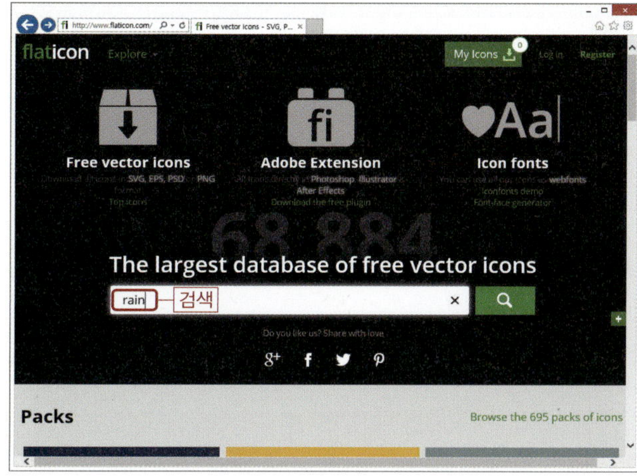

02 Rain에 관련된 이미지가 보인다. 마우스 커서를 이미지에 두면 생기는 눈 아이콘을 클릭한다.

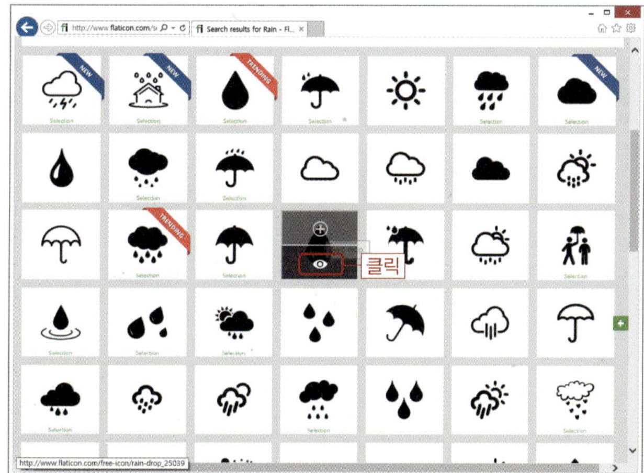

03 [EPS FILE]–[Download options]에서 [Free DOWNLOAD]를 클릭한다.

TIP
인터넷 익스플로러의 버전에 따라 다운로드가 되지 않는 경우, 구글에서 제공하는 '크롬'에서 Flaticon을 실행하면 된다. (크롬은 인터넷에서 무료로 다운로드 받을 수 있다.)

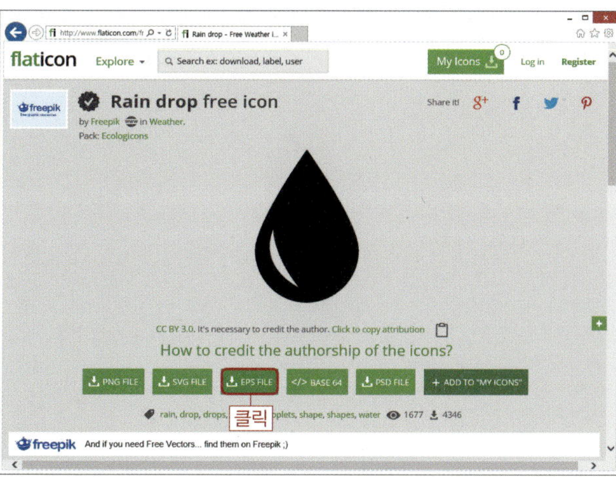

04 [삽입] 탭–[이미지] 그룹–[그림]에서 다운로드 받은 EPS 파일을 불러온다.

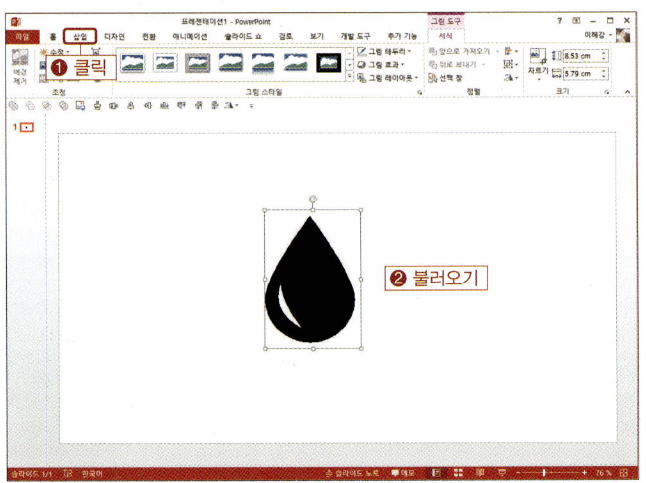

05 EPS 파일을 선택한 상태에서 그룹을 해제(Ctrl + Shift + G)하면 그리기 개체로 변형할지 묻는 대화상자가 나타난다. [예]를 선택한다.

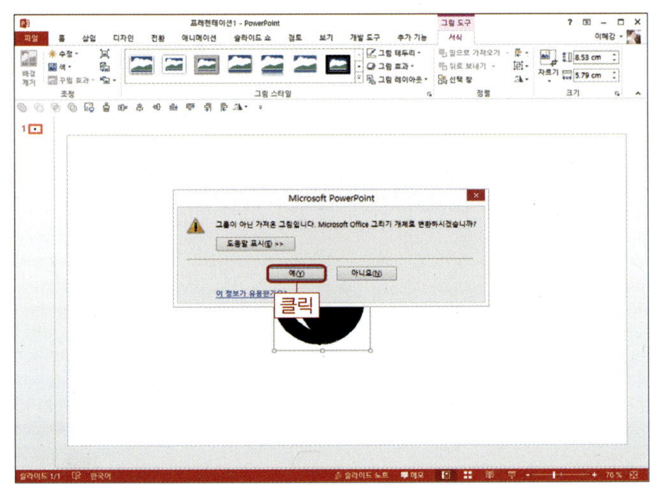

06 한 번 더 그룹 해제(Ctrl + Shift + G)를 하면 EPS 파일이 모두 해체되면서 도형으로 변형된다.

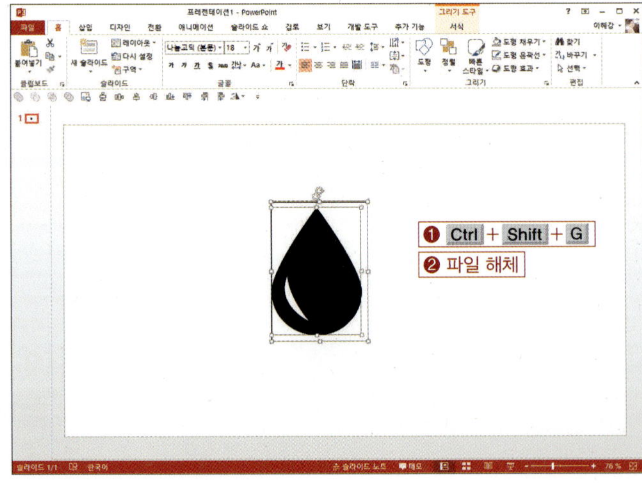

TIP

AI나 EPS 파일은 일러스트에서 바로 복사하여 붙여넣고 두 번의 그룹해제(Ctrl + Shift + G) 후, 사용할 수 있으며 SVG(Scalable Vector Graphics) 파일도 EMF나 WMF로 변환하여 사용할 수 있다. 별도의 변환 프로그램이 없는 경우 'https://cloudconvert.com' 또는 'http://www.office–converter.com/Convert–to–EMF'에서 변환할 수 있다.

07 EPS 파일을 도형으로 변환 시, 불필요한 도형들이 생기는데, 선택한 후, Delete 를 눌러 삭제한다.

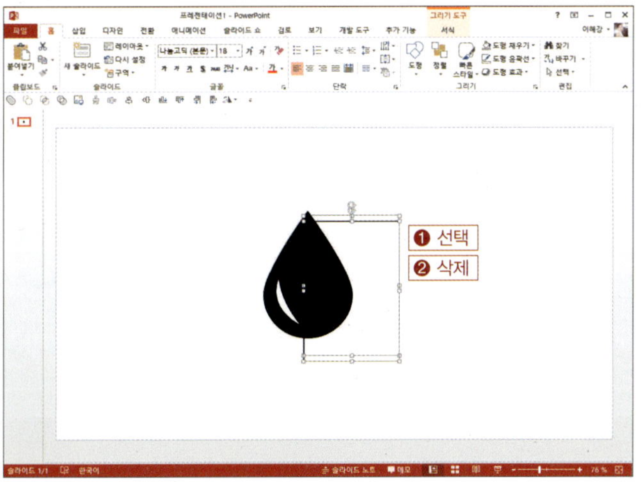

08 도형이 된 물방울을 2개 더 복제(Ctrl + D)한 후 배치한다. 도형을 선택 후, [그리기도구]–[서식]탭–[도형스타일] 그룹–[도형 채우기]의 각각 (1) 진회색, (2) 회색, (3) 파란색을 변경하고, [도형 윤곽선]은 '윤곽선 없음'으로 선택한다.

TIP
도형을 선택하고 Ctrl 키를 누른 상태에서 드래그해도 복제할 수 있다. 이때 Shift 키를 함께 누르면 같은 축으로 복사된다.

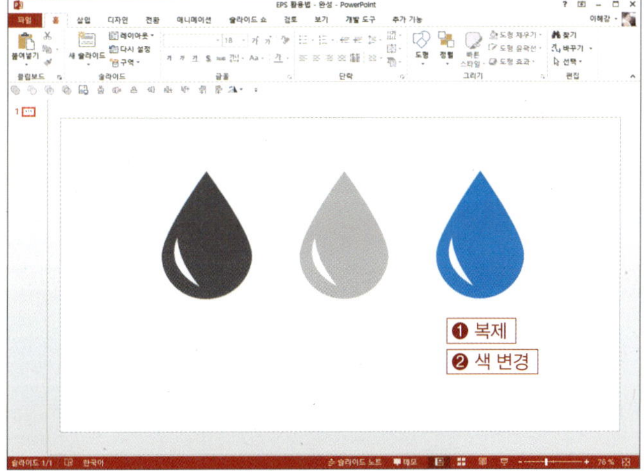

09 [삽입] 탭–[텍스트] 그룹 – [텍스트 상자]를 선택해 텍스트를 입력하고 서식을 지정한다.

텍스트	글꼴 / 글꼴 크기
RAIN	맑은 고딕 / 60
SUNDAY MORNING	맑은 고딕 / 20

지도 도형 만들기

파워포인트를 만들다 보면 지도를 활용해 슬라이드를 제작하는 경우가 많다. 하지만 프레젠테이션의 전체적인 콘셉트에 따라 어울리는 색감이 달라지므로 원하는 느낌의 지도를 찾는 것은 매우 어렵다. 지도를 도형으로 직접 만들면 파워포인트 콘셉트에 맞게 색과 투명도를 쉽게 변경할 수 있다. 자유 도형을 이용해 지도를 만들고 색상을 변경하는 방법을 배워보자.

Preview

• 완성파일 : 지도 도형 만들기 – 완성.pptx   • 색상정보 : 지도 도형 만들기 – 색상.png
• 이미지 : 농장.jpeg

01 네이버나 구글에서 원하는 국가 혹은 지역의 지도를 검색한 후 키보드의 Print Screen 을 누른다.

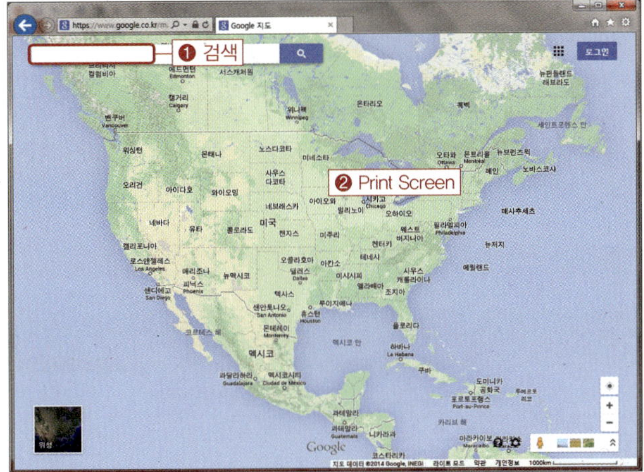

02 파워포인트 빈 슬라이드에서 Ctrl + V 를 눌러 캡쳐한 화면을 붙여 넣는다. 이미지를 선택하고 [그림 도구]–[서식] 탭–[크기] 그룹–[자르기]를 클릭한 후 조절점을 드래그하여 필요 없는 부분의 범위를 지정한다. 자를 범위를 선택했으면 슬라이드 빈 곳을 클릭하여 지정한 영역만 남기고 이미지를 자른다.

> **TIP**
> 이미지가 클 경우 [Ctrl + 마우스휠]로 슬라이드 창의 크기를 조절할 수 있다.

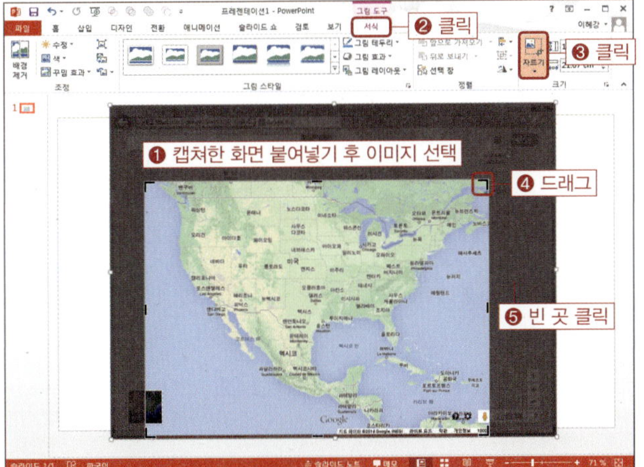

03 [삽입] 탭–[일러스트레이션] 그룹–[도형]–[자유형]을 선택한다. 국경선을 따라 방향이 바뀌는 부분에서 마우스를 클릭하여 지도를 따라 도형을 만들어간다.

> **TIP**
> 지도를 따라갈 때는 순차적으로 진행하며, 같은 지점을 두 번 클릭하면 도형 제작이 종료되므로 같은 지점을 두 번 클릭하지 않도록 주의한다.

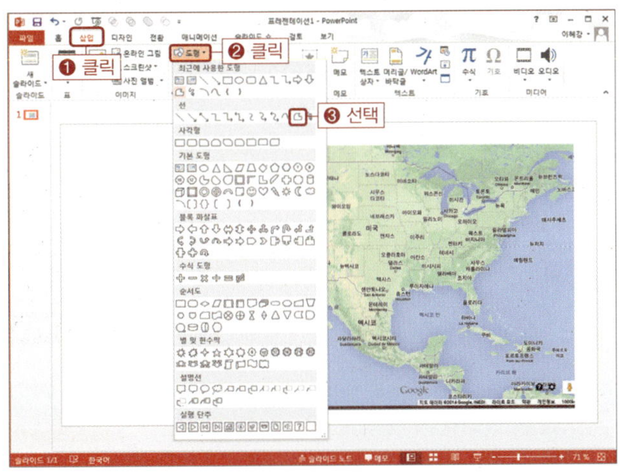

04 지도를 따라 도형이 만들어졌다면 자유형을 처음 시작했던 지점을 클릭해 도형을 완성한다.

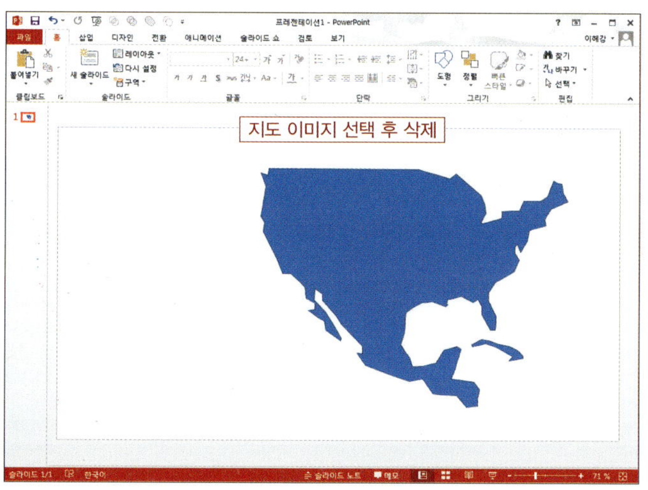

05 쿠바와 같은 섬나라도 표현해준다면 더욱 섬세하게 지도를 만들 수 있다. 지도 도형이 완성되면 지도 이미지는 선택한 후 삭제(Delete)한다.

06 마우스 오른쪽 버튼을 클릭하고 [배경 서식]을 클릭한다. [배경 서식] 작업 창의 [채우기]에서 '단색 채우기'를 선택하고 [색]에서 '(1) 진한 회색'으로 변경한다.

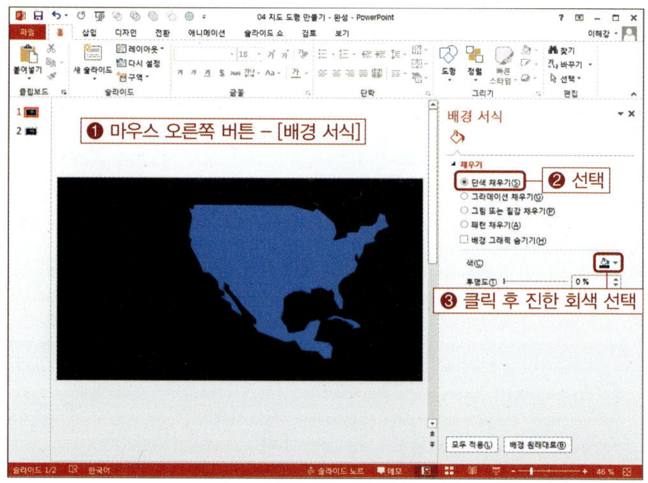

07 지도 도형을 모두 선택하고 마우스 오른쪽 버튼을 클릭한 후 [개체 서식]을 클릭하여 서식을 지정한다.

도형	채우기 색	투명도	선	선 색
지도	(2) 흰색	50%	실선	(2) 흰색

TIP
처음 설정 시 [도형 채우기]와 [선]을 모두 '(2) 흰색'으로 선택하였지만 [도형 채우기]의 투명도만 조정했기 때문에 자연스럽게 윤곽선이 부각된다.

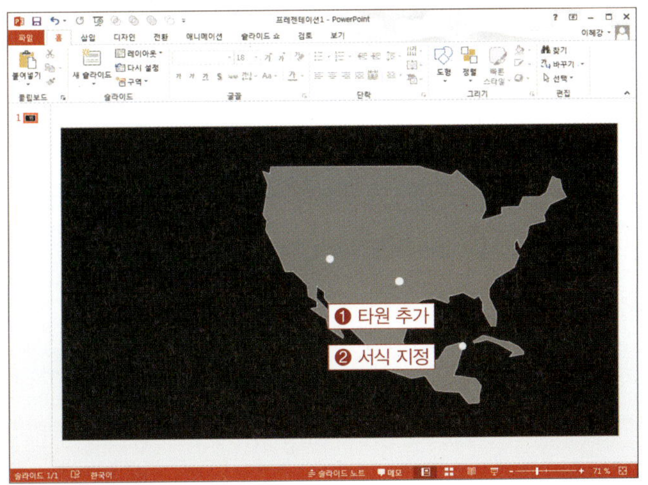

08 [삽입] 탭–[일러스트레이션] 그룹–[도형]–[타원]을 선택해 주요 지점에 타원을 추가하고 서식을 지정한다. 이 도형들은 투명도를 주지 않았기 때문에 지도와 구별된다.

도형	채우기 색	선
원	(2) 흰색	실선

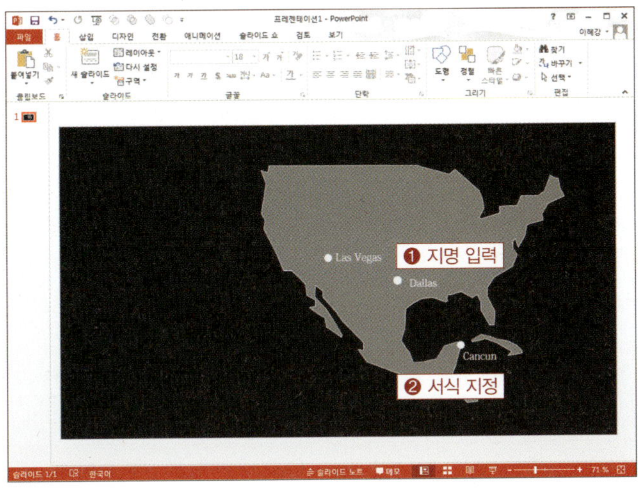

09 [삽입] 탭–[텍스트] 그룹–[텍스트 상자]를 선택하고 지명 이름을 입력한 후 [홈] 탭–[글꼴] 그룹에서 글꼴을 'Adobe Fangsong Std R'로, 글꼴 크기를 '18'로 지정한다.

10 [삽입] 탭–[일러스트레이션] 그룹–[도형]–[선]을 선택해 그림과 같이 지시선을 만들고 상단에 여행 일자를 입력한 후 [홈] 탭–[글꼴] 그룹에서 글꼴을 'Adobe Fangsong Std R'로, 글꼴 크기를 '18'로 지정한다. 그 외의 텍스트는 자유롭게 꾸며본다.

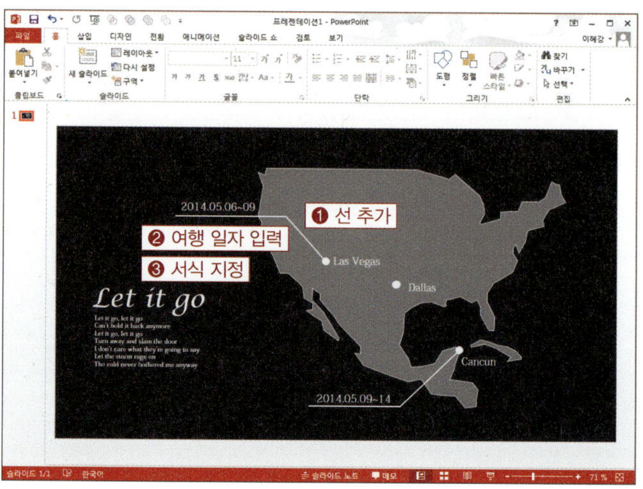

11 슬라이드의 빈 화면에서 마우스 오른쪽 버튼을 클릭하고 [배경 서식]을 선택한다. [배경 서식] 작업 창의 [배경색]에서 '단색 채우기'를 선택하고 다른 색으로 변경한다. 배경색만 바꿔도 전체 슬라이드의 느낌을 변화시킬 수 있다.

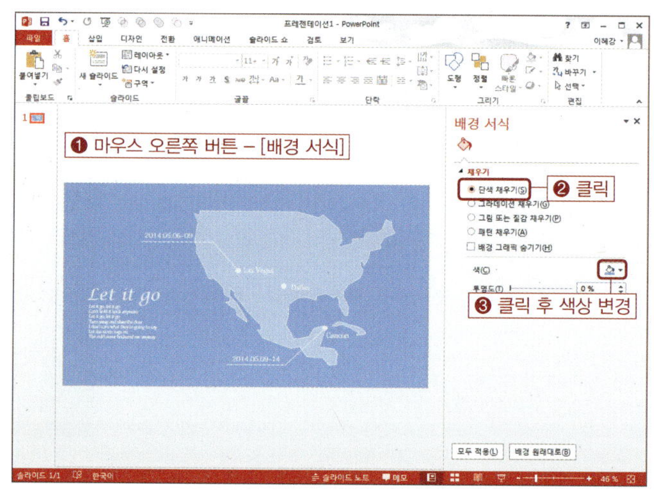

12 그라데이션 느낌을 표현하고 싶다면 '그라데이션 채우기'를 선택한 후 자연스러운 배경으로 만들 수도 있다.

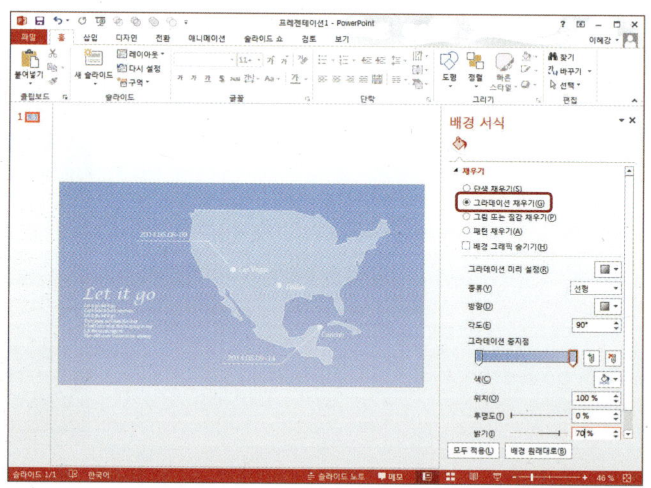

13 슬라이드 배경에 사진을 삽입하면 색다른 느낌으로 연출이 가능하다. [삽입] 탭-[이미지] 그룹-[그림]에서 [PART02]-[005 지도 도형 만들기] 폴더의 '농장.jpeg' 파일을 삽입한 후 슬라이드 크기에 맞추고, 오른쪽 마우스를 클릭하여 [맨 뒤로 보내기]로 이미지를 뒤로 보낸다.

TIP
도형이나 이미지가 여러 개 겹치는 경우 [맨 앞으로 가져오기], [맨 뒤로 보내기] 등을 이용하여 도형의 순서를 변경한다.

14 배경을 이미지로 지정한 지도가 완성되었다. 이처럼 배경에 따라 파워포인트의 느낌을 변경할 수 있다.

006

도형 병합 및 빼기

파워포인트 2010 버전부터는 도형을 더하거나 빼 더욱 다양한 모양의 도형을 작성할 수 있게 되었다. 더 나아가 파워포인트 2013 버전에서는 도형뿐만 아니라 텍스트나 사진도 더하거나 뺄 수 있게 되었다. 이제 도형을 더하거나 빼 다양한 모양으로 만드는 방법을 알아보자.

Preview

실전 따라하기

- 예제파일 : 도형병합 외 방법 – 예제.pptx
- 색상정보 : 도형병합 외 방법 – 색상.png
- 완성파일 : 도형병합 외 방법 – 완성.pptx
- 이미지 : 도형병합 외 방법1, 2.png

01 파워포인트의 메뉴를 살펴보면 도형을 더하거나 뺄 수 있는 메뉴가 없다. 이 기능은 메뉴에 나타나 있지는 않지만 파워포인트에서 제공되는 기능으로 메뉴에 표시하기 위해 [파일]–[옵션]을 선택한다.

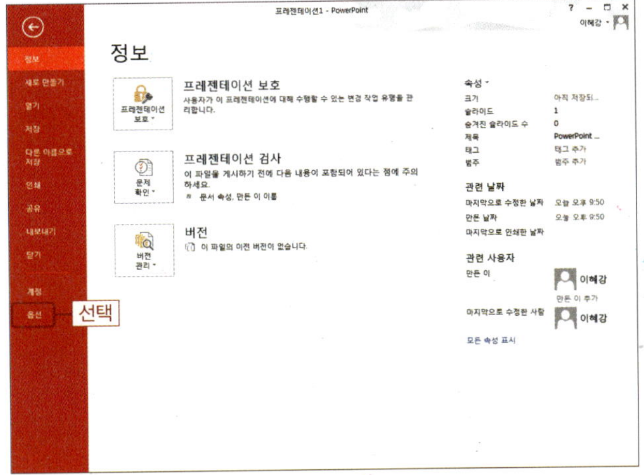

02 왼쪽 탭에서 [빠른 실행 도구 모음]을 선택한 후 [명령 선택]에서 '리본 메뉴에 없는 명령'을 선택한다. 리본 메뉴에 없는 명령 중 '도형 결합, 도형 교차, 도형 병합, 도형 빼기'를 선택한 후 [추가]를 눌러 오른쪽 메뉴로 이동시키고 [확인] 버튼을 클릭한다.

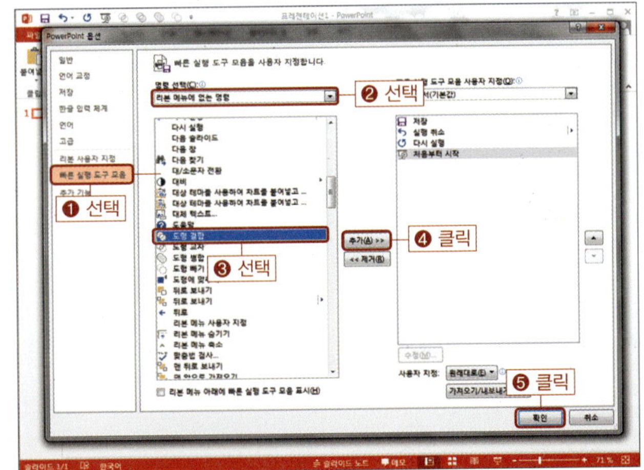

03 파워포인트 창의 [빠른 실행 도구 모음]에 '도형 결합', '도형 교차', '도형 병합', '도형 빼기' 아이콘이 추가된 것을 확인할 수 있다. 슬라이드에 아이콘을 크게 확대해 표시해 보았다.

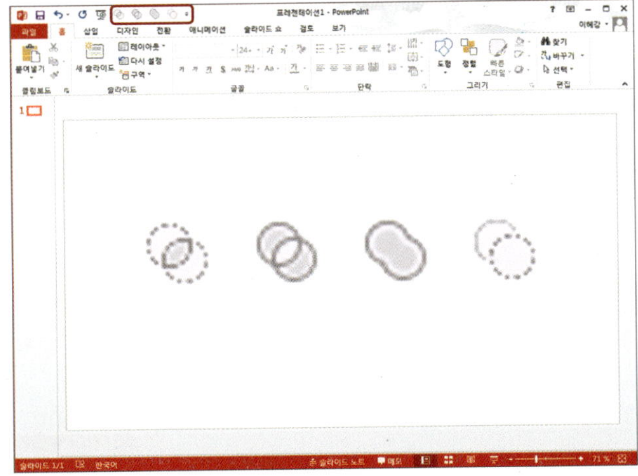

04 S와 R을 만들기 위해 도형 병합과 도형 빼기에 사용할 도형을 준비해보자. [삽입] 탭-[일러스트레이션] 그룹-[도형]에서 [직사각형]과 [순서도:지연]을 선택해 그림과 같이 도형을 추가한다.

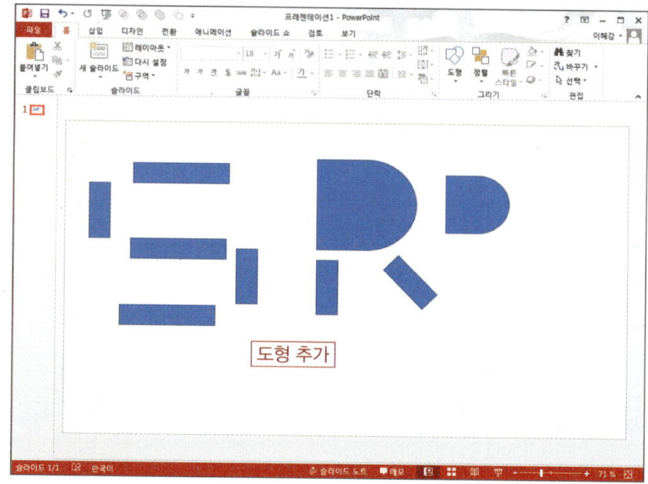

05 도형들을 배열해 그림과 같이 S와 R을 만든다.

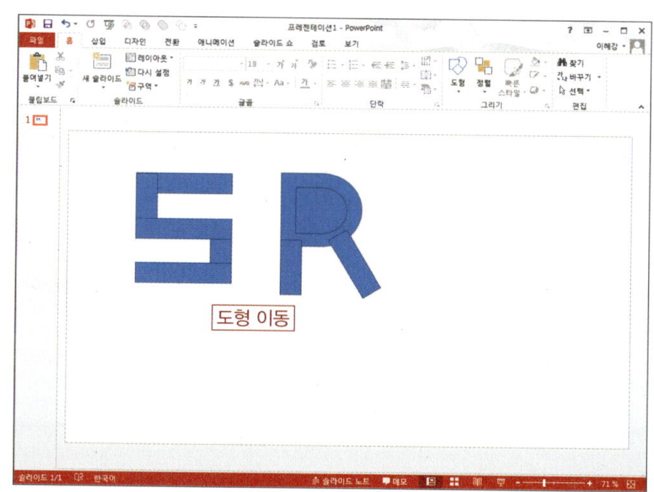

06 그룹 설정과 도형 병합의 차이점을 알아보기 위해 S 도형을 하나 더 복제(Ctrl + D)한다. 첫 번째 S를 마우스 드래그로 모두 선택한 후 그룹 설정(Ctrl + G)을 한다.

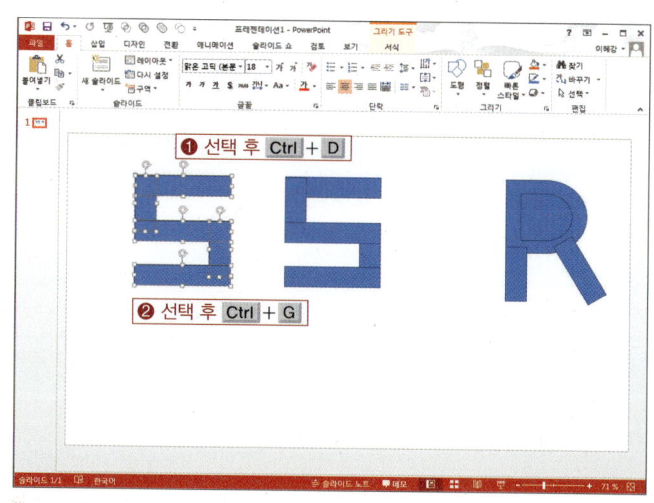

07 여러 개의 도형이 하나로 선택된다.

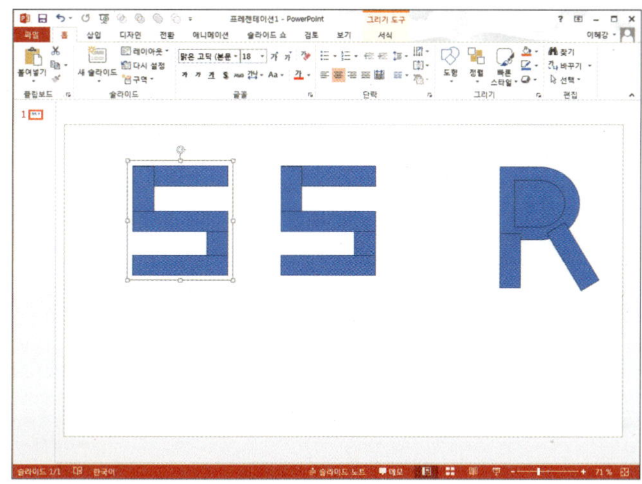

08 오른쪽 S도 모두 선택한 후 [빠른 도구 모음]에 있는 [도형 병합]을 클릭한다. 마찬가지로 하나의 도형으로 만들어진다.

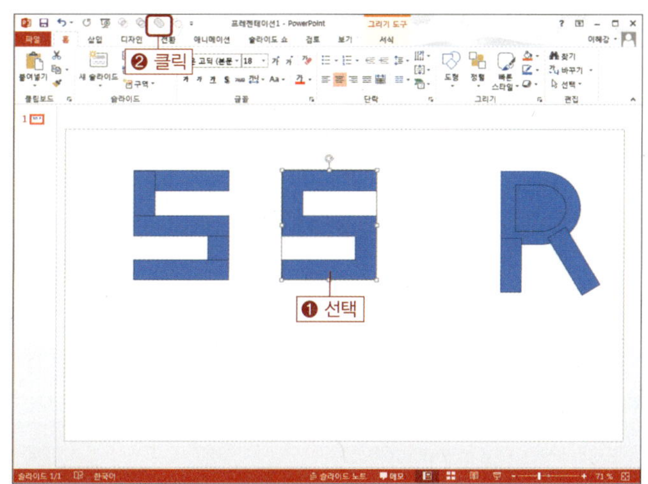

09 두 개의 도형을 선택하고 다음 서식을 지정한다. 그룹 설정을 하면 기존 도형의 모양이 그대로 남아있고, 도형 병합으로는 하나의 도형이 된다.

도형	채우기 색	선	선 색
S	채우기 없음	실선	(1) 민트색

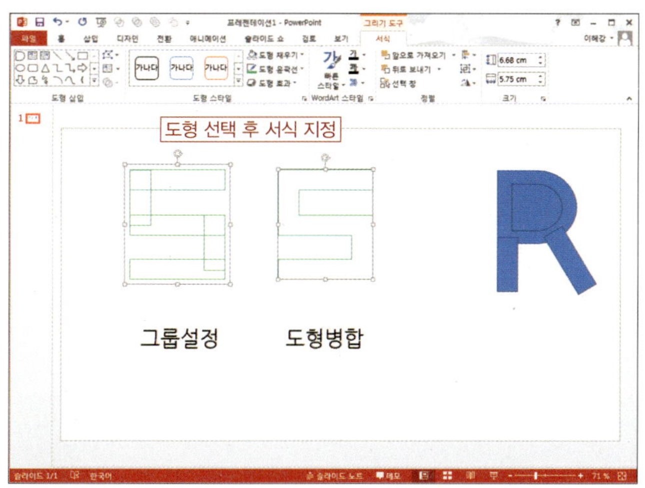

10 그룹 설정이 된 도형은 그룹 해제(Ctrl + Shift + G)로 다시 원래 도형으로 분리가 가능하다. 하지만 도형 병합은 하나의 도형이 되었기 때문에 다시 되돌릴 수 없다. 두 기능의 차이점을 확인했다면 그룹 설정된 도형은 삭제한다.

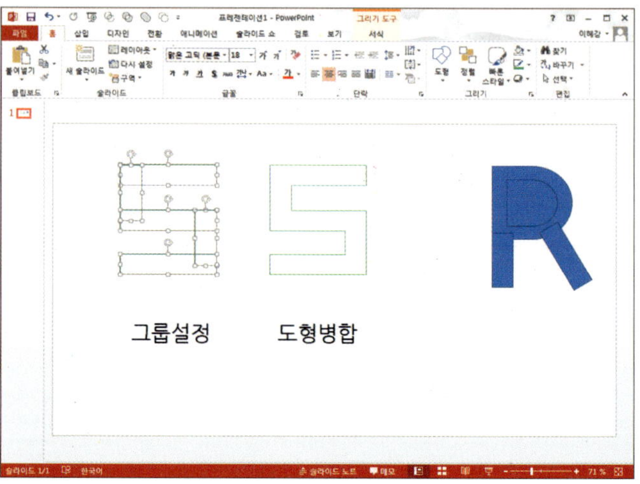

11 이번에는 R자를 만들기 위해 먼저 도형 빼기를 할 도형만 선택한다. 큰 도형을 먼저 선택하고 작은 도형을 Shift + 클릭하여 선택한다.

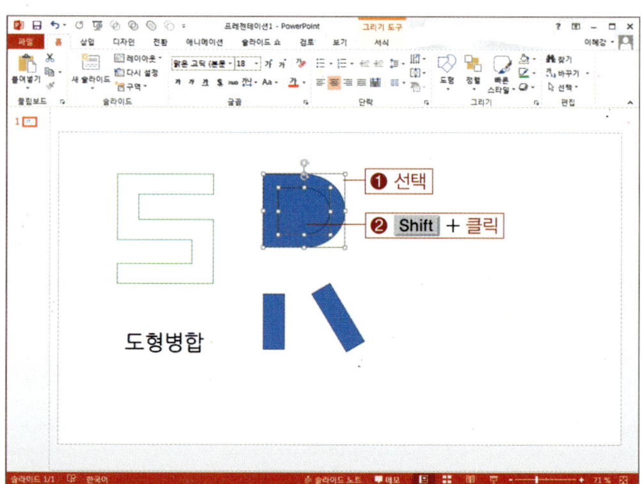

TIP
도형 빼기는 먼저 선택한 도형에서 나중에 선택한 도형을 빼기 때문에 선택할 때 주의해야 한다.

12 [빠른 도구 모음]의 [도형 빼기]를 클릭하면 위의 도형과 밑의 도형의 겹치는 부분이 제거된다.

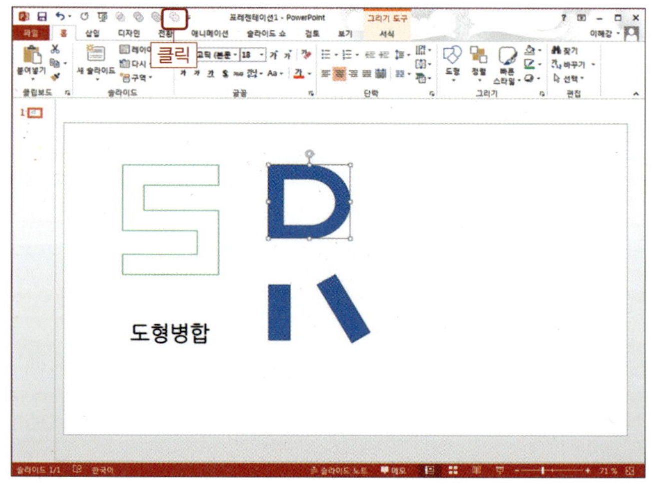

13 R의 아래쪽 부분은 위쪽 부분과 연결되게 배치한 후 합칠 도형을 모두 선택한 후 [도형 병합]을 클릭한다.

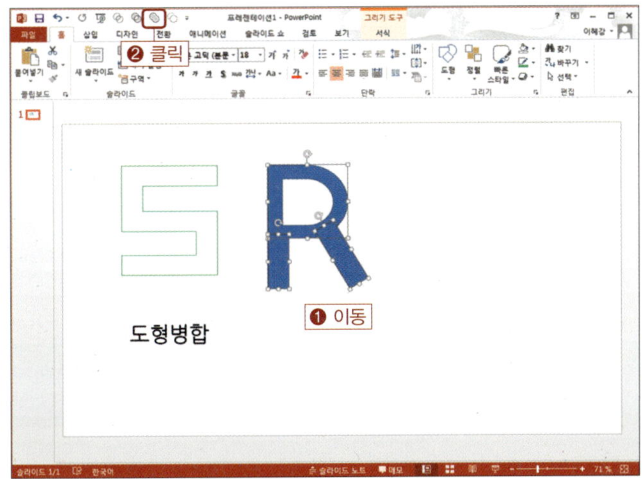

14 이제 R 글자도 S와 마찬가지로 하나의 도형이 되었다.

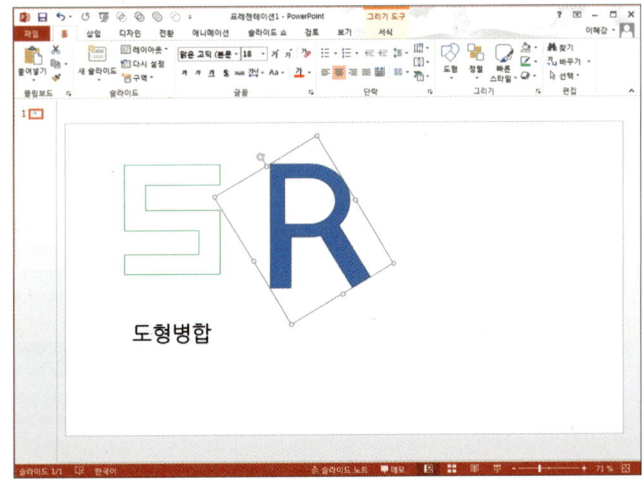

15 두 도형을 선택하고 서식을 지정한 후 [삽입] 탭-[텍스트] 그룹-[텍스트 상자]를 선택해 텍스트를 입력하고 서식을 지정한다.

도형	채우기 색	선
S / R	(1) 민트색	선 없음
텍스트	**글꼴 / 글꼴 크기 / 속성**	**글꼴 색**
UN, IVER	나눔고딕 / 20 / 굵게	(1) 민트색

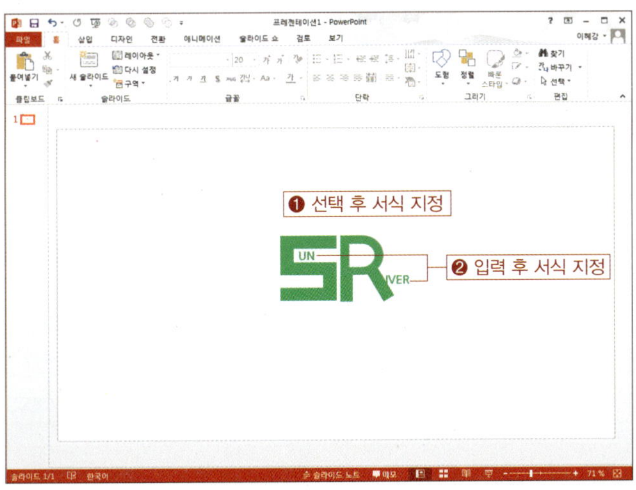

16 지금까지 익힌 기능들을 활용하여 새로운 슬라이드를 만들어보자. 먼저 [삽입] 탭–[슬라이드] 그룹–[새 슬라이드]로 새로운 슬라이드를 만든 후 [삽입] 탭–[이미지] 그룹–[그림]에서 '도형병합 외 방법1.png' 파일을 가져와 왼쪽에 배치한다. [삽입] 탭–[일러스트레이션] 그룹–[도형]–[타원]을 선택해 원을 만들고, [삽입] 탭–[텍스트] 그룹–[텍스트 상자]를 선택해 텍스트를 입력한다.

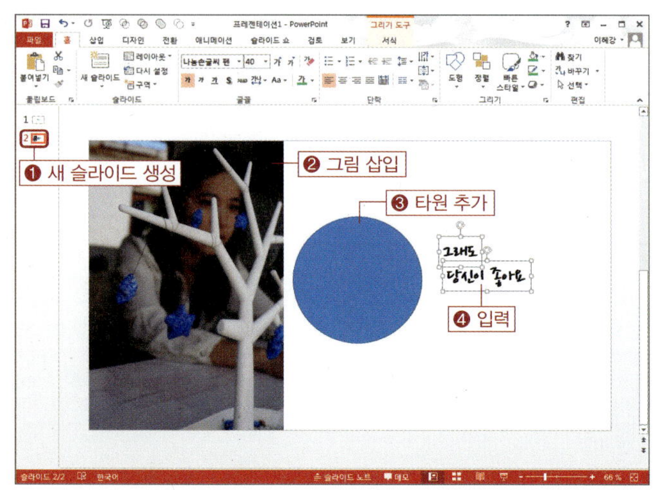

17 타원 위에 글자가 가득 찰 수 있게 서식을 지정하고 텍스트를 배치한다. 마우스로 도형과 텍스트를 모두 선택한 후 [빠른 도구 모음]의 [도형 빼기]를 클릭한다.

텍스트	글꼴 / 글꼴 크기 / 속성
그래도 당신이 좋아요	나눔손글씨 펜 / 도형에 꽉 차도록 조절 / 굵게

TIP
해당 기능은 파워포인트 2013 버전에서만 가능하다.

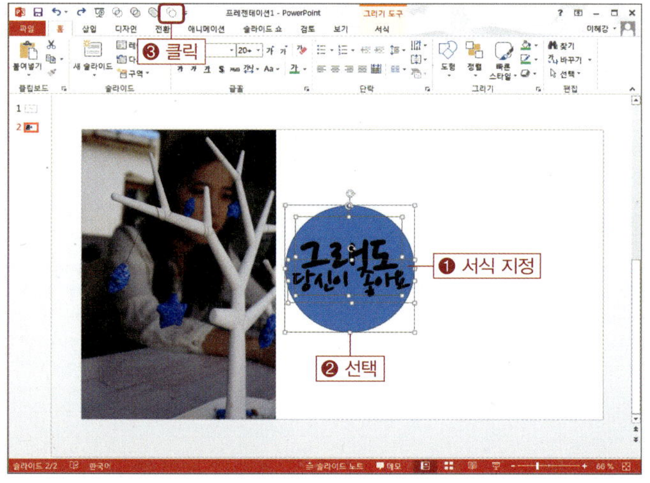

18 원에 글자 모양으로 구멍이 생기면 도형 서식을 지정한 후 그림처럼 타원을 사진 위에 배치한다.

도형	채우기 색	선
원	(2) 흰색	선 없음

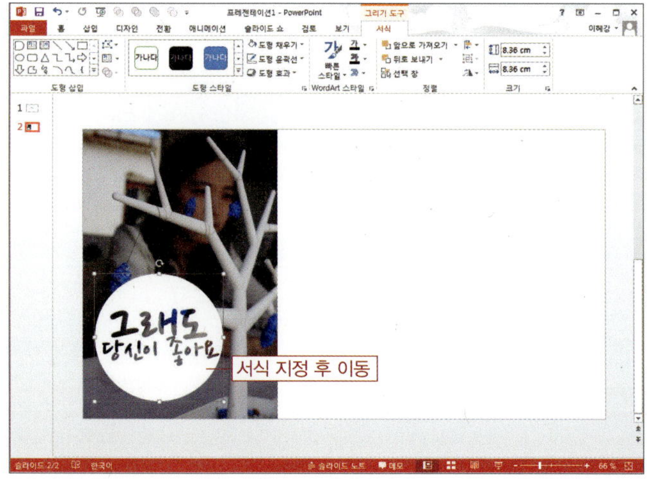

19 타원을 선택한 후 마우스 오른쪽 버튼을 클릭하고 [도형 서식]을 선택한다. [도형 서식] 작업 창의 [채우기]에서 '단색 채우기'를 선택하고 [투명도]를 '20%'로 지정하면 배경과 어우러진 느낌을 만들 수 있다.

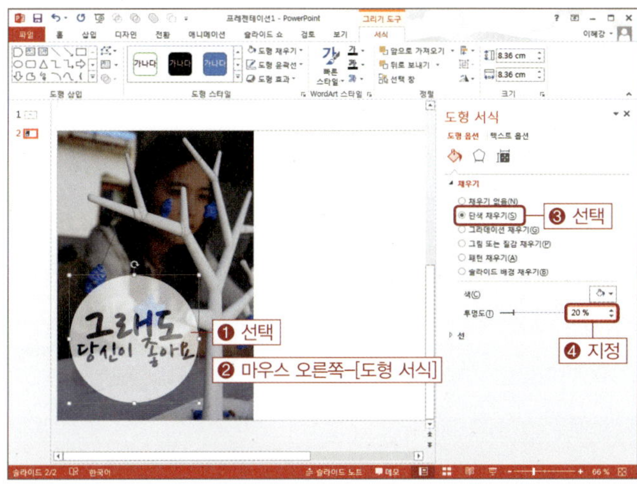

20 [삽입] 탭-[이미지] 그룹-[그림]에서 '도형병합 외 방법2.png'를 가져와 도형의 아래쪽으로 배치하면 동일한 도형이지만 도형 아래의 사진이 어떤 색을 가졌는지에 따라 다른 느낌을 연출할 수 있다.

007

배경 제거 및
이미지 색상 변경

프레젠테이션을 위한 이미지를 제작할 때 이전에는 포토샵과 같은 그래픽 프로그램에서 수정한 이미지를 파워포인트에 가져와 사용하였다. 하지만 파워포인트 2010 버전 이상부터는 배경을 제거하는 방법이 매우 간단하고 깔끔해졌다. 또한 이미지의 색을 보정하는 기능도 제공하고 있어 원하는 색으로 변경이 가능하다.

Preview

01 [삽입] 탭–[이미지] 그룹–[그림]을 선택하고 [그림 삽입] 대화상자가 나타나면 배경을 제거할 사진을 선택한 후 [열기]를 클릭해 사진을 불러온다.

TIP
배경이 단색이고 객체와의 색 구분이 명확할수록 더욱 깔끔하고 쉽게 배경 제거를 할 수 있다.

02 이미지를 선택한 상태에서 [그림 도구]–[서식] 탭–[조정] 그룹–[배경 제거]를 선택하면 자동으로 제거될 범위가 지정된다.

03 자동으로 범위가 지정되었지만 사람이 모두 범위 안에 들 수 있게 조절점을 드래그해 조정해준다.

04 [그림 도구]–[서식] 탭–[고급 검색] 그룹–[제거할 영역 표시]를 선택한다. 제거할 부분이지만 자홍색에 포함되지 않았다면 해당 부분을 마우스로 드래그한다. 드래그한 지점과 비슷한 색상 영역이 자홍색으로 변하게 된다. 이러한 방식으로 배경이 모두 자홍색이 되도록 한다.

제거될 부분 다시 보관할 영역으로 표시하기

만약 남겨두어야 할 영역이 제거되었다면 [보관할 영역 표시]를 클릭한 후 해당 영역을 드래그하면 자홍색이 사라진다.

05 [그림 도구]–[서식] 탭–[닫기] 그룹–[변경 내용 유지]를 선택하면 자홍색 영역이 모두 제거된 것을 확인할 수 있다.

06 사진을 선택한 후 두 개 더 복제(Ctrl + D)
한다.

07 색을 변경할 사진을 선택하고 [그림 도
구]-[서식] 탭-[조정] 그룹-[색]의 [다시 칠
하기]에서 [파랑]을 선택하면 사진 전체의 색
감이 파란색으로 변경된다.

08 같은 방법으로 다른 사진도 '녹색'과 '황
금색'으로 변경한다.

09 가운데 이미지는 기존 사진색으로 되돌린다. [삽입] 탭-[일러스트레이션] 그룹-[도형]에서 [선]과 [타원]을 선택해 그림처럼 지시선을 만든다. 채우기 색과 선 색은 [스포이트]를 이용해 사진 색과 동일한 색으로 변경해준다.

10 [삽입] 탭-[텍스트] 그룹-[텍스트 상자]를 이용해 그림처럼 텍스트를 입력하고 서식을 적용한다.

텍스트	글꼴 / 글꼴 크기	글꼴 색
I Love / my dream	Lucida Sans Typewriter / 18	(1) 노란색, (2) 파란색
내용	나눔고딕 / 16	(3) 회색

11 노란색과 파란색을 이어주는 느낌을 연출하기 위해 텍스트를 입력한다. [홈] 탭-[글꼴] 그룹에서 글꼴은 'Lucida Calligraphy'로, 글꼴 크기는 '60'으로 지정한다.

12 입력한 텍스트를 드래그하여 선택한 후 마우스 오른쪽 버튼을 클릭하고 [사전에 추가]를 선택한다.

TIP
텍스트가 오타로 인식되어 빨간 줄이 그어지면 단어로 인정되지 않아 [텍스트 채우기]를 할 수 없다. 따라서 사전에 단어를 추가하여 빨간 줄이 사라지도록 한다.
만약 [파일]–[옵션]–[언어교정]–Power point에서 맞춤법 검사 영역에서 입력할 때 자동으로 맞춤법 검사에 체크되어 있지 않으면 빨간 줄이 생기지 않는다.

13 텍스트를 선택하고 마우스 오른쪽 버튼을 클릭한 후 [도형 서식]을 선택한다. [도형 서식] 작업 창에서 [텍스트 옵션]을 선택하고 [텍스트 채우기]에서 '그라데이션 채우기'를 선택한다. [종류]는 '선형', [각도]는 '0°'로 지정하고 [그라데이션 중지점]에서 중지점을 2개 만들어 양끝에 배치한다.

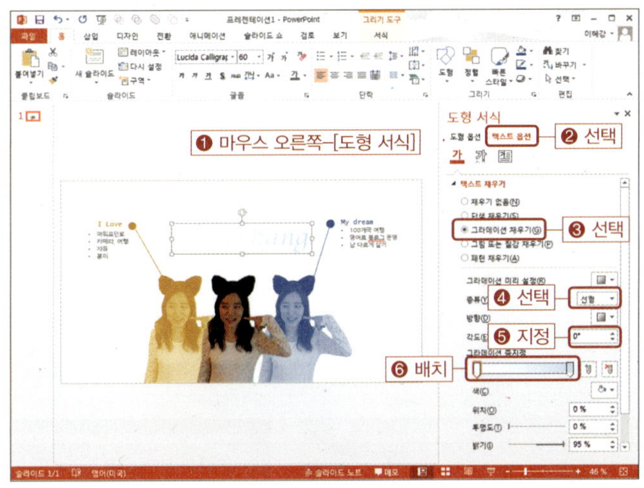

14 첫 번째 중지점을 선택하고 [색]에서 '(1) 노란색'을 지정한다. 두 번째 중지점을 선택해 [색]에서 '(2) 파란색'을 지정하면 이미지와 텍스트가 자연스럽게 어울리도록 만들 수 있다.

008

파워포인트
슬라이드 마스터

슬라이드 마스터를 활용하면 반복적으로 사용하는 레이아웃이나 디자인을 다시 복사해 붙여넣기 하지 않아도 될 뿐만 아니라 슬라이드가 바뀌어도 개체를 동일한 위치에 배치할 수 있어 전체 슬라이드에 통일성을 줄 수 있다. 그뿐 아니라 작업 창에서 고정되어야 하는 객체들이 있을 때 슬라이드 마스터에 추가하고 작업하면 작업할 때 객체들이 움직이지 않아 작업하기 편리하다. 이번 절에서는 슬라이드 마스터 활용법을 살펴보자.

Preview

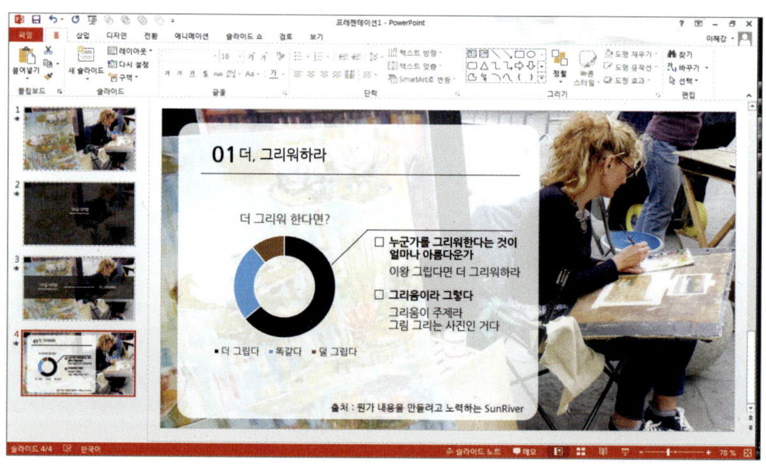

• 이미지 : 슬라이드마스터.jpg
• 완성파일 : 슬라이드마스터 – 완성.pptx

01 슬라이드 마스터를 작성하기 위해 [보기] 탭–[마스터 보기] 그룹–[슬라이드 마스터]를 클릭한다.

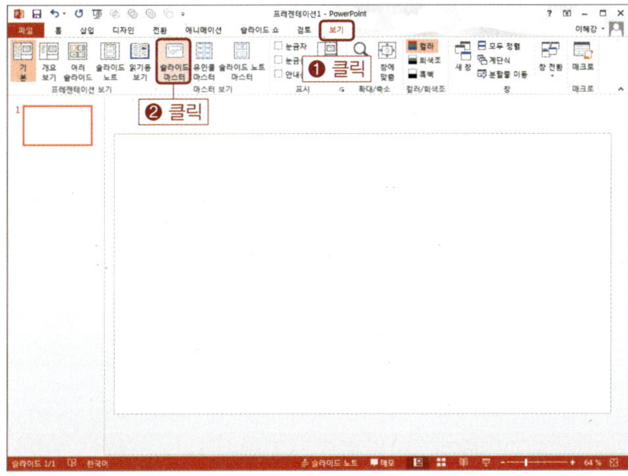

02 슬라이드 마스터 창이 나타나면 왼쪽 슬라이드 내비게이션 창을 살펴보자. 첫 번째 슬라이드에서 작업하면 하위 슬라이드에 모두 적용되므로 모든 슬라이드에 동일하게 적용되는 개체는 첫 번째 슬라이드에 삽입해준다. 첫 번째 슬라이드에 있는 보조 삽입창은 전체 선택(Ctrl + A)한 후 삭제(Delete)해 빈 슬라이드로 만든다.

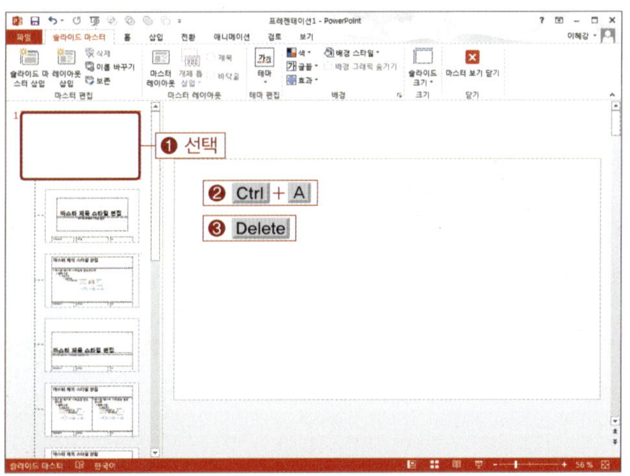

03 [삽입] 탭–[이미지] 그룹–[그림]을 클릭하고 [그림 삽입] 대화상자에서 사진을 불러와 슬라이드 크기에 맞게 배치해준다. 첫 번째 슬라이드에 적용하면 하위 슬라이드에도 모두 동일한 사진이 적용된다.

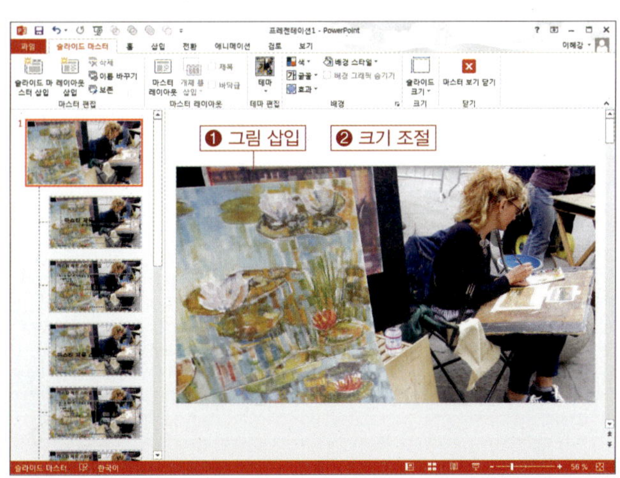

> **TIP**
> 이미지 크기와 슬라이드 크기가 다르다면 사진을 선택한 후 [그림 도구]–[서식] 탭–[크기] 그룹–[자르기]를 이용해 이미지 크기를 슬라이드에 맞게 잘라준다.

04 사진만 있는 슬라이드에는 글자를 쓰는 것이 어려우므로 두 번째 슬라이드를 선택한 후 [삽입] 탭-[일러스트레이션] 그룹-[도형]-[직사각형]을 클릭해 슬라이드를 모두 덮을 크기의 직사각형을 만든다.

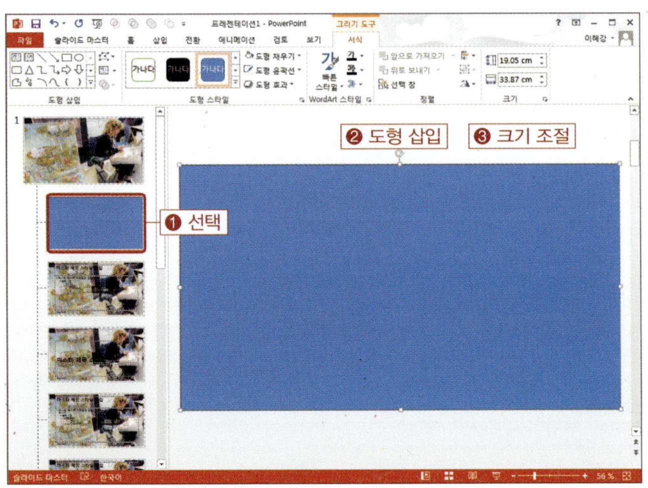

05 도형을 선택한 상태에서 마우스 오른쪽 버튼을 클릭하고 [도형 서식]을 선택한다. [도형 서식] 작업 창의 [채우기]에서 '단색 채우기'를 선택하고 [색]은 '검은색'으로, [투명도]는 '30%'로 지정한다. [선]에서 '선 없음'을 선택한다.

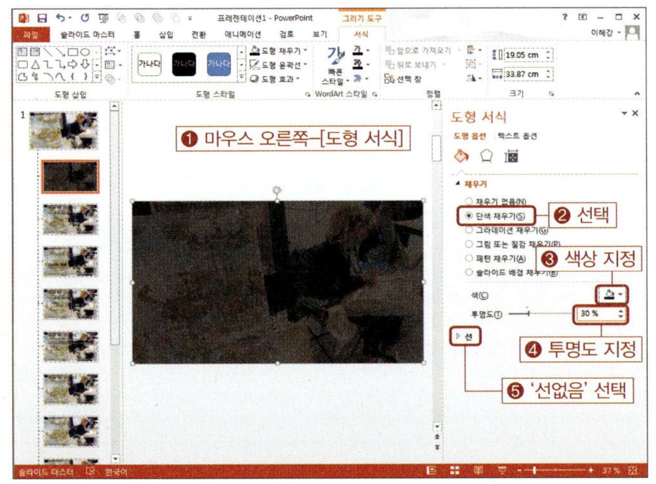

06 이제는 본문을 넣을 수 있는 슬라이드를 만들어보자. 세 번째 슬라이드를 선택하고 [삽입] 탭-[일러스트레이션] 그룹-[도형]에서 [모서리가 둥근 직사각형]을 선택해 도형을 추가한 후 모양 조절점을 드래그해 모서리의 둥글기 정도를 변경해준다.

07 도형을 선택하고 마우스 오른쪽 버튼을 클릭한 후 [도형 서식]을 선택한다. [도형 서식] 작업 창의 [채우기]에서 '단색 채우기'를 선택하고 [색]은 '흰색'으로, [투명도]는 '15%'로 지정한다. [선]에서 '선 없음'을 선택한다.

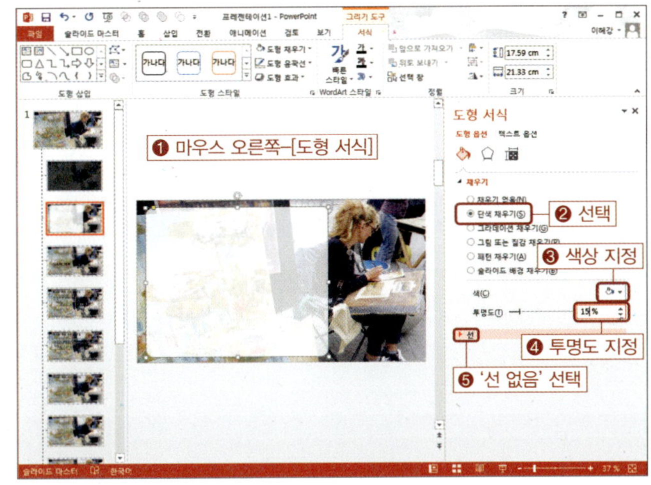

08 목차나 핵심 메시지 하나만 이야기하는 슬라이드를 만들기 위해 네 번째 슬라이드를 선택한다. [삽입] 탭–[일러스트레이션] 그룹–[도형]–[직사각형]을 선택하고 슬라이드 중앙에 길게 직사각형을 만든다.

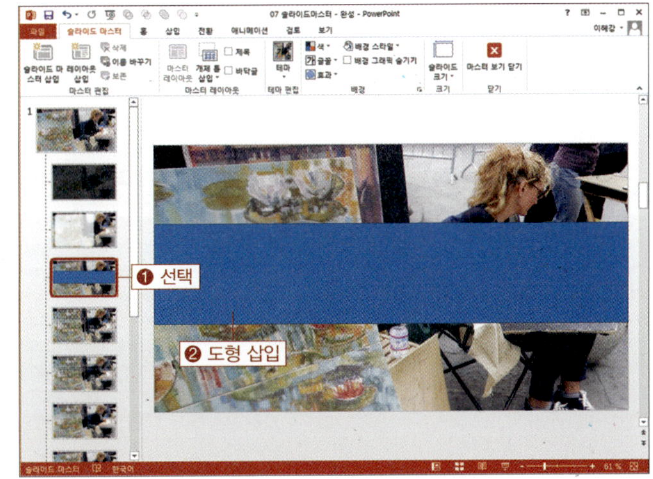

09 도형을 선택한 상태에서 마우스 오른쪽 버튼을 클릭하고 [도형 서식]을 선택한다. [도형 서식] 작업 창의 [채우기]에서 '단색 채우기'를 선택하고 [색]은 '검은색', [투명도]는 '30%'로 지정한 후 [선]에서 '선 없음'을 선택한다.

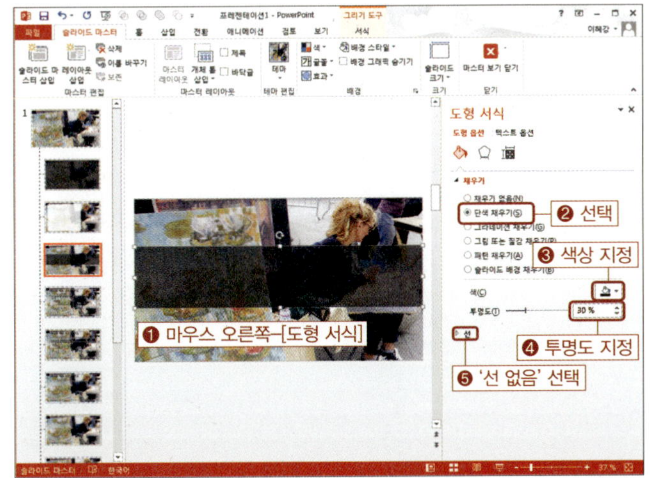

10 작업이 완료되면 [슬라이드마스터] 탭–
[닫기] 그룹–[마스터 보기 닫기]를 클릭한다.

11 작업 창으로 다시 돌아오면 기존 빈 슬라
이드였던 슬라이드는 두 번째 마스터 슬라이
드로 변경되었다.

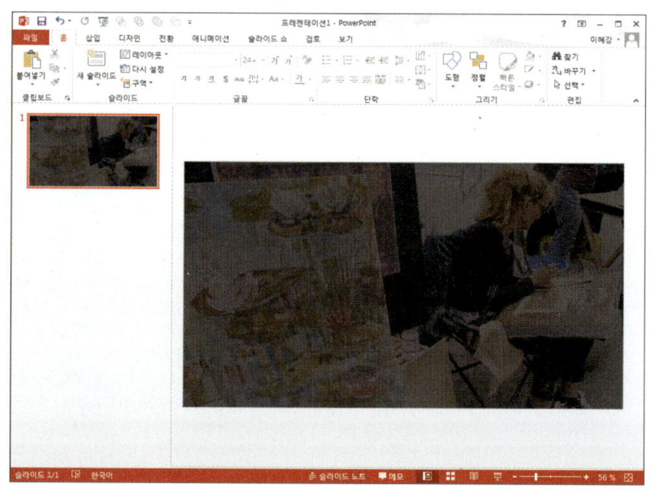

12 왼쪽 슬라이드 탭에서 Enter 를 누르면 슬
라이드가 추가된다.

13 추가된 슬라이드에서 마우스 오른쪽 버튼을 클릭하고 [레이아웃]을 선택하면 슬라이드 마스터에서 만들었던 슬라이드가 표시된다. 원하는 슬라이드 레이아웃을 선택하면 선택한 레이아웃이 적용된다.

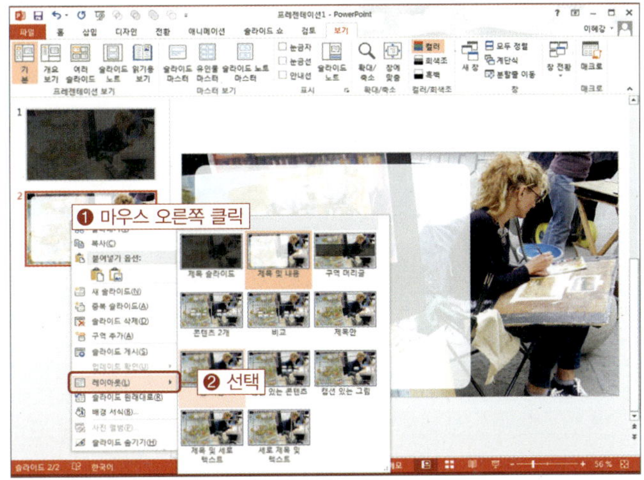

14 같은 방법으로 슬라이드를 추가해 원하는 슬라이드 레이아웃을 선택하고 텍스트를 추가해 슬라이드를 완성해 보자.

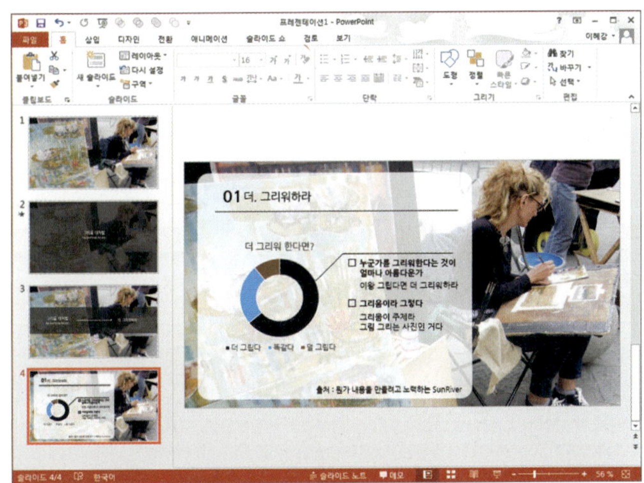

009

점 편집하기

파워포인트에서는 다양한 모양의 도형을 지원하지만 때로는 도형으로 제작하기 힘들 때도 있다. 파워포인트 2010 이상 버전부터는 원하는 도형과 유사한 도형을 만든 후 [점 편집] 기능을 활용해 변형하면 원하는 모양을 만들 수 있다.

Preview

• 이미지 : 점 편집하기.png
• 완성파일 : 점 편집하기 - 완성.pptx

01 먼저 작은 이미지 패턴을 바둑판식으로 배열하여 배경으로 지정해 보자. [삽입] 탭-[일러스트레이션] 그룹-[도형]-[직사각형]을 이용해 슬라이드를 덮도록 직사각형을 만든다. 도형을 선택하고 [그리기 도구]-[서식] 탭-[도형 스타일] 그룹-[도형 윤곽선]에서 '윤곽선 없음'을 선택한다.

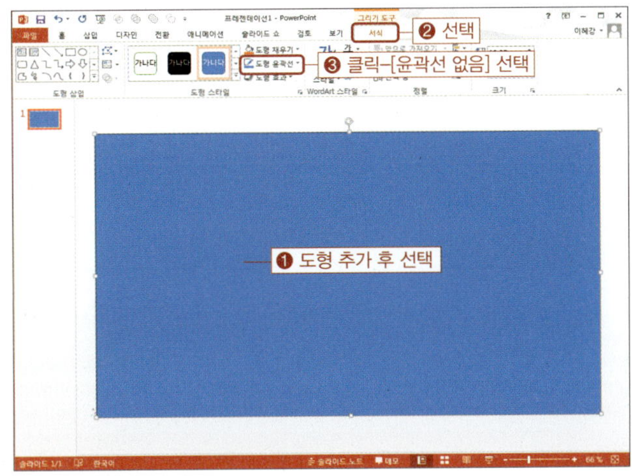

02 도형을 선택하고 마우스 오른쪽 버튼을 클릭한 후 [도형 서식]을 선택한다. [도형 서식] 작업 창의 [채우기]에서 '그림 또는 질감 채우기'를 선택하고 [파일]을 클릭해 패턴으로 지정될 '점 편집하기.png'를 불러온다.

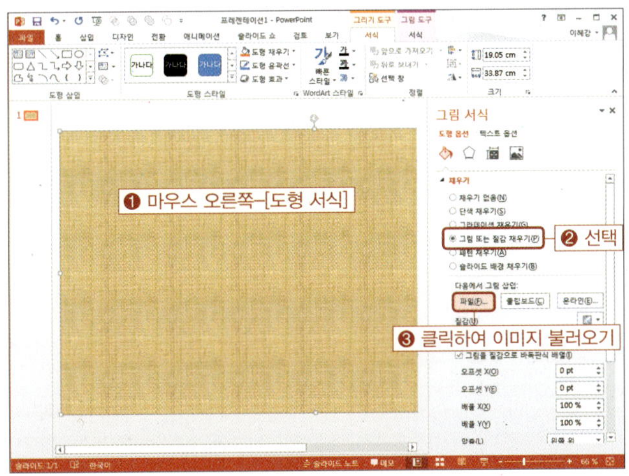

03 작은 정사각형으로 이루어진 이미지이기 때문에 이미지가 사각형에 맞추어 늘어난다. 바둑판식으로 이미지를 배열하기 위해 '그림을 질감으로 바둑판식 배열'을 클릭한다.

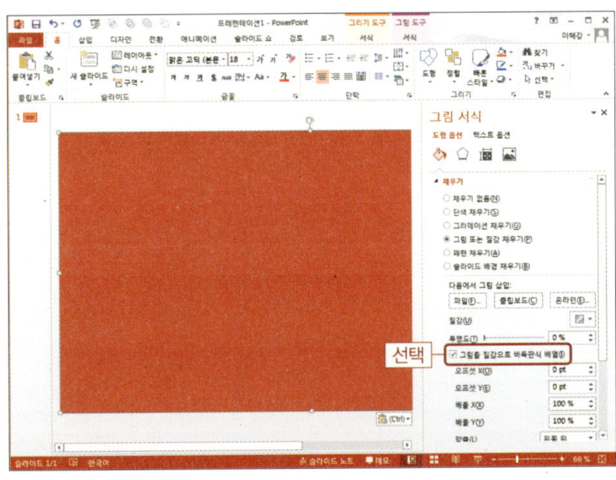

04 리본을 만들기 위해 [삽입] 탭-[일러스트 레이션] 그룹-[도형]-[막힌 원호]를 선택해 도형을 추가한다. 도형을 선택하고 모양 조절 점을 이용해 막힌 원호의 각도나 두께를 그림 처럼 변경한다.

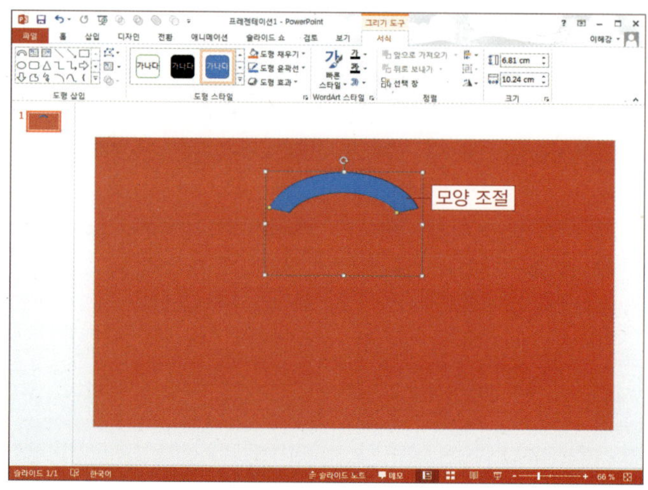

05 도형을 선택한 상태에서 마우스 오른쪽 버튼을 클릭하고 [점 편집]을 선택한다.

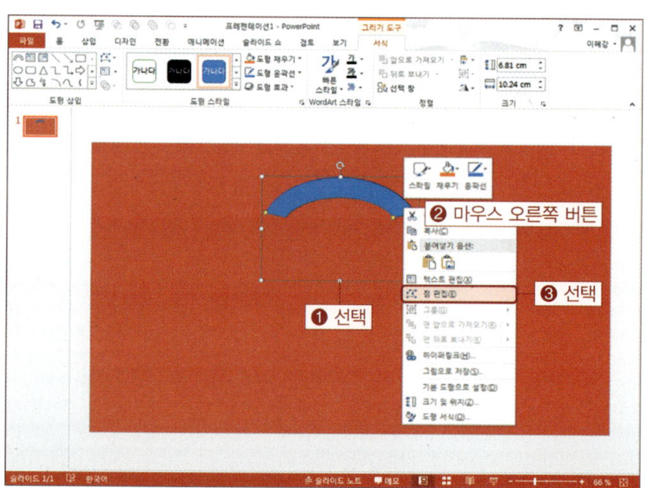

06 도형의 주요 지점에 검은색 조절점이 나 타난다. 해당 점을 드래그해 점의 위치를 변 경하면 도형의 모양도 변형된다. 각 점들의 위치를 이동시켜 원하는 원호 모양으로 변경 한다.

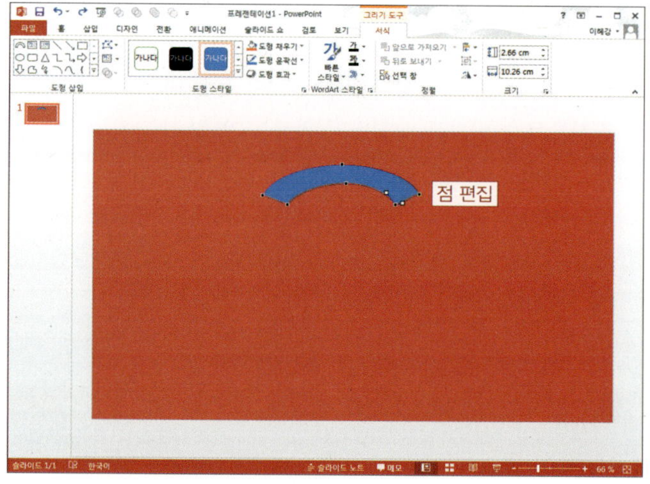

07 도형을 선택하고 서식을 지정한다.

도형	채우기 색	선
막힌 원호	흰색	선 없음

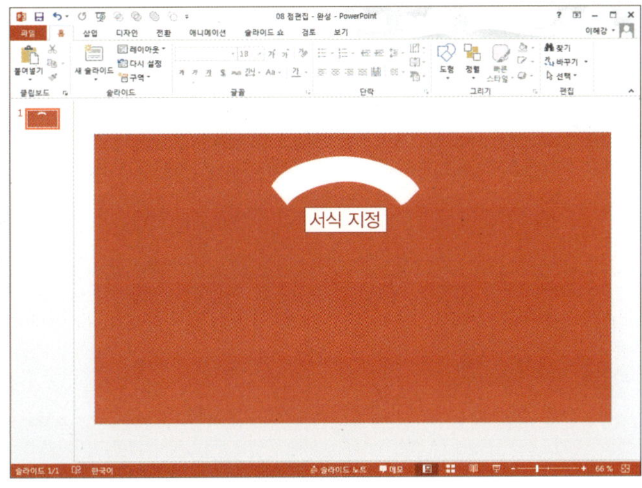

08 리본 끝자락을 만들기 위해 [삽입] 탭–
[일러스트레이션] 그룹–[도형]–[직사각형]을
클릭해 사각형을 하나 더 만든 후 원호와 같
은 서식을 지정한다.

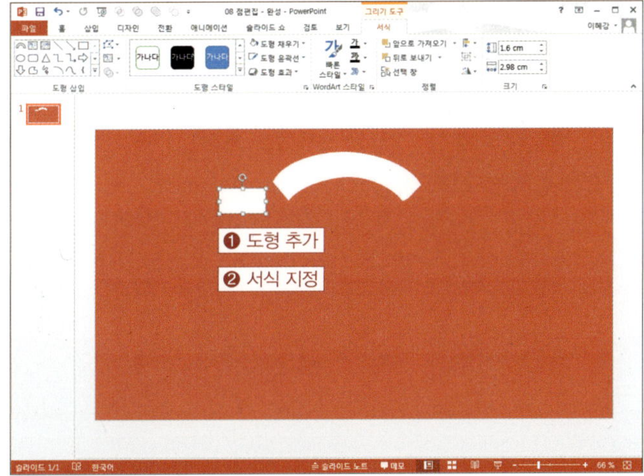

TIP

기존 원호 도형을 서식 복사(Ctrl + Shift + C)한 후 새로
운 직사각형에 서식 붙여 넣기(Ctrl + Shift + V)를 하면
빠르게 서식을 적용할 수 있다.

09 직사각형을 선택한 상태에서 마우스 오
른쪽 버튼을 클릭하고 [점 편집]을 선택한다.
이번에는 모양 조절점을 추가해보자. Ctrl 을
누른 상태에서 점을 만들고자 하는 변을 클릭
하면 모양 조절점이 생성된다.

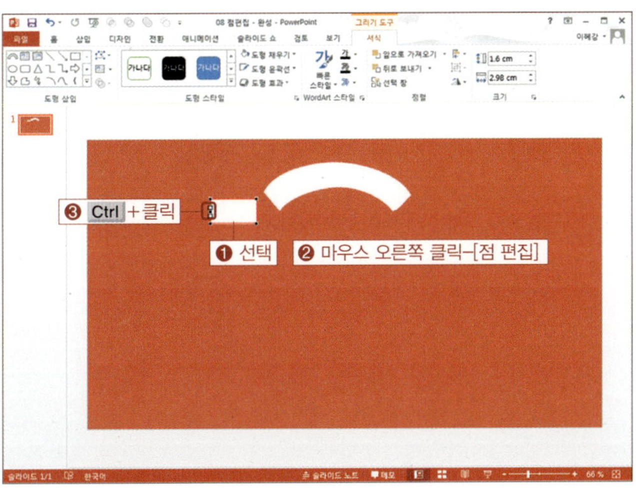

10 새롭게 추가한 점을 드래그하여 사각형 안쪽으로 이동시키면 리본 모양이 만들어진다.

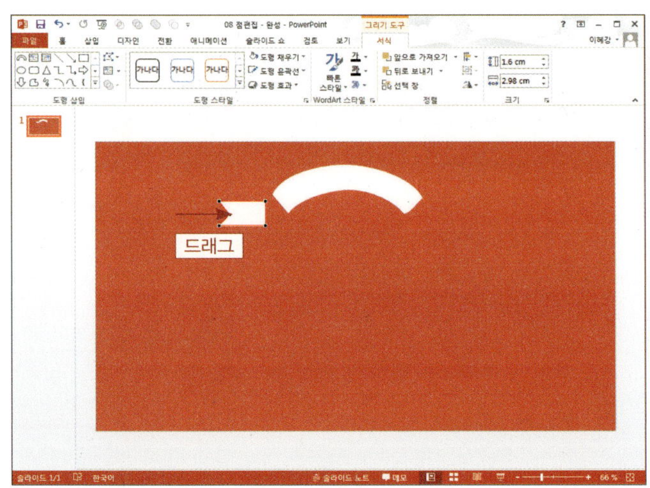

11 만든 도형을 회전시켜 기존에 만든 원호 아래쪽에 배치한다. 두 도형의 구분을 위해 직사각형과 원호를 선택하고 [그리기 도구]-[서식] 탭-[도형 스타일] 그룹-[도형 윤곽선]을 '검은색'으로 변경한다.

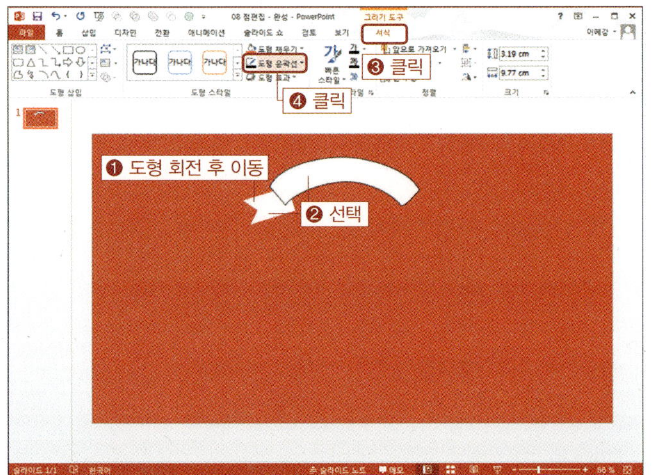

12 리본 직사각형을 선택한 상태에서 마우스 오른쪽 버튼을 클릭하고 [점 편집]을 선택한다. 원호와 겹치는 두 지점 위에서 Ctrl + 클릭하여 모양 조절점을 추가하고 점을 사각형 안쪽으로 끌어당겨 원호와 겹치지 않게 도형 모양을 변형한다.

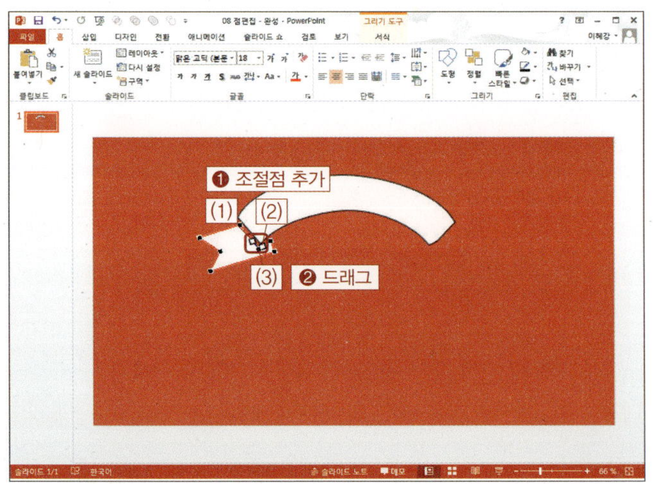

13 리본 직사각형을 복제(Ctrl + D)하고 [홈] 탭-[그리기] 그룹-[정렬]-[회전]-[좌우 대칭]을 클릭해 반대편 리본 직사각형을 만든 후 위치를 조정해준다.

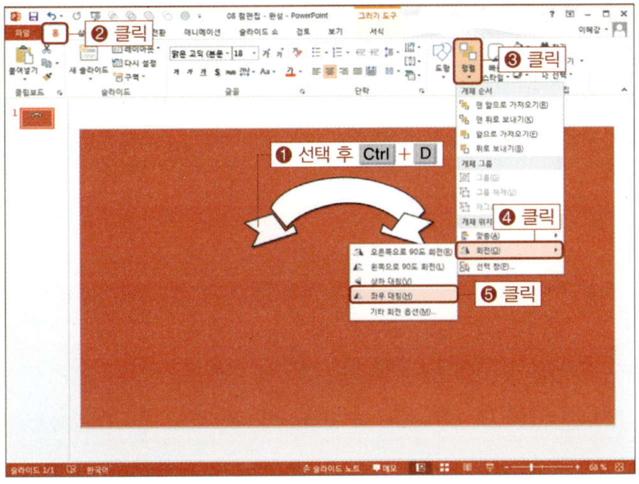

14 만든 도형에 그림자 효과를 지정하기 위해 전체를 선택(Ctrl + A)한 후 [그리기 도구]-[서식] 탭-[도형 스타일] 그룹-[도형 효과]-[그림자]의 [바깥쪽]에서 [오프셋 대각선 오른쪽 아래]를 선택한다.

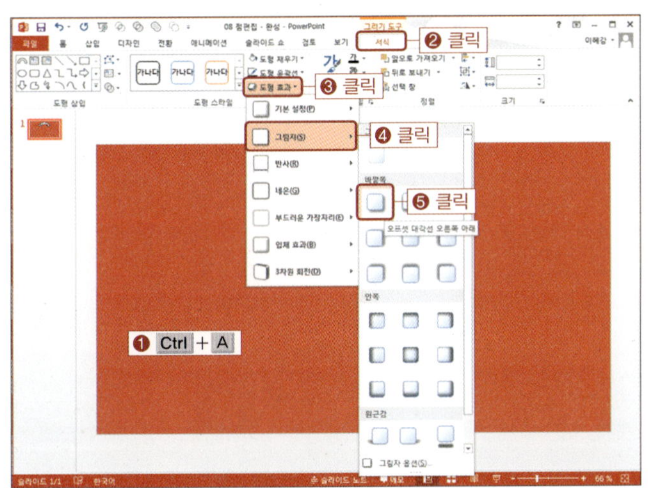

15 [삽입] 탭-[텍스트] 그룹-[텍스트 상자]를 클릭해 제목을 입력한다. [홈] 탭-[글꼴] 그룹에서 글꼴은 '나눔고딕', 글꼴 색은 '검은색'으로 지정한다.

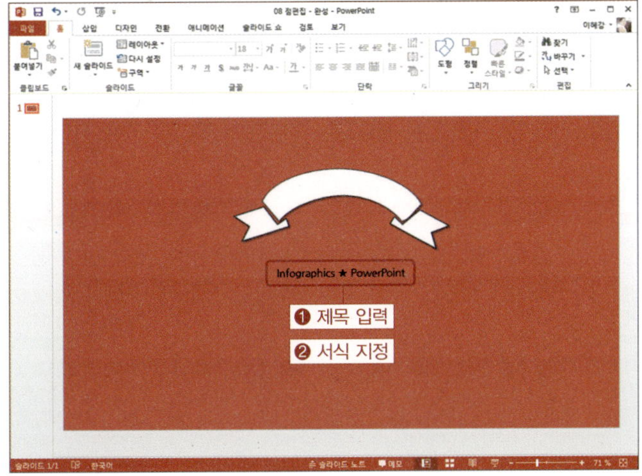

16 텍스트를 선택한 상태에서 [그리기 도구]-[서식] 탭-[WordArt 스타일] 그룹-[텍스트 효과]-[변환]의 [모양]에서 [위쪽 원호]를 선택한다.

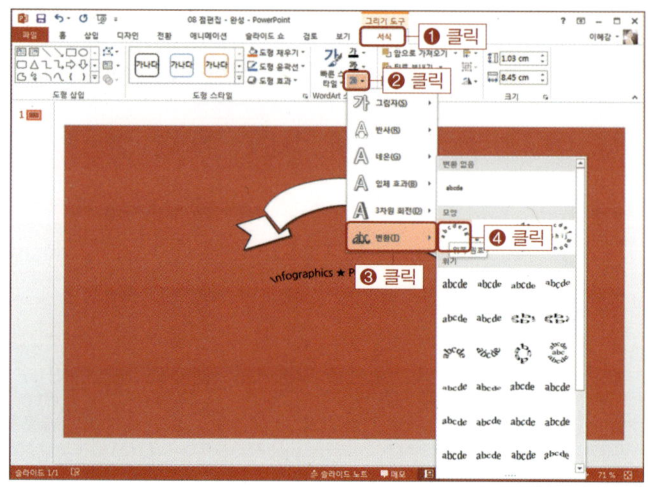

17 그림과 같이 원호 도형에 맞게 텍스트를 배치한다. 도형 크기를 조절하듯 텍스트의 조절점을 드래그하여 크기를 조절한다.

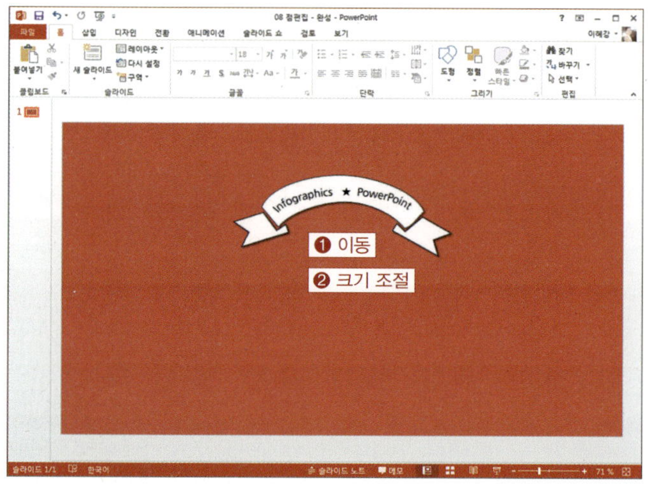

> **TIP**
> 양쪽 대칭이 맞지 않아 왼쪽으로 치우친 느낌이 든다면 Spacebar 를 눌러 양쪽 대칭을 맞춰준다.

18 [삽입] 탭-[텍스트] 그룹-[텍스트 상자]를 선택해 제목을 입력하고 [홈] 탭-[글꼴] 그룹에서 글꼴은 '나눔고딕 ExtraBold', 글꼴 크기는 '60', 글꼴 색은 '흰색', '텍스트 그림자'를 지정한다.

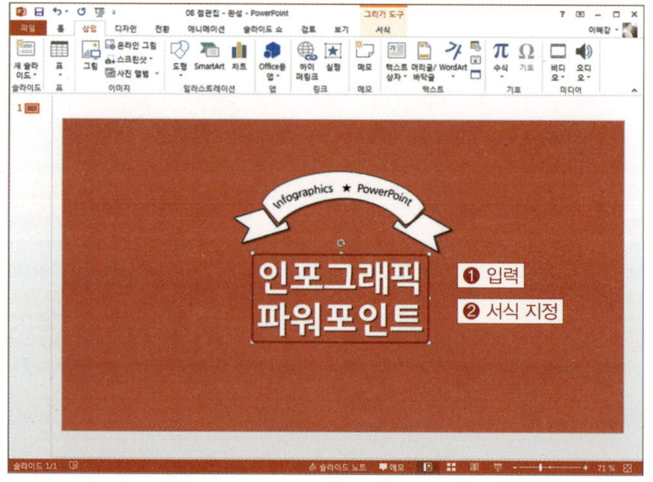

19 [삽입] 탭-[일러스트레이션] 그룹-[도형]-[선]을 선택해 제목의 위아래에 두 개씩 선을 만들어준다. [그리기 도구]-[서식] 탭-[도형 스타일] 그룹-[도형 윤곽선]을 '흰색'으로 지정한다.

20 다른 도형과 텍스트처럼 선에도 그림자를 적용해보자. [서식] 탭-[도형 스타일] 그룹-[도형 효과]-[그림자]의 [바깥쪽]에서 [오프셋 대각선 왼쪽 아래]를 선택한다.

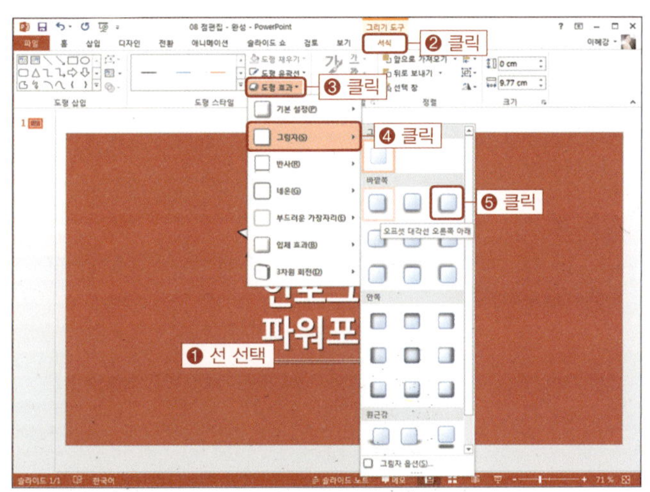

21 마지막으로 [삽입] 탭-[텍스트] 그룹-[텍스트 상자]를 선택해 제목을 입력한 후 하단에 배치한다. [홈] 탭-[글꼴] 그룹에서 글꼴은 'Lucida Calligraphy', 글꼴 크기는 '18', 글꼴 색은 '흰색', '텍스트 그림자'를 지정한다.

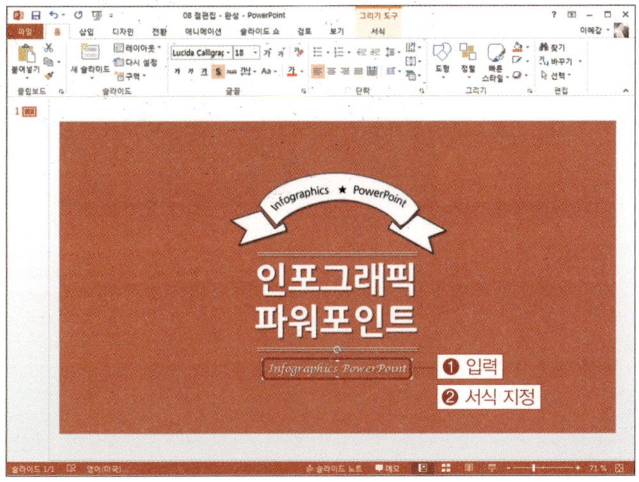

010

도형 및 텍스트
정렬하기

파워포인트 슬라이드에 개체가 많을 경우 개체의 간격이나 위치를 정렬하려면 많은 시간이 소요된다. 파워포인트의 정렬 기능을 이용하면 원하는 방향과 간격으로 쉽게 지정하여 정렬된 슬라이드를 만들 수 있다.

Preview

• 이미지 : 도형 및 텍스트–배경.jpg, 도형 및 텍스트1~3.jpg
• 완성파일 : 도형 및 텍스트 정렬하기 – 완성.pptx

01 [삽입] 탭–[이미지] 그룹–[그림]을 클릭하고 [그림 삽입] 대화상자에서 '도형 및 텍스트–배경.jpg'를 선택한 후 [열기] 버튼을 클릭하여 이미지를 삽입하고 슬라이드 크기에 맞게 배치한다.

02 [삽입] 탭–[일러스트레이션] 그룹–[도형]–[직사각형]을 선택해 슬라이드를 덮을 수 있는 직사각형을 만든다.

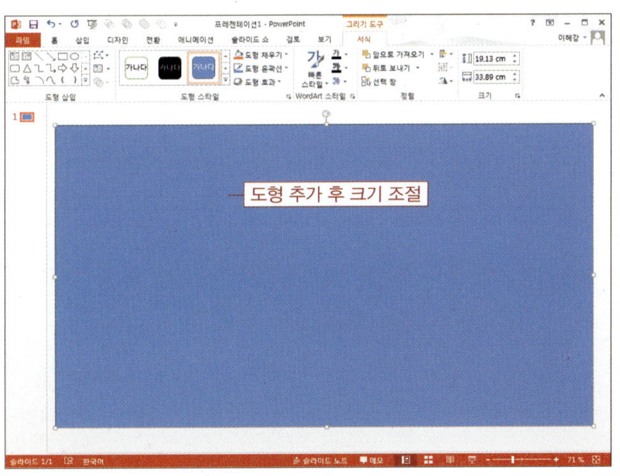

03 도형을 선택하고 마우스 오른쪽 버튼을 클릭한 후 [도형 서식]을 선택한다. [도형 서식] 작업 창의 [채우기]에서 '단색 채우기'를 선택하고 [색]은 '검은색'으로, [투명도]는 '35%'로 지정한다. [선]은 '선 없음'을 선택한다.

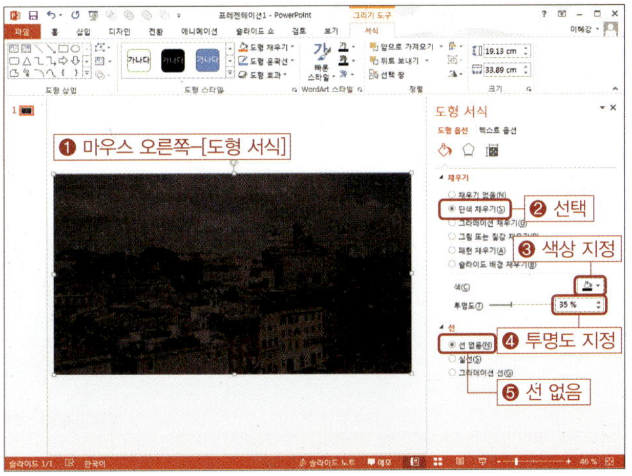

04 [삽입] 탭-[일러스트레이션] 그룹-[도형]-[타원]을 선택하고 타원을 삽입한다. 도형을 선택하고 마우스 오른쪽 버튼을 클릭한 후 [도형 서식]을 선택한다. [도형 서식] 작업 창의 [선]에서 '실선'을 선택하고, [색]은 '흰색'으로, [두께]는 '3pt'로 지정한다.

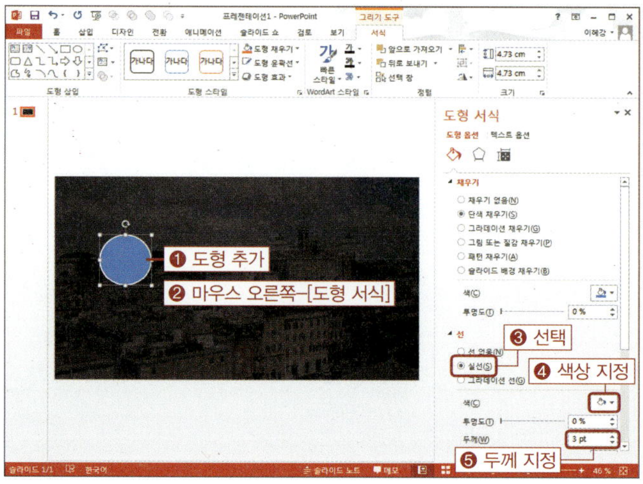

05 [도형 서식] 작업 창의 [채우기]에서 '그림 또는 질감 채우기'를 선택하고 [파일]에서 '도형 및 텍스트1.jpg'를 불러온다. 이미지가 크면 [그림을 질감으로 바둑판식 배열]을 체크한 후 배율 X와 Y를 '20%'로 지정한다.

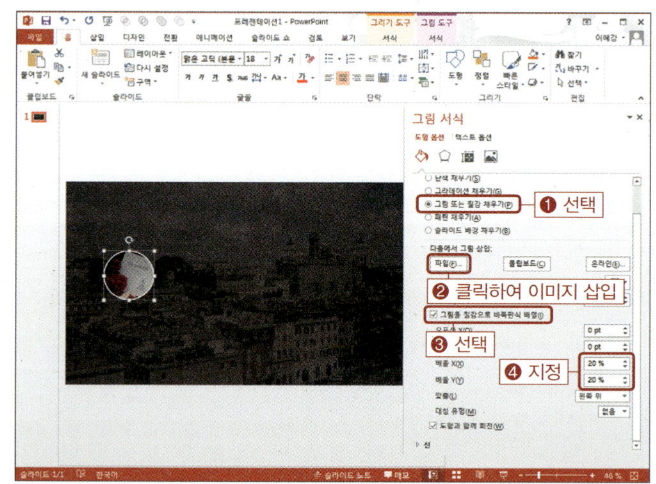

06 완성된 도형을 2개 더 복제(Ctrl + D)한다.

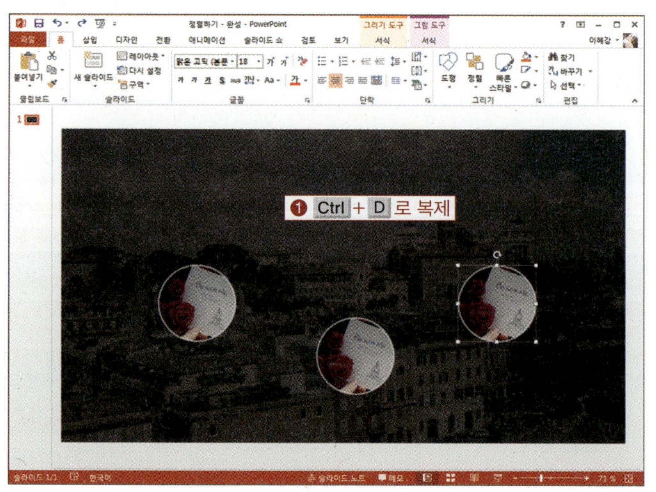

07 [그림 또는 질감 채우기]의 [파일]에서 이미지 파일을 '도형 및 텍스트2.jpg'와 '도형 및 텍스트3.jpg'로 변경한다.

TIP
사진마다 크기와 배치가 다르기 때문에 각각 '오프셋 X, 오프셋 Y, 배율 X, 배율 Y'를 조정해 사진이 잘 보이도록 위치를 맞춘다.

08 도형의 위치를 정렬하기 위해 드래그로 도형을 모두 선택한 후 [홈] 탭-[그리기] 그룹-[정렬]-[맞춤]에서 [위쪽 맞춤]을 선택한다.

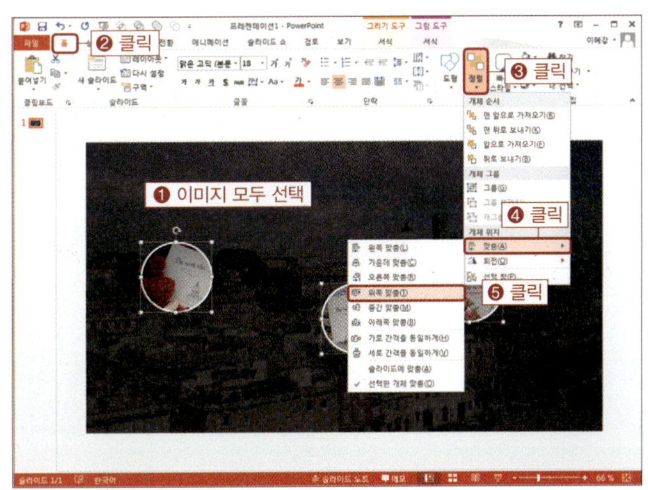

09 위쪽으로 줄이 맞추어진 도형에서 다시 한 번 [홈] 탭-[그리기] 그룹-[정렬]-[맞춤]에서 [가로 간격을 동일하게]를 클릭해 간격을 동일하게 지정한다.

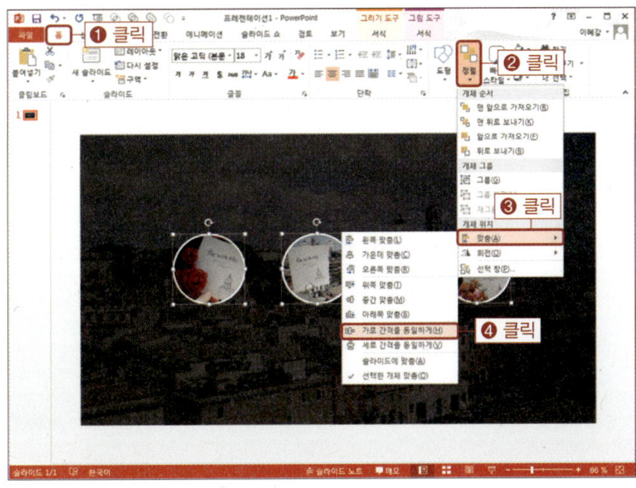

10 위쪽 맞춤과 가로 간격이 동일하게 배치
되었다.

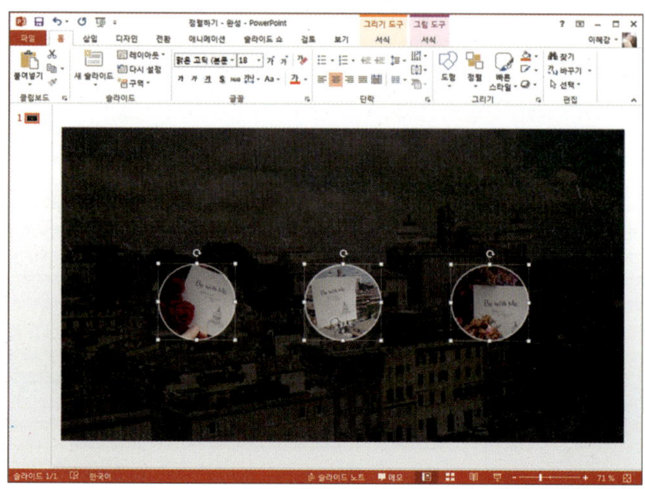

11 [삽입] 탭-[텍스트] 그룹-[텍스트 상자]
를 선택해 제목과 부제목을 입력하고 서식을
지정한다.

텍스트	글꼴 / 글꼴 크기 / 속성	글꼴 색
제목	Adobe Ming Std L / 44 / 굵게	흰색
부제목	Adobe Ming Std L / 18	흰색

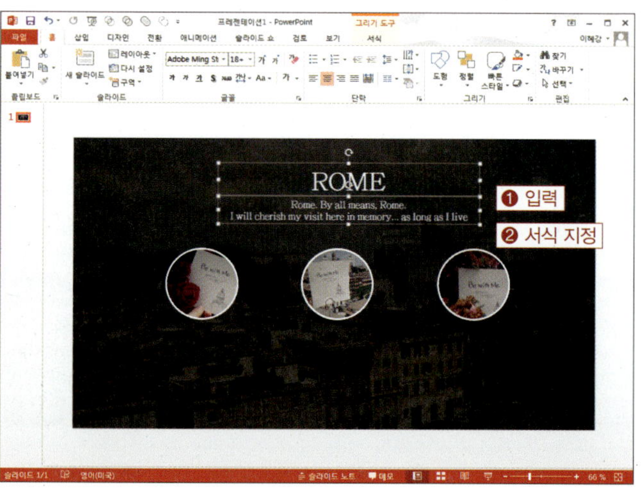

12 [보기] 탭-[표시] 그룹에서 [눈금자], [눈
금선], [안내선]을 모두 클릭하여 체크한다.

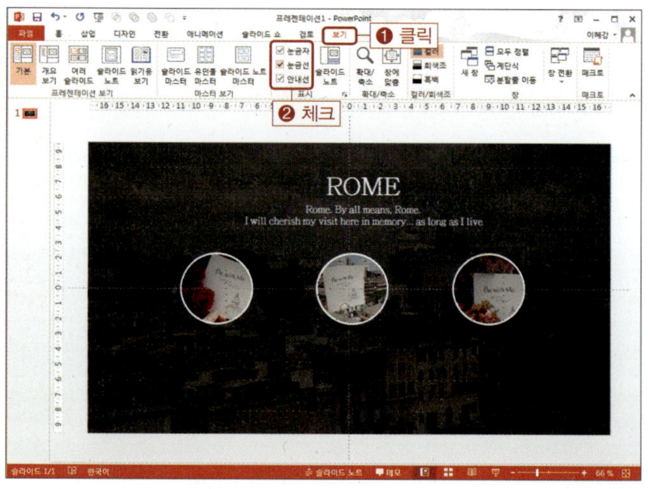

13 눈금에 맞춰 도형과 텍스트를 드래그하여 맞춰준다. [보기] 탭−[표시] 그룹에서 [눈금자], [눈금선], [안내선]을 다시 클릭하여 보조선들을 숨긴다.

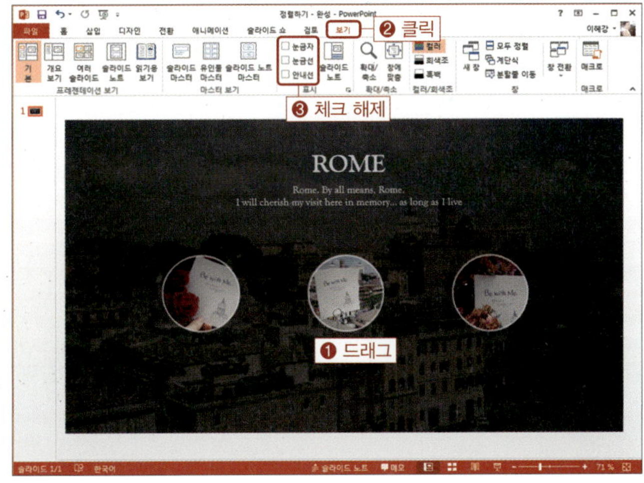

14 [홈] 탭−[그리기] 그룹−[도형]−[텍스트 상자]를 선택해 텍스트를 입력한다.

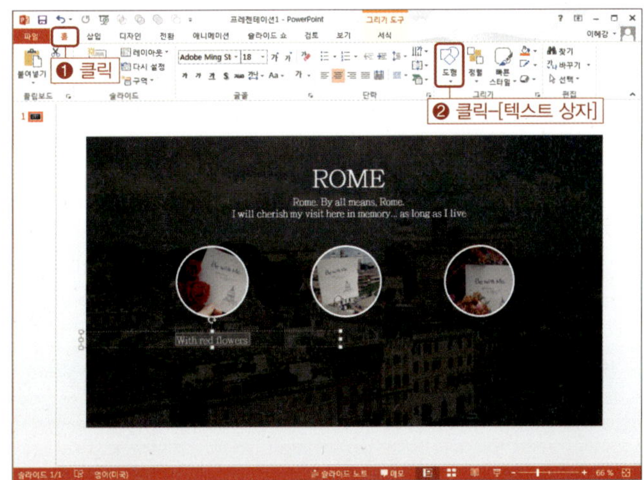

15 소문자로 입력하고 보니 대문자가 더 좋을 것 같다면 텍스트가 선택된 상태에서 [홈] 탭−[글꼴] 그룹−[대/소문자 바꾸기]를 클릭하고 [대문자로]를 선택한다.

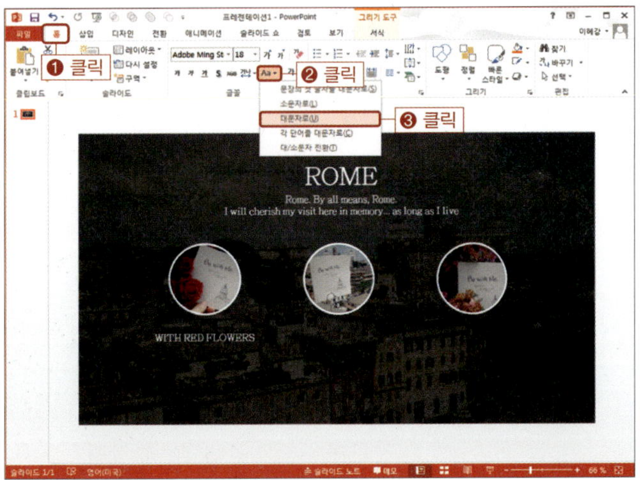

16 같은 방법으로 이미지 아래에 텍스트를 입력한다.

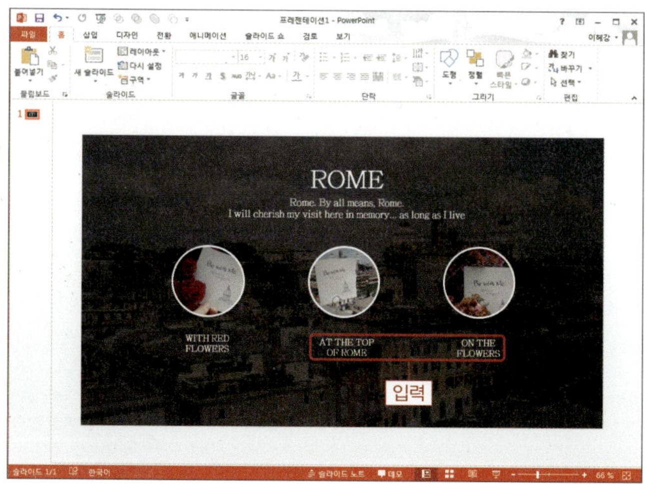

17 이미지 아래 텍스트를 마우스로 드래 그하여 모두 선택한 후 [홈] 탭-[그리기] 그 룹-[정렬]의 [맞춤]에서 [중간 맞춤]을 선택 한다.

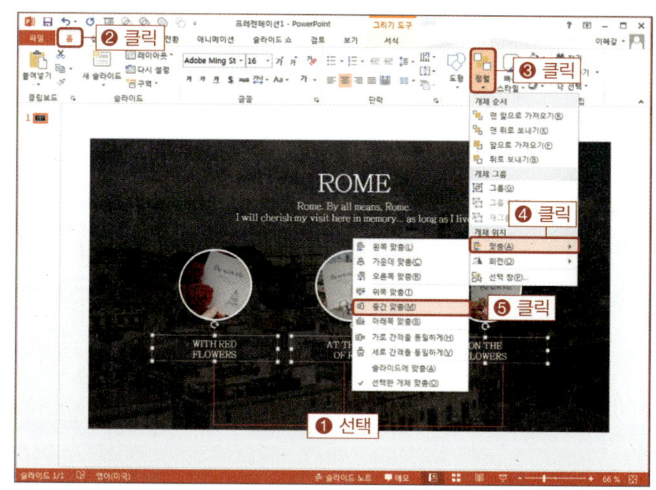

18 이미지 도형을 배경에 자연스럽게 배치 하기 위해 모두 선택한 후 마우스 오른쪽 버 튼을 클릭하고 [그림 서식]을 선택한다. [그림 서식] 작업 창의 [선]에서 '실선'을 선택하고 [투명도]를 '40%'로 지정한다.

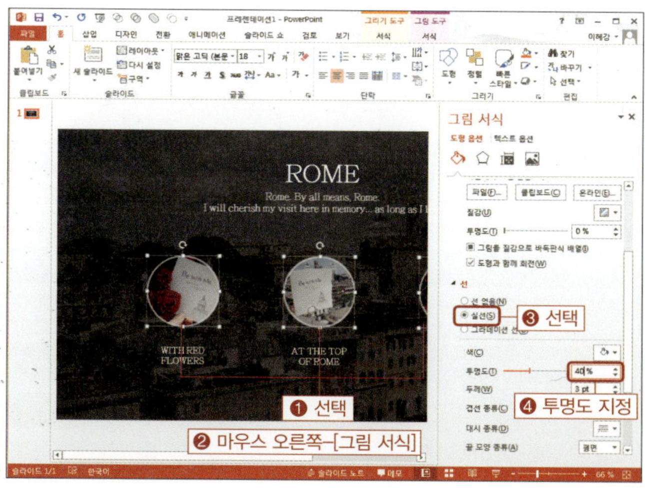

19 텍스트를 모두 선택한 후 마우스 오른쪽 버튼을 클릭하고 [개체 서식]을 선택한다. [도형 서식] 작업 창의 [텍스트 옵션]을 클릭하고 [텍스트 채우기]에서 '단색 채우기'를 선택한 후 채우기 색을 흰색으로 바꾸고 [투명도]를 '20%'로 지정한다.

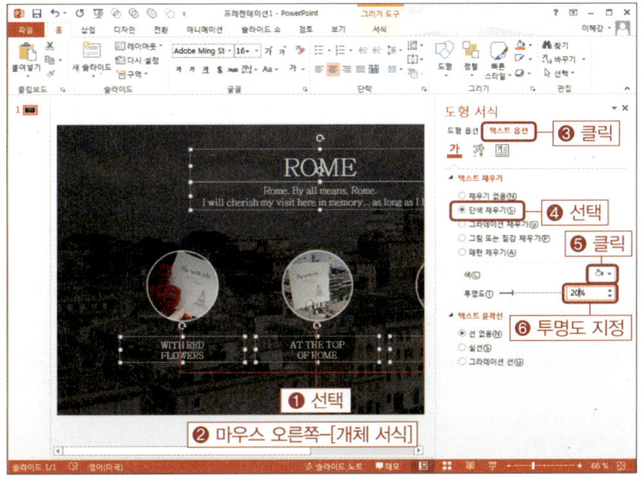

20 깔끔하게 정렬된 슬라이드가 완성되었다.

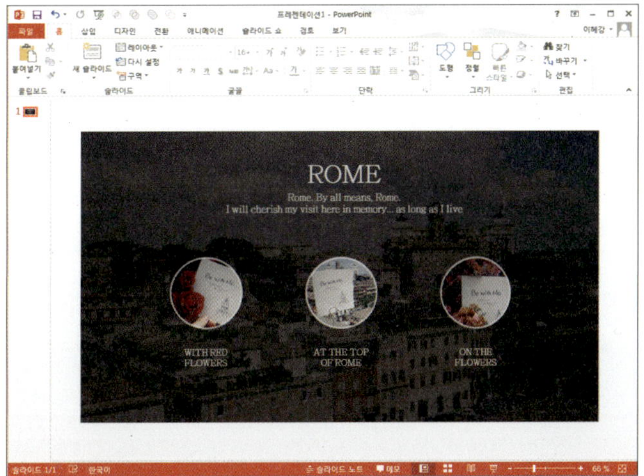

011

그라데이션 활용하기

파워포인트 도형의 채우기 색에 그라데이션을 지정하면 입체적인 느낌이나 몽환적인 느낌을 표현할 수 있다.
이번 절에서는 그라데이션의 원리와 활용법을 알아보자.

Preview

• 완성파일 : 그라데이션 활용하기 – 완성.pptx
• 색상정보 : 그라데이션 활용하기 – 색상.png

01 [삽입] 탭–[일러스트레이션] 그룹–[도형]–[타원]을 선택한 후 Shift 를 누른 상태에서 드래그하여 정원을 그린다.

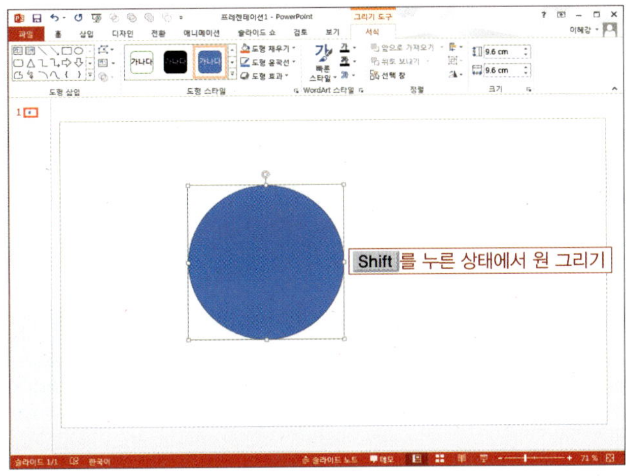

02 도형을 선택한 상태에서 마우스 오른쪽 버튼을 클릭하고 [도형 서식]을 선택한다. [도형 서식] 작업 창의 [선]에서 '선 없음'을 선택하여 도형 윤곽선을 없애준다. [채우기]에서 '그라데이션 채우기'를 선택해 원에 그라데이션을 적용한다.

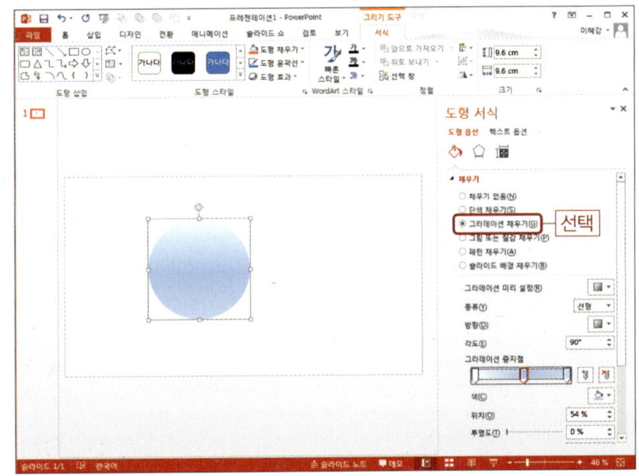

알·고·가·자

그라데이션 중지점 추가하고 삭제하기

• [그라데이션 중지점]은 그라데이션의 색을 적용하는 지점으로 중지점이 없는 여백을 클릭하면 새로운 중지점이 생긴다.
• 중지점을 제거하고 싶다면 제거할 중지점을 선택한 후 [그라데이션 중지점 제거]를 클릭한다.

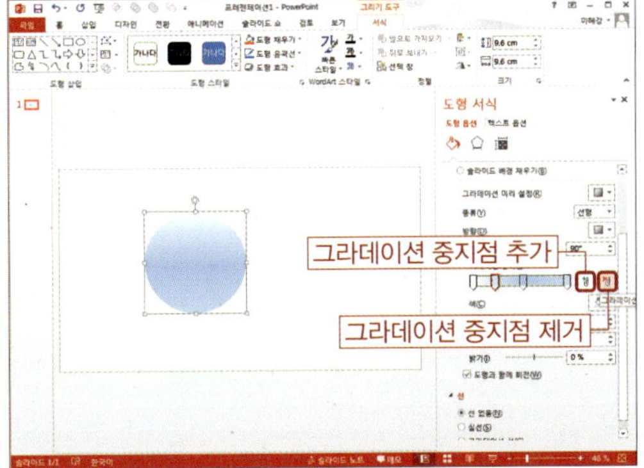

03 정원에 맞게 그라데이션을 적용하기 위해 [종류]를 '방사형'으로 선택하고 [방향]은 '가운데에서'를 선택한다.

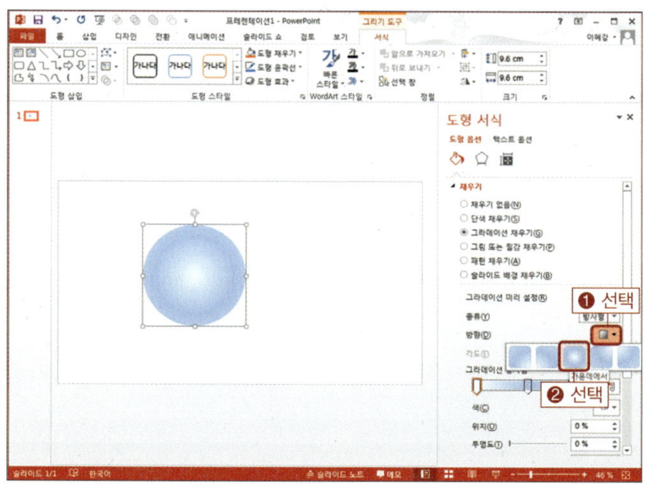

04 [그라데이션 중지점]의 첫 번째 중지점을 선택한 후 [색]을 '(1) 노란색'으로 변경한다. 원의 정중앙의 색이 변경되는 것을 확인할 수 있다.

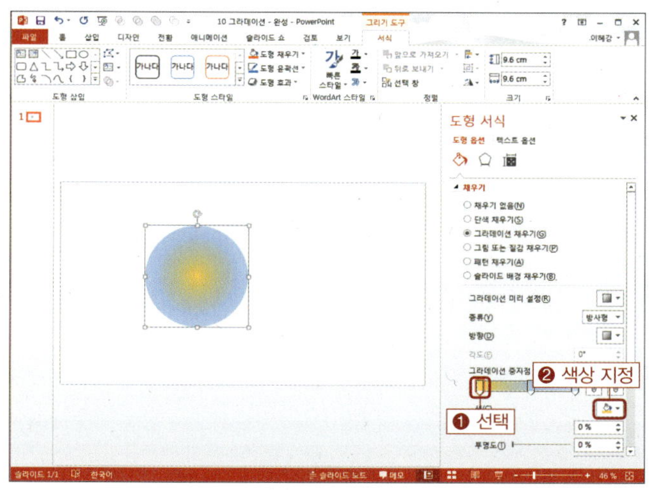

05 중지점 두 번째와 세 번째도 선택한 후 [색]을 '(1) 노란색'으로 선택한다. 중지점의 색이 같아 단색처럼 보인다.

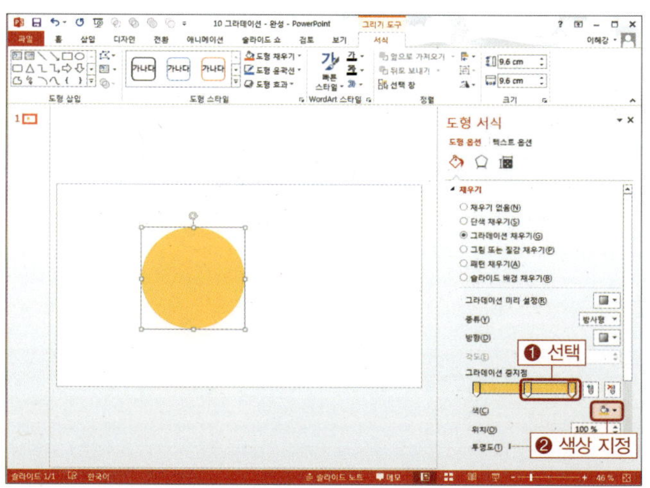

06 두 번째 중지점을 선택한 후 [투명도]를 '100%'로 지정한다. 가운데만 띠처럼 투명색으로 변한 원이 완성된다.

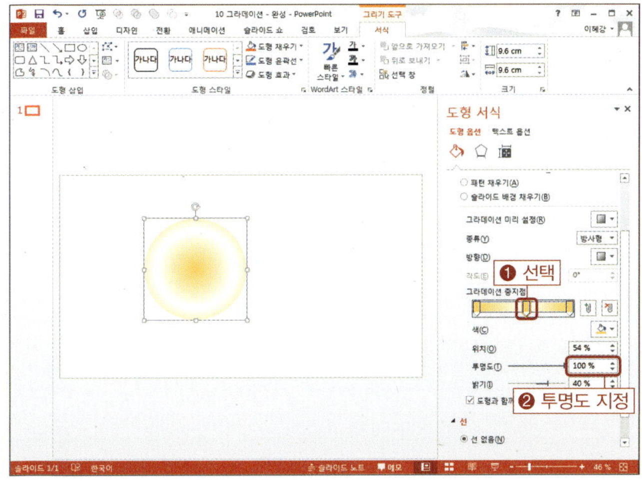

07 세 번째 중지점을 선택한 후 마찬가지로 [투명도]를 '100%'로 지정한다. 가운데만 색이 존재하며 원 바깥쪽으로 갈수록 색의 투명도가 커지는 것을 확인할 수 있다.

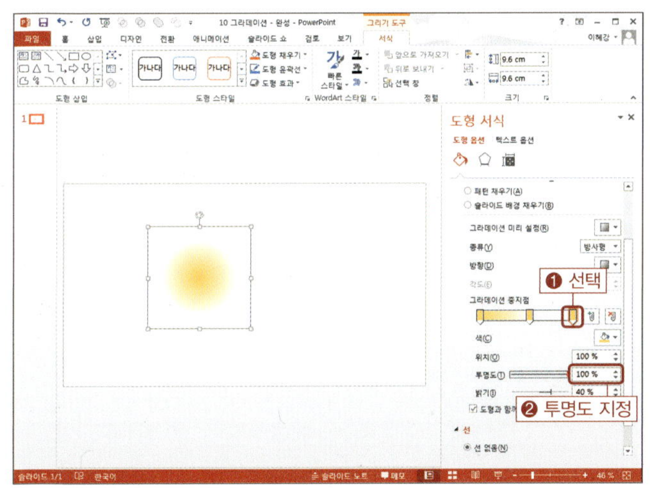

08 첫 번째 중지점을 선택한 후 [투명도]를 '15%'로 지정하면 자연스럽게 연결된 느낌으로 표현할 수 있다.

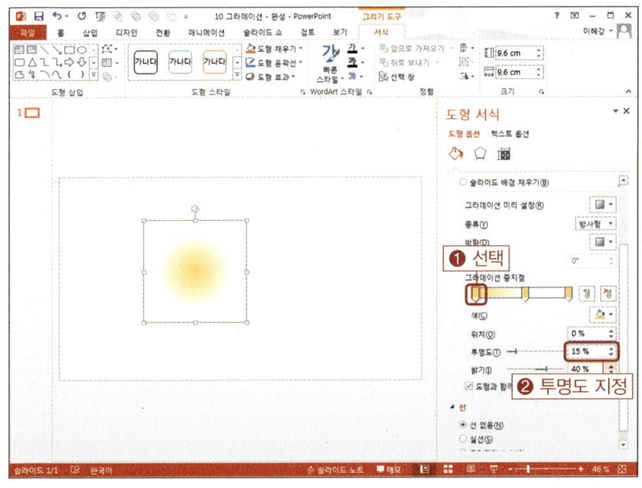

09 두 번째와 세 번째 중지점의 투명도를 '100%'로 지정해 처음에 의도하였던 원보다 작아졌으므로 크기를 크게 변경한다.

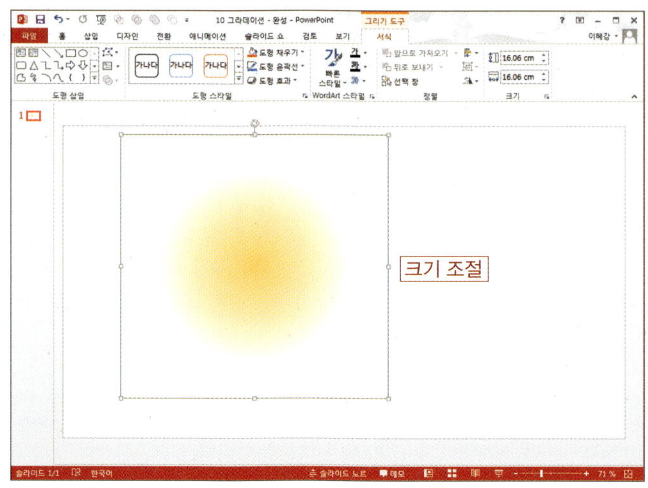

10 색이 너무 연하다면 도형을 하나 더 복제(Ctrl + D)한 후 두 도형을 포개주면 더욱 크고 선명한 원을 연출할 수 있다.

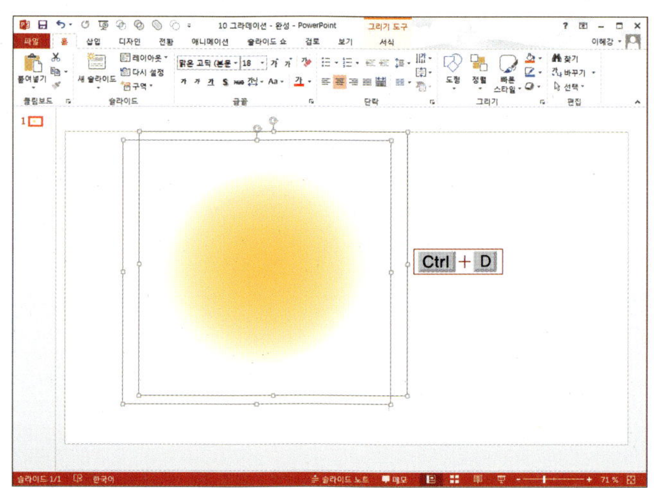

11 그라데이션만 있는 이미지에 변화를 주기 위해 [삽입] 탭-[일러스트레이션] 그룹-[도형]-[타원]을 선택한 후 Shift 를 누른 상태에서 드래그하여 정원을 그린다.

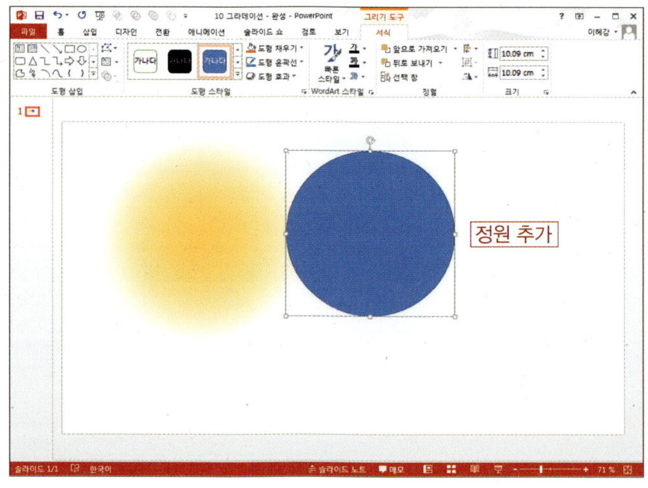

12 도형을 선택하고 다음 서식을 지정하면 원 모양의 흰색 띠가 만들어진다. 그라데이션이 적용된 원 위로 배치한다.

도형	채우기 색	선
타원	채우기 없음	(2) 흰색

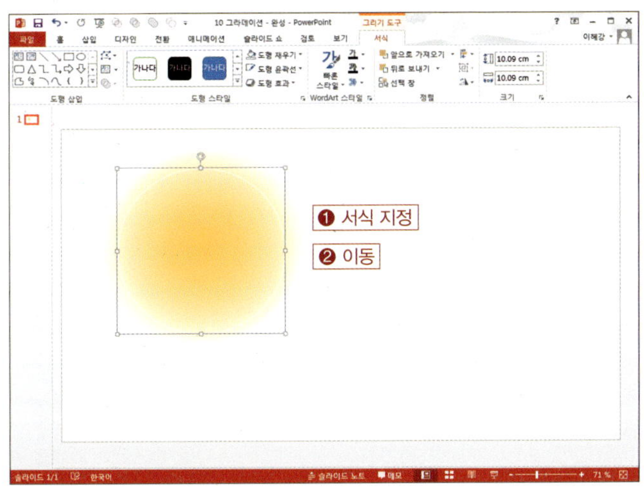

13 해당 도형을 2개 더 복제(Ctrl + D)하여 엇갈리게 배치해주면 그라데이션에 색다른 느낌을 연출할 수 있다.

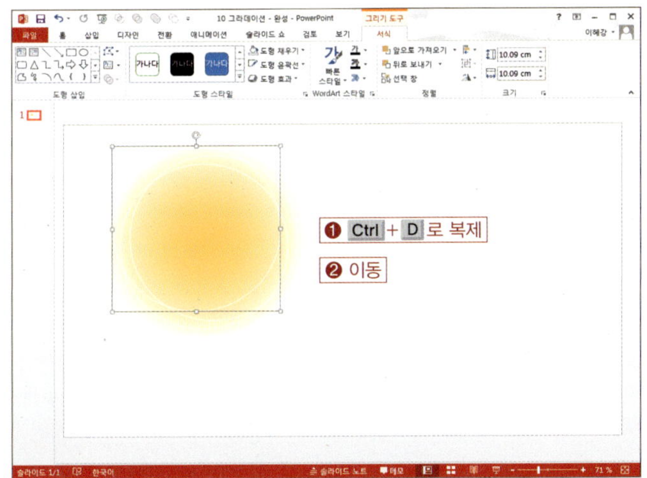

14 작업을 마쳤다면 그라데이션 중간에 [홈]탭-[그리기] 그룹-[도형]-[텍스트 상자]를 선택해 메시지와 로고를 추가한 후 서식을 지정한다.

텍스트	글꼴 / 글꼴 크기 / 속성	글꼴 색
HOPE	나눔고딕 / 60 / 굵게	(2) 흰색
명언	나눔고딕 / 14 / 기울임꼴, 굵게	(2) 흰색

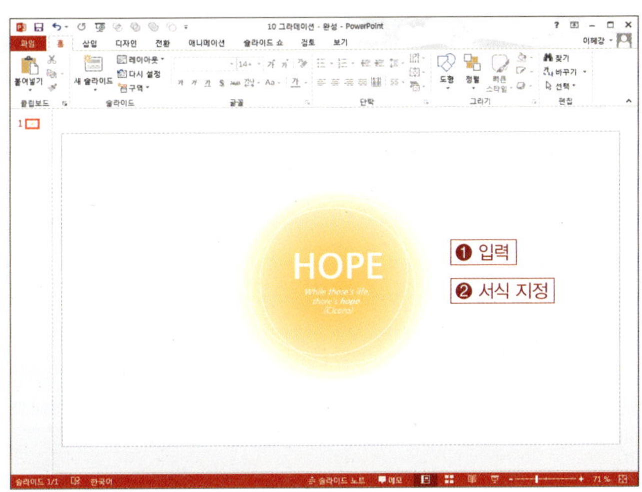

POWERPOINT FOR
INFOGRAPHIC
POWERPOINT FOR INFOGRAPHIC

03

실전 파워포인트
for 인포그래픽

이번 파트에서는 실제로 기획서나 발표 자료에서 사용할 수 있는 파워포인트 예제를 함께 만들어 볼 것이다. 이 예제들은 간단하게 텍스트로 표현하거나 차트로 만드는 것보다는 더 많은 시간이 걸릴 수도 있다. 하지만 확실한 것은 더 많은 시간을 들인 만큼 청중은 더 쉽고 빠르게 내용을 이해할 수 있다는 것이다. 물론 프레젠테이션의 모든 페이지를 인포그래픽으로 만들거나 시각화할 수는 없다. 주제를 보여주거나 마지막에 내용을 정리하는 경우에 적절하게 배치하여 성공적인 프레젠테이션을 수행할 수 있다.

001

인원현황 분석을 통한
인력보강 계획

B·E·F·O·R·E

인력보강 계획 슬라이드

Resource Plan 인력 보강 계획

2009년 전체 직원 780명 중 생산 인력이 420명, 관리 인원이 360명이다. 지속적으로 관리 인원을 증가시킨 결과 2013년 전체 인원 1010명 중 생산 인력 520명으로 100명 증가한 반면 관리 인원은 490명으로 130명 증가하였다. 2013년 관리 인원 중 R&D인력은 2009년 240명이었던 인력이 2011년 25명, 2013년에는 45명 증가하여 총 340명이 되었다. 이처럼 점진적으로 R&D 인력을 보강을 통하여 미래 경제력을 향상시키고자 한다.

이 회사는 건설 회사로 현장 인력의 중요성뿐만 아니라 개발 인력의 중요성을 강조하여 미래에는 경쟁사들보다 더 나은 기술력을 통해 가치를 인정받을 수 있도록 인력을 보강할 계획이다. 여기에서 중요한 것은 생산직 증가가 아닌 미래 경쟁력 향상과 관련 있는 관리직 인력의 증가이다. 그 중요성을 나타내야 하며 더 나아가서 관리직에서도 세부적으로 미래 경쟁력과 직접적인 연관성을 가진 R&D 인력에 대해 구체적으로 설명해야 한다.

A·F·T·E·R

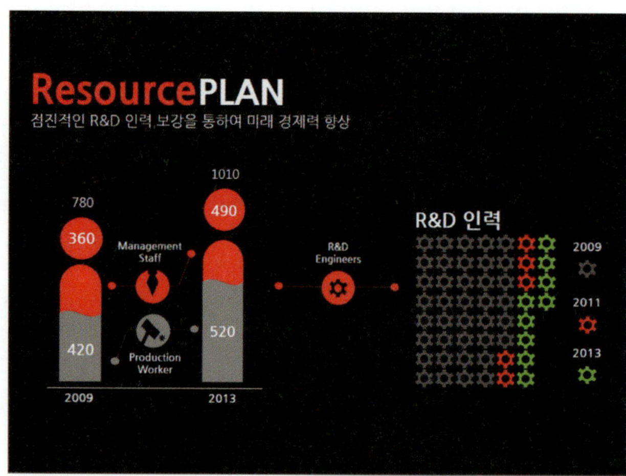

인력보강계획 인포그래픽

직관적인 슬라이드로 변경하기 위해 공통점을 찾아보면 관리직과 생산직 모두 사람이라는 것이다. 그 점을 강조하기 위하여 생산직과 관리직 막대그래프를 사람 모양으로 변경하였다. 경계 역시 조금 더 자연스러운 연결을 위하여 물결 모양을 이용하였다. 관리직과 생산직을 구분하기 위해 각각 넥타이와 연장으로 표현하였다. 생산직이 그래프 상으로 아래에 있으므로 허리 밑에서 자주 사용하는 연장으로 표현하여 그래프에서 자연스럽게 넥타이와 연장을 든 모습을 상상할 수 있게 하였다. R&D라고 했을 때 가장 먼저 떠오르는 이미지인 톱니바퀴로 표시하여 인력의 증가를 한눈에 살펴볼 수 있다.

• 완성파일 : 생산직 연구직 비교 – 완성.pptx
• 색상정보 : 생산직 연구직 비교 – 색상.png

01 도형들을 밝게 표시하고 강조하려면 배경은 어두운 색으로 지정하는 것이 좋다. 우선 생산직 연구직 비교–색상.png 파일을 삽입하거나 화면에 드래그한다. 배경을 지정하기 위해 빈 슬라이드에서 마우스 오른쪽 버튼을 클릭하고 [배경 서식]을 선택한다. [배경 서식] 작업 창의 [채우기]에서 '단색 채우기'를 선택하고 [색]에서 '(1) 진회색'을 선택한다.

> **TIP**
> 2013 이전 버전 사용자 또는 색상 채우기 작업이 잘 안 된다면 〈PART 02. SECTION 002 색상 정보 활용법〉을 참고한다.

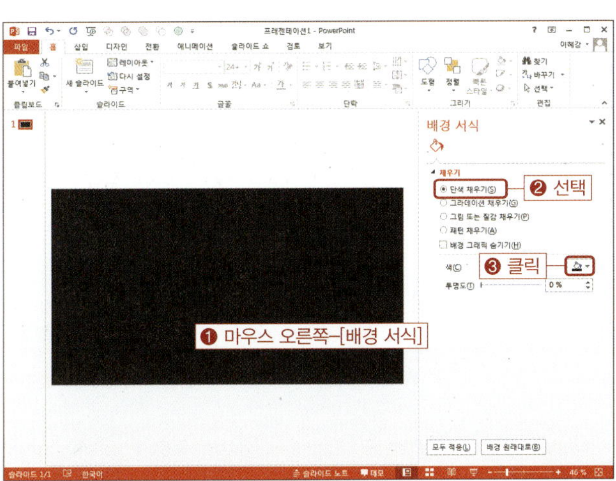

02 사람 모양의 차트를 그리기 위해 [삽입] 탭–[일러스트레이션] 그룹–[도형]–[순서도:지연]과 [직사각형]을 선택하여 도형을 삽입한다. 순서도:지연 도형은 사람의 몸통 중 목과 어깨 부분을 표현할 예정이므로 둥근 부분이 위를 향하도록 회전 조절점을 드래그하여 회전시킨다. 직사각형과 순서도:지연의 가로 길이는 동일하게 조절해준다.

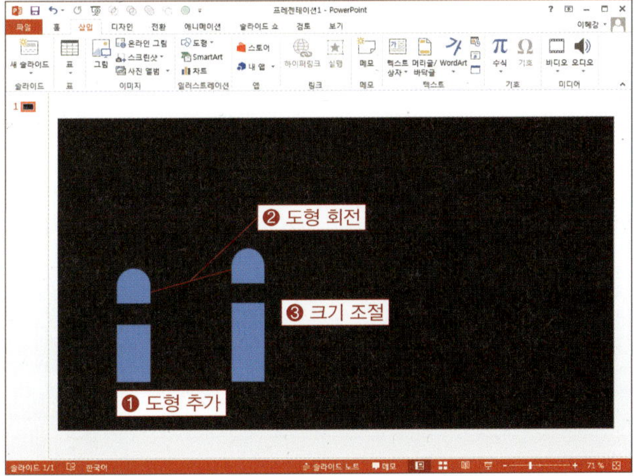

03 순서도:지연과 직사각형을 겹쳐 하나의 도형처럼 연결해준다. 윤곽선 때문에 하나의 도형처럼 보이지 않으므로 도형을 모두 선택(Ctrl + A)하고 마우스 오른쪽 버튼을 클릭한 후 [개체 서식]을 선택한다. [도형 서식] 작업 창의 [선]에서 '선 없음'을 선택한다.

> **TIP**
> • 도형의 가로 길이를 동일하게 맞추기 어렵다면 두 개의 도형을 선택하고 [서식]–[크기] 그룹에서 [도형 너비]에 수치를 입력하면 같은 너비로 맞출 수 있다.
> • 위치가 세밀하게 조절되지 않는다면, 맞출 두 도형을 선택한 후 [홈] 탭–[그리기] 그룹–[정렬]–[맞춤]–[왼쪽 맞춤]으로 위치를 조정한다.

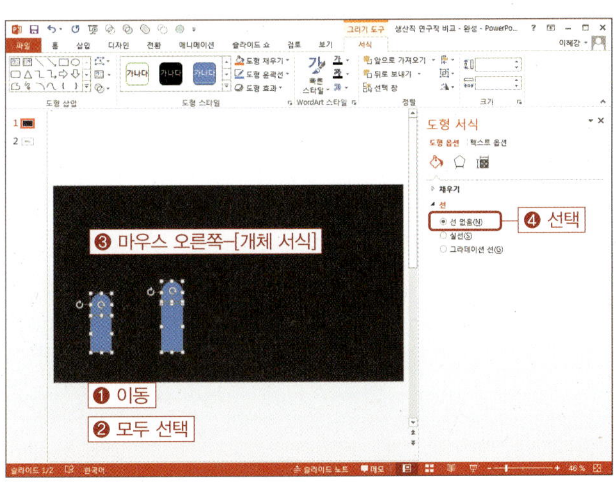

04 [삽입] 탭-[일러스트레이션] 그룹-[도형]에서 [타원]을 선택해 정원을 만들어준다. 도형 전체를 모두 선택(Ctrl + A)한 후 서식을 지정한다.

도형	채우기 색	선
전체	(2) 진분홍	선 없음

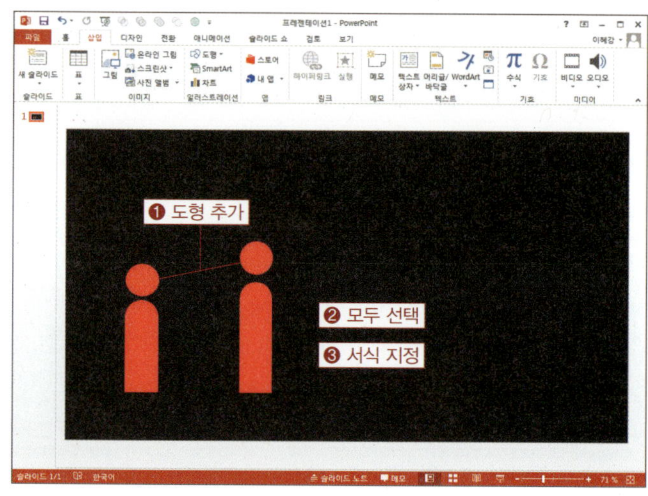

05 [삽입] 탭-[일러스트레이션] 그룹-[도형]에서 [물결]을 선택해 몸통 그래프의 가로 길이와 동일하게 배치해준다.

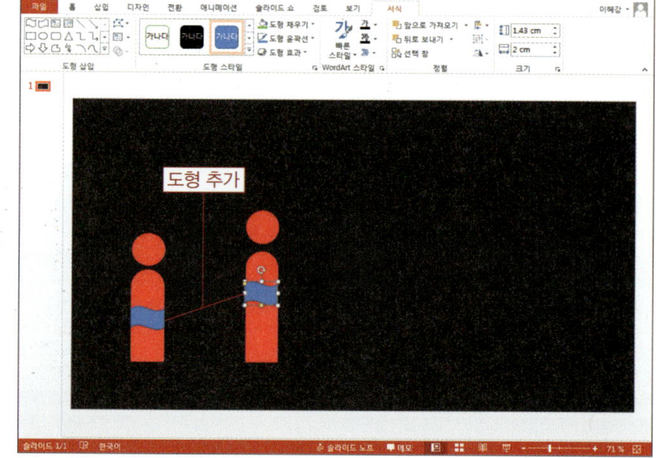

06 [삽입] 탭-[일러스트레이션] 그룹-[도형]에서 [직사각형]을 선택해 사각형을 만들고 물결 도형과 동일한 너비로 조정해 막대그래프 위에 배치한다. 직사각형의 길이는 생산직 비율만큼 조절하면 된다.

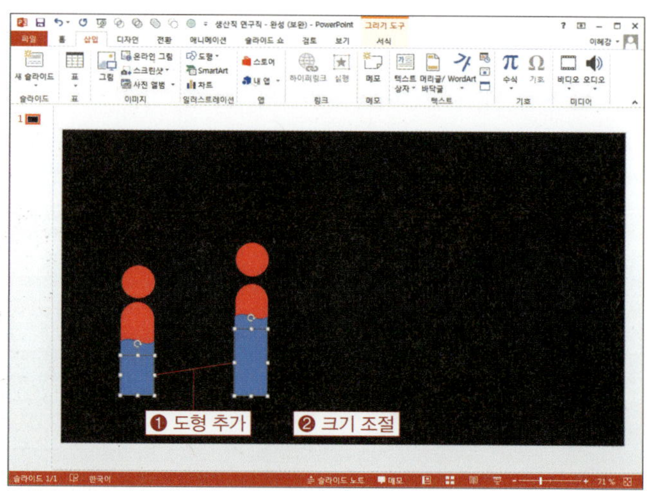

07 생산직을 나타내는 도형을 `Shift`를 이용해 모두 선택한 후 서식을 지정한다.

도형	채우기 색	선
생산직 도형	(3) 회색	선 없음

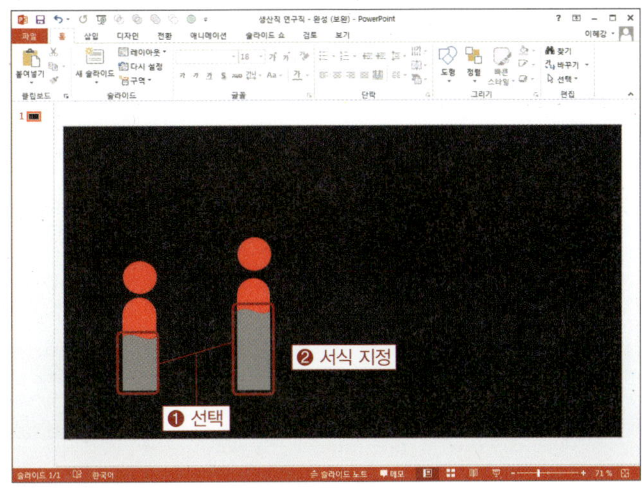

08 사람 막대그래프가 의미하는 것을 표현하기 위하여 지시선을 만들어보자. [삽입] 탭-[일러스트레이션] 그룹-[도형]에서 [타원]을 선택해 큰 사이즈 원 2개와 작은 사이즈 원 4개를 만든다. 작은 사이즈 원 두 개를 연결시킬 선도 2개씩 만들어 꺾은선 형태로 연결해 준다. 도형의 [채우기 색]과 [선]은 가리키는 대상의 색과 동일하게 적용한다.

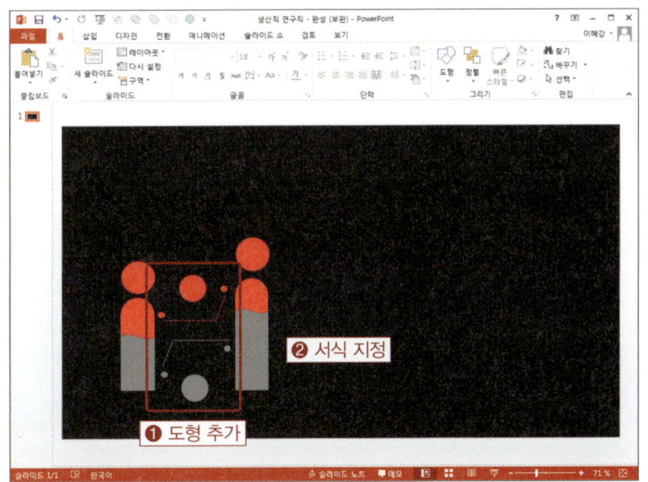

09 만들어둔 도형들을 연결하여 지시선을 완성한다.

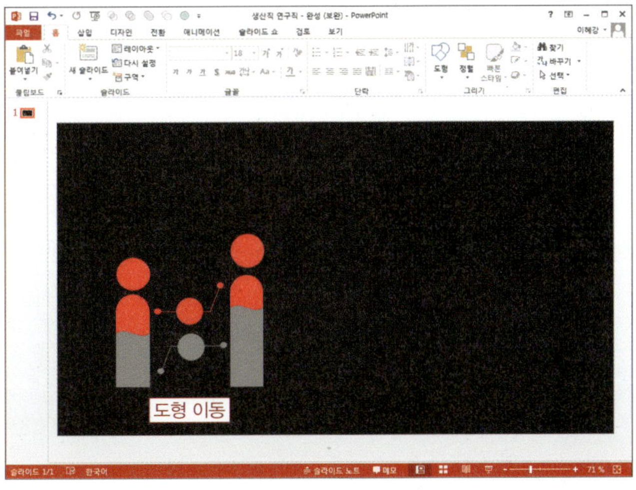

10 생산직과 기술직을 이미지로 표현하기 위하여 [삽입] 탭-[일러스트레이션] 그룹-[도형]에서 [직사각형]과 [다이아몬드]로 넥타이를 만들고 [직사각형] 2개와 [폭발1]을 이용해 망치를 만든다.

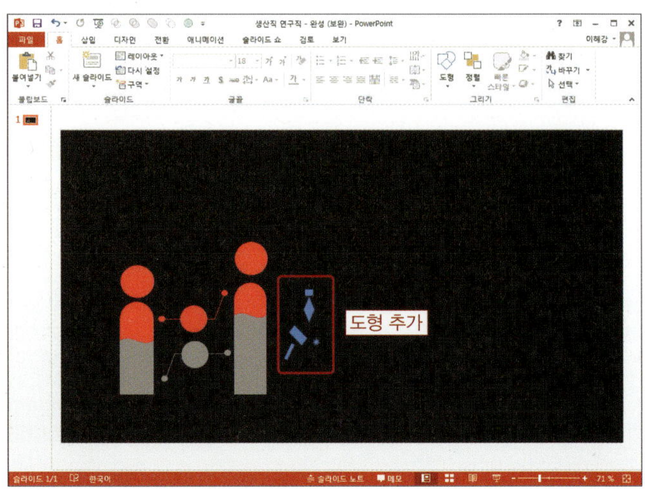

11 넥타이와 망치 모양으로 도형을 배치한 후 도형들을 선택하고 서식을 지정한다.

도형	채우기 색	선
넥타이 / 망치	(1) 진회색	선 없음

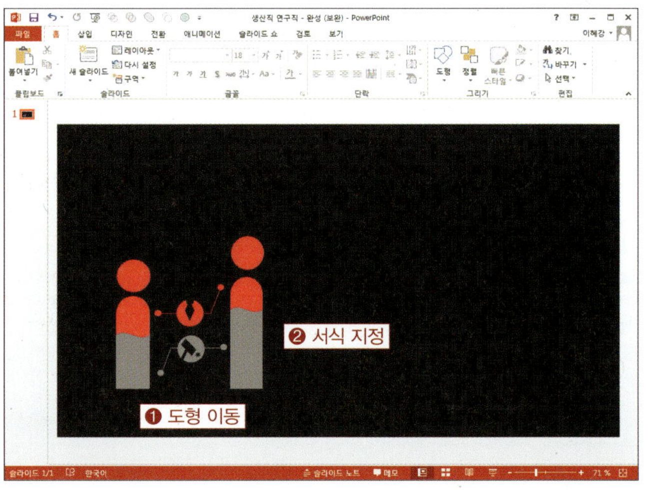

12 [삽입] 탭-[텍스트] 그룹-[텍스트 상자]를 이용해 제목과 연도를 입력한다. 막대 차트와 연도 사이의 구분을 위해 [삽입] 탭-[일러스트레이션] 그룹-[도형]에서 [선]을 선택해 추가한 후 서식을 지정한다.

텍스트	글꼴 / 글꼴 크기 / 속성	글꼴 색
제목	나눔고딕 ExtraBold / 54	(2) 진분홍, (5) 흰색
제목 부연	나눔고딕 / 20	(5) 흰색
연도	나눔고딕 / 16 / 굵게	(5) 흰색

도형	선 색
선	(5) 흰색

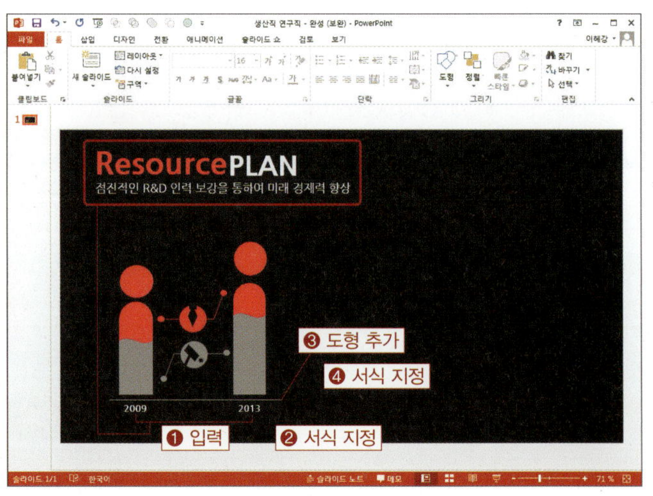

13 같은 방법으로 [텍스트 상자]를 선택해 각 항목과 수치를 표와 같이 설정한다.

텍스트	글꼴 / 글꼴 크기 / 속성	글꼴 색
전체 수치	나눔고딕 / 16	(5) 흰색
직군별 수치	나눔고딕 / 20 / 굵게	(5) 흰색
직군명(영어)	나눔고딕 / 14 / 굵게	(5) 흰색

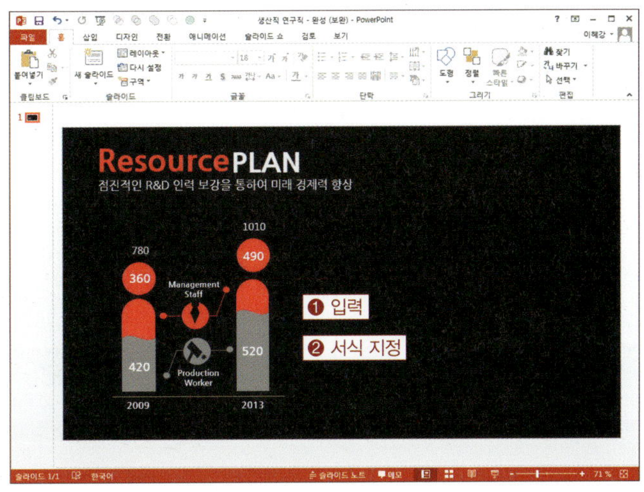

14 지시선을 만든 방식과 동일한 서식으로 R&D 인력 지시선도 만든다.

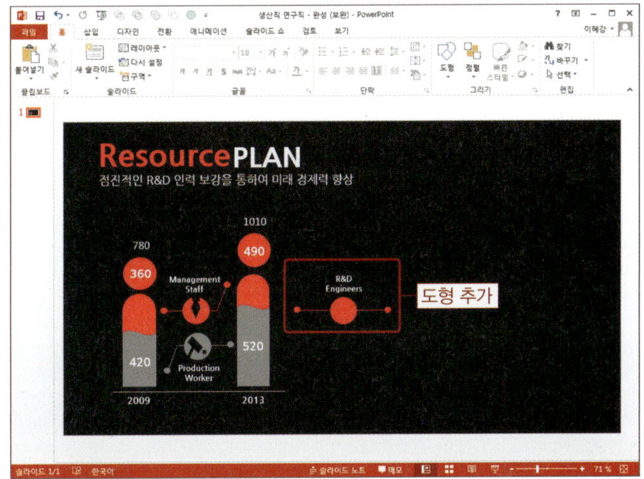

15 R&D를 표현할 추상적인 도형을 만들기 위하여 바퀴 모양을 만들어보자. [삽입] 탭- [일러스트레이션] 그룹-[도형]에서 [도넛]과 [직사각형] 6개를 만들고 직사각형은 도넛을 기준으로 회전시킨다.

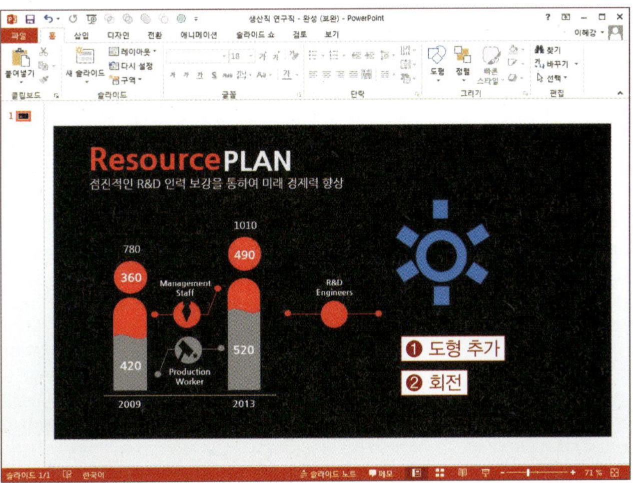

16 만든 도형을 바퀴 모양으로 배치한 후 그룹 설정(Ctrl + G)을 한다.

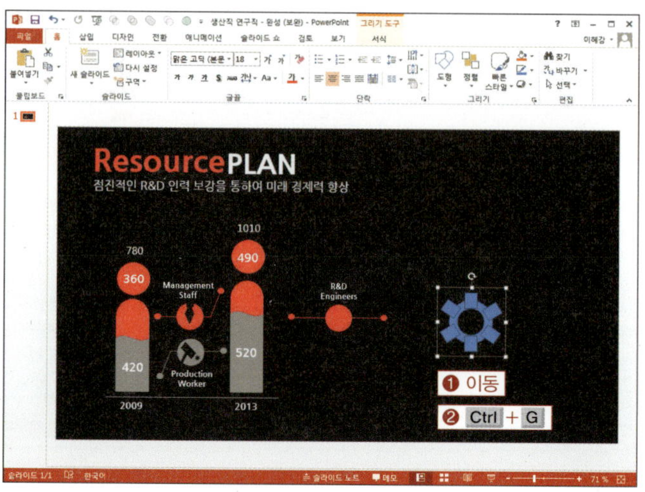

17 톱니바퀴 도형의 서식을 변경하고 지시선 원 안에 크기를 줄여 배치해준다.

도형	채우기 색	선 색
톱니바퀴	(1) 진회색	선 없음

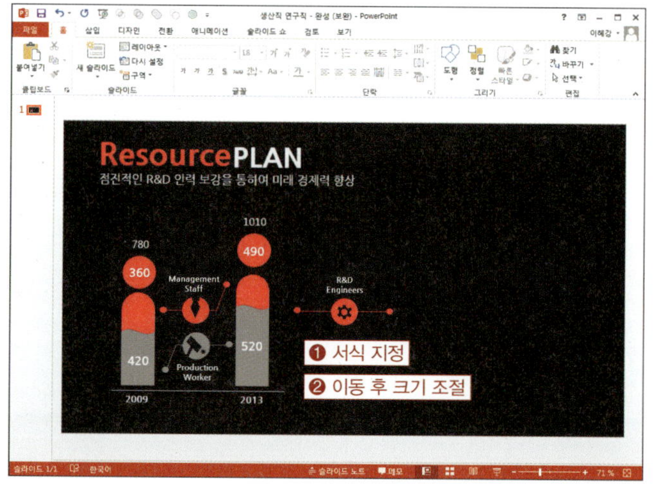

18 만든 바퀴 도형을 이용해 R&D 인력의 증가 추세를 표현해보자. 2009년을 기본 수치로 하여 2011년과 2013년 증가량만큼 바퀴 색을 변경해 표현하였다. 각 연도별로 서식을 지정한다.

도형	채우기 색	선 색
2009년 톱니바퀴	(3) 회색	(3) 회색
2011년 톱니바퀴	(2) 진분홍	(2) 진분홍
2013년 톱니바퀴	(4) 연두색	(4) 연두색

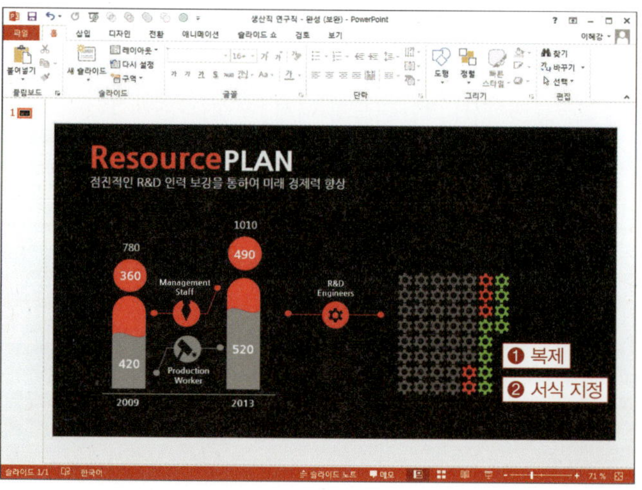

19 연도별 톱니바퀴 도형을 복제하여 배치한다. [삽입] 탭-[텍스트] 그룹-[텍스트 상자]를 선택해 바퀴의 색이 무엇을 의미하는지 나타내기 위하여 색상별로 바퀴를 오른쪽에 배치하고 연도를 입력한다. 'R&D 인력'이라는 제목을 입력하고 서식을 지정한다.

텍스트	글꼴 / 글꼴 크기 / 속성	글꼴 색
R&D 인력	나눔고딕 / 28 / 굵게	(5) 흰색
연도	나눔고딕 / 16 / 굵게	(5) 흰색

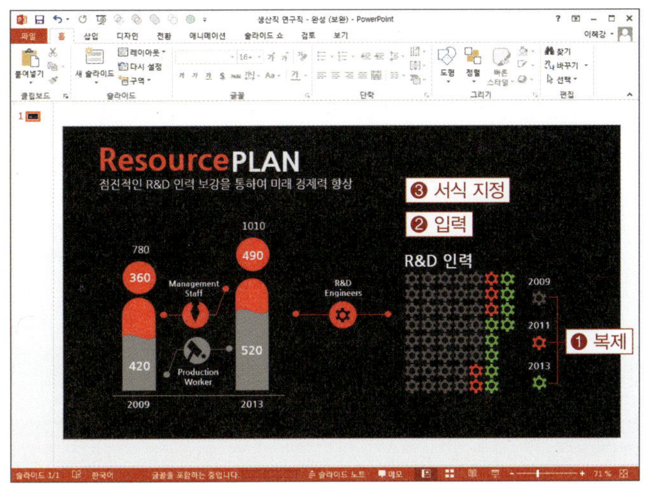

002

제품 홍보를 위한
신제품 발표회

B·E·F·O·R·E

SOOP 공기 청정기, 공기 청정의 현명한 선택이다.

주요 생활용품 유해물질 방출량 (단위 :mg/h)

	TVOC방출량	HCHO방출량
가구	5.79	0.74
생활가전	3.17	0.11
사무기기	0.46	0.07
장난감/의류	0.016	0.025

라돈 폐암 발병 (1000명당)

실내평균(pCI/l)	폐암 발병
1.3	20명
2	32명
4	62명

SOOP은 라돈 수치를 4pCI/l에서 1.3pCI/l로 낮추는 효과가 있다

제품 홍보 슬라이드

SOOP사는 자사의 공기 청정기를 홍보하기 위해 주요 생활용품의 유해물질 방출량과 폐암 발병 위험이 증가한다는 것에 대한 객관적인 사실을 제시한다. SOOP 공기 청정기를 이용한다면 폐암 발병을 일으키는 해로운 물질의 수치를 확연하게 낮출 수 있다는 것을 알리려고 한다.

A·F·T·E·R

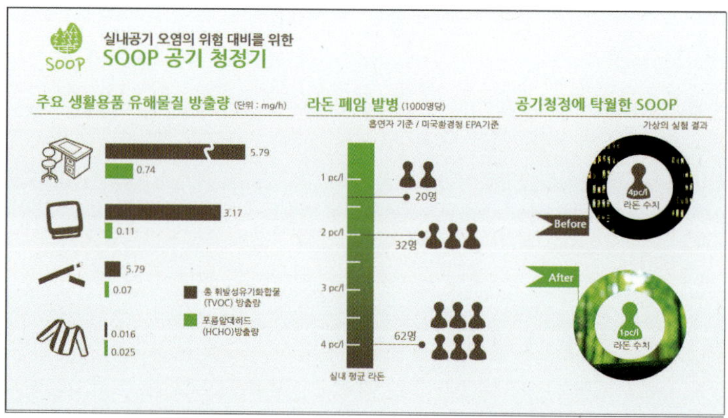

제품 홍보 인포그래픽

공기의 탁함과 맑음의 대조를 위해 갈색과 초록색을 대표 색상으로 선정했다. 생활용품은 이미지를 활용해 한 눈에 알아볼 수 있게 표현하고 유해물질의 이름과 수치는 익숙하지 않으므로 도형의 길이로 표현하였다. 폐암 발병 수치와 실내 평균(Pcl/l)의 상관관계를 표현하기 위해 막대 그래프는 그라데이션으로 색의 변화를 주었다.

• 완성파일 : SOOP 공기청정기 – 완성.pptx   • 색상정보 : SOOP 공기청정기 – 색상.png
• 실습파일 : SOOP 공기청정기 폴더

01 마우스 오른쪽 버튼을 클릭하고 [배경 서식]을 클릭한다. [배경 서식] 작업 창의 [채우기]에서 '단색 채우기'를 선택하고 [색]에서 '(4) 연회색'으로 배경색을 변경한다.

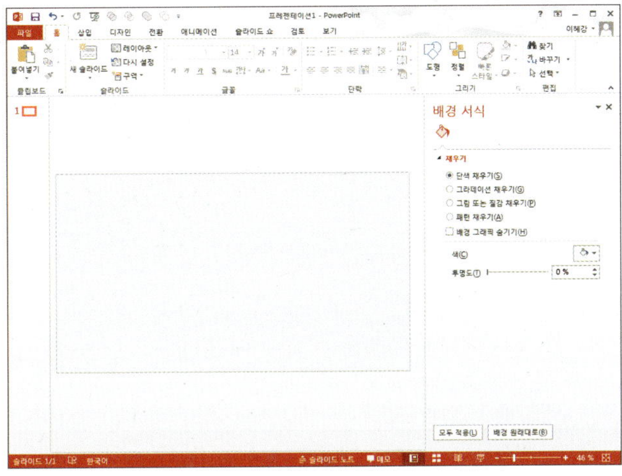

02 [홈] 탭-[그리기] 그룹-[도형]-[텍스트 상자]를 선택해 관련 텍스트를 추가하고 서식을 지정한다.

텍스트	글꼴 / 글꼴 크기 / 속성	글꼴 색
실내공기 오염~	나눔고딕 / 18 / 굵게	(2) 갈색
SOOP 공기 청정기	나눔고딕 / 28 / 굵게	(1) 녹색
제목	나눔고딕 / 20 / 굵게	(1) 녹색
단위 부연 설명	나눔고딕 / 12	(2) 갈색

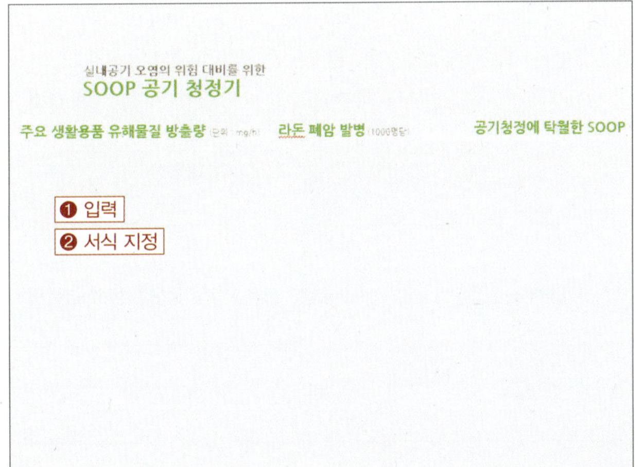

03 [삽입] 탭-[일러스트레이션] 그룹-[도형]-[선]을 선택하여 제목 아래에 직선을 삽입하고 서식을 지정한다. [삽입] 탭-[텍스트] 그룹-[텍스트 상자]를 이용해 선 아래에 부연 설명을 입력하고 서식을 지정한다.

도형	선	선 색
선	실선	(2) 갈색

텍스트	글꼴 / 글꼴 크기	글꼴 색
부연 설명	나눔고딕 / 12	(2) 갈색

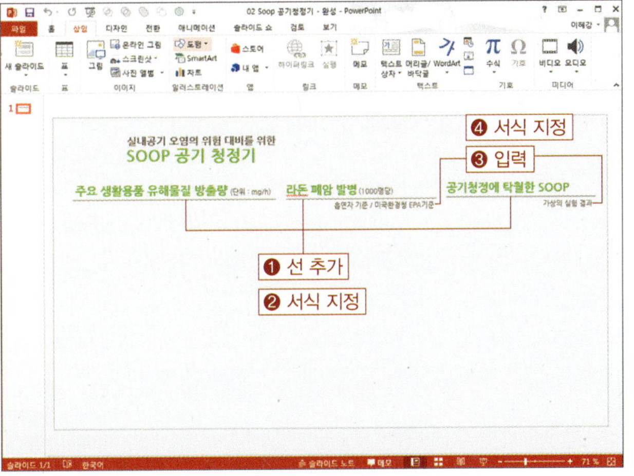

04 [삽입] 탭–[이미지] 그룹–[그림]을 선택하고 [SOOP 공기청정기] 폴더에서 EPS 파일을 가져온 후, 그룹설정 해제(`Ctrl` + `Shift` + `G`)한 후 서식을 지정한다.

> **TIP**
> EPS 파일 그룹설정 해제에 관한 내용은 〈PART 02, SECTION 004 벡터 파일 활용법〉을 참고한다.

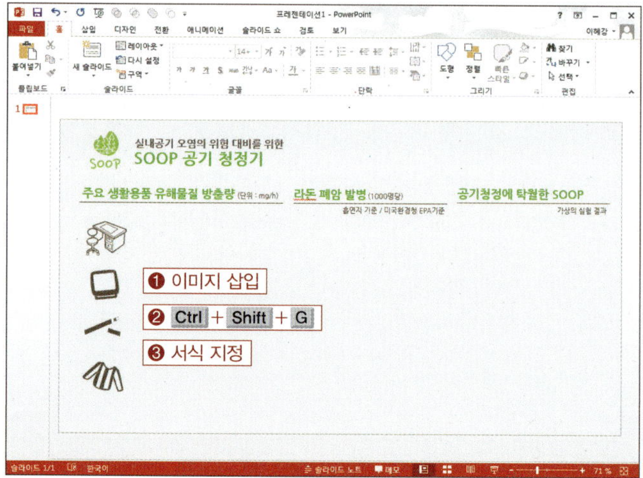

이미지	파일명	서식
	숲.eps	• "SOOP" 텍스트 글꼴 : 나눔손글씨 펜, 글꼴 크기 : 32, 글꼴 색 : (3) 연두색 • 채우기 색 : (3) 연두색
	가구.eps	• 채우기 색 : (2) 갈색
	PC.eps	• 채우기 색 　– 몸체 선 색 : (2) 갈색 　– 화면 선 색 : (4) 연회색
	펜.eps	• 채우기 색 　– 선 색 : (4) 연회색 　– 채우기 색 : (2) 갈색
	옷.eps	• 채우기 색 : (2) 갈색

05 [삽입] 탭–[일러스트레이션] 그룹–[도형]–[직사각형]을 선택해 막대그래프를 만든 후 서식을 지정한다. [삽입] 탭–[텍스트] 그룹–[텍스트 상자]를 선택해 텍스트를 입력하고 서식을 지정한다.

도형	채우기 색	선
첫 번째 막대	(2) 갈색	선 없음
두 번째 막대	(1) 녹색	선 없음

텍스트	글꼴 / 글꼴 크기	글꼴 색
그래프 수치	나눔고딕 / 12	(2) 갈색

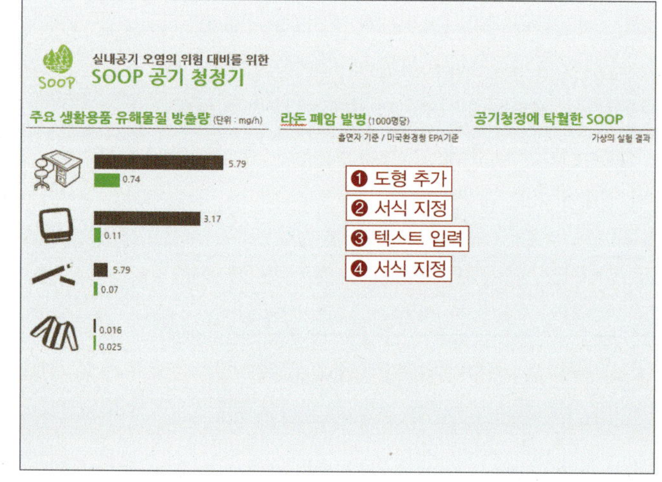

06 가구의 경우 5.79라는 수치가 다른 수치에 비하여 높기 때문에 물결 모양을 이용하여 더 길다는 것을 표시해보자. [삽입] 탭-[일러스트레이션] 그룹-[도형]-[곡선]을 선택해 막대그래프의 오른쪽에 곡선을 그리고 서식을 지정한다.

도형	선 색	선 두께
곡선	(4) 연회색	4 ½ pt

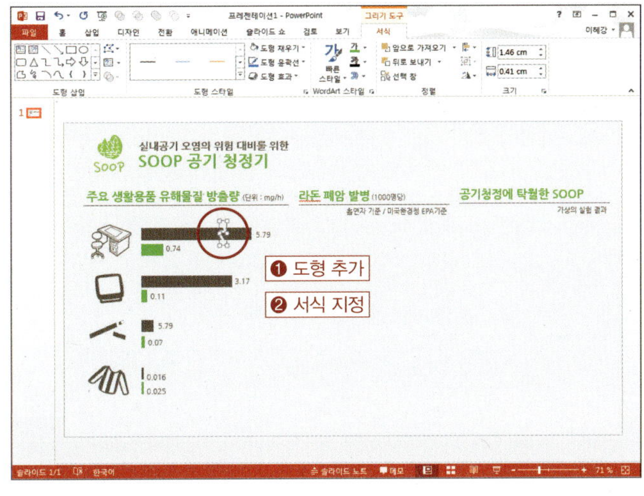

07 막대그래프가 무엇을 나타내는지 표시하기 위해 막대그래프 직사각형을 복제(Ctrl + D)한 후 가로 길이를 변경한다. [삽입] 탭-[텍스트] 그룹-[텍스트 상자]를 클릭해 텍스트를 입력하고 서식을 지정한다.

텍스트	글꼴 / 글꼴 크기	글꼴 색
그래프 설명	나눔고딕 / 12	(2) 갈색

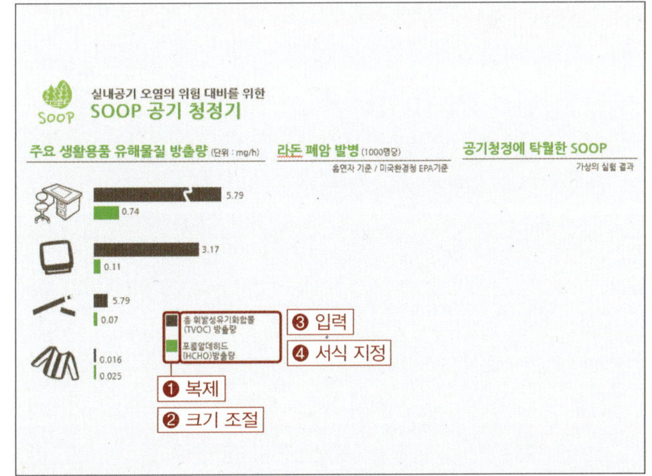

08 [삽입] 탭-[일러스트레이션] 그룹-[도형]-[직사각형]을 선택해 도형을 추가한다.

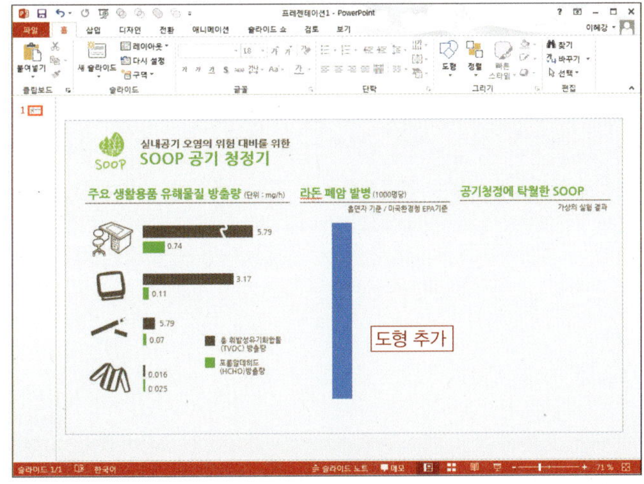

09 도형을 선택하고 마우스 오른쪽 버튼을 클릭한 후 [도형 서식]을 선택한다. [도형 서식] 작업 창의 [채우기]에서 '그라데이션 채우기'를 선택하고 [종류]는 '선형'을, [방향]은 '선형 아래쪽'을 선택한다. 그라데이션 중지점은 처음과 마지막만 배치하고 처음 중지점 색은 '(1) 녹색'으로, 마지막 중지점 색은 '(2) 갈색'으로 지정한다. [선]에서 '선 없음'을 선택한다.

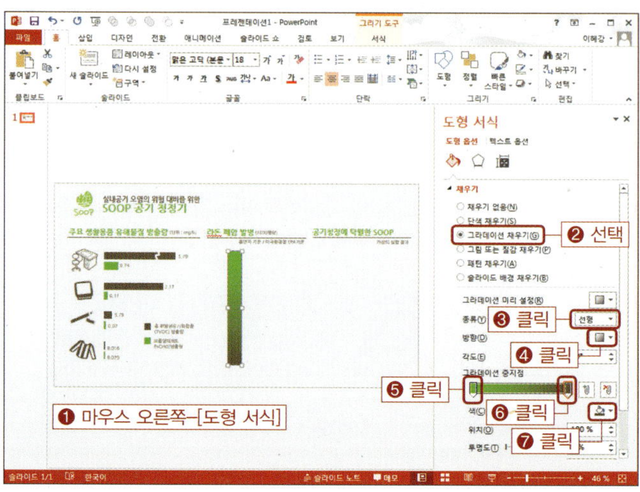

10 [삽입] 탭–[일러스트레이션] 그룹–[도형]–[선]을 선택해 왼쪽에 눈금을 만든 후 수치에 해당되는 지점에 선을 그린다. [삽입] 탭–[일러스트레이션] 그룹–[도형]–[타원], [선]을 선택해 정원과 지시선을 만들고 서식을 각각 적용한다.

도형	채우기 색	선 색	선 두께
눈금선	–	(4) 연회색	2 ½ pt
지시선	–	(2) 갈색	1 pt
원	(2) 갈색	–	선 없음

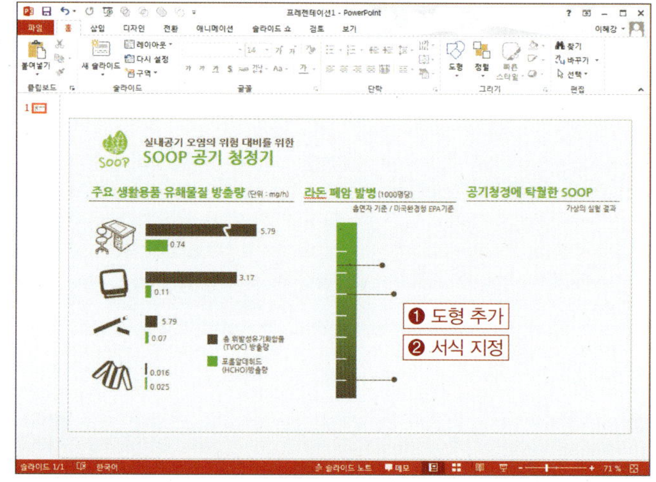

11 [삽입] 탭–[텍스트] 그룹–[텍스트 상자]를 선택해 텍스트를 입력하고 서식을 적용한다.

텍스트	글꼴 / 글꼴 크기	글꼴 색
수치 / 실내 평균 라돈	나눔고딕 / 12	(2) 갈색
인원수	나눔고딕 / 14	(2) 갈색

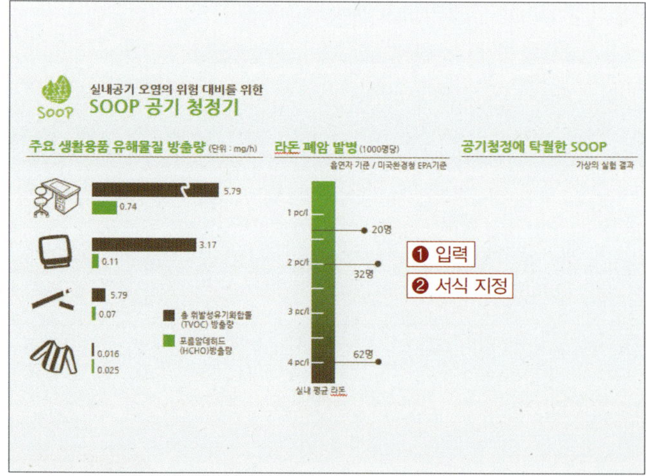

12 [삽입] 탭-[이미지] 그룹-[그림]을 선택하고 [SOOP 공기청정기] 폴더에서 '사람' 이미지'를 삽입하고 그룹 해제 후 서식을 지정한 다음, 이미지를 복제(Ctrl + D)하여 배치한다.

이미지	파일명	서식
	사람.eps	이미지 채우기 색 : (2) 갈색

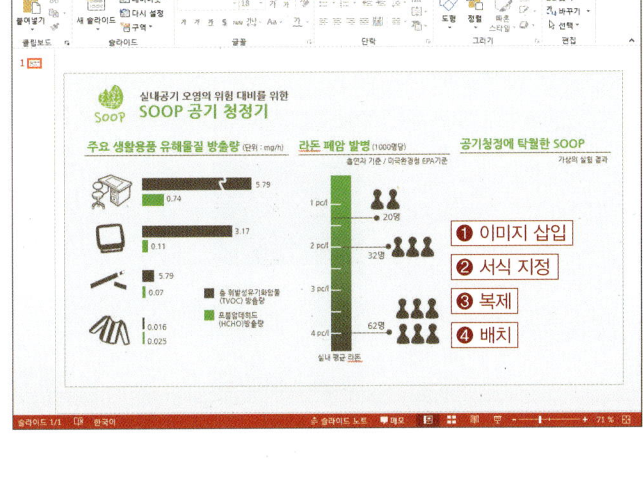

13 [삽입] 탭-[일러스트레이션] 그룹-[도형]-[도넛]을 선택해 도넛 도형 두 개를 추가하고 서식을 지정한다.

도형	선
도넛	선 없음

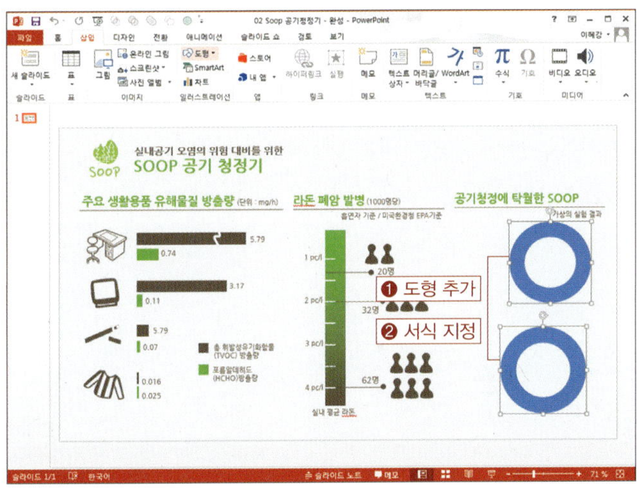

14 도넛 도형을 선택하고 마우스 오른쪽 버튼을 클릭하여 [도형 서식]을 선택한다. 작업 창의 [선]은 '선 없음'을 선택하고 [채우기]에서 '그림 또는 질감 채우기'를 선택한 후 [파일]을 클릭한다.

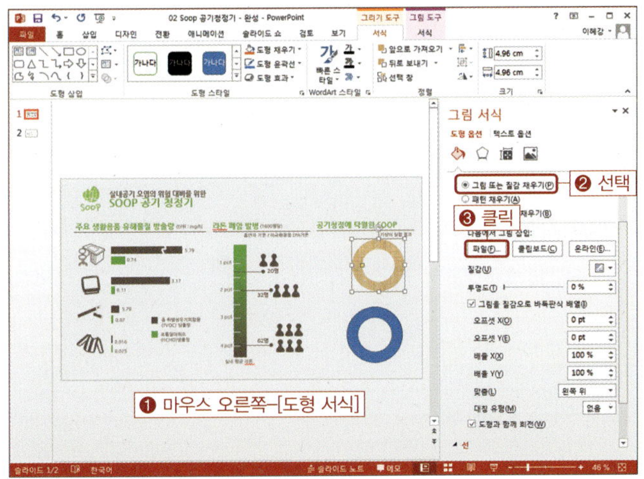

15 [SOOP 공기청정기] 폴더에서 그림을 삽입한다. 같은 방법으로 다른 도넛 도형도 그림으로 채운다.

도형	파일명	이미지
위쪽 도형	건물.PNG	
아래쪽 도형	숲.PNG	

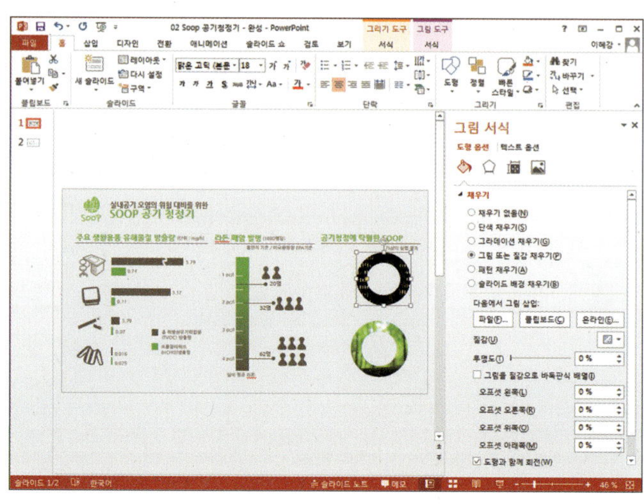

16 리본을 만들기 위해 [삽입] 탭-[일러스트레이션] 그룹-[도형]-[직사각형]을 선택한 후 직사각형 도형을 삽입한다. 직사각형을 선택하고 마우스 오른쪽 버튼을 클릭한 후 [점편집]을 선택한다.

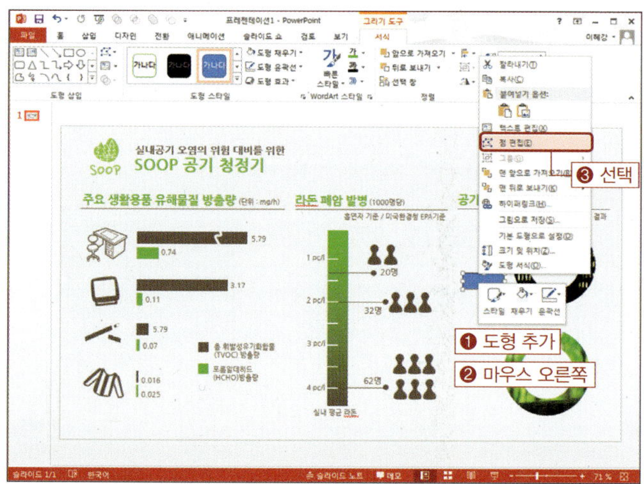

17 Ctrl 을 누른 상태에서 왼쪽 모서리의 가운데를 클릭해 점을 하나 추가한 후 점을 안쪽으로 드래그해 리본 모양을 만든다.

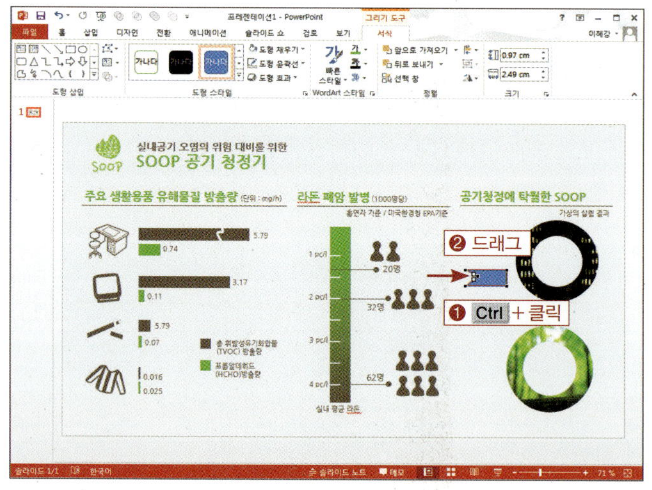

18 리본 도형을 Ctrl +드래그하여 복사하고 서식을 지정한다. [삽입] 탭−[일러스트레이션] 그룹−[도형]−[선]을 선택해 리본과 도넛을 연결하고 색은 리본 색과 동일한 색으로 지정한다.

도형	채우기 색 / 선 색	선
리본1	(2) 갈색	선 없음
리본2	(1) 녹색	선 없음

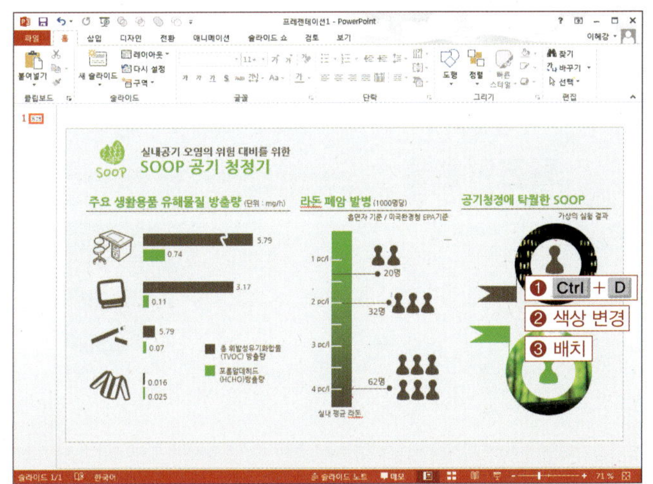

19 도넛 도형 안에 기존에 제작했던 사람 도형을 두 개 복제(Ctrl + D)하여 [그리기 도구]−[서식]−[도형 채우기]의 색을 '(2) 갈색'과 '(1) 녹색'으로 변경하고 도넛 중앙에 배치한다.

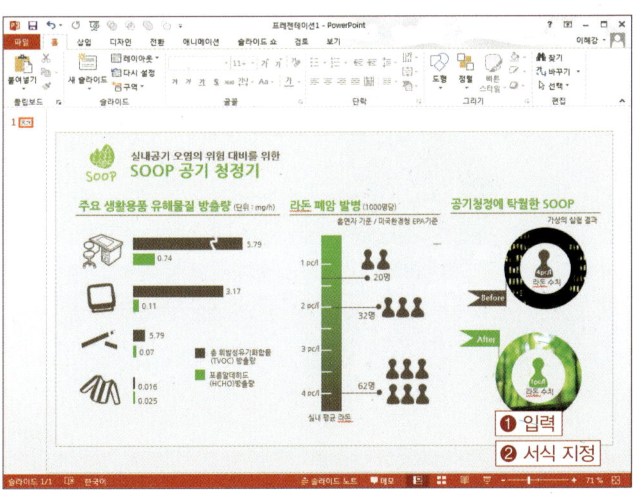

20 [삽입] 탭−[텍스트] 그룹−[텍스트 상자]를 선택해 텍스트를 입력하고 서식을 지정한다.

텍스트	글꼴 / 글꼴 크기	글꼴 색
Before/After	나눔고딕 ExtraBold / 14	(4) 연회색
수치	나눔고딕 ExtraBold / 11	(4) 연회색
라돈 수치	나눔고딕 / 12	(2) 갈색

003

사회 이슈 데이터 분석을 통한
이혼율 비교

B·E·F·O·R·E

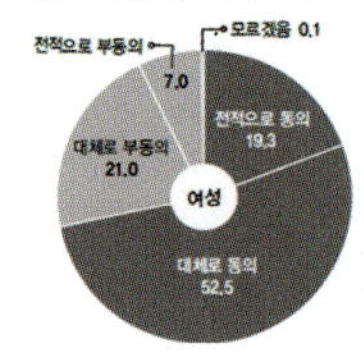

	2008	2009	2010	2011	2012
신혼이혼	28.5	27.2	27.0	26.8	24.6
황혼이혼	23.1	22.8	23.8	24.8	26.4

이혼율 비교 분석 슬라이드

2008~2012년 사이 신혼 이혼의 비율은 감소하는 반면, 황혼 이혼 비율은 증가하고 있다. 이러한 이유로 수명이 길어짐에 따라 남편의 돌봄 기간이 길어져 갈등이 발생할 수 있다는 점에 72%의 여성이 동의하고 있다. 이런 현상을 설명하고 그와 관련된 객관적 데이터를 제시하는 방법으로 슬라이드를 만들어보자.

A·F·T·E·R

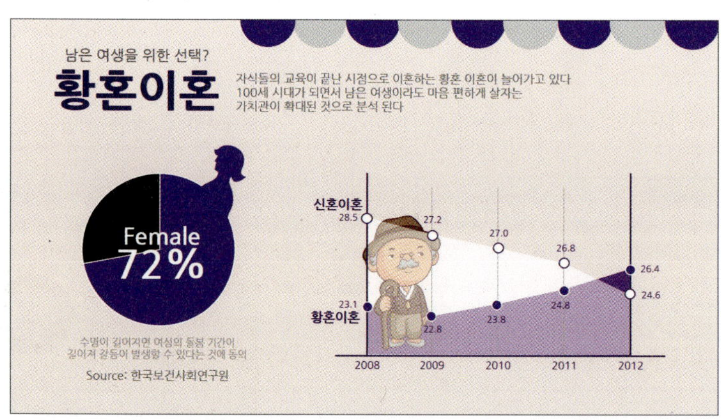

이혼율 비교 분석 인포그래픽

황혼이라는 이미지와 어울리는 보라색을 대표 색으로 지정하고 주변 색은 흰색, 검은색, 회색 중에 선택해 사용한다. 설문조사의 문항은 결과를 더욱 명확하게 보여주기 위해 '대체로 동의'와 '전적으로 동의'는 '동의'로 표현하고 '동의하지 않음'은 검은색으로 표시한다. 여성의 대답이므로 차트 위에는 여성 이미지를 배치한다.

- 완성파일 : 황혼 이혼 – 완성.pptx   • 색상정보 : 황혼 이혼 – 색상.png
- 실습파일 : 황혼 이혼 폴더

01 마우스 오른쪽 버튼을 클릭하고 [배경 서식]을 선택한다. [배경 서식] 작업 창의 [채우기]에서 '단색 채우기'를 선택하고 [색]에서 '(1) 연분홍색'을 선택한다.

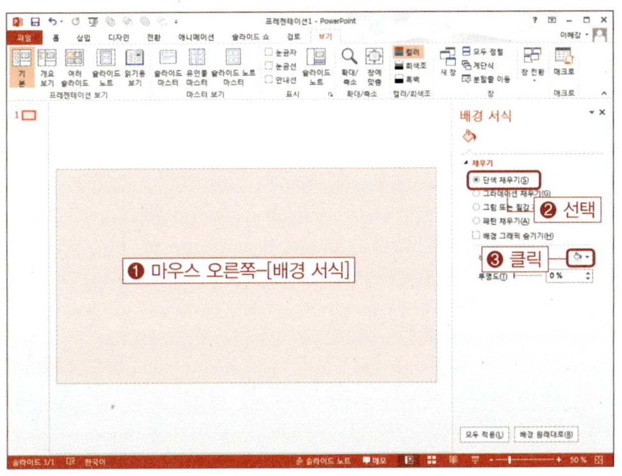

02 [삽입] 탭–[일러스트레이션] 그룹–[도형]–[타원]을 선택하고 Shift 를 누른 상태에서 드래그하여 정원을 만든다. 원을 선택하고 Ctrl + D 를 눌러 원을 복제해 위에서 2/3만큼 채워지도록 배치한다.

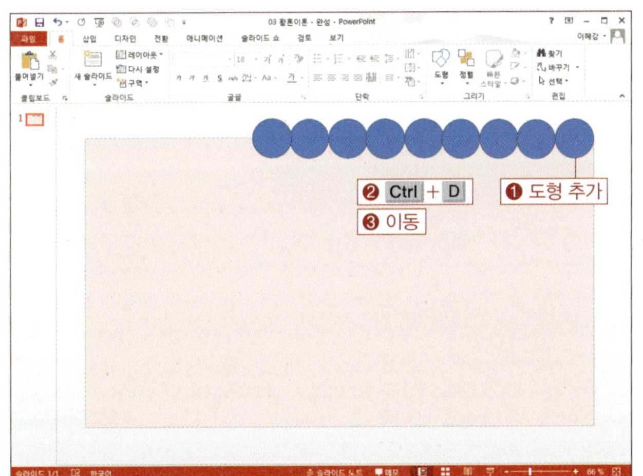

03 원 도형의 서식을 지정하고 [삽입] 탭–[텍스트] 그룹–[텍스트 상자]를 선택해 제목과 부가설명을 입력한 후 서식을 지정한다.

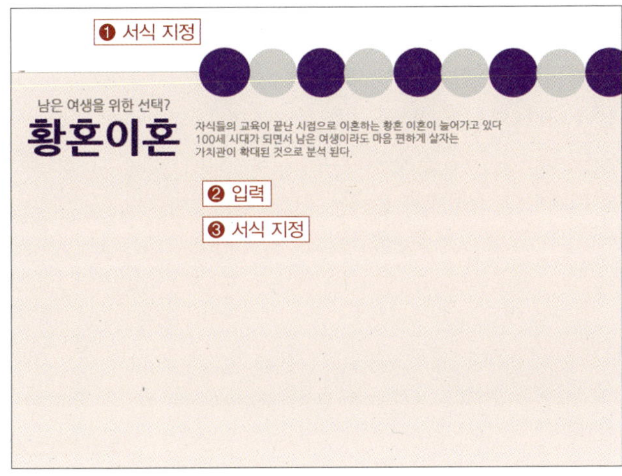

도형	채우기 색	선
원	(3) 보라색, (2) 연회색	선 없음

텍스트	글꼴 / 글꼴 크기 / 속성	글꼴 색
남은 여생을 위한 선택?	나눔고딕 / 20	(5) 회색
황혼 이혼	나눔고딕 ExtraBold / 60 / 굵게	(3) 보라색
부가 설명	나눔고딕 / 16	(5) 회색

04 [삽입] 탭-[일러스트레이션] 그룹-[차트]를 클릭한다. [차트 삽입] 대화상자의 차트 종류에서 [원형]을 선택하고 첫 번째 차트를 선택한 후 [확인] 버튼을 클릭해 차트를 삽입한다.

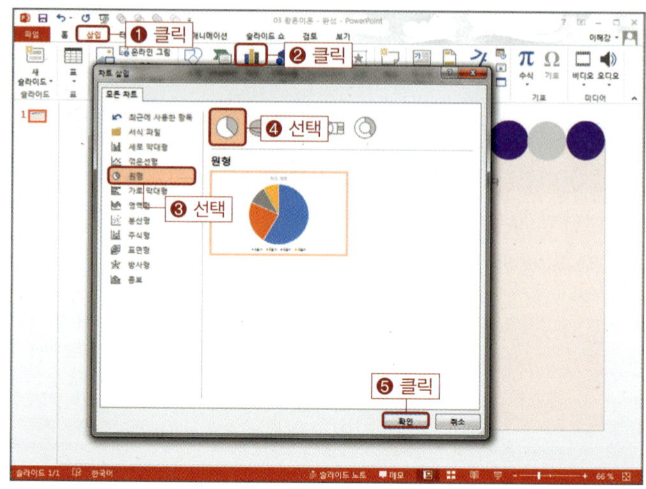

05 차트가 삽입되면 자동으로 엑셀 데이터 창이 나타난다. '72'와 '28'을 입력하고, 기존에 있던 '3분기'와 '4분기'는 Delete 를 눌러 삭제한 후 엑셀 창을 닫는다. 차트에서 제목인 '판매'와 차트 범례인 '1분기, 2분기'를 선택하고 Delete 를 눌러 삭제한다.

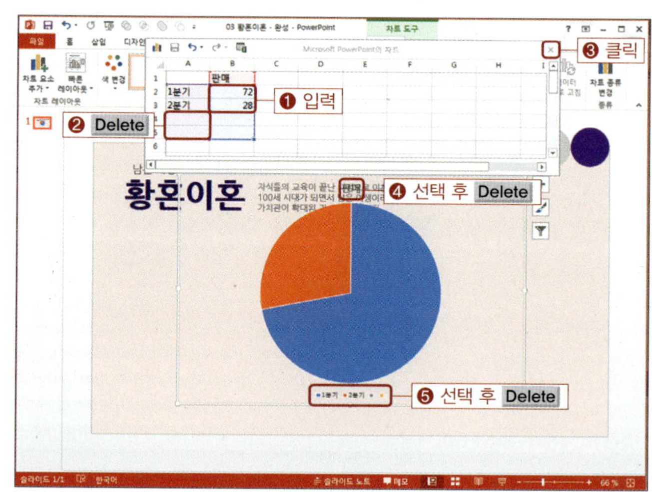

06 슬라이드의 전체적인 색감과 조화를 이루기 위해 차트의 색도 변경해보자. 차트 계열을 더블클릭하여 [데이터 요소 서식] 작업 창이 나타나면 변경할 계열을 선택하고 [계열 옵션] 중 [채우기]를 선택한 후 '단색 채우기'를 선택한다. [색]에서 동의는 '(3) 보라색', 비동의는 '(4) 검은색'으로 지정한다.

> **TIP**
> 차트에서 원하는 영역만 선택하여 색상을 바꾸기 위해서는 차트를 선택한 후 한 번 더 원하는 영역을 클릭하여 선택해야 한다.

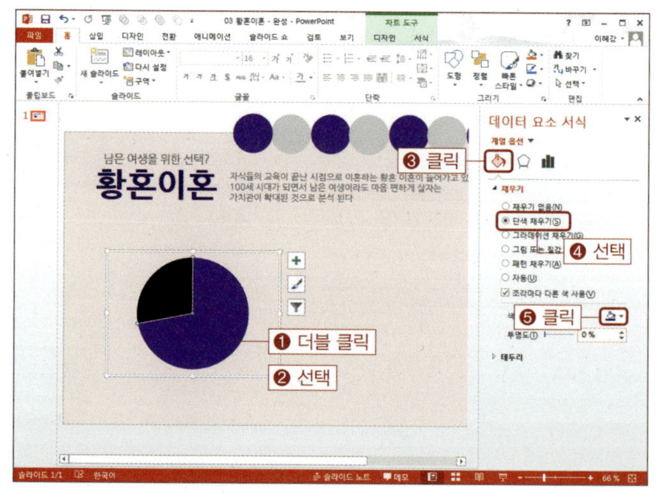

07 여성들이 얼마나 동의하는지를 나타내기 위하여 [삽입] 탭-[이미지] 그룹-[그림]을 선택해 [황혼 이혼] 폴더에서 '여자.eps' 파일을 불러와 그룹설정 해제(Ctrl + Shift + G)하고 서식을 지정한 후 회전하여 배치한다.

이미지	파일명	서식
	여자.eps	• 채우기 색 : (3) 보라색

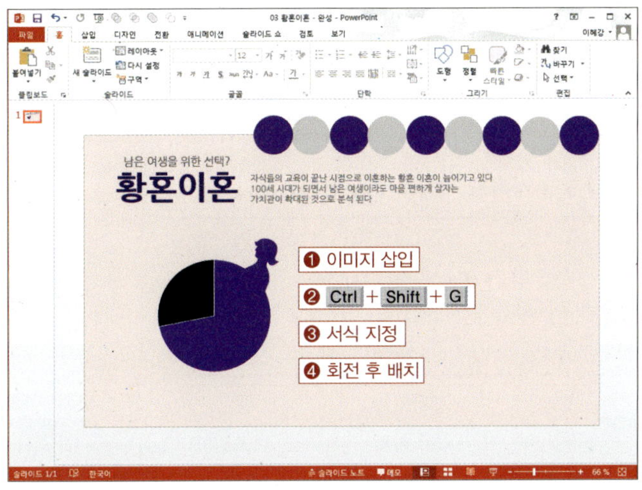

08 [삽입] 탭-[텍스트] 그룹-[텍스트 상자]를 선택해 관련 텍스트를 입력하고 서식을 적용한다.

텍스트	글꼴 / 글꼴 크기 / 속성	글꼴 색
Female	나눔고딕 / 32 / 굵게	(6) 흰색
72%	나눔고딕 / 54 / 굵게	(6) 흰색
부가설명	나눔고딕 / 14	(2) 연회색
출처	나눔고딕 / 16	(5) 회색

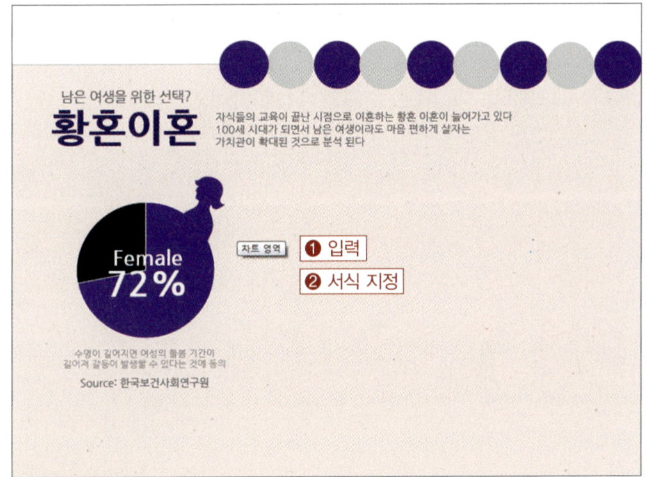

09 차트를 만들기 위해 [삽입] 탭-[일러스트레이션] 그룹-[도형]-[선]을 선택해 그림과 같이 직선으로 만들고 서식을 지정한다.

선 종류	선 두께	선 색
외형선	2 ¼ pt	(3) 보라색
내형선	½ pt	(2) 연회색

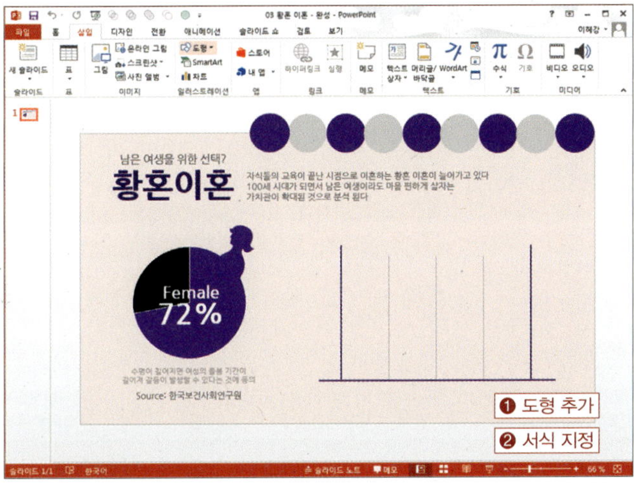

10 [삽입] 탭-[텍스트] 그룹-[텍스트 상자]를 선택하여 연도와 수치를 입력한 후 서식을 지정한다. [삽입] 탭-[일러스트레이션] 그룹-[도형]-[타원]을 이용해 수치를 나타내는 정원을 추가하고 서식을 지정한다.

텍스트	글꼴/글꼴 크기/속성	글꼴 색
연도	나눔고딕/14	(3) 보라색
신혼이혼/황혼이혼	나눔고딕/18/굵게	(3) 보라색
수치	나눔고딕/12	(3) 보라색

도형	채우기 색	선 색
신혼이혼	(6) 흰색	(3) 보라색
황혼이혼	(3) 보라색	(6) 흰색

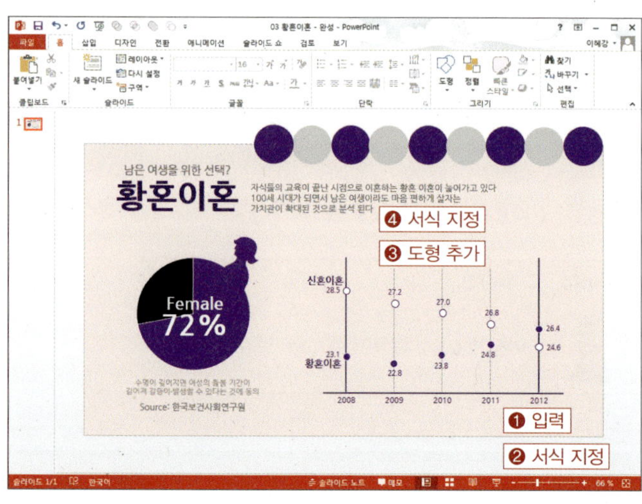

11 [삽입] 탭-[이미지] 그룹-[그림]을 선택하고 [황혼 이혼] 폴더에서 '할아버지'를 불러온다. 그래프의 맨 뒤로 보내기 위해 이미지를 선택하고 마우스 오른쪽 버튼을 클릭한 후 [맨 뒤로 보내기]를 선택한다.

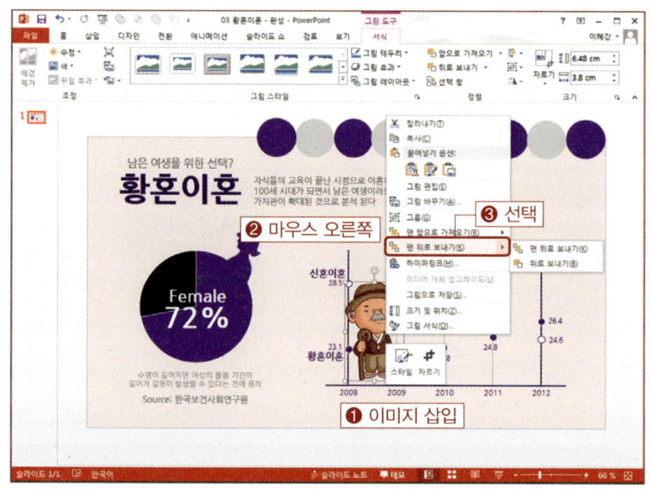

12 [삽입] 탭-[일러스트레이션] 그룹-[도형]-[자유형]을 선택해 신혼이혼의 수치가 있는 점을 클릭하여 연결해 그래프를 만들어준다. 처음 시작한 점과 끝나는 점을 클릭하여 도형으로 만든다.

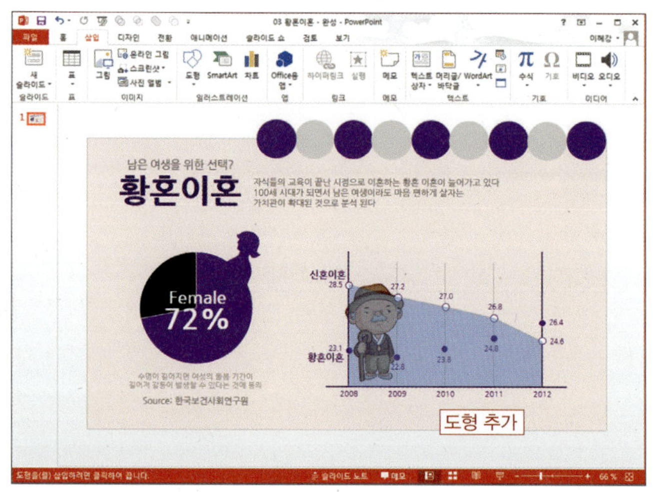

13 만든 도형을 선택한 후 마우스 오른쪽 버튼을 클릭하고 [도형 서식]을 선택한다. [도형 서식] 작업 창의 [선]에서 '선 없음'을 선택하고 [채우기]에서 '단색 채우기'를, [색]에서 '(6) 흰색'을, [투명도]는 '40%'로 지정한다.

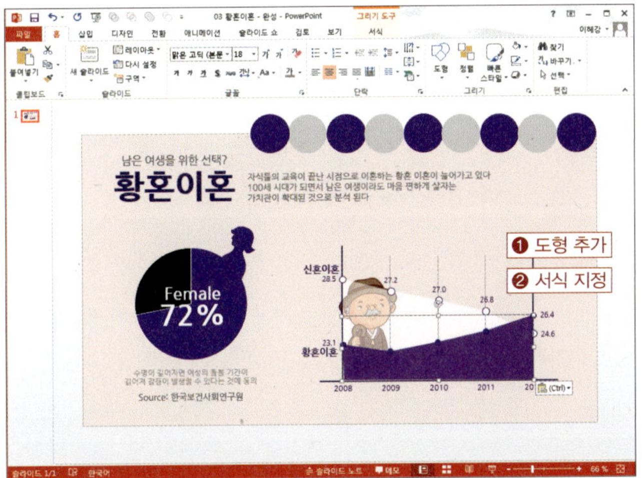

TIP
도형의 위아래 순서가 변경되어야 할 경우에는 [맨 앞으로 가져오기], [맨 뒤로 보내기] 등을 이용하여 도형의 순서를 변경한다.

14 같은 방법으로 황혼이혼의 그래프를 만들고 서식을 지정한다.

투명도	채우기 색	선
18%	(3) 보라색	선 없음

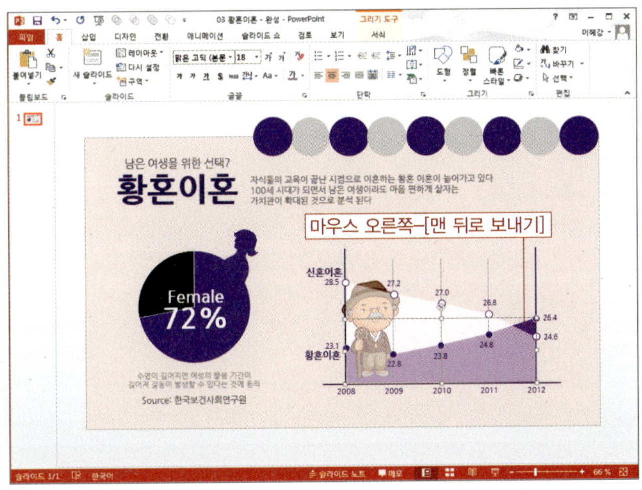

15 보라색은 색상이 강하므로 도형을 선택하고 마우스 오른쪽 버튼을 클릭하여 [맨 뒤로 보내기]를 선택하여 슬라이드를 완성한다.

004

지역 데이터 시각화를 통한
선호 지역 지도

B·E·F·O·R·E

데이트 코스

한 가상의 조사 기관에 따르면 여성들이 가장 선호하는 서울 데이트 코스는 종로구, 마포구, 용산구, 서초구, 강남구로 밝혀졌다. 종로구는 인사동, 경복궁, 삼청동 등 즐길 곳이 많아 데이트 코스로 사랑받고 있다.

지역 데이터 슬라이드

한 가상의 조사 기간에 따르면 여성들이 가장 선호하는 서울 데이트 지역은 종로구, 마포구, 용산구, 강남구로 밝혀졌다. 그중 종로구에 대해 심층적으로 파악하길 원하며 종로구 데이트 추천 코스를 제안할 것이다.

A·F·T·E·R

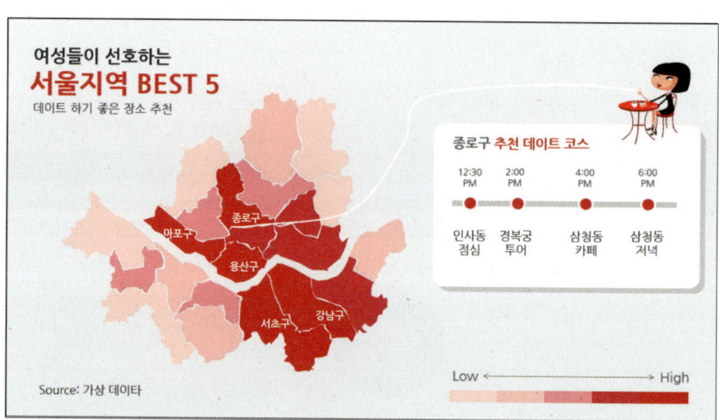

지역 데이터와 지도를 활용한 인포그래픽

각 지역별로 선호도를 나타내기 위해 순서대로 나열하는 방식이 아니라 그 지역의 실제 지도를 만들고 색상 차이를 통해 선호도의 차이를 부각시켰다. 선호도가 높은 구 중에 종로구의 추천 데이트 코스를 시간대별로 추천하였다.

실전 따라하기

- 완성파일 : 서울 데이트 추천 – 완성.pptx
- 참고파일 : 서울지도.pptx
- 색상정보 : 서울 데이트 추천 – 색상.png
- 실습파일 : 서울 데이트 추천 폴더

01 '서울지도.pptx' 파일을 열고 도형을 드래그하여 모두 선택한 후 Ctrl + C 를 눌러 복사한다. 새 프레젠테이션을 열고 Ctrl + V 를 눌러 복사한 지도를 붙여 넣는다.

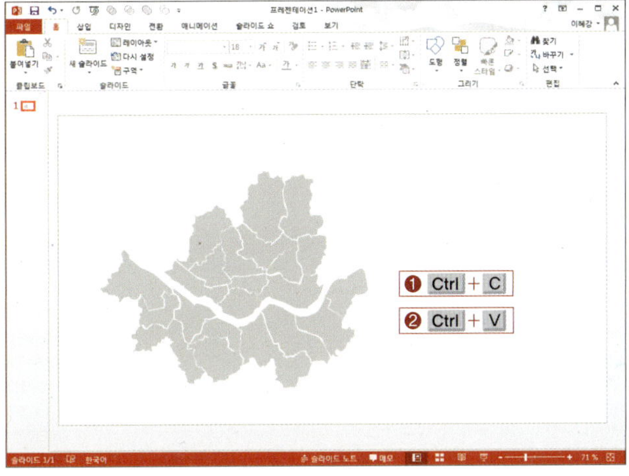

TIP
서울 지도를 직접 제작하여 만들어보고 싶다면 〈PART 02. SECTION 005 지도 도형 만들기〉를 참고하기 바란다.

02 지도의 색에 따른 정보를 보여주기 위해 [삽입] 탭–[일러스트레이션] 그룹–[도형]–[직사각형]을 선택해 직사각형을 그림처럼 추가한다.

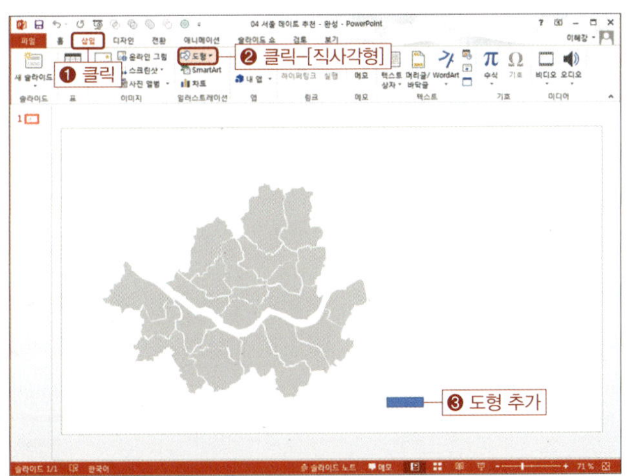

03 Ctrl + D 를 눌러 직사각형을 복제해 5개의 직사각형을 만든다. 도형을 모두 선택하고 서식을 지정한다.

도형	선
직사각형	선 없음

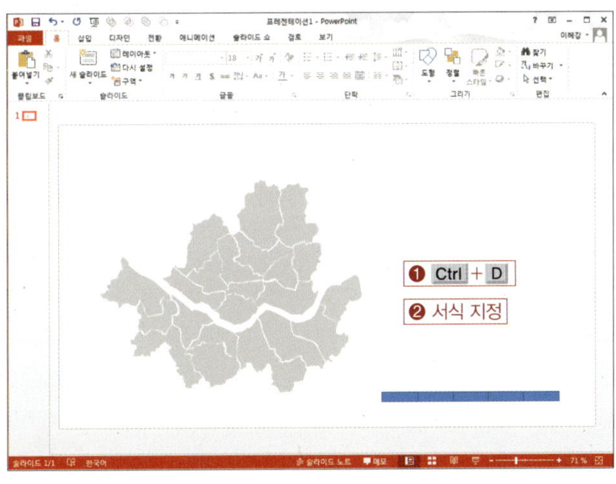

04 [삽입] 탭-[이미지] 그룹-[그림]을 선택해 '서울 데이트 추천 - 색상. png'를 삽입하여 이미지를 참고해 순서대로 서식을 지정한다.

도형	채우기 색	선
직사각형	(1)~(5) 색상	선 없음

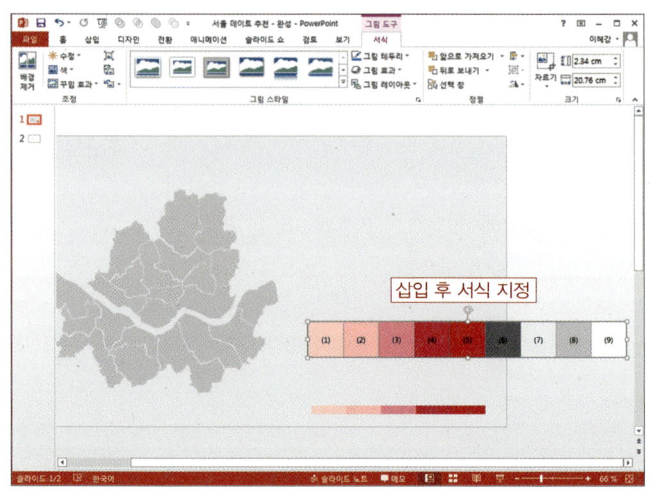

05 [서식] 탭-[도형 스타일] 그룹-[도형 윤곽선]-[화살표]-[화살표 스타일 4]를 선택해 선을 추가하고 서식을 지정한다.

도형	선 두께	화살표	선 색
선	½ pt	화살표 스타일 4	(6) 진회색

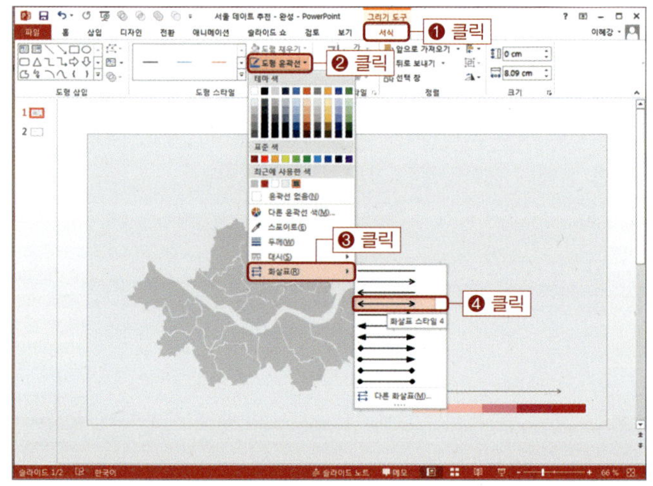

06 [삽입] 탭-[텍스트] 그룹-[텍스트 상자]를 선택해 'Low'와 'High'를 입력하고 서식을 지정한다.

텍스트	글꼴 / 글꼴 크기	글꼴 색
Low / High	나눔고딕 / 18	(6) 진회색

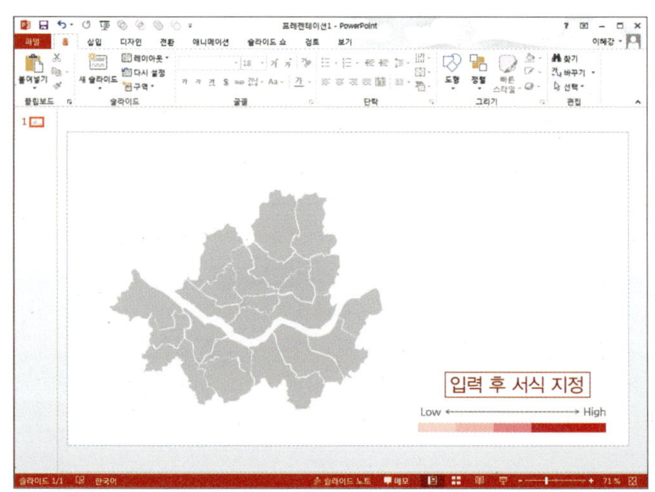

07 서울 지도에서 구별로 선호도 비율에 따라 색상을 적용해보자. 기존에 만든 색상 바를 선택하여 Ctrl + Shift + C 를 눌러 서식 복사한 후 색상을 변경하고자 하는 구를 선택하고 Ctrl + Shift + V 를 눌러 서식을 붙여 넣는다. 선호하는 곳은 짙은 분홍색으로, 덜 선호하는 곳은 연분홍색으로 변경한다.

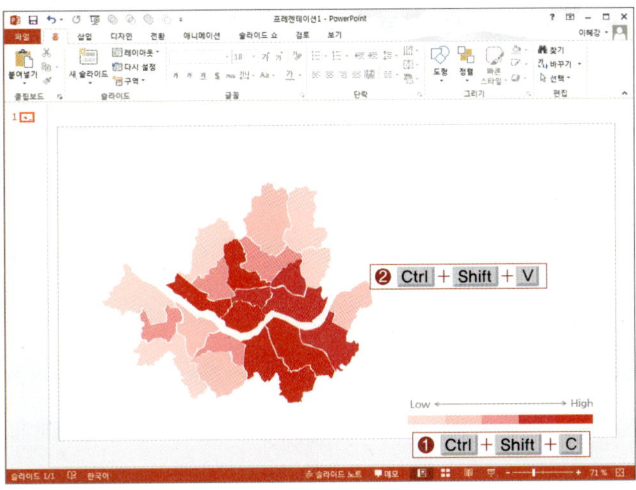

08 High로 선정된 구 위에는 [삽입] 탭-[텍스트] 그룹-[텍스트 상자]를 선택해 구 이름을 추가하고 서식을 지정한 후 텍스트를 배치한다.

글꼴 / 글꼴 크기 / 속성	글꼴 색
나눔고딕 / 14 / 굵게	(9) 흰색

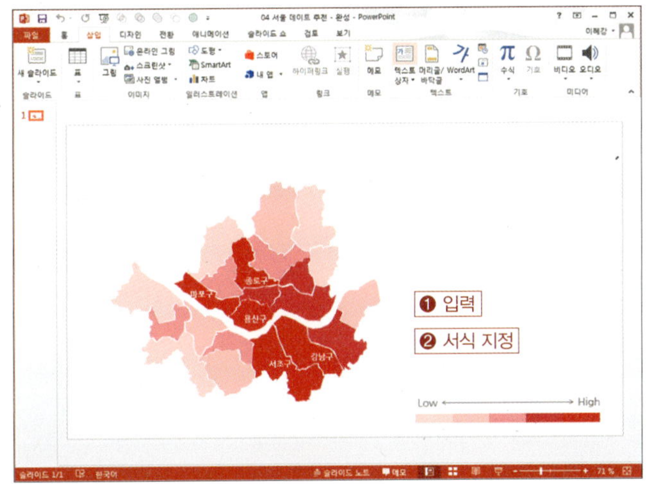

09 슬라이드의 배경을 지도와 어울리는 색으로 변경하기 위해 마우스 오른쪽 버튼을 클릭하고 [배경 서식]을 선택한다. [배경 서식] 작업 창의 [채우기]에서 '단색 채우기'를 선택하고 [색]에서 '(7) 연회색'을 지정한다.

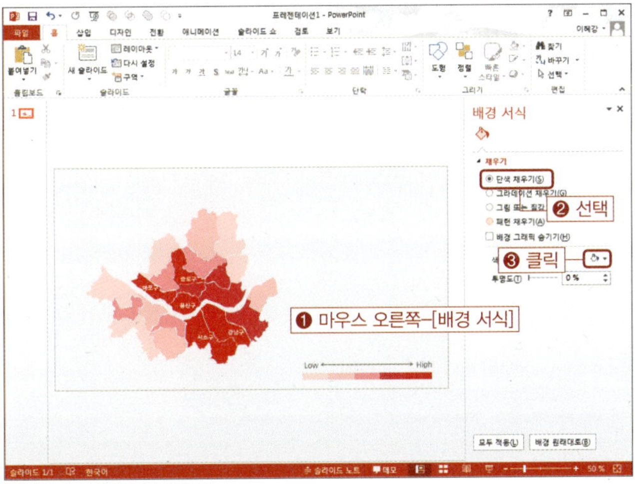

10 [삽입] 탭–[일러스트레이션] 그룹–[도형]–[모서리가 둥근 사각형]을 선택해 도형을 추가하고 모양 조절점을 드래그하여 둥근 정도를 조절한다. `Ctrl` + `D` 를 눌러 도형을 하나 복제한다.

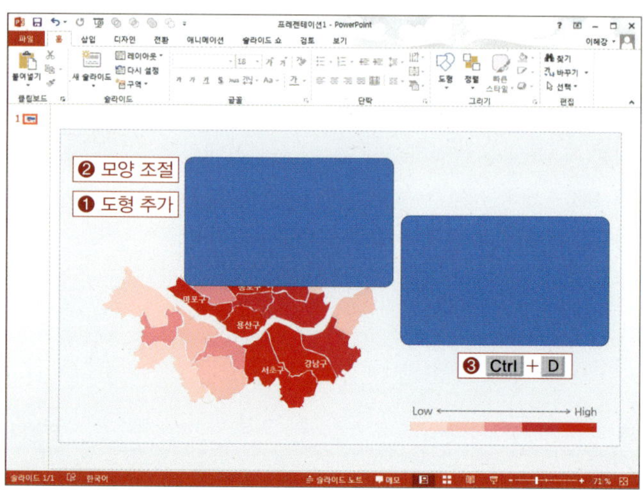

11 두 개의 도형에 각각 서식을 지정한다.

채우기 색	채우기 색	선
모서리가 둥근 사각형1	(9) 흰색	선 없음
모서리가 둥근 사각형2	(8) 회색	선 없음

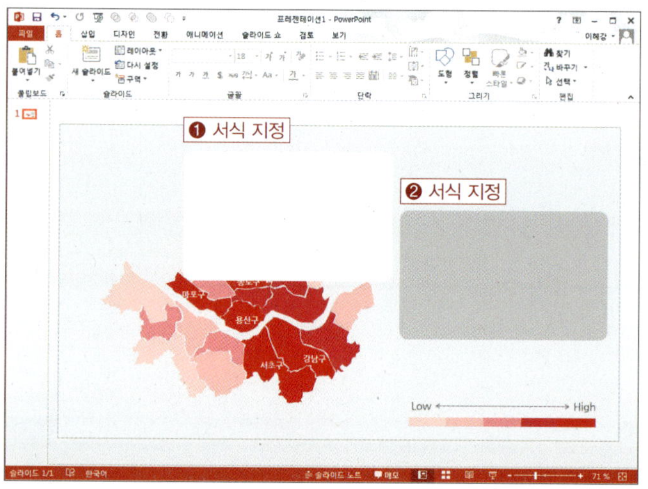

12 회색 도형이 아래로 위치하도록 배치하여 그림자 느낌을 만든다.

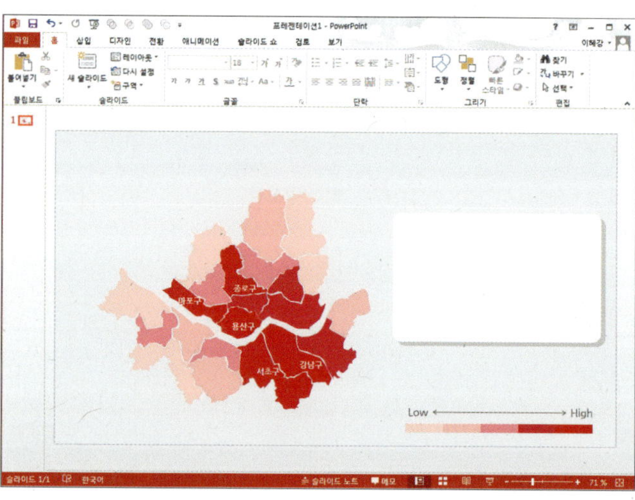

TIP
만약 두 도형의 위아래가 다르다면 회색 도형을 선택한 상태에서 마우스 오른쪽 버튼을 클릭하고 [맨 뒤로 보내기]를 선택한다.

13 [삽입] 탭-[이미지] 그룹-[그림]을 선택하고 [서울 데이트 추천] 폴더에서 '여자.wmf' 파일을 불러와 배치한다.

이미지	파일명
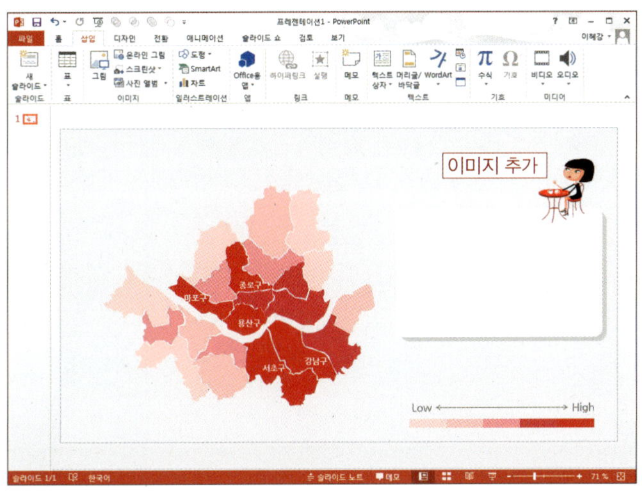	여자.wmf

14 [삽입] 탭-[일러스트레이션] 그룹-[도형]-[직사각형]을 선택해 직사각형을 추가한다.

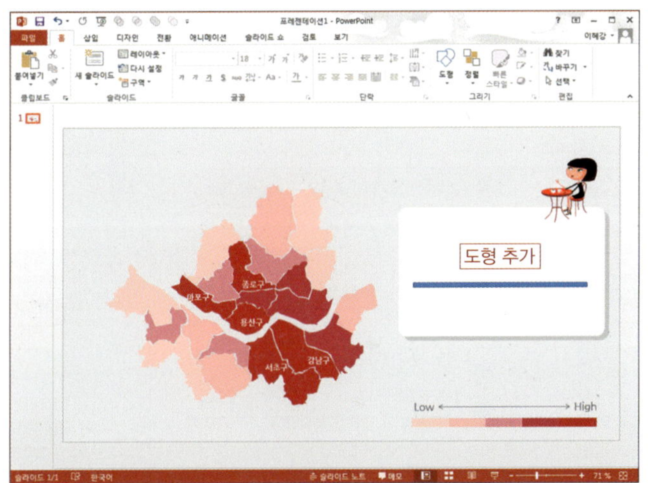

15 [삽입] 탭-[일러스트레이션] 그룹-[도형]-[타원]을 선택해 정원을 4개 추가한다.

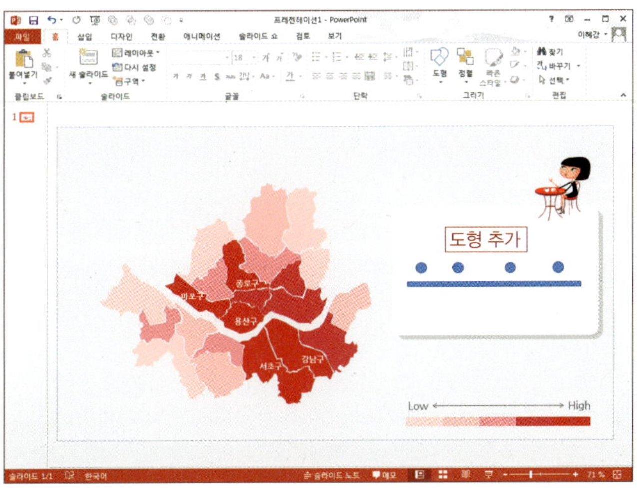

16 원은 직사각형 위에 일렬로 배치하고 직사각형과 정원에 각각 서식을 지정한다.

도형	채우기 색	선 색	선 두께
직사각형	(8) 회색	선 없음	–
정원	(5) 진분홍	(9) 흰색	3pt

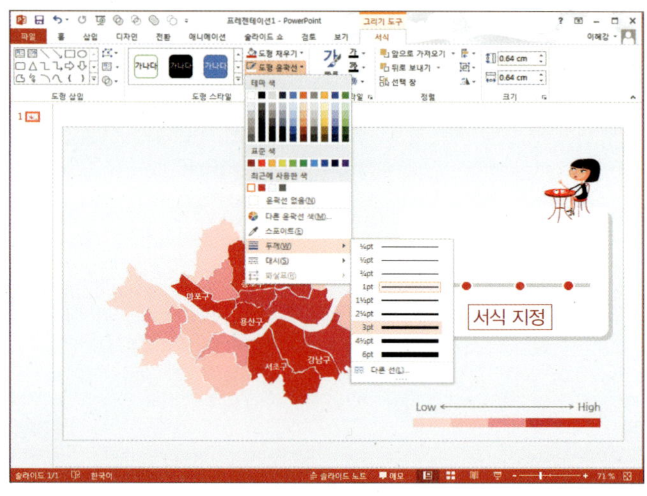

17 [삽입] 탭–[텍스트] 그룹–[텍스트 상자]를 클릭해 종로구 데이트 장소와 관련된 텍스트를 입력하고 서식을 지정한다.

구명	글꼴 / 글꼴 크기 / 속성	글꼴 색
종로구	나눔고딕 / 18 / 굵게	(6) 진회색
추천 데이트 코스	나눔고딕 / 18 / 굵게	(5) 진분홍
시간	나눔고딕 / 12	(6) 진회색
코스	나눔고딕 / 16	(6) 진회색

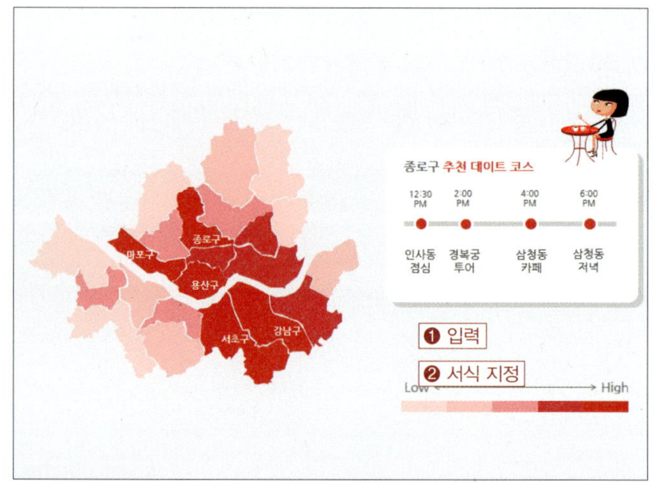

18 [삽입] 탭–[일러스트레이션] 그룹–[도형]–[곡선]을 선택해 종로구에서 시작하여 여자 아이콘의 손으로 연결될 수 있게 곡선을 만든다.

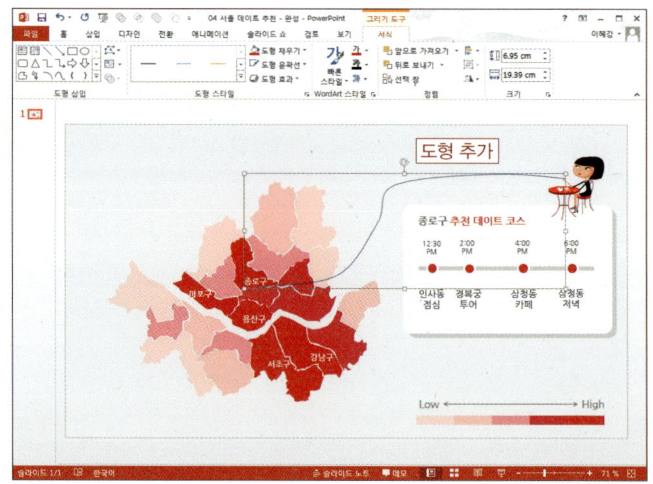

19 추가한 곡선에 서식을 지정한다.

도형	선 색	선 두께
곡선	(9) 흰색	2 ¼ pt

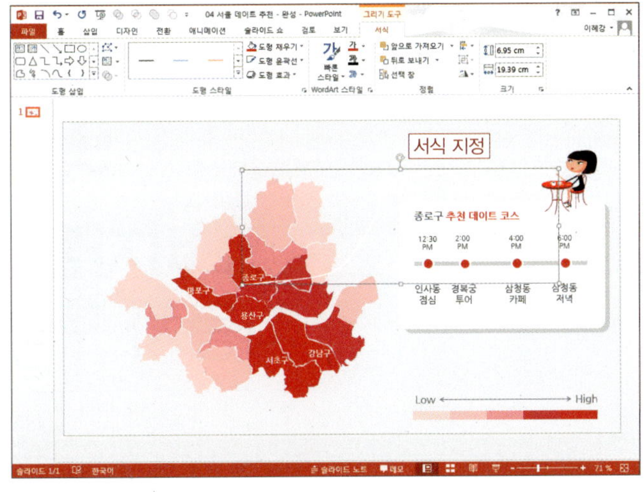

20 [삽입] 탭-[텍스트] 그룹-[텍스트 상자]
를 클릭해 제목과 출처를 입력하고 서식을 지
정해 슬라이드를 완성한다.

텍스트	글꼴 / 글꼴 크기 / 속성	글꼴 색
제목 첫째 줄	나눔고딕 / 24 / 굵게	(6) 진회색
제목 둘째 줄	나눔고딕 ExtraBold / 36 / 굵게	(5) 진분홍
제목 셋째 줄	나눔고딕 / 16	(6) 진회색
출처	나눔고딕 / 16	(6) 진회색

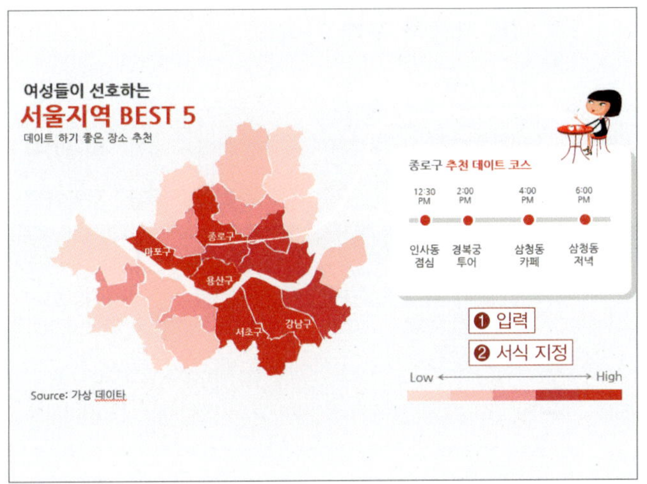

소비자들을 위한
자동차 구매 가이드

01 자동차 구매 가이드

상세 스펙

	A사	B사
내구성	65	60
디자인	62	39
고객서비스	61	32
브랜드인지도	41	54
실용성	62	30
가격경쟁력	30	41

서비스 센터

A사   도시거점

B사   지역거점

자동차 구매 가이드 슬라이드

A사와 B사의 자동차를 비교하기 위해 항목별로 점수를 조사하였다. 숫자로 되어 있는 것을 그래프로 바꿔 어떤 회사가 어떤 수치가 높은지를 한눈에 비교할 수 있도록 만들어 각 자동차의 상대적 장점을 쉽게 확인할 수 있도록 하자. 또한 각 사가 어떤 지역에 서비스 센터를 두고 있는지 비교해 소비자에게 어떤 브랜드의 자동차가 유리한지 쉽게 비교해볼 수 있도록 만들어보자.

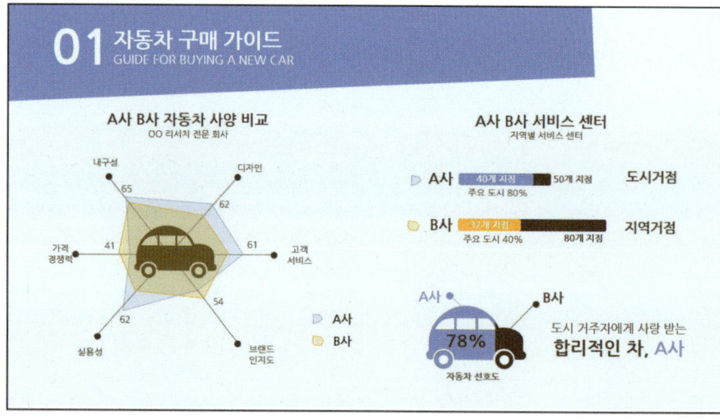

자동차 구매 가이드 인포그래픽

방사형 그래프는 여러 가지 항목의 수치를 비교하면서 장단점을 파악할 수 있는 그래프이다. 자동차의 상세 스펙을 방사형 그래프로 작성하여 소비자가 쉽게 선택할 수 있도록 할 수 있다. A사 서비스 센터는 B사에 비해 숫자가 적지만 도시에 주로 위치하고 있어 도시에 거주하는 사람들은 실질적으로 A사 서비스 센터를 더 쉽게 이용할 수 있다. 이러한 차이점을 나타내기 위해 전체 숫자는 갈색 막대로 표현하고 도시의 서비스 센터는 A사와 B사의 대표 색으로 막대를 표현했다.

• 완성파일 : 자동차 구매 가이드 – 완성.pptx
• 실습파일 : 자동차 구매 가이드 폴더
• 색상정보 : 자동차 구매 가이드 – 색상.png

01 빈 슬라이드에서 마우스 오른쪽 버튼을 클릭하고 [배경 서식]을 선택한다. [배경 서식] 작업 창의 [채우기]에서 '단색 채우기'를 선택하고 [색]에서 '(1) 하늘색'을 지정한다.

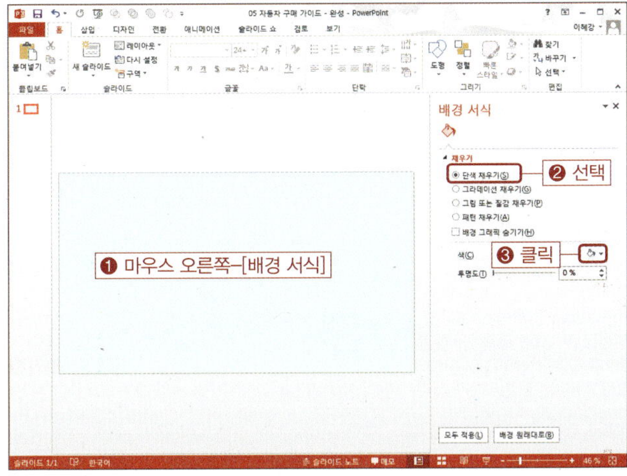

02 [삽입] 탭–[일러스트레이션] 그룹–[도형]–[직사각형]을 선택해 직사각형을 추가한 후 회전 조절점을 드래그하여 도형을 그림처럼 회전시킨다.

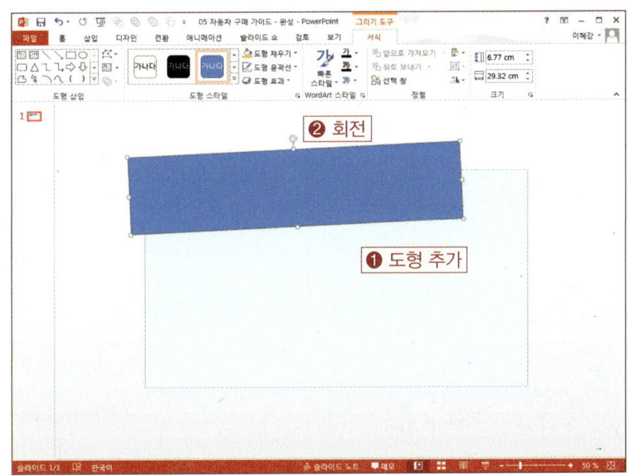

03 슬라이드에 맞게 도형을 잘라보자. [삽입] 탭–[일러스트레이션] 그룹–[도형]–[직사각형]을 선택해 자르고 싶은 영역을 덮을 수 있는 크기로 직사각형 두 개를 만든다.

TIP
슬라이드 쇼를 실행하면 슬라이드를 벗어난 도형은 표현되지 않기 때문에 슬라이드 쇼로만 보여줄 독자는 굳이 자르지 않아도 된다.

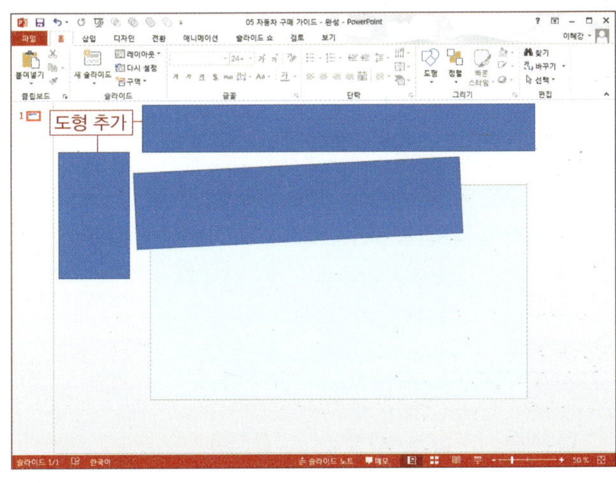

04 회전한 도형 위에 자를 영역만큼 직사각형을 배치하고 두 도형을 선택한 후 [도형 빼기]를 클릭한다.

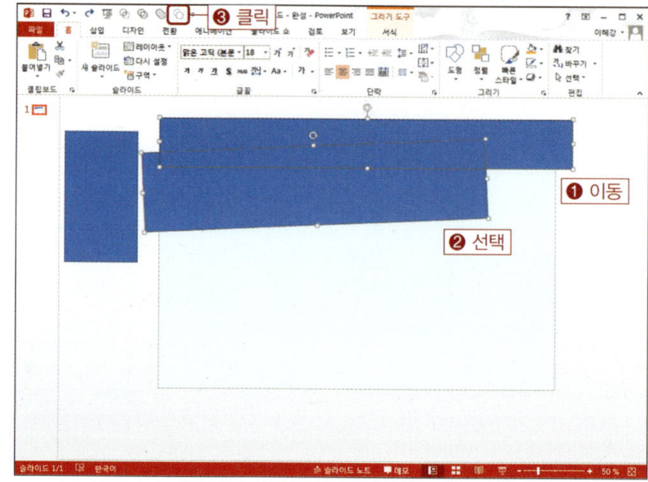

05 왼쪽 도형을 자르기 위해 그림처럼 이동시키고 도형을 모두 선택한 후 [도형 빼기]를 클릭한다.

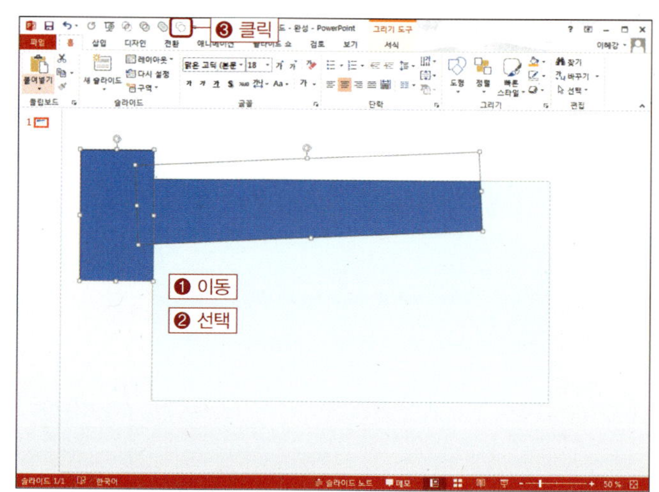

06 [삽입] 탭−[텍스트] 그룹−[텍스트 상자]를 선택해 제목과 소제목을 입력하고 서식을 지정한다. 도형에도 서식을 지정한다.

텍스트	글꼴 / 글꼴 크기 / 속성	글꼴 색
01	나눔고딕 / 66 / 굵게	(1) 하늘색
대제목	나눔고딕 / 28 / 굵게	(1) 하늘색
대제목 부연	나눔고딕 / 16	(1) 하늘색
소제목	나눔고딕 / 20 / 굵게	(3) 갈색
소제목 부연	나눔고딕 / 12	(3) 갈색

도형	채우기 색	선
직사각형	(3) 파란색	선 없음

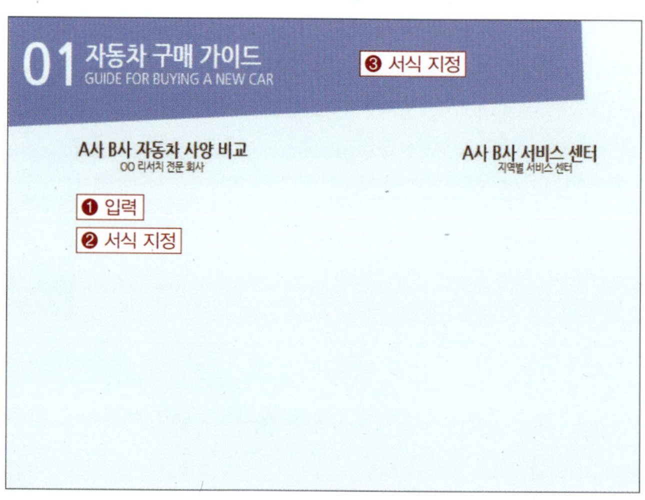

07 [삽입] 탭-[일러스트레이션] 그룹-[도형]-[선]을 선택해 그림처럼 선 3개를 만든다. [삽입] 탭-[일러스트레이션] 그룹-[도형]-[타원]을 선택해 선 끝에 원을 그려준 후 서식을 지정한다.

도형	채우기 색	선
타원	(3) 갈색	선 없음

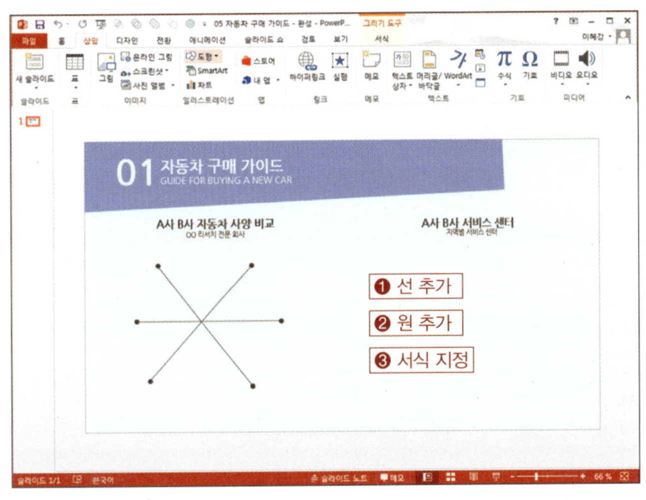

08 자동차 모양의 wmf 파일을 활용하기 위해 [삽입] 탭-[이미지] 그룹-[그림]-[자동차 구매 가이드] 폴더에서 '타이어 교체.wmf' 파일을 삽입한다.

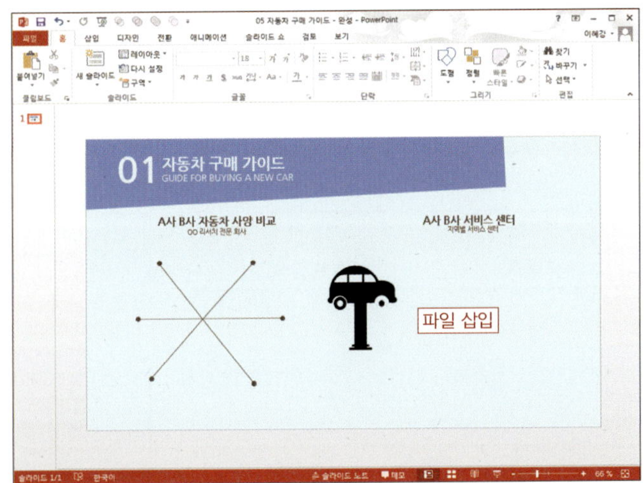

09 wmf 파일을 선택하고 Ctrl + Shift + G 를 두 번 눌러 그룹을 해제한 후 자동차를 제외하고 나머지 도형을 선택해 삭제한다.

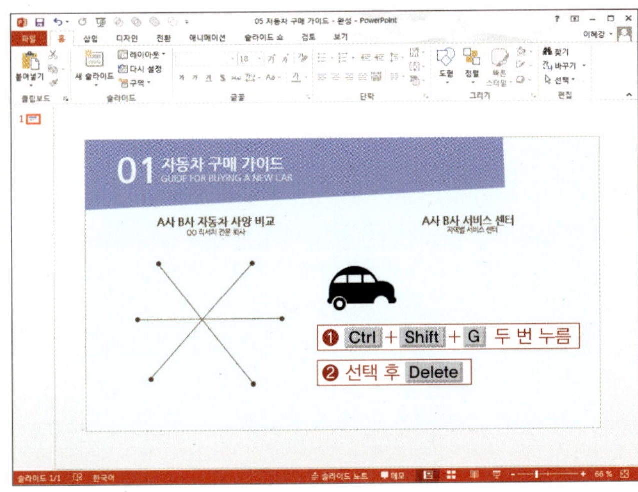

10 바퀴 한쪽이 없는 자동차가 되었다. 뒷바퀴를 선택하고 Ctrl + D 를 눌러 복제한 후 이동해 앞바퀴를 만들어준다. 마우스를 드래그하여 자동차와 관련된 도형을 모두 선택한 후 Ctrl + G 를 눌러 그룹으로 설정한다.

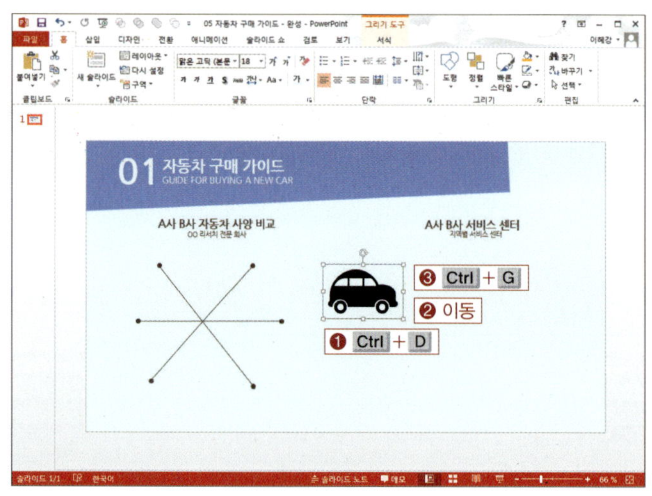

11 자동차를 선택하고 서식을 지정한 후 선들이 만나는 점 위로 이동한다. 자동차 도형을 한 번 더 사용하기 위해 Ctrl + D 를 눌러 복제하고 슬라이드 가장자리에 배치한다.

도형	채우기 색
자동차	(3) 갈색

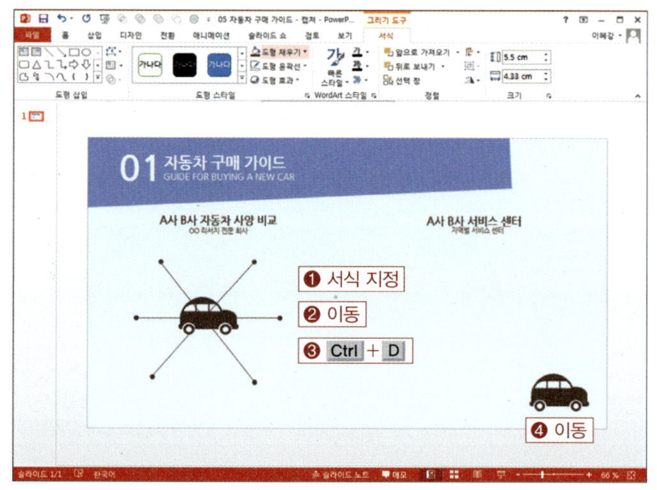

12 [삽입] 탭-[텍스트] 그룹-[텍스트 상자]를 선택하고 선의 끝 점에 각 영역이 무엇을 뜻하는지 입력한다.

텍스트	글꼴 / 글꼴 크기	글꼴 색
공통	나눔고딕 / 12	(3) 갈색

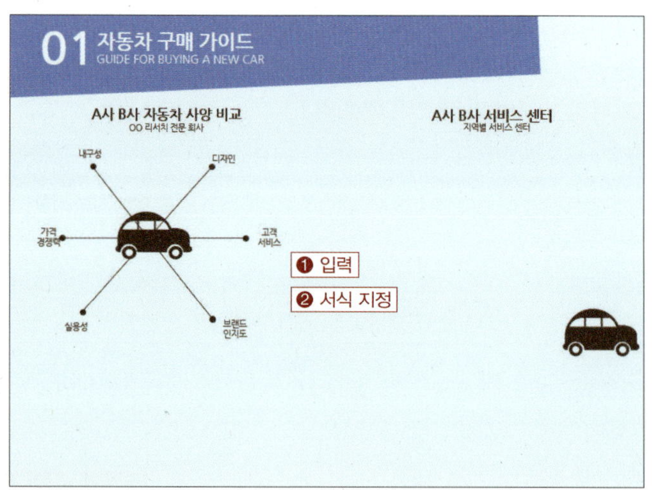

13 각 항목에 대한 점수 그래프를 만들기 위해 [삽입] 탭-[일러스트레이션] 그룹-[도형]-[자유형]을 선택한 후 A사 자동차에 해당하는 점수 위치에 맞게 클릭해서 도형으로 만든다.

TIP
자유 도형 만들기는 〈PART 02. SECTION 005 지도 도형 만들기〉를 참고한다.

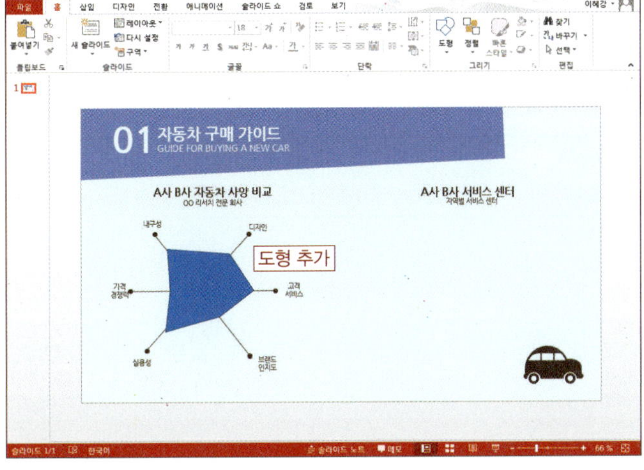

14 자유형 도형을 선택하고 마우스 오른쪽 버튼을 클릭한 후 [도형 서식]을 선택하여 [도형 서식] 작업 창에서 서식을 지정한다.

채우기 색	투명도	선 색
(2) 파란색	80%	(2) 파란색

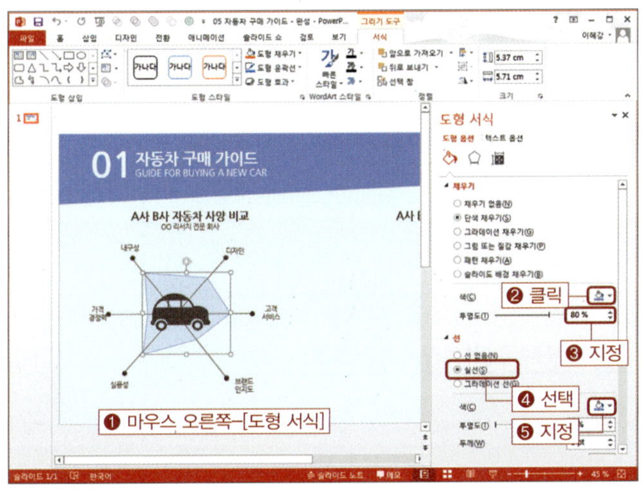

15 같은 방법으로 B사 자동차도 자유형 도형으로 차트를 만든 후 서식을 지정한다.

채우기 색	투명도	선 색
(4) 노란색	80%	(4) 노란색

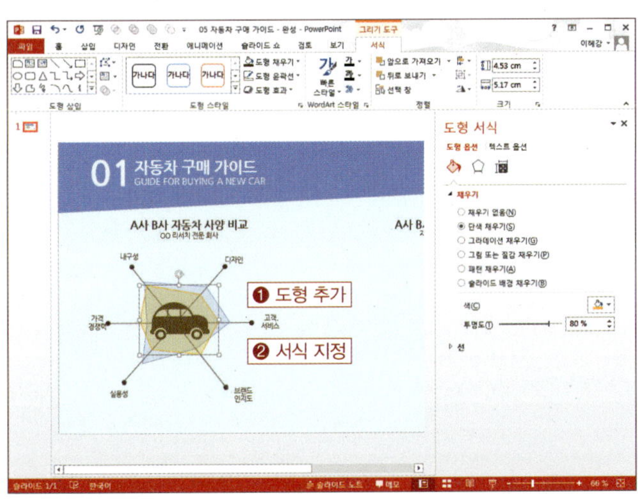

16 [삽입] 탭-[텍스트] 그룹-[텍스트 상자]
를 선택해 A사와 B사 중 최대 점수를 도형 끝
에 입력하고 서식을 지정한다.

텍스트	글꼴 / 글꼴 크기	글꼴 색
점수	나눔고딕 / 12	(3) 갈색

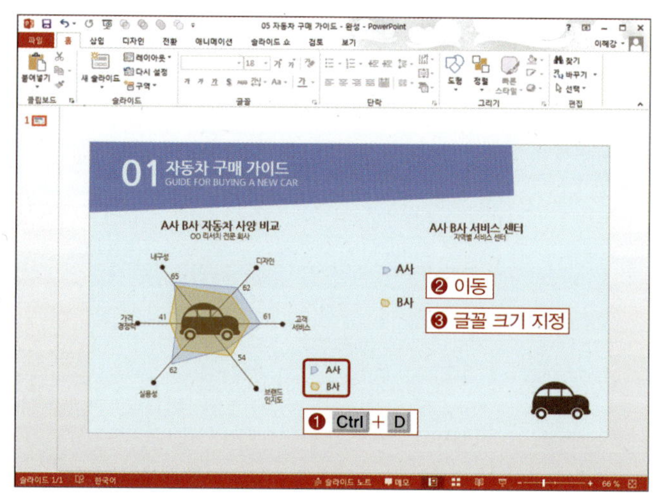

17 A사와 B사 그래프 도형을 선택하고
Ctrl + D 를 눌러 복제한 후 크기를 조절하여
그래프 오른쪽 하단으로 이동한다. [삽입]
탭-[텍스트] 그룹-[텍스트 상자]를 클릭해
각 도형이 어떤 회사를 의미하는지에 대한 텍
스트를 입력한다.

텍스트	글꼴 / 글꼴 크기 / 속성	글꼴 색
A사 / B사	나눔고딕 / 16 / 굵게	(3) 갈색

18 A사와 B사가 입력된 도형과 텍스트를 복
제(Ctrl + D)한 후 오른쪽으로 이동한다. 이동
한 글꼴의 크기를 [홈] 탭-[글꼴] 그룹-[글꼴
크기]에서 '20'으로 지정한다.

19 [삽입] 탭-[일러스트레이션] 그룹-[도형]-[모서리가 둥근 직사각형]을 선택해 도형을 만든 후 서비스센터 수에 비례하도록 길이를 조절한 후 서식을 지정한다.

도형	채우기 색	선
모서리가 둥근 직사각형	(3) 갈색	선 없음

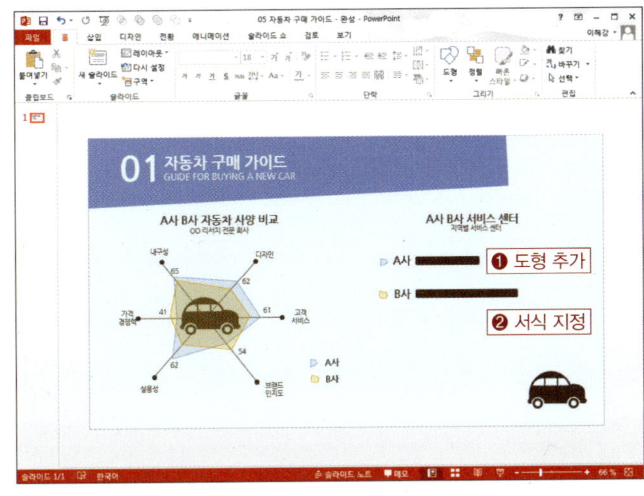

20 Ctrl + D 를 눌러 모서리가 둥근 직사각형 도형을 복제하고 전체 서비스센터 중 수도권 지역 비례만큼 가로 길이를 변경한 후 서식을 지정한다.

도형	채우기 색
A사의 막대	(2) 파란색
B사의 막대	(4) 노란색

TIP
Shift 를 누른 상태에서 키보드의 화살표키를 누르면 세로 길이는 유지한 채 가로 길이만 조절할 수 있다.

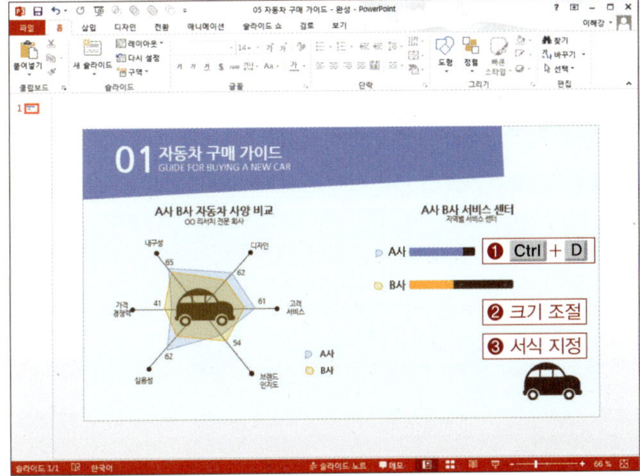

21 [삽입] 탭-[텍스트] 그룹-[텍스트 상자]를 선택하여 각 도형이 의미하는 내용을 입력하고 서식을 지정한다.

텍스트	글꼴 / 글꼴 크기 / 속성	글꼴 색
40개 지점 / 32개 지점	나눔고딕 / 12 / 굵게	(1) 하늘색
주요도시	나눔고딕 / 12	(3) 갈색
50개 지점 / 80개 지점	나눔고딕 / 12 / 굵게	(3) 갈색
도시거점 / 지역거점	나눔고딕 / 18 / 굵게	(3) 갈색

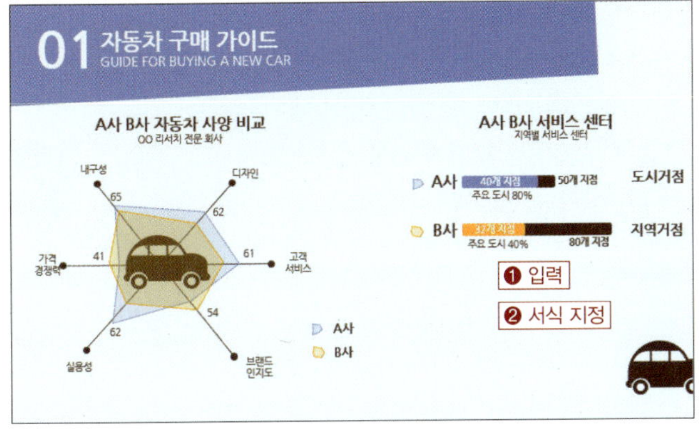

22 기존에 만들었던 자동차 도형을 한 개 더 복제(Ctrl + D)한 후 서식을 지정한다.

도형	채우기 색
자동차1	(2) 파란색
자동차2	(3) 갈색

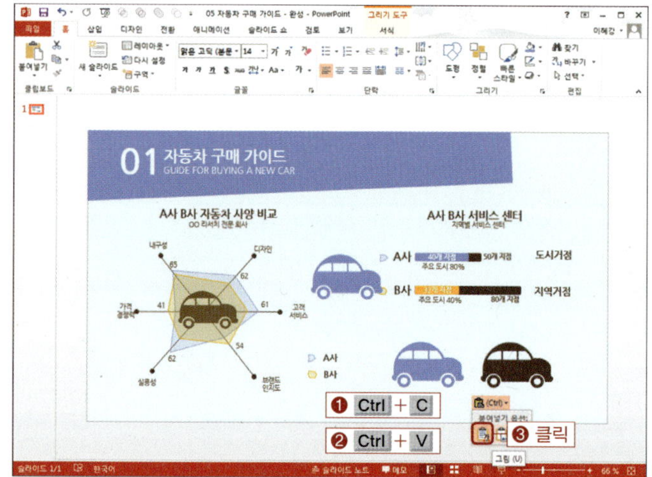

23 이미지인 경우 쉽게 자를 수 있기 때문에 파란색 자동차를 복사(Ctrl + C)한 후 붙여 넣기(Ctrl + V)를 한다. 붙여 넣기를 하면 오른쪽 하단에 나타나는 [붙여 넣기 옵션]에서 [그림]을 클릭한다.

TIP

2013 이하 버전인 경우 이미지화 하려면 복사(Ctrl + C)한 후 [붙여넣기] 옵션에서 [선택하여 붙여 넣기]를 선택하거나 단축키(Ctrl + Alt + V)를 눌러 png(이미지)로 변환한 후 자르기 하면 된다.

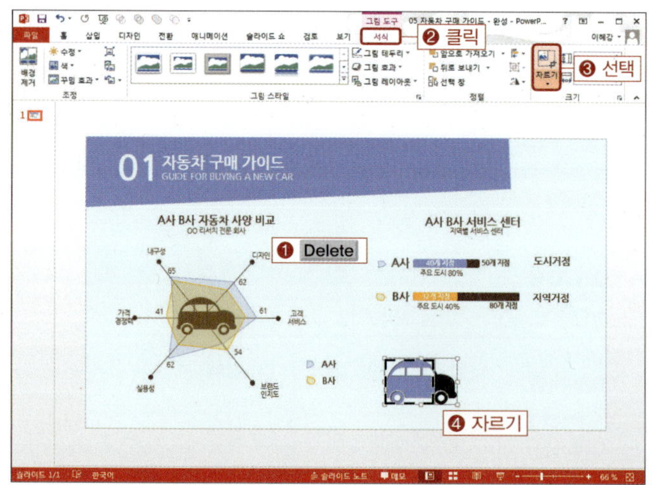

24 기존의 파란색 자동차 도형은 Delete 를 눌러 삭제한다. 그림이 된 파란색 자동차 도형을 선택한 후 [그림 도구]-[서식] 탭-[크기] 그룹-[자르기]를 선택해 A사 선호도만큼 드래그하여 이미지를 자른다.

25 [삽입] 탭–[일러스트레이션] 그룹–[도형]–[타원]과 [선]을 이용해 자동차 색이 무엇을 의미하는지 나타낼 지시선을 만든 후 자동차 색과 동일한 색으로 변경한다.

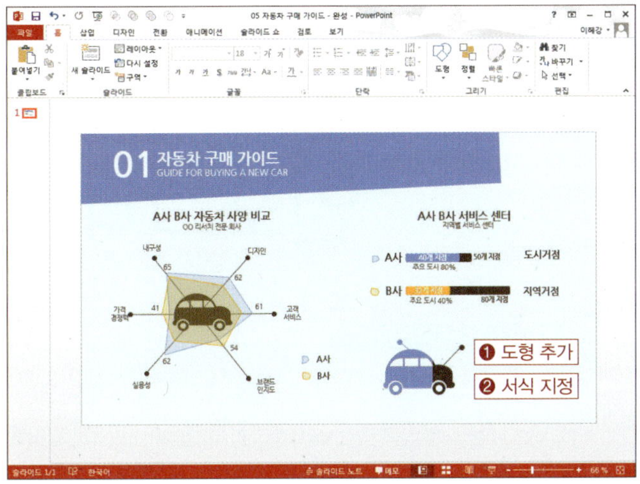

26 [삽입] 탭–[텍스트] 그룹–[텍스트 상자]를 선택해 설명글을 입력하고 서식을 지정한다.

텍스트	글꼴 / 글꼴 크기 / 속성	글꼴 색
A사 / B사	나눔고딕 / 18 / 굵게	(2) 파란색 / (3) 갈색
78%	나눔고딕 / 24 / 굵게	(3) 갈색
자동차 선호도	나눔고딕 / 12 / 굵게	(3) 갈색
도시 거주자에게 ~	나눔고딕 / 16	(3) 갈색
합리적인 차 / A사	나눔고딕 / 24 / 굵게	(3) 갈색 / (2) 파란색

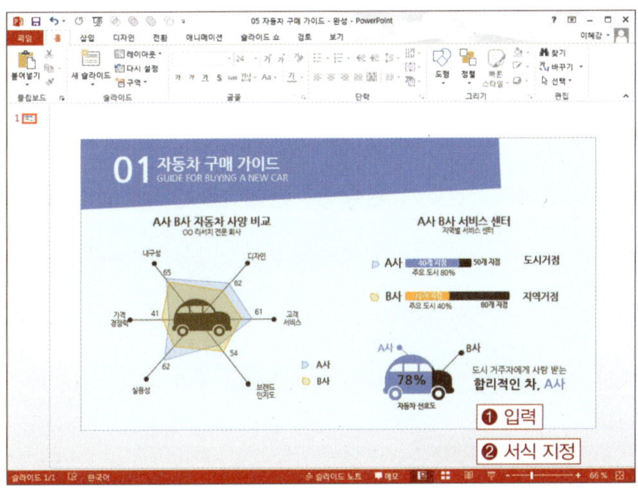

실전 프레젠테이션
인포그래픽 제작 01

보고서 인포그래픽화

보고서의 경우 정보 전달에 치중하다보니 글이나 수치만으로 딱딱하게 이루어진 경우가 많다. 하지만 많은 사람들에게 조사된 내용을 알려야 하는 보고서라면 대중들이 한눈에 알아볼 수 있도록 표현해보자.

수 정 포 인 트

환경과 관련된 내용이므로 제목은 풀잎이 자라나는 모습으로 표현해보자.

수 정 포 인 트

글로 되어 있는 부분에 대한 기술과 더불어 해당 글을 그림으로 표현하여 스마트 그리드에 대해 알아보기 쉽게 하고, 궁극적으로 ESS가 무엇인지 전달한다.

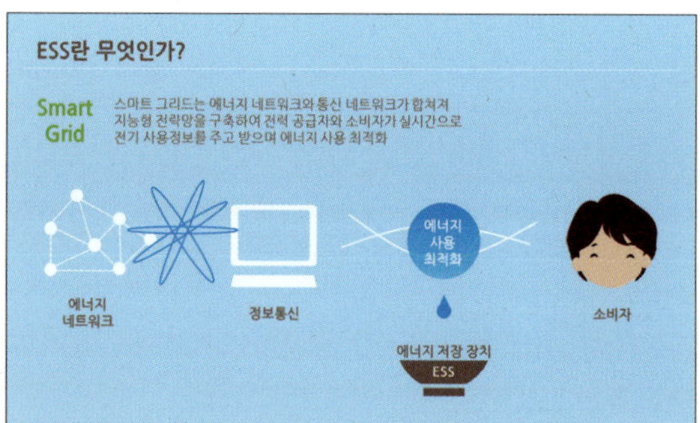

수 정 포 인 트

ESS는 친환경적인 느낌을 가지고 있으므로 ESS의 해외 시장 규모가 해가 갈수록 커진다는 것을 보여주기 위해 막대차트를 식물로 표현해 시장 규모가 커질수록 더욱 친환경적이라는 것을 나타내보자.

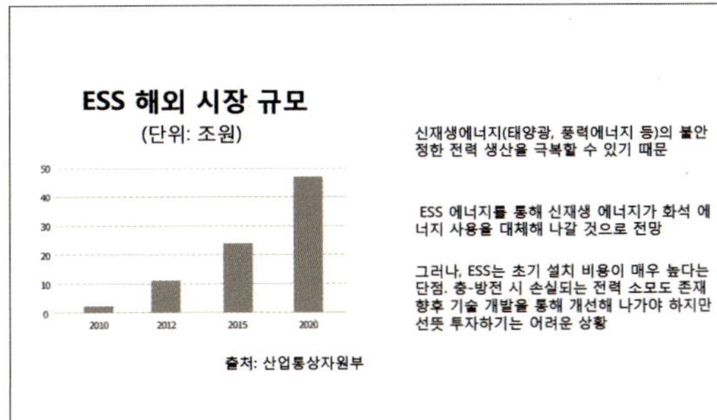

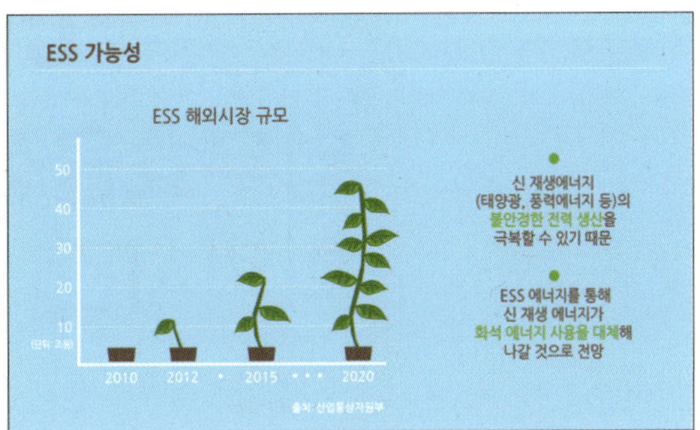

수 정 포 인 트

세계 전기차의 시장 규모가 커진다는 것을 표현하기 위해 차트 아래에 자동차를 배치해 차에 관련된 내용이라는 것을 강조해보자.

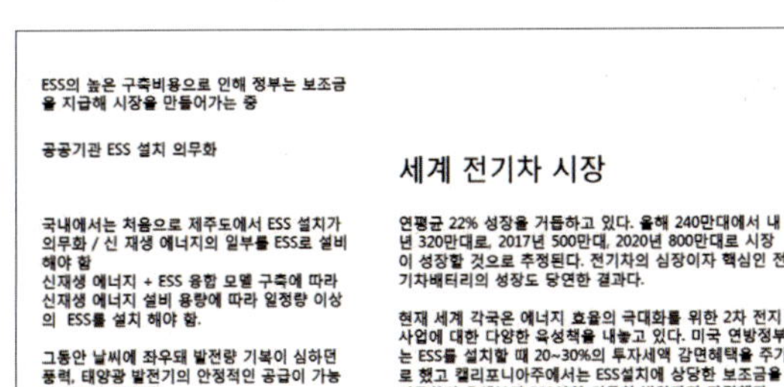

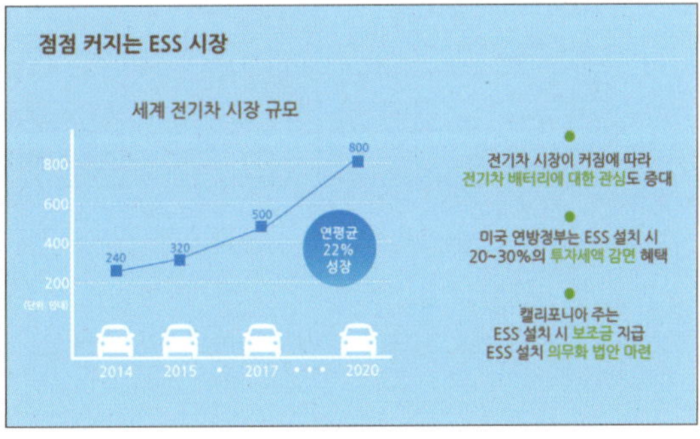

006

업무효율성을 높이는
회의시간 효율화방안

B·E·F·O·R·E

회의시간 사용 실태

회의시간 활용	비율
업무 협의	50
대기시간	20
잡담	10
주제 밖 이야기	20

개선안

회의 전	회의 중	회의 후
회의시간 사전 공지 및 리마인드	타임키퍼 지정	회의록 공유
자료 사전 공지	업무 R&R 지정	
	주제 외 대화 통제	

회의시간 효율화방안 슬라이드

직장인을 대상으로 회의시간이 실제로 어떻게 사용되는지를 조사한 시간 활용 비율에 관한 데이터이다. 수치로 사용 비율을 나타내고 있지만 실제로 한눈에 그 비율이 어떻게 되는지는 알기 어렵다. 또 개선안은 회의 전과 회의 중, 회의 후로 구분되어 있지만 좀 더 강조가 필요해 보인다.

A·F·T·E·R

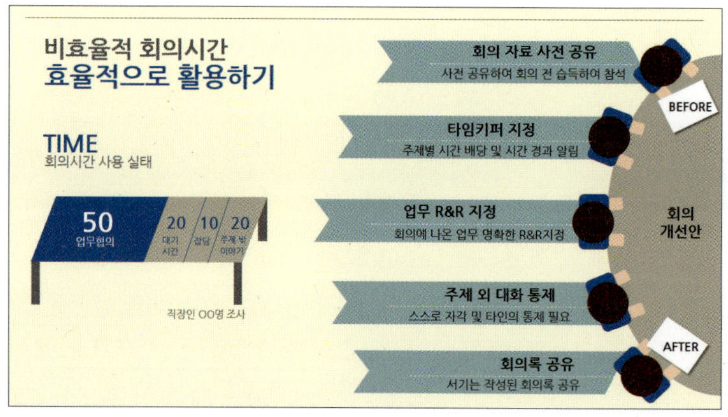

회의시간 효율화방안 인포그래픽

회의를 상징하는 이미지들을 이용해 데이터를 표현해보자. 회의시간을 어떻게 활용하는지 테이블 위에 표현한다. 또 회의시간을 단순히 글로 나열하기보다는 개선안을 좀 더 강조하기 위해 원형 테이블에 사람들이 둘러앉아 있는 모습을 표현하고 각 사람마다 꼬리표를 붙여 대안 방법을 나열한다. 회의 전과 회의 후를 구분하기 위해서 해당 대안을 가지고 있는 사람의 손에는 BEFORE/AFTER라는 종이를 내미는 모습을 표현한다.

• 완성파일 : 회의시간 효율화 방안 - 완성.pptx
• 색상정보 : 회의시간 효율화 방안 - 색상.png

01 빈 슬라이드에서 마우스 오른쪽 버튼을 클릭하고 [배경 서식]을 선택한다. [배경 서식] 작업 창의 [채우기]에서 '단색 채우기'를 선택하고 [색]을 '(1) 연노랑'으로 지정한다.

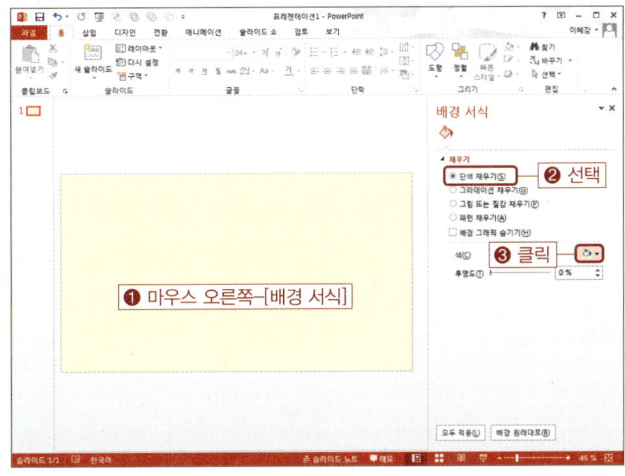

02 [삽입] 탭-[일러스트레이션] 그룹-[도형]의 [선]을 선택해 삽입하고 상단에 배치한 후 서식을 지정한다.

도형	선 색	선 두께
선	(9) 진회색	½ pt

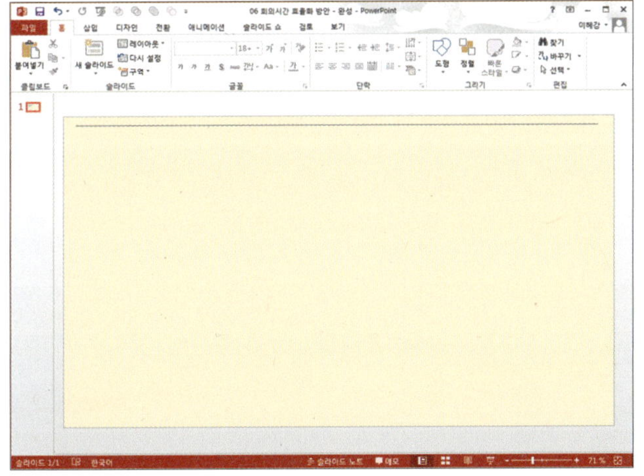

03 [삽입] 탭-[텍스트] 그룹-[텍스트 상자]를 이용해 제목과 소제목을 입력한 후 서식을 지정한다.

텍스트	글꼴 / 글꼴 크기 / 속성	글꼴 색
비효율적~	나눔고딕 / 32 / 굵게	(9) 진회색
효율적으로~	나눔고딕 / 36 / 굵게	(2) 파란색
TIME	나눔고딕 / 32 / 굵게	(2) 파란색
회의시간 사용 실태	나눔고딕 / 18	(9) 진회색

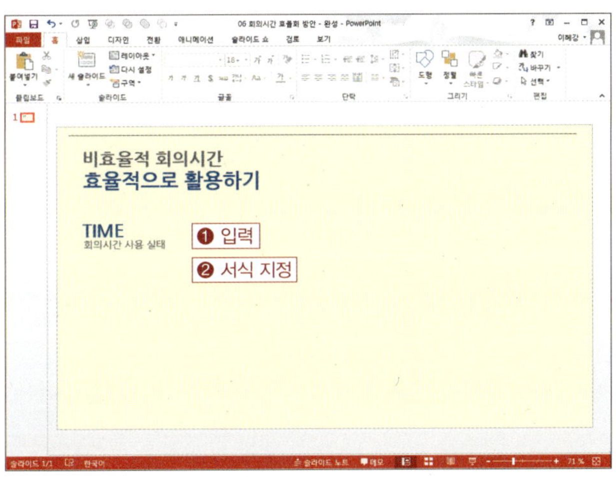

04 테이블 모양을 만들기 위해 [삽입] 탭–[일러스트레이션] 그룹–[도형]의 [평행 사변형]과 [직사각형]을 선택해 도형을 추가한다. 평행 사변형은 세로 길이가 같도록 두 개를 만들고 크기가 같은 직사각형 세 개를 만든 후 서식을 지정한다.

도형	채우기 색	선
짧은 평행사변형	(2) 파란색	선 없음
긴 평행사변형	(4) 연회색	선 없음
직사각형	(3) 회색	선 없음

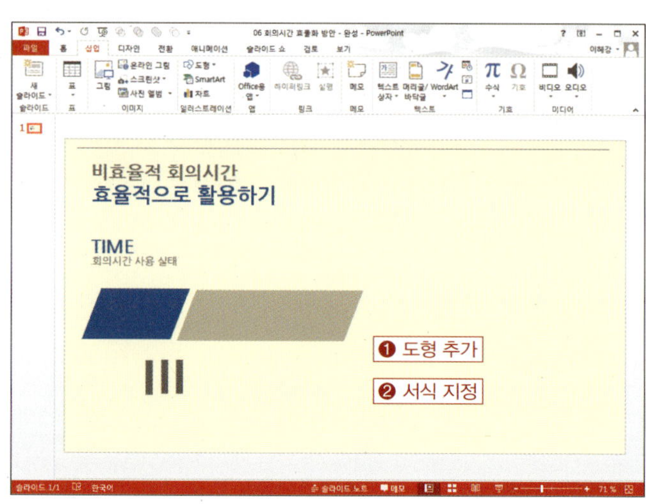

05 긴 평행 사변형 위에 짧은 평행 사변형을 위치시키고 각 모서리에 직사각형을 연결해 테이블 모양이 되게 한다.

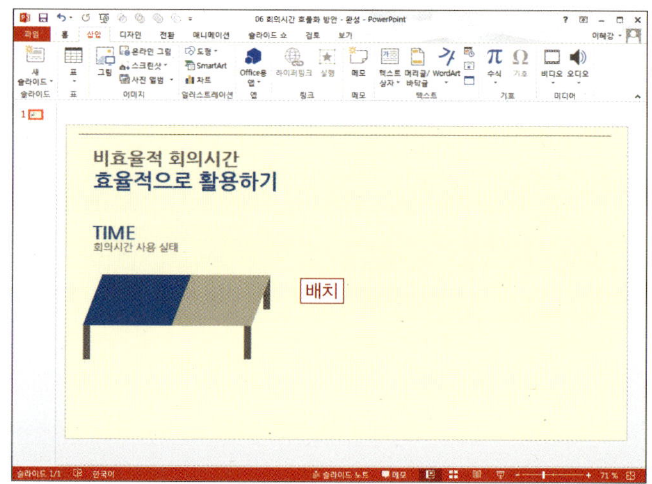

06 [삽입] 탭–[일러스트레이션] 그룹–[도형]–[선]을 이용해 비효율적으로 사용하는 시간 비율만큼 사이를 띄워 대각선으로 만든 후 서식을 지정한다. [삽입] 탭–[텍스트] 그룹–[텍스트 상자]를 선택해 해당 비율만큼 수치를 입력한다.

도형	선 색
선	(2) 파란색

텍스트	글꼴 / 글꼴 크기 / 속성	글꼴 색
50	나눔고딕 / 36 / 굵게	(8) 흰색
20, 10	나눔고딕 / 22 / 굵게	(2) 파란색

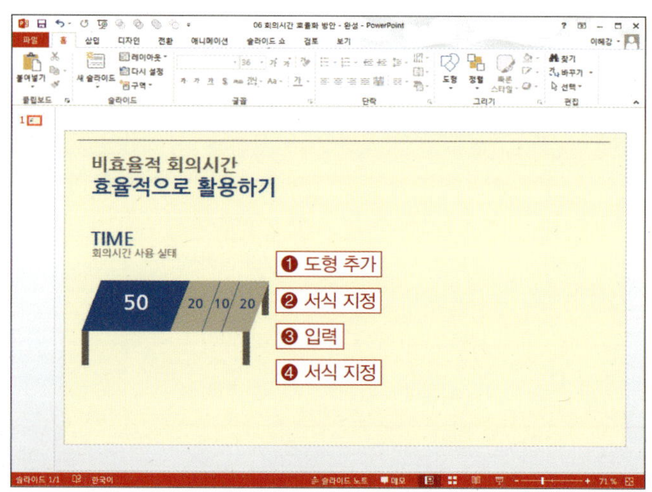

07 [삽입] 탭-[텍스트]를 선택해 수치가 의미하는 것을 텍스트로 입력한다.

텍스트	글꼴 / 글꼴 크기	글꼴 색
업무협의	나눔고딕 / 14	(8) 흰색
대기시간, 잡담, 주제 밖이야기	나눔고딕 / 12	(2) 파란색
출처	나눔고딕 / 14	(4) 연회색

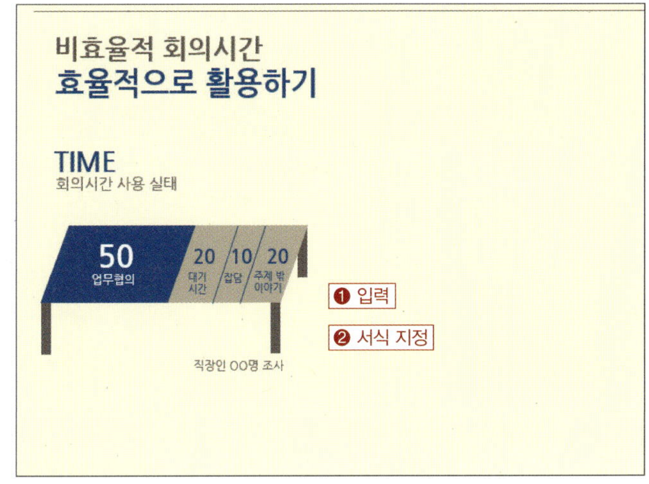

08 긴 원형 테이블을 만들기 위해 [삽입] 탭-[일러스트레이션] 그룹-[도형]의 [타원]과 [직사각형]을 선택해 도형을 추가한다.

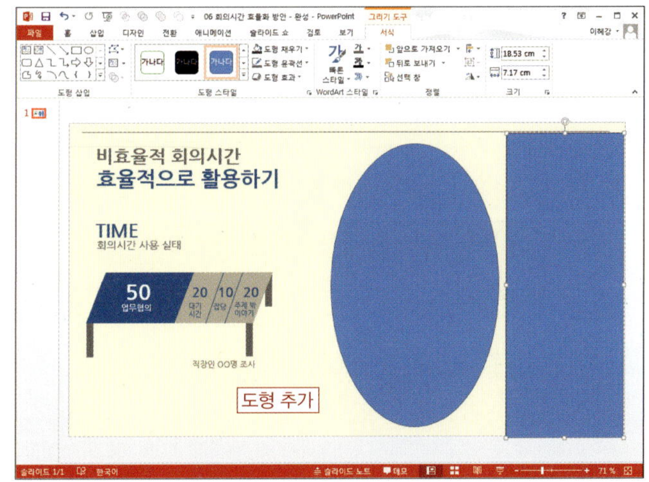

09 테이블을 반으로 자르기 위해 타원 절반을 가릴 수 있게 직사각형을 타원 위에 위치시킨 후 도형을 모두 선택하고 [도형 빼기]를 클릭한다.

TIP
도형 빼기 기능은 〈PART 02. SECTION 006 도형 병합 및 빼기〉를 참고한다.

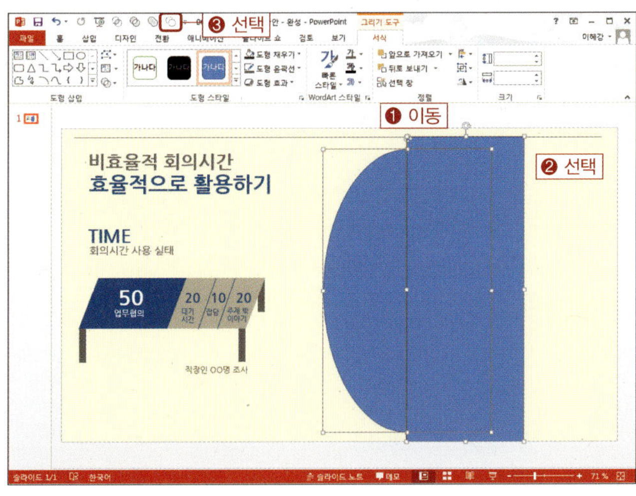

10 도형에 서식을 지정하고 오른쪽으로 이동시킨다.

채우기 색	선
(4) 연회색	선 없음

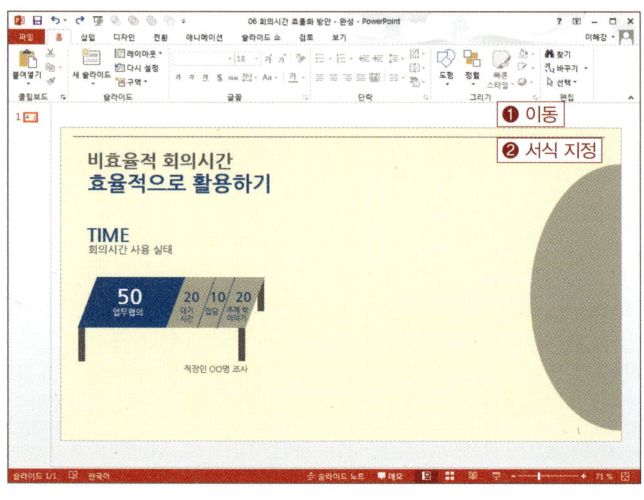

11 사람을 만들기 위해 [삽입] 탭–[일러스트레이션] 그룹–[도형]의 [타원]과 [모서리가 둥근 직사각형]을 이용해 머리, 어깨, 팔을 만든다. 팔은 회전 조절점을 드래그해 5° 정도 회전해주고 도형에 서식을 지정한다.

도형	채우기 색	선
머리	(5) 갈색	선 없음
어깨	(2) 파란색	선 없음
팔	(6) 살구색	선 없음

> **TIP**
> 회전 아이콘이 생기지 않는다면 도형 크기를 크게 하여 회전 후 다시 크기를 작게 한다. 마우스로 회전이 어렵다면 Alt 키를 누른 상태에서 키보드 좌, 우 화살표를 누른다.

12 사람 모양이 될 수 있게 그림처럼 도형을 배치하고 사람 도형들을 모두 선택한 후 그룹으로 설정(Ctrl + G)한다.

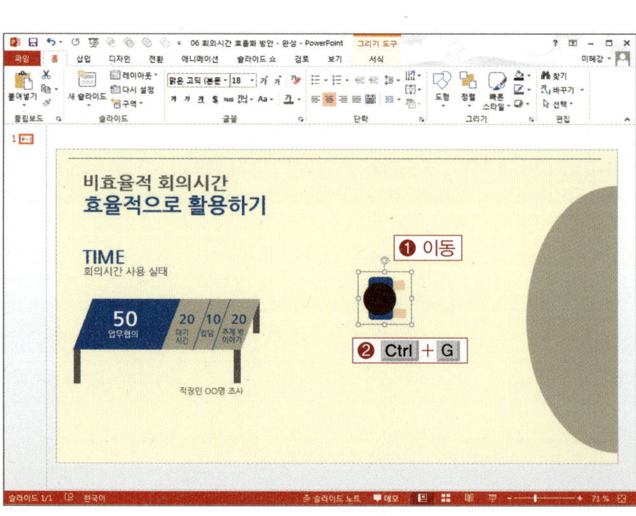

> **TIP**
> 도형을 선택한 상태에서 마우스 오른쪽 버튼을 클릭하여 [맨 뒤로 보내기] 등을 활용하여 도형 위아래 순서를 변경한다.

13 사람 모양을 4개 더 복제(Ctrl + D)하고 회전시켜 원형 테이블 주변으로 배치해 앉아 있는 모습을 연출한다.

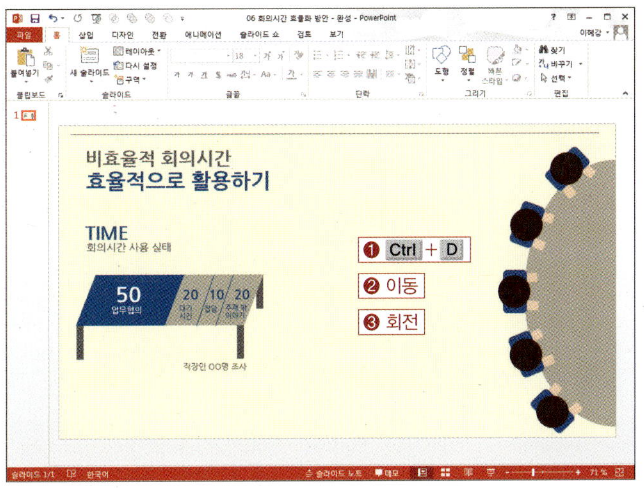

14 [삽입] 탭–[일러스트레이션] 그룹–[도형]–[직사각형]을 선택해 도형을 추가한 후 마우스 오른쪽 버튼을 클릭하여 [점 편집]을 선택한다. Ctrl 을 누른 상태에서 클릭하여 점을 추가한다. 생성한 점을 사각형 안쪽으로 드래그하여 리본 모양을 만들고 서식을 지정한다.

채우기 색	선
(7) 하늘색	선 없음

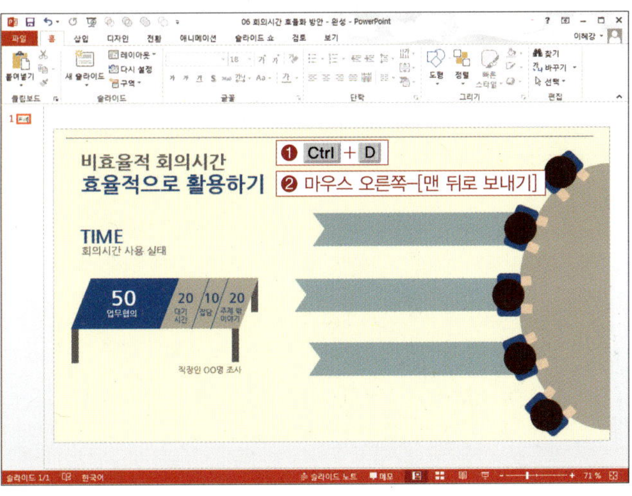

15 Ctrl + D 를 눌러 도형을 두 개 더 복제한 후 사람 뒤쪽에 배치한다. 도형을 가장 뒤로 보내기 위해 마우스 오른쪽 버튼을 클릭하고 [맨 뒤로 보내기]를 선택한다.

TIP
도형을 선택한 후 마우스 오른쪽 버튼을 클릭하고 [맨 뒤로 보내기]를 선택해 사람보다 아래쪽에 배치한다.

16 `Ctrl` + `D`를 눌러 도형을 하나 더 복제한 후 마우스 오른쪽 버튼을 클릭하여 [점 편집]을 선택한다. 윗변 오른쪽에서 `Ctrl` + 클릭하여 점을 만들어준다.

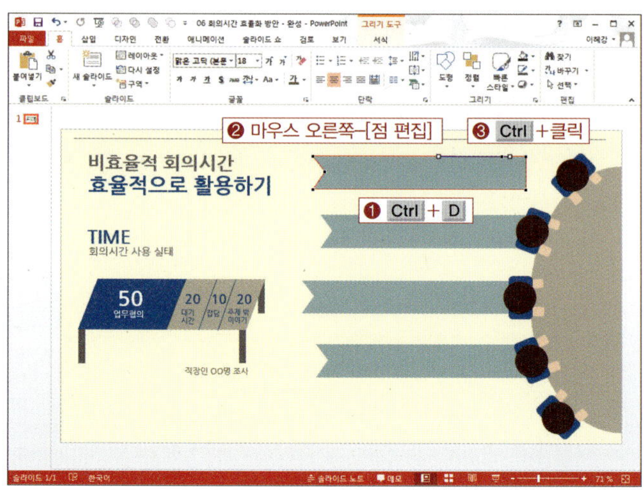

17 오른쪽 위쪽 꼭짓점을 사각형 안쪽으로 드래그하여 대각선이 되도록 만든다.

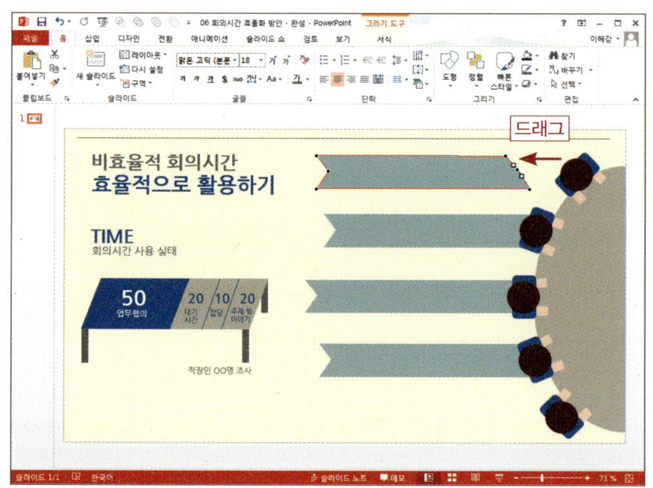

18 `Ctrl` + `D`를 눌러 하나 더 복제한 후 [홈]탭-[그리기] 그룹-[정렬]-[회전]-[상하대칭]을 클릭해 대각선의 방향을 회전한 후 가장 아래에 위치한 사람 옆에 배치한다.

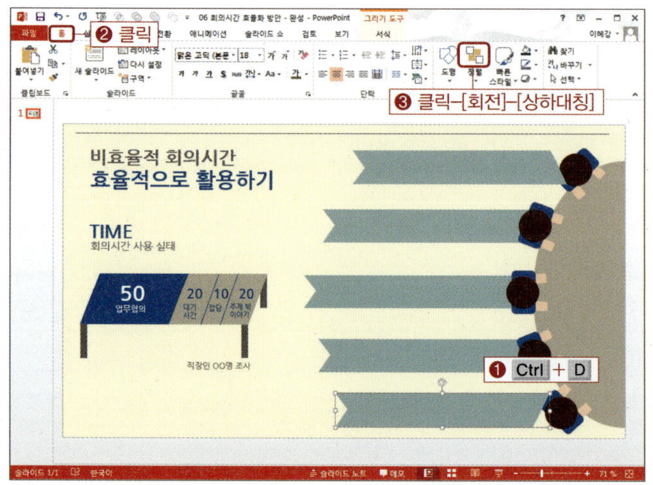

19 리본 도형은 모두 사람보다 아래쪽에 위치할 수 있게 마우스 오른쪽 버튼을 클릭하고 [맨 뒤로 보내기]를 선택한다. [삽입] 탭-[일러스트레이션] 그룹-[도형]-[선]을 선택해 리본 안에 경계선을 만들어준다. 도형 서식을 지정하고 복제(Ctrl + D)하여 모든 리본 위에 배치한다.

대시	선 색
파선	(8) 흰색

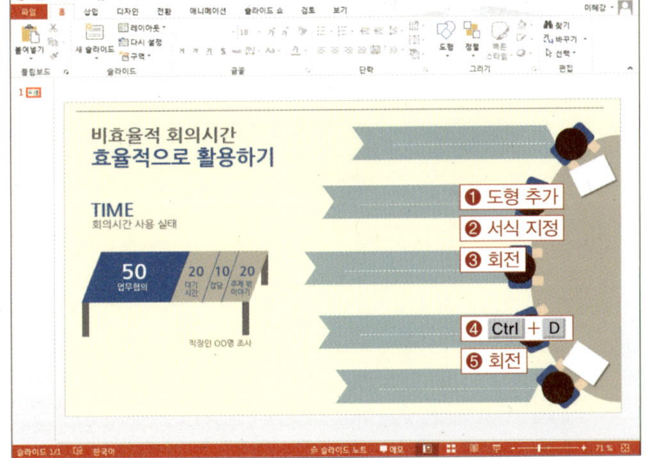

20 노트를 만들기 위해 [삽입] 탭-[일러스트레이션] 그룹-[도형]-[직사각형]을 선택해 도형을 추가한다. 도형 서식을 지정하고 도형을 회전시킨 후 복제(Ctrl + D)하여 그림처럼 아래에 배치한다.

채우기 색	선	도형 효과
흰색	선 없음	그림자 - 바깥쪽 - 오프셋 대각선 오른쪽 아래

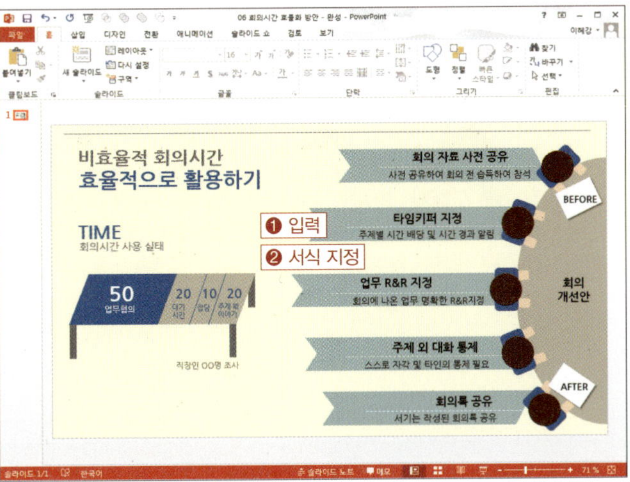

21 [삽입] 탭-[텍스트] 그룹-[텍스트 상자]를 선택해 관련 텍스트를 입력하고 서식을 지정한다.

텍스트	글꼴 / 글꼴 크기 / 속성	글꼴 색
회의 개선 방안 방법	나눔고딕 / 20 / 굵게	(9) 진회색
개선 방안 부연	나눔고딕 / 16	(9) 진회색
회의개선안	나눔고딕 / 20 / 굵게	(9) 진회색
BEFORE/ AFTER	나눔고딕 / 16 / 굵게	(9) 진회색

007

비만문제 해결을 위한
건강관리 점검표

비만문제 슬라이드

비만과 질병과의 관계를 보여주는 차트를 통해 비만이 되면 병이 생길 확률이 높고 여성보다는 남성이 더 심각하다는 것을 알 수 있다. 비만의 문제점을 먼저 이야기한 후 비만의 적신호가 될 수 있는 행동들을 적어 이 항목에 해당하는 사람들은 각별히 조심할 수 있도록 메시지를 전달한다.

비만문제 인포그래픽

일반적으로 사용하는 기본 차트가 아닌 캐릭터 차트를 만들어보자. 원 차트의 원으로 캐릭터의 뱃살 느낌을 만들고 자유형을 이용해 머리, 팔, 다리를 만든다. 비만 적신호를 나타내는 행동을 종이에 적어 클립에 끼운 느낌으로 연출해 볼 수 있다. 이때는 고딕체보다는 필기체를 사용하여 자연스럽게 만들어준다.

실전 따라하기

• 완성파일 : 비만 문제 – 완성.pptx　• 색상정보 : 비만 문제 – 색상.png
• 실습파일 : 비만 문제 폴더

01 마우스 오른쪽 버튼을 클릭하고 [배경 서식]을 선택한다. [배경 서식] 작업 창의 [채우기]에서 '단색 채우기'를 선택하고 [색]에서 '(1) 연노랑'으로 지정한다.

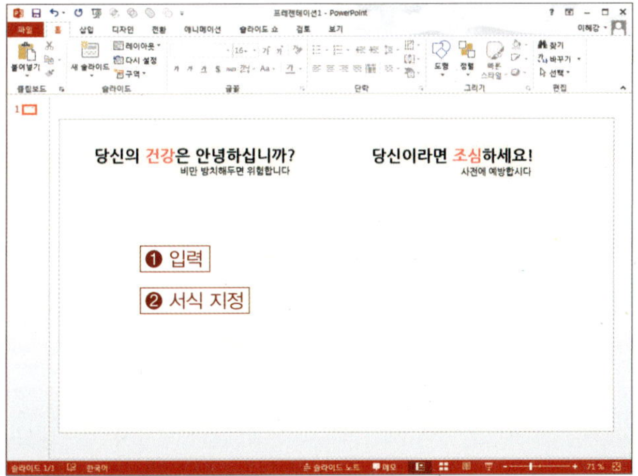

02 [삽입] 탭–[텍스트] 그룹–[텍스트 상자]를 선택해 제목과 소제목을 입력하고 서식을 지정한다.

텍스트	글꼴 / 글꼴 크기 / 속성	글꼴 색
제목	나눔고딕 / 28 / 굵게	(4) 검은색, (2) 분홍색
소제목	나눔고딕 / 16	(4) 검은색

03 리본을 만들기 위해 [삽입] 탭–[일러스트레이션] 그룹–[도형]–[직사각형]을 선택해 도형을 추가한다. 도형을 선택하고 마우스 오른쪽 버튼을 클릭한 후 [점 편집]을 선택한다. Ctrl +클릭하여 점을 추가하고 점을 사각형 안쪽으로 드래그하여 리본 모양을 만든 후 서식을 지정한다.

도형	채우기 색	선
직사각형	(2) 분홍색	선 없음

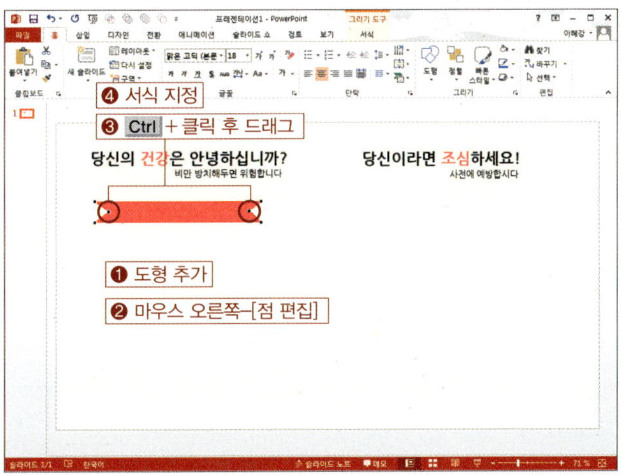

04 리본에 명암을 주기 위해 리본 상단 색을 연하게 할 도형을 제작해보자. 리본을 복제 (Ctrl + D)하고 복제한 리본을 자르기 위해 [삽입] 탭-[일러스트레이션] 그룹-[도형]-[직사각형]을 선택해 추가한다.

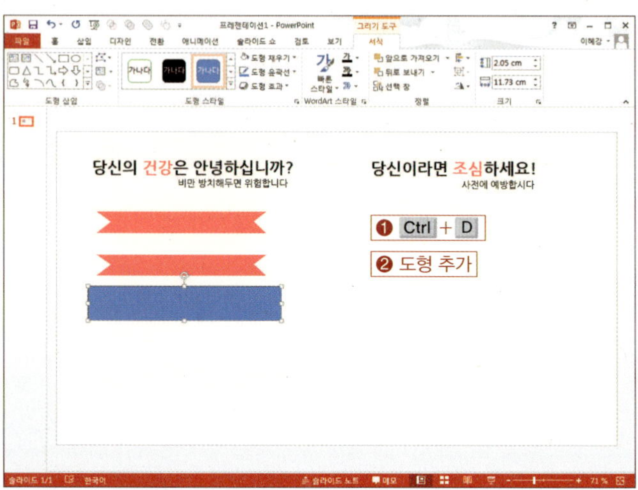

05 직사각형이 리본의 절반을 덮을 수 있게 배치한다.

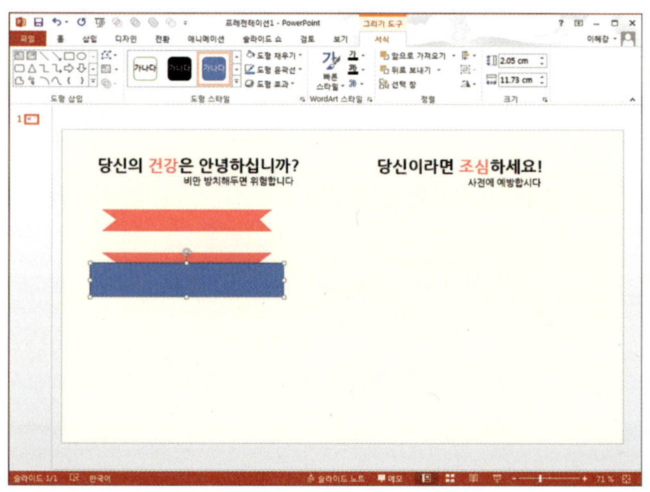

06 두 도형을 선택한 후 [도형 빼기]를 클릭한다. 리본의 상단 부분만 남게 되었다.

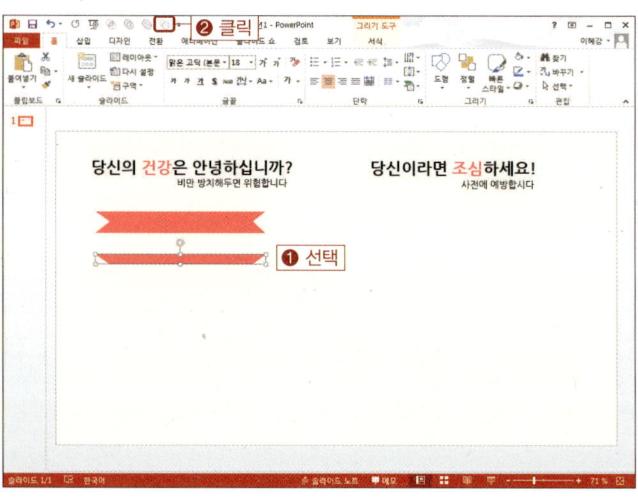

> **TIP**
> 도형빼기를 할 때는 남길 도형을 먼저 선택하고 지울 부분을 나중에 선택한다.

07 리본의 상단 부분을 기존 리본 상단과 맞게 배치하고 마우스 오른쪽 버튼을 클릭한 후 [도형 서식]을 선택해 서식을 지정한다.

도형	채우기 색	투명도
반쪽 리본	(6) 흰색	70%

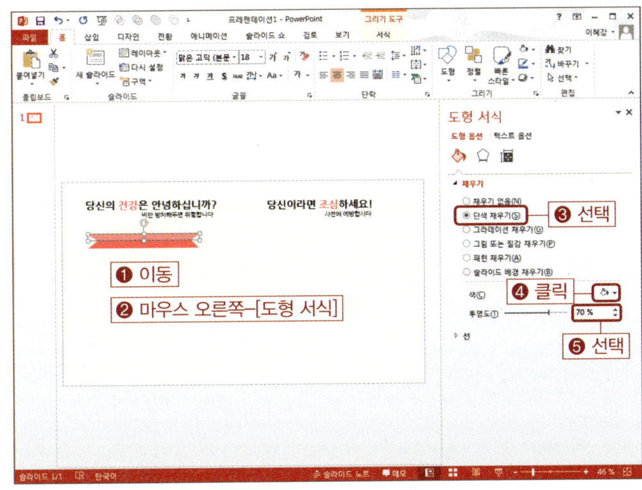

08 [삽입] 탭-[텍스트] 그룹-[텍스트 상자]를 선택해 리본 위에 제목을 입력하고 서식을 지정한다.
리본과 텍스트를 선택하고 Ctrl + Shift + 드래그하여 그림과 같이 복사한 후 텍스트를 수정한다.

글꼴 / 글꼴 크기	글꼴 색
나눔고딕 / 18	(6) 흰색

09 사람 얼굴을 만들기 위해 [삽입] 탭-[일러스트레이션] 그룹-[도형]-[타원]을 선택하고 옆으로 길쭉한 타원을 만든 후 서식을 지정한다.

채우기 색	선
(5) 살구색	선 없음

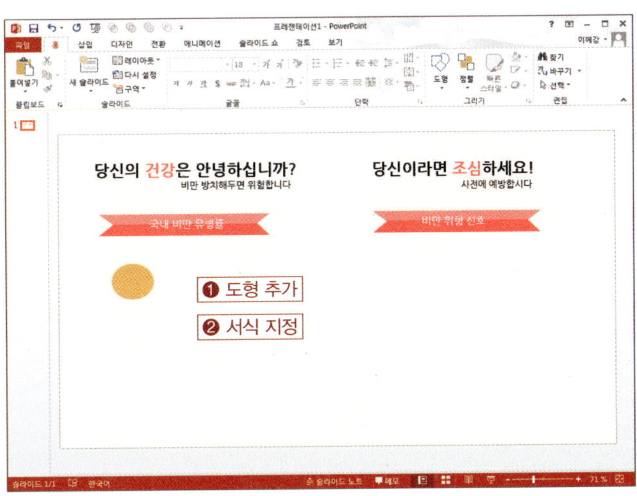

10 머리카락을 만들기 위해 [삽입] 탭–[일러스트레이션] 그룹–[도형]–[자유형]을 선택하고 그림처럼 머리 모양을 만들어준다.

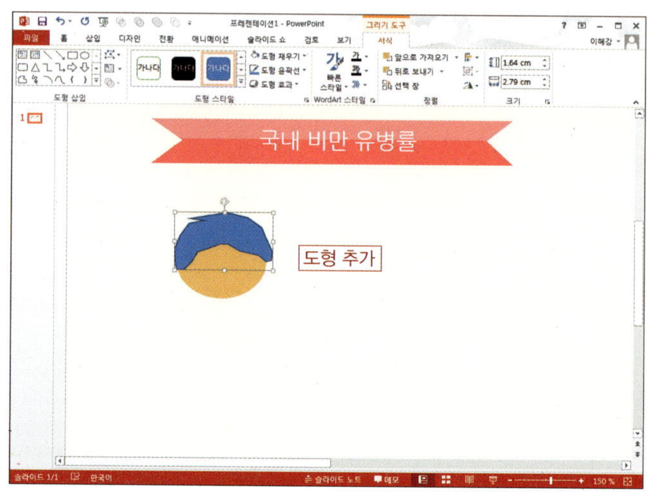

11 마우스 오른쪽 버튼을 클릭하고 [점 편집]을 선택한다. 점 편집 상태에서 튀어나온 부분이나 각진 부분은 부드럽게 변경한 후 서식을 지정한다.

채우기 색	선
(4) 검은색	선 없음

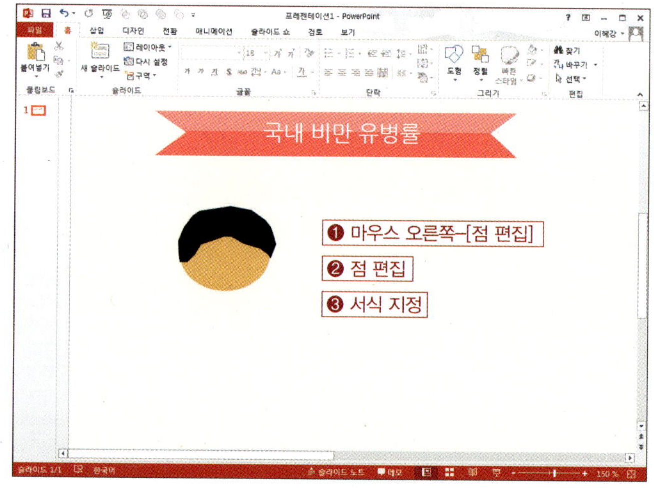

12 같은 방법으로 [자유형]을 이용해 양 갈래 머리를 만들고, [삽입] 탭–[일러스트레이션] 그룹–[도형]–[타원]을 선택해 원을 두 개 만들어 눈을 만든 후 서식을 지정한다.

도형	선 색	선
자유형	(4) 검은색	선 없음
타원	(4) 검은색	선 없음

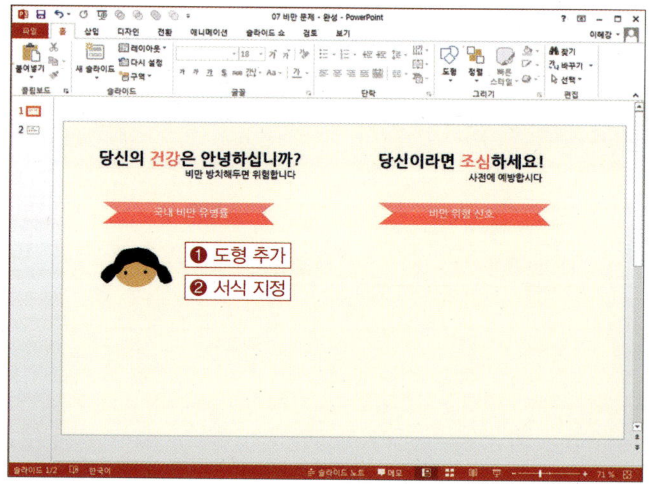

13 [삽입] 탭–[일러스트레이션] 그룹–[도형]–[자유형]을 선택해 같은 방식으로 머리와 팔, 다리, 구두를 만들고 서식을 지정한다.

도형	채우기 색	선
팔 / 다리	(5) 살구색	선 없음
구두	(3) 파란색	선 없음

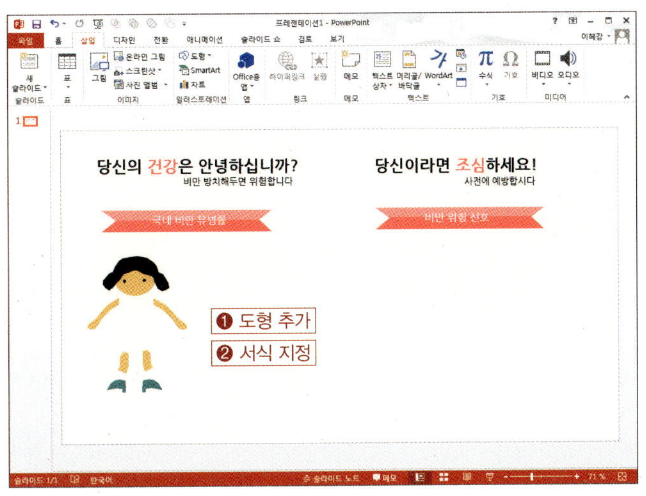

14 차트로 옷을 만들어보자. [삽입] 탭–[일러스트레이션] 그룹–[차트]를 선택한다. [차트 삽입] 대화상자의 차트 종류에서 [원형]–[도넛형]을 선택하고 [확인] 버튼을 클릭한다.

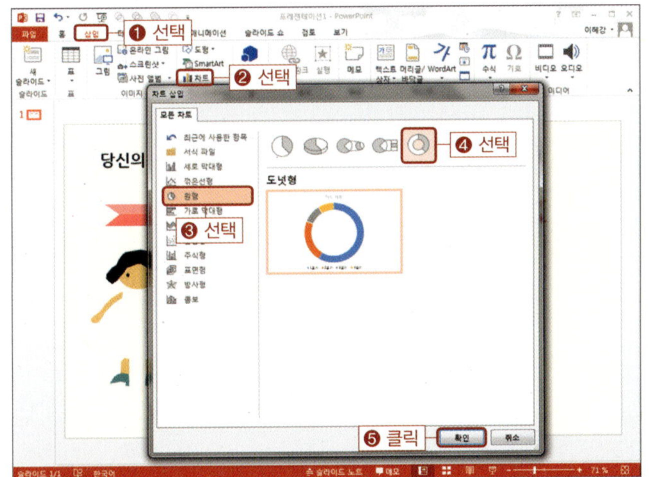

15 엑셀 데이터 입력창에 기본적으로 4개 항목이 입력되어 있지만 2개는 필요 없으므로 선택한 후 Delete 를 눌러 삭제한다. 여성 비만 유병률의 비율을 입력한 후 엑셀 창을 닫는다.

TIP
행과 열의 제목인 판매, 1분기 등은 삭제할 것이므로 항목 값만 변경하면 된다.

16 차트 제목과 범례를 선택하고 Delete 를 눌러 삭제한다.

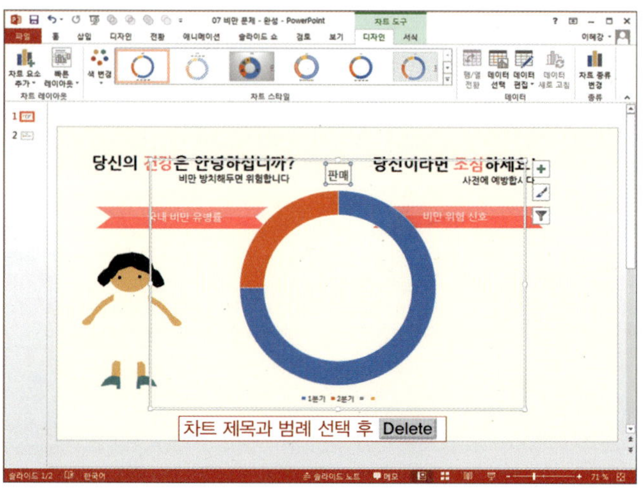

17 사람 몸에 맞게 크기를 변경하고 차트 계열을 더블클릭하여 [데이터 계열 서식] 작업 창을 연다. [계열 옵션]을 클릭하고 [도넛 구멍 크기]를 '57%'로 지정해 차트의 두께를 변경한다.

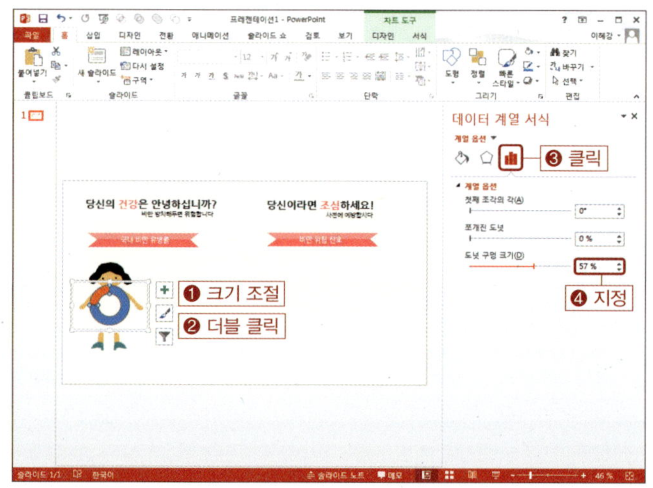

18 [데이터 요소 서식] 작업 창의 [채우기]를 클릭하고 [색]에서 차트의 색을 '(2) 분홍색'과 '(3) 파란색'으로 변경한다.

TIP
차트 선택 후 변경할 차트 색을 한 번 더 선택해야 해당 차트 색만 변경된다.

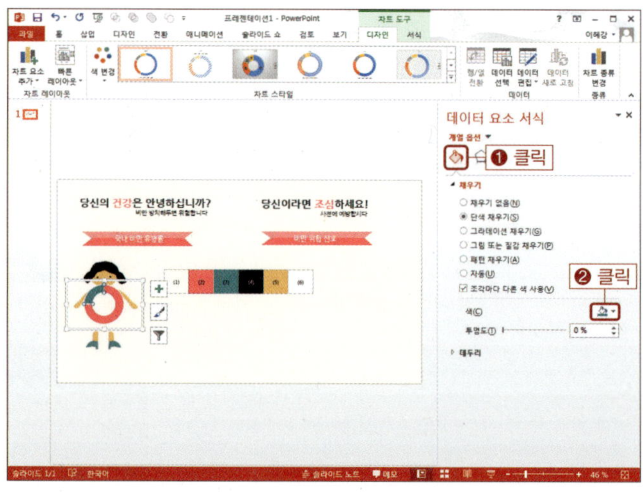

19 차트 전체를 선택한 후 [데이터 계열 서식] 작업 창의 [테두리]에서 '선 없음'을 선택한다.

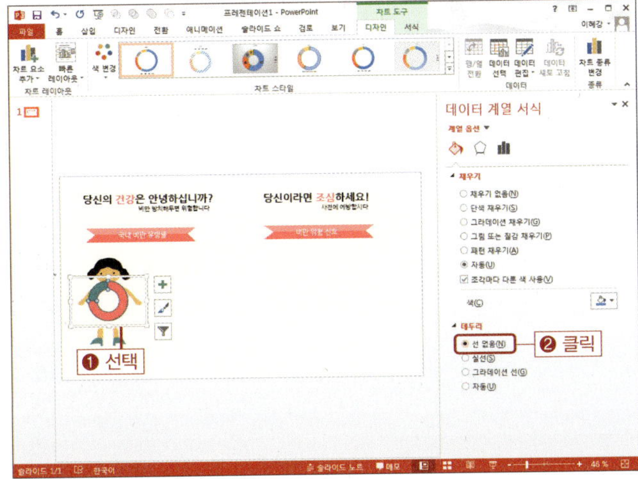

20 [삽입] 탭-[일러스트레이션] 그룹-[도형]-[사다리꼴]을 선택해 치마를 만들고 서식을 지정한다.

채우기 색	선
(2) 분홍색	선 없음

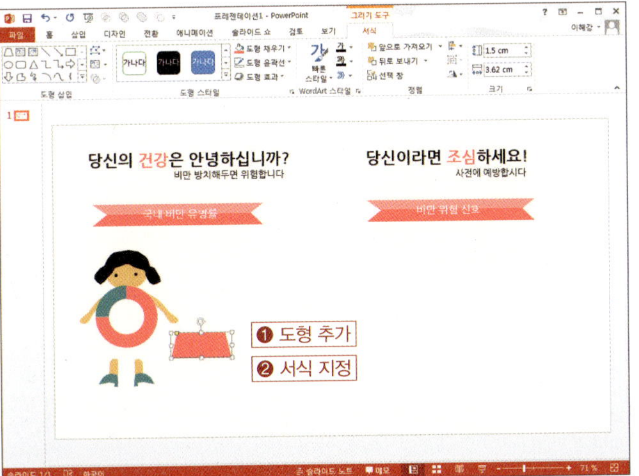

21 사다리꼴 도형을 차트 밑에 자연스럽게 배치하면 몸과 차트를 하나처럼 보이게 만들 수 있다.

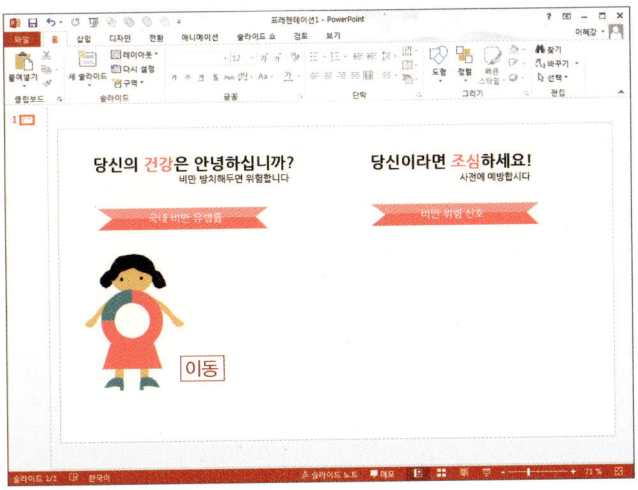

22 여자 차트를 모두 선택한 후 복제(Ctrl + D)한다. 남자를 나타내야 하므로 양갈래 머리와 하체 부분은 선택 후 Delete 로 삭제한다.

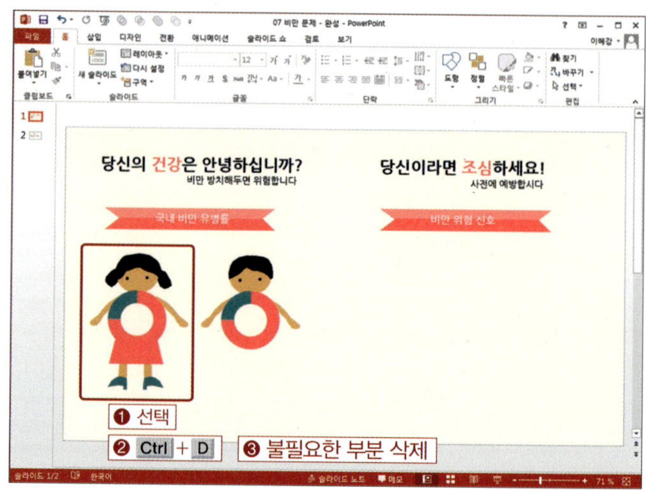

23 복사한 도넛 차트를 선택하고 마우스 오른쪽 버튼을 클릭하여 [데이터 편집]을 선택한 후 엑셀 데이터 입력 창에서 데이터를 수정한 후 창을 닫는다.

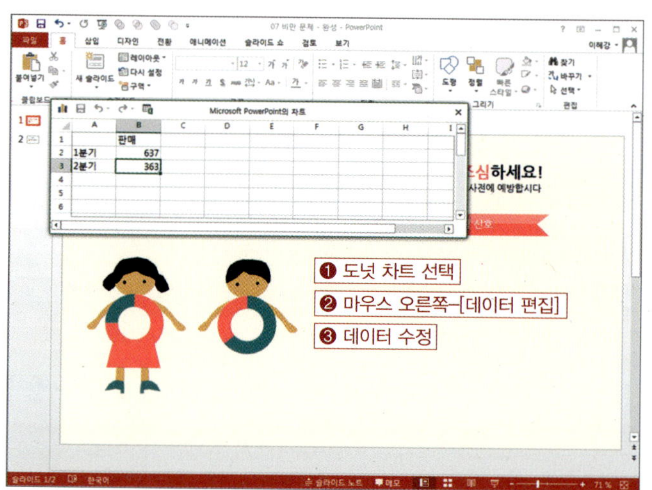

24 [삽입] 탭-[일러스트레이션] 그룹-[도형]-[자유형]을 선택해 다리와 구두를 만든 후 서식을 적용하고 하체는 차트 밑에 자연스럽게 배치해준다.

도형	채우기 색	선
바지	(3) 파란색	선 없음
구두	(4) 검은색	선 없음

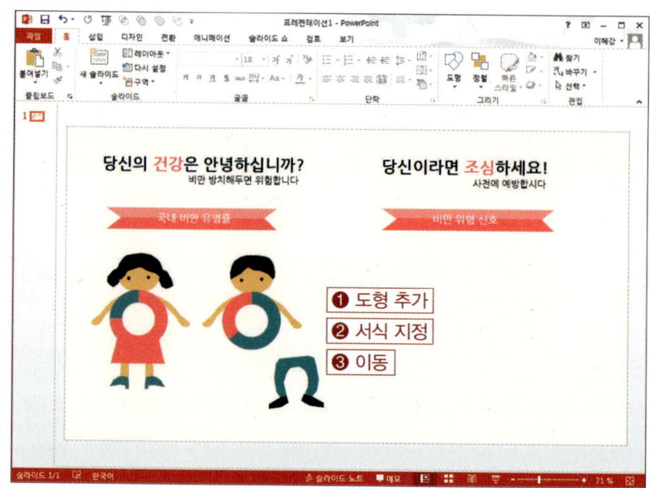

25 [삽입] 탭–[텍스트] 그룹–[텍스트 상자]를 선택해 질병 유병률의 비율을 입력하고 서식을 지정한다.

텍스트	글꼴 / 글꼴 크기	글꼴 색
25%	나눔고딕 ExtraBold / 20	(3) 파란색
36%	나눔고딕 ExtraBold / 20	(2) 분홍색

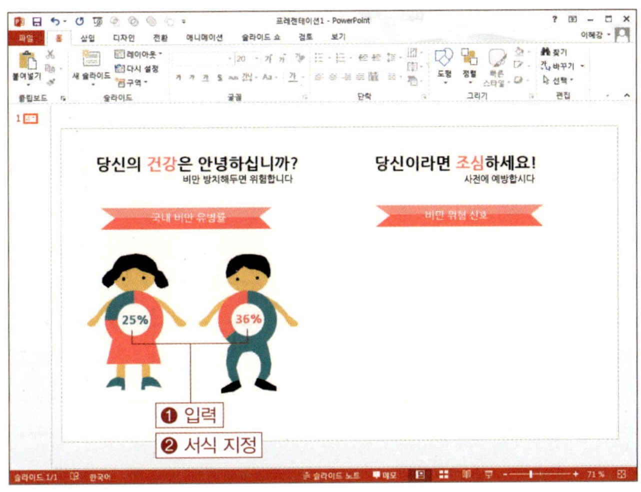

26 [삽입] 탭–[이미지] 그룹–[그림]을 선택하고 [비만 문제] 폴더에서 '메모지'를 삽입한다.

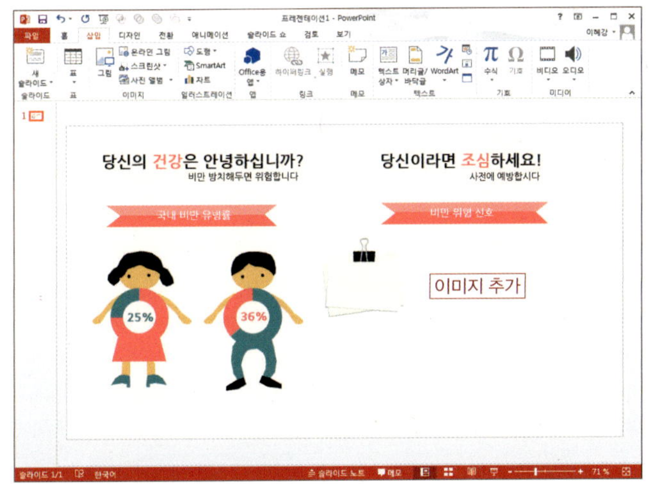

27 [삽입] 탭–[텍스트] 그룹–[텍스트 상자]를 선택해 텍스트를 입력하고 서식을 지정한다. 메모장과 텍스트를 선택하고 Ctrl + G 를 눌러 그룹으로 지정한 후 Ctrl + D 를 눌러 복제한다. 그림처럼 회전시키고 텍스트를 변경하여 완성한다.

글꼴 / 글꼴 크기	글꼴 색
나눔손글씨 펜 / 16	(4) 검은색

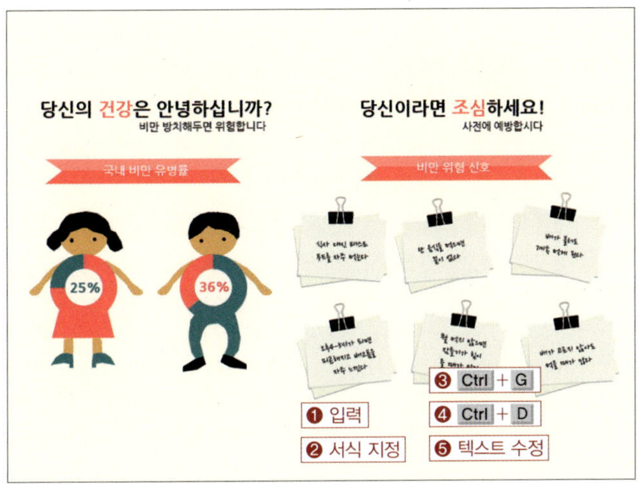

008

상반된 데이터 비교를 통한
보험 가입 설명문

B·E·F·O·R·E

보험 가입의 필요성 슬라이드

먼저 두 명의 가상 인물이 있다고 가정한다. 두 명 모두 100만 원의 여유 자금이 있는데 나성실은 여유자금 100만 원을 모두 저금하고 나착실은 90만 원은 저금, 10만 원은 보험에 가입했다. 30년 뒤 이 둘 중 누가 더 많은 금액을 저금할 수 있는지를 산술적 계산과 위험 요소를 감안한 설계의 차이에 포커스를 맞춰 보여주고 보험 가입의 필요성을 확인시켜 줄 수 있는 슬라이드를 만들어보자.

여유 자금 포트폴리오

	나 성실	나 착실
저금	100만원	90만원
보험	-	10만원
여유자금	100만원	100만원

30년 뒤 저축 금액
30년 뒤, 이 둘의 저축 금액은 어떻게 변할까?

산술적으로 계산한다면 나 성실씨의 저축금액이 많겠지만 계산되지 않은 위험이 발생했을 경우 나 성실씨의 저축금액은 불확실하게 된다. 하지만 보험을 꾸준히 넣은 나 착실씨는 불확실한 위험을 제거함으로 안정적으로 재정을 모을 수 있다.

A·F·T·E·R

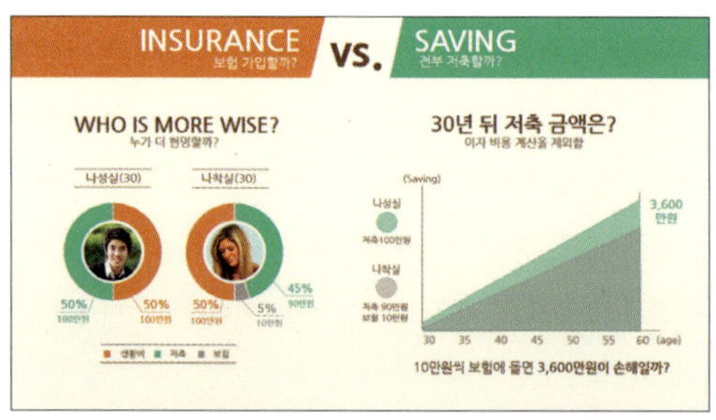

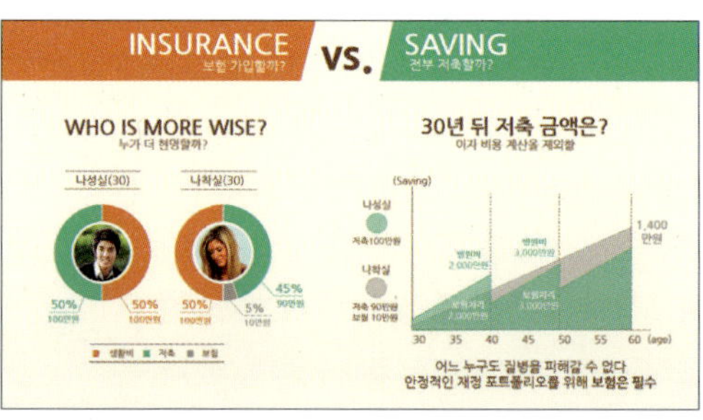

보험 가입의 필요성 인포그래픽

먼저 가상의 인물인 나성실과 나착실이 자신의 수입을 어떻게 사용하는지를 나타내기 위해 원형 차트를 활용해 생활비, 저축, 보험 비율을 지정한다. 산술적으로만 계산한다면 나성실이 더 많은 금액을 저금할 것이라고 예상할 수 있다. 슬라이드의 왼쪽 자료는 그대로 유지하고 오른쪽 그래프만 변경해 사람이 살면서 질병을 피해갈 수 없으므로 질병이 발생했을 때 나착실이 더 많은 금액을 모을 수 있다는 사실을 보여준다. 즉, 안정적인 재정 설계를 위해서는 보험 가입이 필요하다는 것을 나타낼 때 좋은 자료가 될 것이다.

• 완성파일 : 보험가입의 필요성 – 완성.pptx   • 색상정보 : 보험가입의 필요성 – 색상.png
• 이미지 : 남자.png, 여자.png

01 빈 슬라이드에서 마우스 오른쪽 버튼을 클릭하고 [배경 서식]을 선택한다. [배경 서식] 작업 창의 [채우기]에서 '단색 채우기'를 선택하고 [색]을 '(1) 연노랑'으로 지정한다.

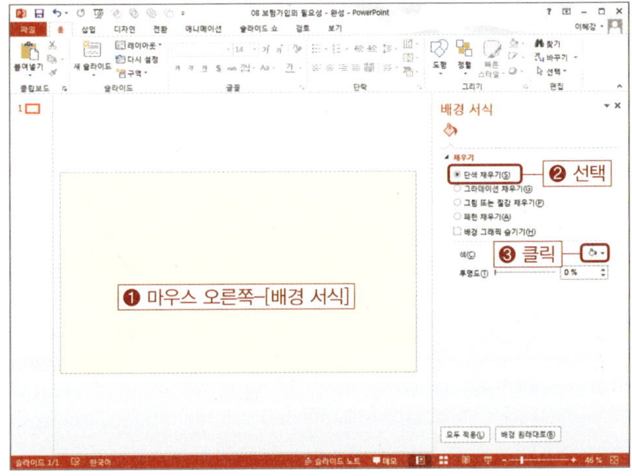

02 [삽입] 탭-[일러스트레이션] 그룹-[도형]-[직사각형]과 [평행 사변형]을 선택해 높이가 동일한 도형을 추가한 후 서식을 지정한다.

도형	채우기 색	선
직사각형	(2) 주황색	선 없음
평행 사변형	(2) 주황색	선 없음

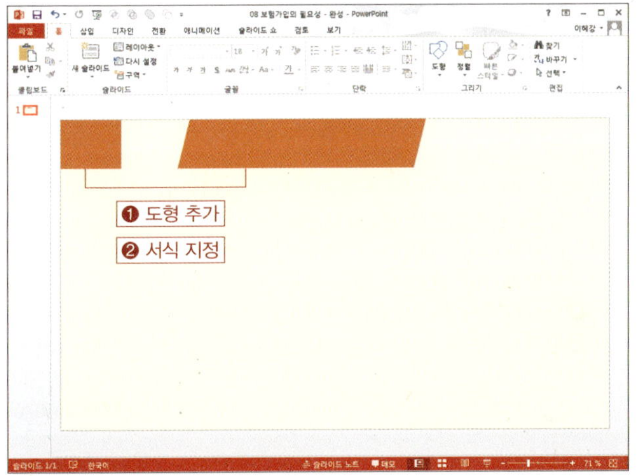

03 직사각형과 평행사변형을 연결해 하나의 도형처럼 만들어주고 Ctrl + D 를 눌러 두 개의 도형을 복제한 후 그림처럼 배치하고 서식을 지정한다.

채우기 색	선
(3) 민트색	선 없음

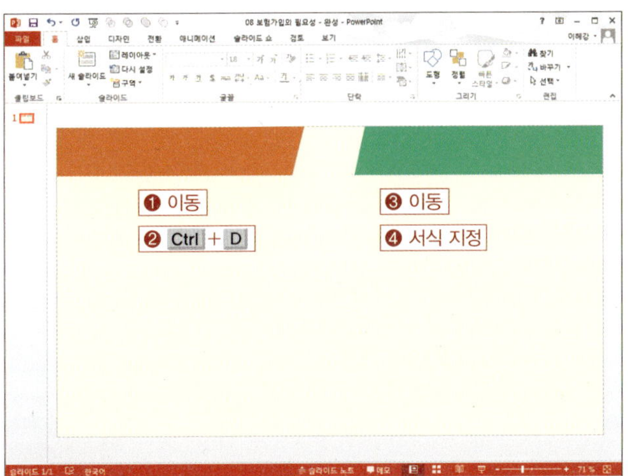

04 [삽입] 탭-[텍스트] 그룹-[텍스트 상자]를 선택해 제목과 소제목을 입력하고 서식을 지정한다.

텍스트	글꼴 / 글꼴 크기 / 속성	글꼴 색
대제목 영어	나눔고딕 / 40 / 굵게	(1) 연노랑
대제목 부제	나눔고딕 / 18	(1) 연노랑
VS.	나눔고딕 ExtraBold / 60	(4) 갈색
소제목 영어	나눔고딕 / 28 / 굵게	(4) 갈색
소제목 부제	나눔고딕 / 16	(4) 갈색

05 가상의 인물을 만들기 위해 [삽입] 탭-[이미지] 그룹-[그림]-[보험가입] 폴더에서 으로 '여자.png'와 '남자.png'를 삽입한다.

무료로 이미지를 제공해주는 대표적인 사이트로는 pixabay(http://pixabay.com)가 있다.

06 동그라미 원 안에 사진을 넣기 위해 [삽입] 탭-[일러스트레이션] 그룹-[도형]에서 [직사각형]과 [타원]을 선택해 도형을 그림처럼 추가한다.

[도형 서식]-[그림 또는 질감 채우기]에서 이미지를 불러와 조정하는 방법도 있으나 원 안에 얼굴을 정확하게 지정하기가 어렵다. 파워포인트 2007 이하 버전이라면 도형 빼기가 지원되지 않으므로 이 방식을 활용하길 권한다.(<PART 02. SECTION 003도형 안에 이미지 넣기>)

07 직사각형 위에 원을 올려 배치한 후 두 도형을 선택하고 [도형 빼기]를 클릭해 직사각형에서 원을 뺀다.

TIP
사람 얼굴만 나타나도록 뺄 것이므로 원을 사람 얼굴에 맞게 위치시키고 도형을 빼면 좀 더 정확하게 작업할 수 있다.

08 원 도형을 뺀 직사각형을 사람 얼굴만 나올 수 있게 사진 위에 배치한다. 같은 방법으로 여자 얼굴만 나오도록 직사각형과 원 도형을 빼서 그림처럼 배치한다.

TIP
원 도형의 크기는 동일하게 해 여자 사진과 남자 사진의 크기를 같게 만든다.

09 남자 사진과 도형을 선택한 후 [도형 빼기]를 한다. 여자 사진도 같은 방법으로 도형과 함께 선택한 후 [도형 빼기]를 한다. 작업이 완료되면 그림처럼 남자와 여자의 얼굴만 남는다.

10 [삽입] 탭-[일러스트레이션] 그룹-[차트]를 선택한다. [차트 삽입] 대화상자의 차트 종류에서 [원형]-[도넛형]을 선택하고 [확인] 버튼을 클릭한다.

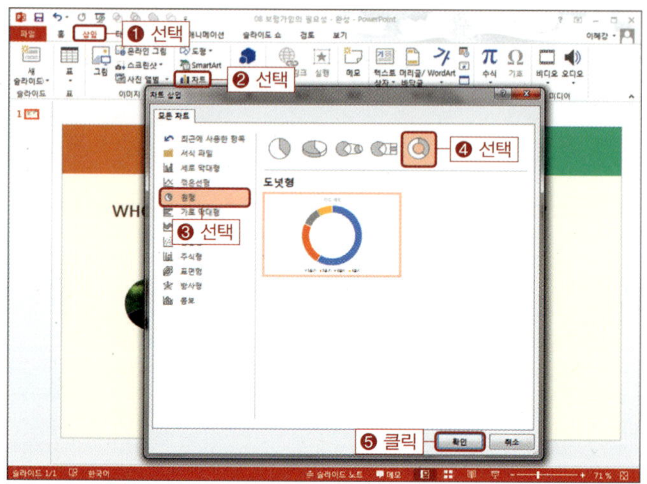

11 항목 4개 중 2개를 선택하고 Delete 를 눌러 삭제한 후 월급의 절반은 소비, 절반은 저축한다는 것을 나타내기 위해 각 항목에 '50'을 입력하고 엑셀 창을 닫는다.

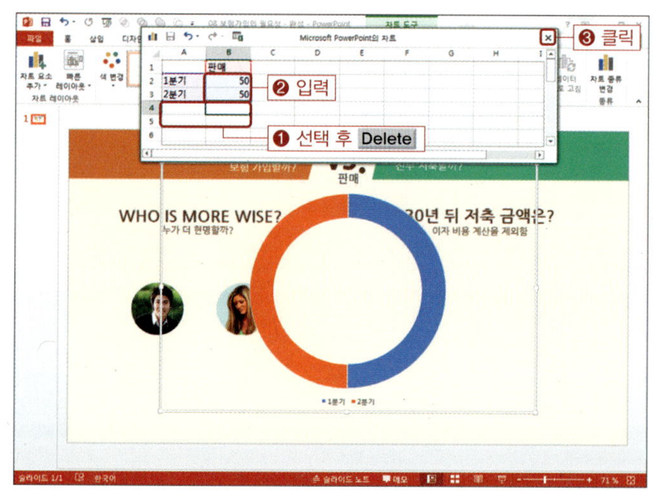

12 차트에서 제목과 범례 등 필요 없는 요소를 선택한 후 Delete 를 눌러 삭제한다. 차트 크기를 줄여 차트 중간에 사진이 들어갈 수 있도록 배치한다.

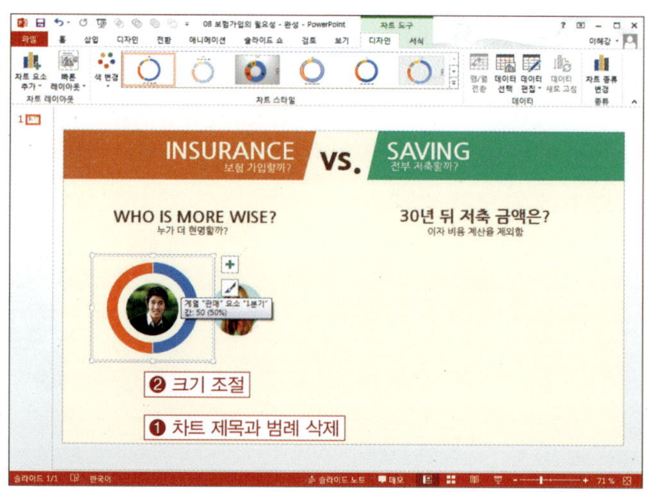

13 차트 계열을 더블클릭하여 나타나는 [데이터 요소 서식] 작업 창에서 [계열 옵션]을 클릭한다. [도넛 구멍 크기]를 '63%'로 지정하여 차트와 사진이 약간의 여백만 남을 정도로 도넛 크기를 지정한다.

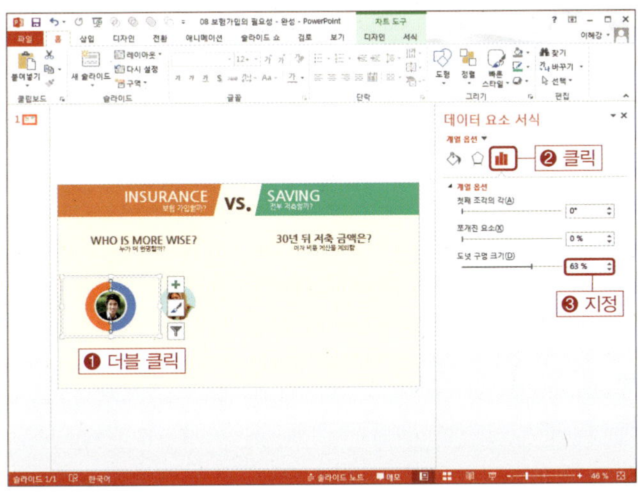

14 [채우기]를 클릭하고 '단색 채우기'를 선택한 후 '저축'은 '(3) 민트색', '생활비'는 '(2) 주황색'으로 변경한다.

TIP

차트 선택 시 한 번 선택하면 모든 계열이 선택되므로 한 번 선택된 상태에서 원하는 계열을 다시 한 번 선택해 원하는 계열의 색상을 변경한다.

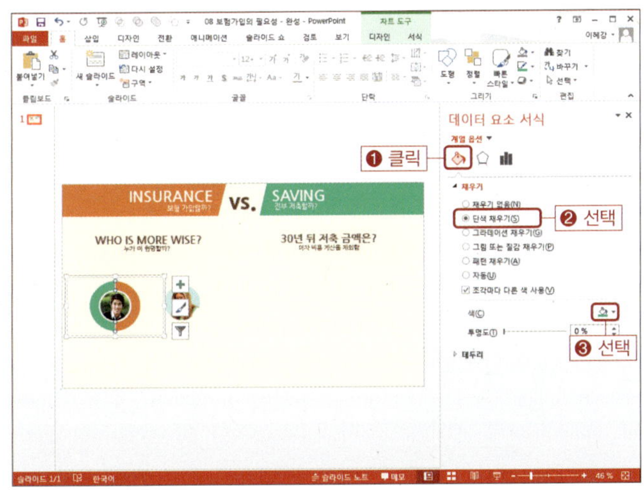

15 차트를 선택하고 Ctrl + D 를 눌러 차트를 복제한 후 여자 이미지 위에 배치한다. 데이터를 변경하기 위해 차트를 선택하고 [차트 도구]-[디자인] 탭-[데이터] 그룹-[데이터 편집]을 선택해 엑셀 데이터 창을 불러와 데이터를 변경한다.

TIP

비율로 차트가 나타나기 때문에 기존 50, 50을 100, 100으로 해도 동일한 차트가 나온다. 해당 데이터는 생활비 100, 저축 90, 보험 10으로 조정한다.

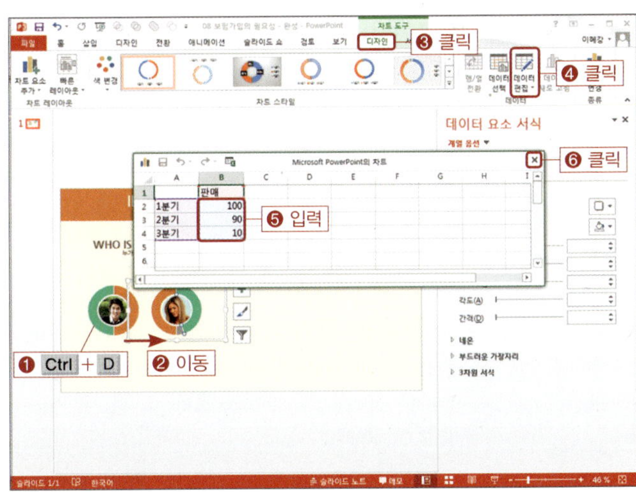

16 보험에 해당하는 조각이 상단에 위치하게 되는데 [데이터 요소 서식] 작업 창의 [계열 옵션]에서 '첫째 조각의 각'을 '180°'로 변경해 보험 조각을 아래에 위치시킨다.

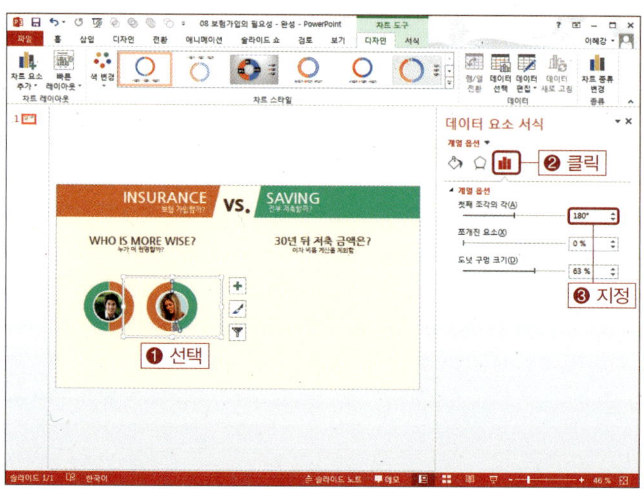

17 [삽입] 탭-[일러스트레이션] 그룹-[도형]-[선]을 2개씩 연결하여 수치를 설명할 지시선을 만든다.

도형	선 색	선 두께
선(지시선)	(3) 민트색, (2) 주황색	¾ pt

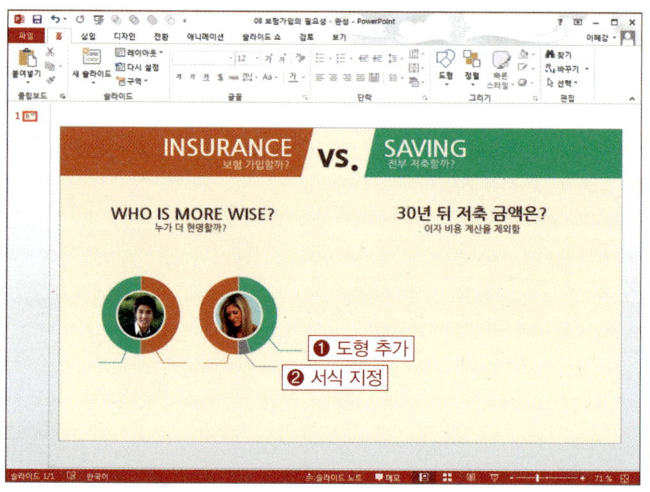

18 데이터가 무엇을 의미하는지를 표현하기 위해 [삽입] 탭-[일러스트레이션] 그룹-[도형]-[선]을 선택해 직선 두 개를 위와 아래에 각각 추가하고 서식을 지정한다. [삽입] 탭-[일러스트레이션] 그룹-[도형]-[직사각형]을 선택해 직사각형을 세 개 추가하고 서식을 지정한다.

도형	채우기 색	선 색
직선	–	(4) 갈색
직사각형	(3) 민트색, (2) 주황색, (5) 회색	선 없음

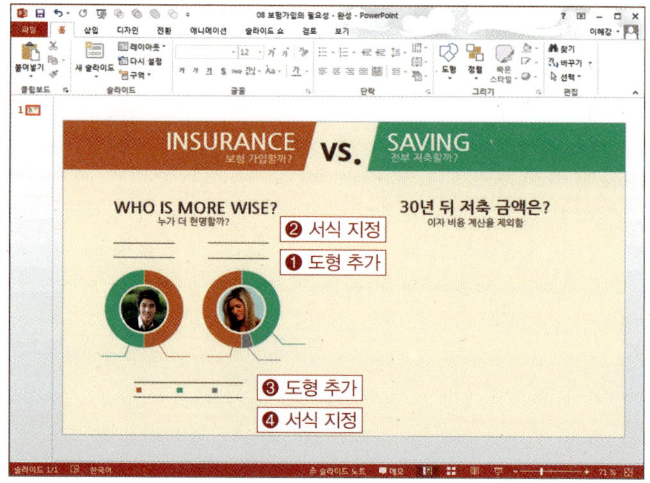

19 [삽입] 탭–[텍스트] 그룹–[텍스트 상자]를
선택해 텍스트를 입력하고 서식을 지정한다.

텍스트	글꼴 / 글꼴 크기 / 속성	글꼴 색
이름	나눔고딕 / 16	(4) 갈색
퍼센트	나눔고딕 / 16 / 굵게	차트 색과 동일하게
금액	나눔고딕 / 12 / 굵게	차트 색과 동일하게
항목 이름	나눔고딕 / 12	(4) 갈색

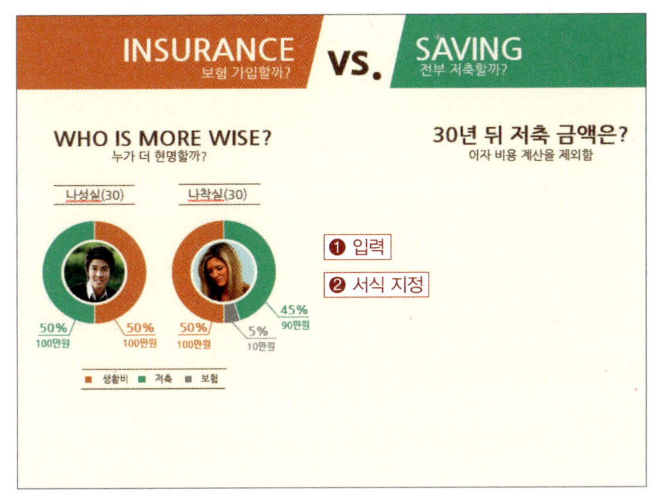

20 [삽입] 탭–[일러스트레이션] 그룹–[도
형]–[선]을 이용해 그래프의 가로축과 세로
축을 그린다. 오른쪽에는 보조선으로 [서식]
탭–[도형 윤곽선]–[대시]–[파선]을 만들고
서식을 지정한다.

도형	선 색	대시
가로/세로 축	(4) 갈색	실선
보조선	(4) 갈색	파선

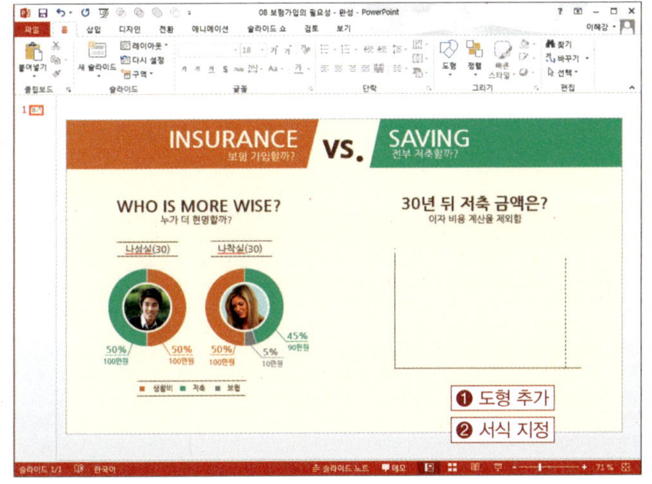

21 [삽입] 탭–[텍스트] 그룹–[텍스트 상자]
를 선택해 그래프를 설명할 수 있는 텍스트를
입력하고 서식을 지정한다.

텍스트	글꼴 / 글꼴 크기	글꼴 색
차트 수치	나눔고딕 / 14	(4) 갈색
차트 설명	나눔고딕 / 12	(4) 갈색

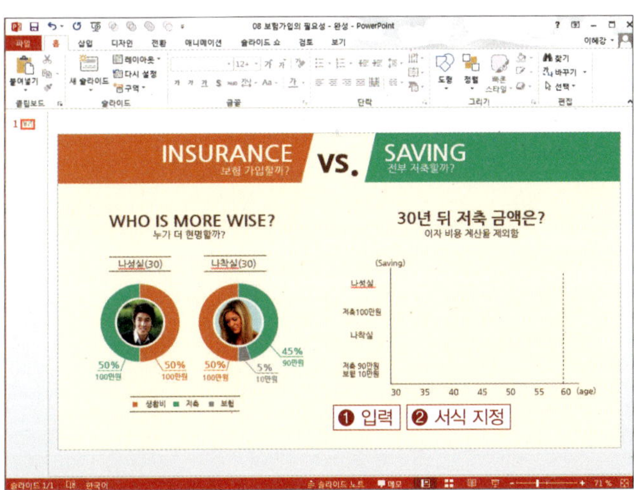

22 [삽입] 탭-[일러스트레이션] 그룹-[도형]-[타원]을 선택해 그래프를 구분해 줄 도형을 추가한다.

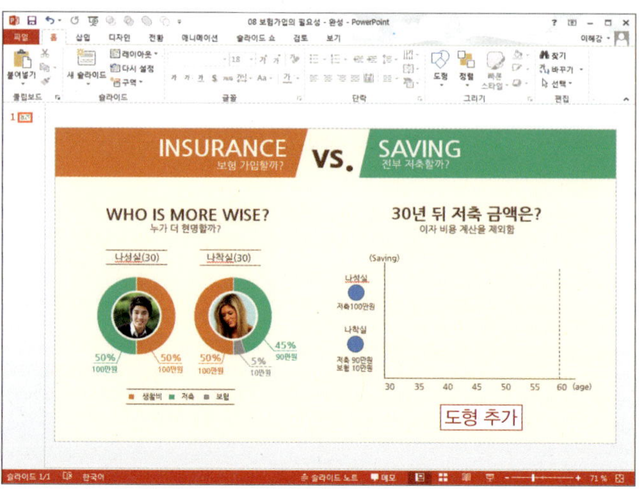

23 [삽입] 탭-[일러스트레이션] 그룹-[도형]-[자유형]을 선택해 30년 동안 점점 증가하는 그래프를 도형으로 그리고 서식을 지정한다.

도형	채우기 색	투명도	선 색	대시
그래프	(3) 민트색	47%	(3) 민트색	실선

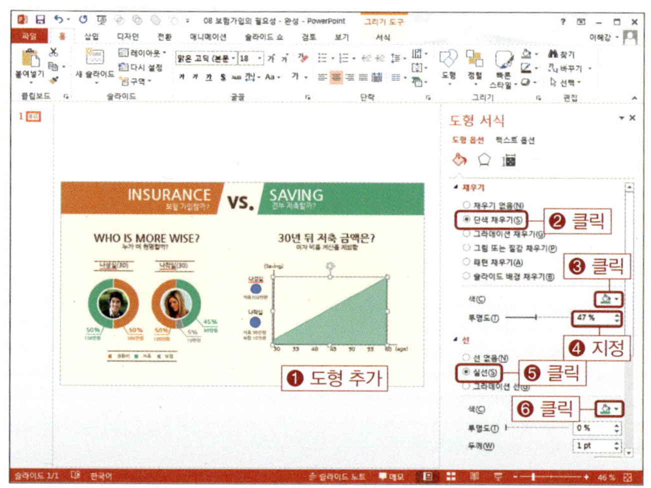

24 [삽입] 탭-[일러스트레이션] 그룹-[도형]-[자유형]을 선택해 보험을 뺀 저축금액 그래프를 추가한다.

도형	채우기 색	투명도	선 색	대시
그래프	(5) 회색	49%	(5) 회색	실선

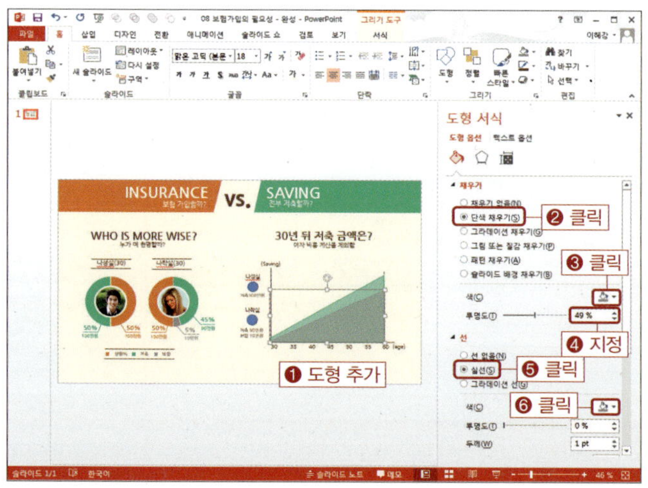

25 그래프를 선택하고 서식 복사(Ctrl + Shift + C)한 후 해당 도형을 표시하는 타원과 텍스트를 선택하고 서식 붙여 넣기(Ctrl + Shift + V)를 하여 동일한 서식으로 변경한다.

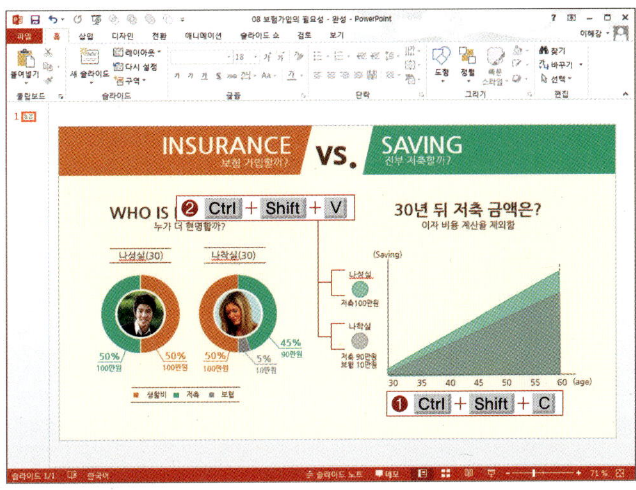

26 [삽입] 탭-[텍스트] 그룹-[텍스트 상자]를 선택해 그래프의 결론 텍스트를 입력하고 서식을 지정한다.

텍스트	글꼴 / 글꼴 크기 / 속성	글꼴 색
3,600만원	나눔고딕 / 16 / 굵게	(3) 민트색
결론	나눔고딕 / 18 / 일부 굵게	(4) 갈색

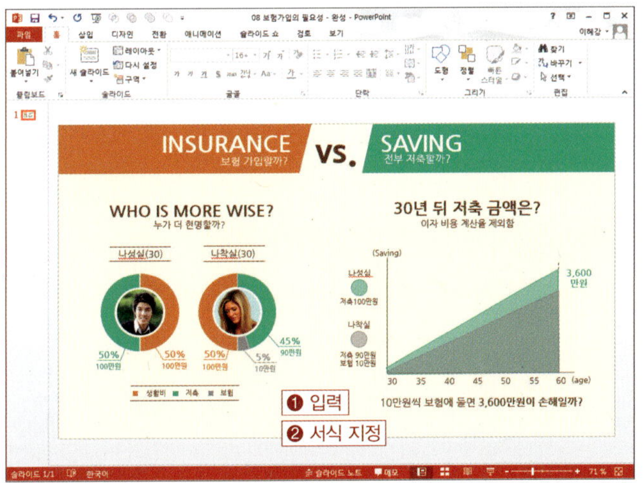

27 단순 계산 방식을 반전시킬 결론 슬라이드를 만들기 위해 슬라이드 내비게이션 창에서 슬라이드를 선택한 후 Ctrl + D를 눌러 슬라이드를 복제한다.

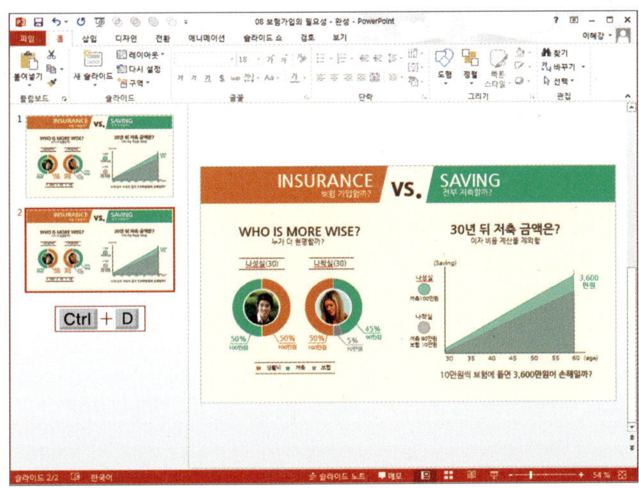

TIP
내비게이션 창과 슬라이드 창의 경계에 마우스 커서를 올리고 좌우로 드래그하면 창의 크기를 조절할 수 있다.

28 복제한 슬라이드에서 그래프와 결론 텍스트를 선택하고 Delete 를 눌러 삭제하고 오른쪽의 보조선을 선택하고 Ctrl + D 로 복제하여 40세와 50세에 보조선을 배치한다.

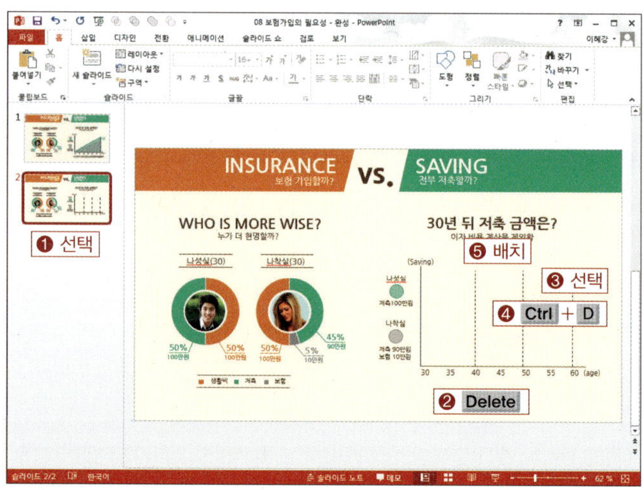

29 보험을 가입한 사람의 저축액은 변함이 없다는 것을 나타내기 위해 1번 슬라이드에서 회색 그래프를 복사해서 붙여 넣는다.

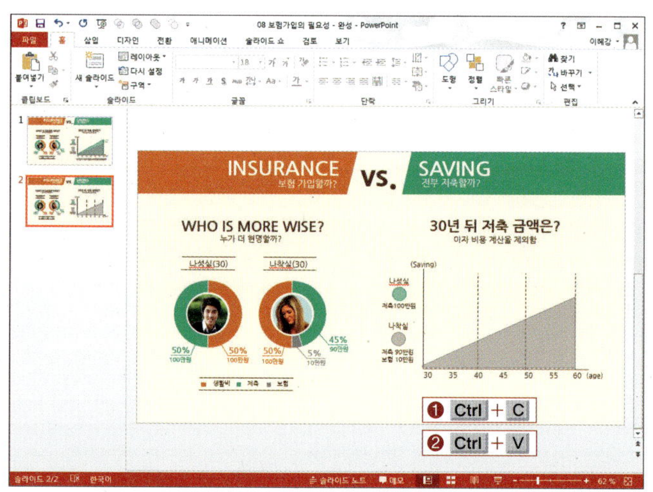

30 [삽입] 탭-[일러스트레이션] 그룹-[도형]-[자유형]을 선택해 그림과 같이 40세와 50세에 저축액이 감소하는 그래프를 추가한 후 서식을 지정한다.

도형	채우기 색	투명도	선 색	대시
그래프	(3) 민트색	47%	(3) 민트색	실선

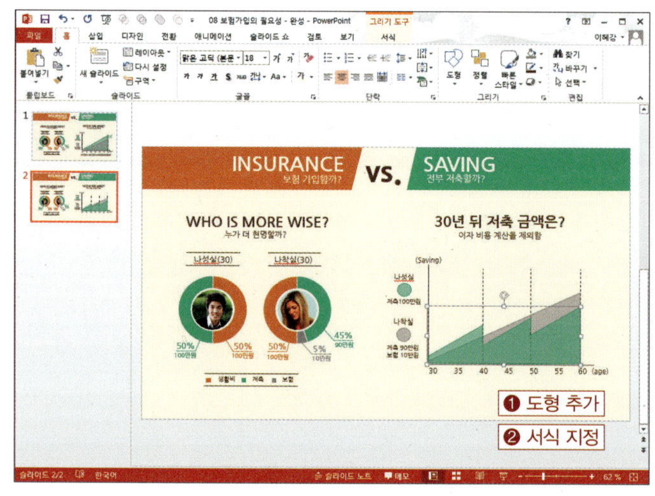

31 그래프 위에 병원비와 보험처리 금액을 텍스트로 입력한 후 서식을 지정한다.

텍스트	글꼴 / 글꼴 크기 / 속성	글꼴 색
병원비	나눔고딕 / 12 / 일부 굵게	(3) 민트색
보험처리	나눔고딕 / 12 / 일부 굵게	(1) 흰색

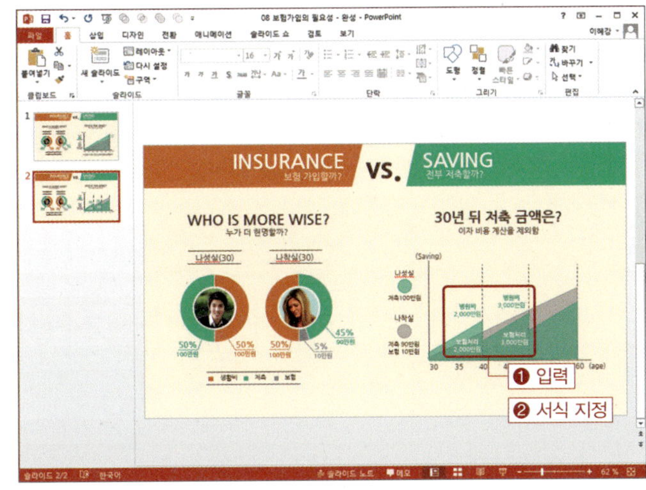

32 40세와 50세에 질병이 생겨 병원비가 발생했다는 것을 표현하는 텍스트와 결론을 입력한 후 서식을 지정한다.

텍스트	글꼴 / 글꼴 크기 / 속성	글꼴 색
1,400만원	나눔고딕 / 16 / 굵게	(5) 회색
결론	나눔고딕 / 18 / 일부 굵게	(4) 갈색

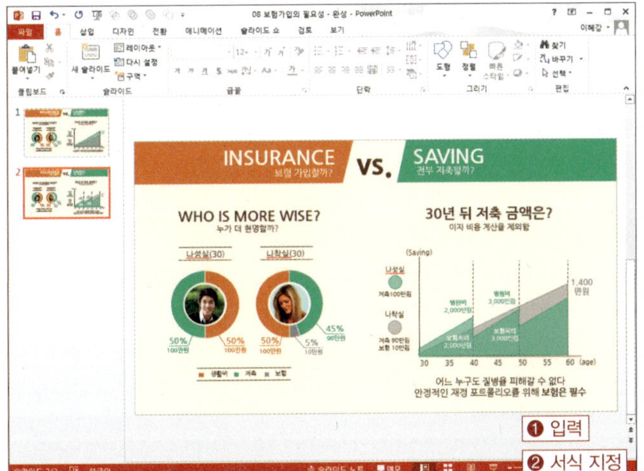

상품 스펙 비교를 통한
미러리스 카메라 비교표

B·E·F·O·R·E

미러리스 카메라 비교

소니 미러리스 카메라는 여성들에게 인기가 좋은 NEX시리즈와 세계 최소 풀프레임인 A7과 A7R이 있다. NEX 시리즈만 비교한다면 nex-3n과 nex-5t의 차이는 크지 않다. 화질은 동일하며 외형 역시 비슷하다. 하지만 그에 비하여 가격차이는 많이 나는 편이다. 가격 차이의 이유로는 nex-5t가 웬만한 옵션은 모두 가지고 있기 때문이다. 사진 그 자체의 고유 기능으로만 본다면 차이가 없지만 사용자 편의를 위한 기능들을 NEX-5T가 모두 갖추었다고 생각하면 된다. NFC, 터치스크린, wifi 기능까지 공유에 익숙해 있는 세대에게 매우 적합한 모델이다. 하지만 그 옵션만 두고 보았을 때 가격 차이는 쉽게 인정되는 부분은 아니다. 따라서 가격에 민감한 학생들에게는 nex-3n을 추천하며, 돈을 더 지불하더라도 더 많은 편의와 기능을 가지고 싶은 직장인에게는 nex-5t를 추천하고 싶다. A7과 A7R은 화질에서 큰 차이가 있다. 두 모델은 세계 최소형이면서 최경량 풀프레임 렌즈 교환식 카메라이다. 사진을 전문적으로 찍는 사람들에게 풀프레임 치고는 저렴한 가격이 구매 의욕을 불러일으킬 수 있을 것이다.

해당 의견은 저자의 주관적인 의견이며, 자료용이므로 실제 내용과 다르거나 견해가 다르더라도 이해 부탁 드립니다 :D

상품 스펙 비교
슬라이드

미러리스 카메라의 대표 제품을 비교 설명하는 자료이다. 각 카메라별로 화질, 가격, 옵션과 특징에 차이가 있다는 것을 나타내고 있다. 각 카메라의 특징을 설명하고 어떤 사람에게 적합한 카메라인지 추천해주는 자료이다. 글로 되어 있는 비교 자료를 각 특징에 따라 점수를 주고, 이유를 적어 한 눈에 해당 카메라의 장점을 알 수 있는 슬라이드로 꾸며보자.

A·F·T·E·R

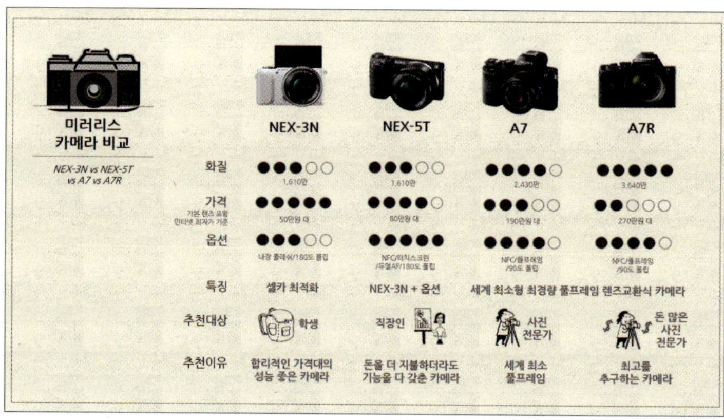

상품 스펙 비교
인포그래픽

카메라를 비교하고자 한다면 해당 제품에 대한 이미지를 배열하고 기준이 될 수 있는 항목들에 대해 정의를 내린다. 카메라에서 가장 중요한 화질, 가격, 옵션, 특징 등을 선정한 후 그에 맞는 점수를 매겨준다. 또한 해당 카메라에 적합한 추천 대상을 제안하고, 그 이유를 알려준다. 추천 대상은 글로 나타내는 것보다 그 대상을 대표하는 물건 또는 사람 이미지를 활용하는 것이 효과적이다.

• 완성파일 : 카메라 비교 – 완성.pptx   • 색상정보 : 카메라 비교 – 색상.png
• 이미지 : '카메라 관련사진' 폴더, 카메라 비교.jpg

01 빈 슬라이드에서 마우스 오른쪽 버튼을 클릭하고 [배경 서식]을 선택한다. [배경 서식] 작업 창의 [채우기]에서 [그림 또는 질감 채우기]를 선택하고 [파일]에서 '카메라 비교.jpg'를 선택한다. 해당 이미지는 슬라이드보다 작은 패턴이므로 [그림을 질감으로 바둑판식 배열]을 체크해 이미지가 반복되도록 지정한다.

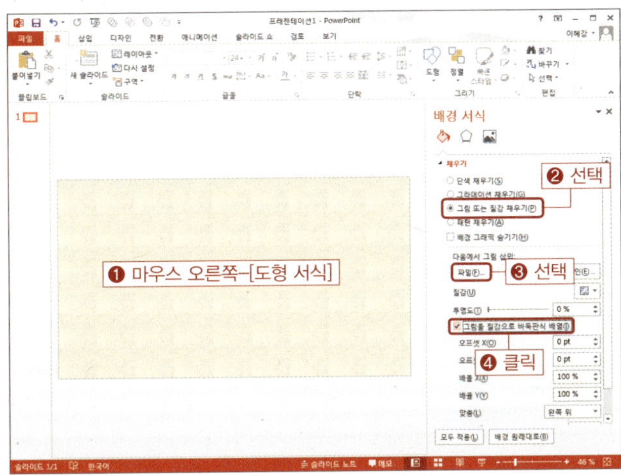

02 [삽입] 탭–[이미지] 그룹–[그림]을 선택하고 [카메라 관련 사진] 폴더에서 wmf 파일을 추가한다.

이미지	파일명
	카메라.wmf

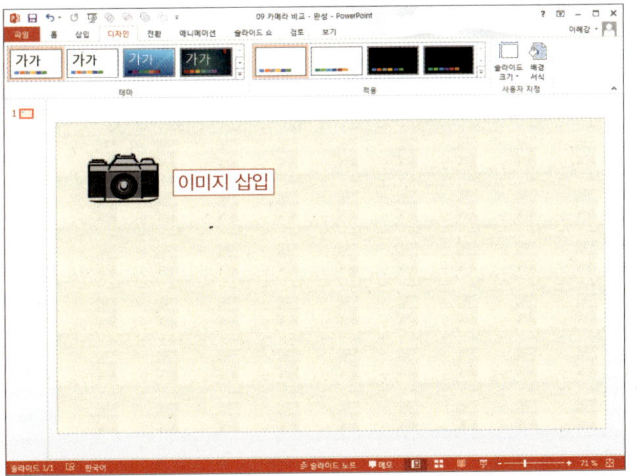

03 슬라이드 전체의 윤곽선을 만들어주기 위해 [삽입] 탭–[일러스트레이션] 그룹–[도형]–[직사각형]을 선택한다. 그림처럼 슬라이드에서 조금의 공간만 남기고 가득 차도록 도형의 크기를 조절한다.

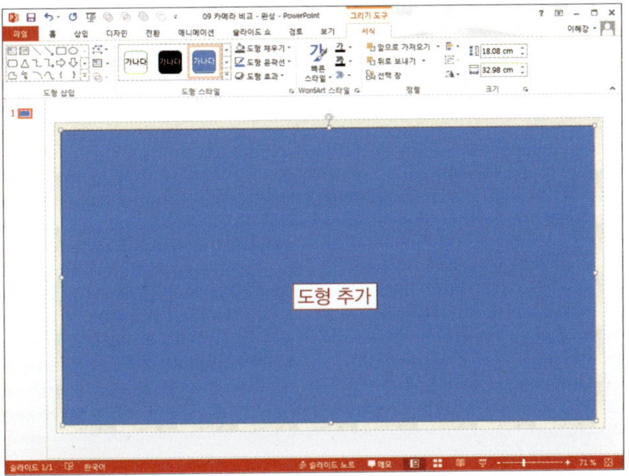

04 직사각형 도형의 서식을 지정해 테두리 모양이 되도록 만든다.

채우기 색	선 색
채우기 없음	(2) 회색

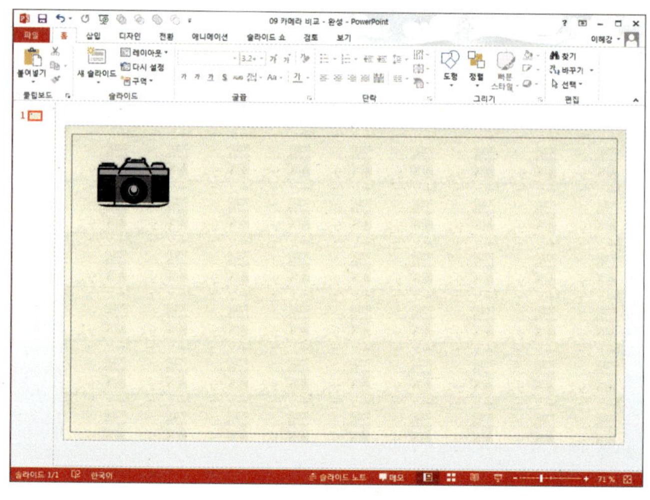

05 [삽입] 탭-[일러스트레이션] 그룹-[도형]-[선]을 이용하여 카메라 바로 아래쪽과 제목 텍스트를 삽입할 간격을 두고 선을 추가한 후 서식을 지정한다. [삽입] 탭-[텍스트] 그룹-[텍스트 상자]를 선택해 제목과 부제목을 입력하고 서식을 지정한다.

텍스트	글꼴 / 글꼴 크기 / 속성	글꼴 색
제목	나눔고딕 / 20 / 굵게	(1) 검은색
부제목	나눔고딕 / 12 / 기울임꼴	(1) 검은색

도형	선 색
선	(2) 회색

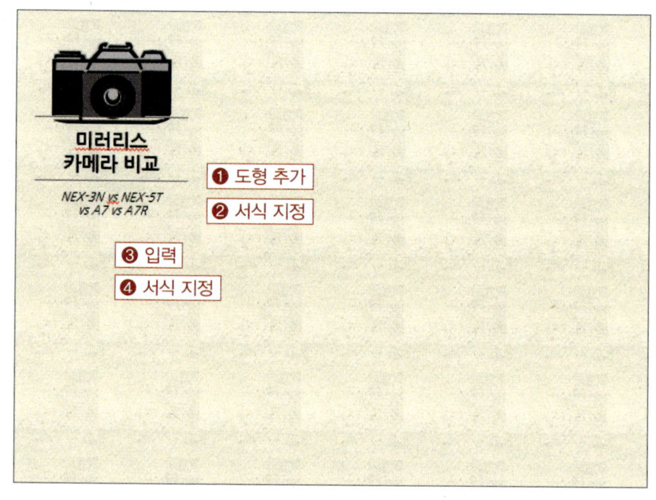

06 [삽입] 탭-[이미지] 그룹-[그림]을 선택해 '카메라 관련사진' 폴더에서 비교할 카메라를 삽입한 후 그림처럼 배치한다.

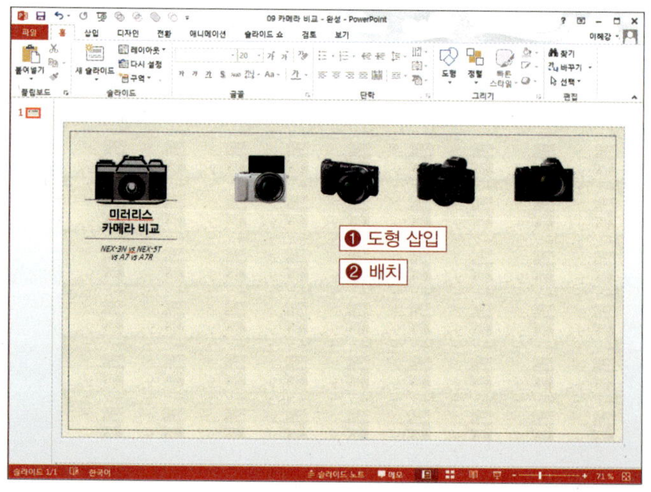

07 개체를 정렬하는 작업을 할 때는 눈금선을 표시하고 작업하면 편리하다. [보기] 탭-[표시] 그룹-[눈금선]을 체크하면 슬라이드에 눈금선이 표시된다.

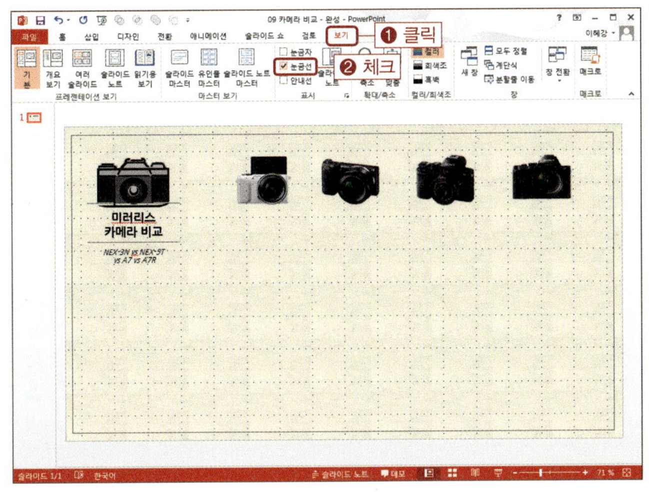

08 [삽입] 탭-[텍스트] 그룹-[텍스트 상자]를 선택해 제품명과 제품 설명 목록을 입력하고 서식을 지정한다. 눈금선에 맞추었지만 더욱 완벽하게 줄을 맞추고 싶다면 [홈] 탭-[그리기] 그룹-[정렬]-[맞춤]을 활용해 정렬한다.

텍스트	글꼴 / 글꼴 크기 / 속성	글꼴 색
모델명	나눔고딕 / 18 / 굵게	(1) 검은색
제품 설명 목록	나눔고딕 / 16	(1) 검은색

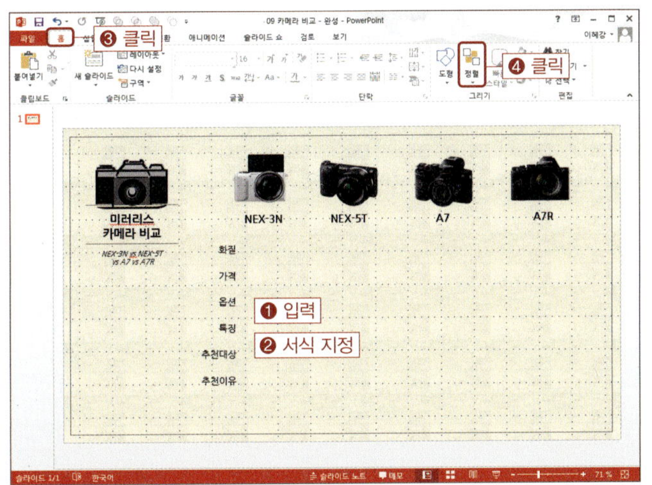

09 [삽입] 탭-[일러스트레이션] 그룹-[도형]-[타원]을 선택해 정원을 만들고 서식을 지정한다. 5점 만점인 평가표를 만들기 위해 Ctrl + D 를 눌러 복제하고 안내선에 맞추어 배치한다. 5개의 정원을 다시 복제해 그림과 같이 각 모델의 평가 항목을 배치한다.

도형	채우기 색	선 색
원	채우기 없음	(2) 회색

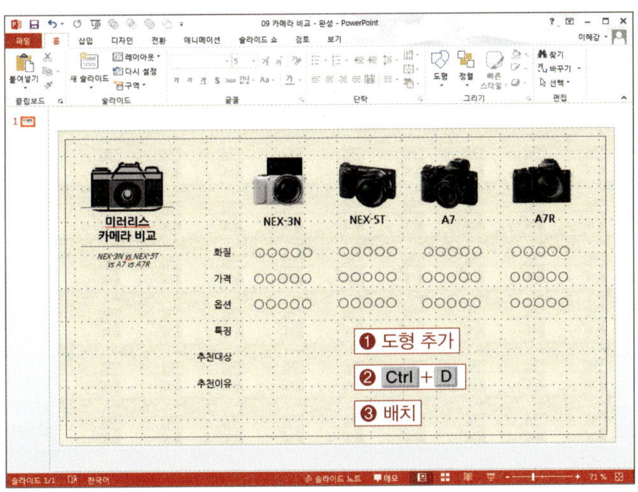

10 점수를 준 도형은 색을 변경하기 위해 도형을 선택하고 마우스 오른쪽 버튼을 클릭하여 [도형 서식]을 클릭한다. [도형 서식] 작업 창의 [채우기]에서 [그림 또는 질감 채우기]를 선택하고 [질감]에서 '월넛'을 선택한다.

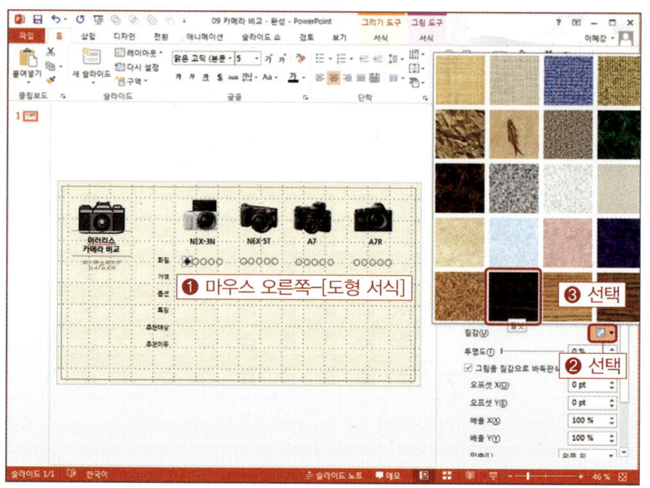

11 Ctrl + Shift + C 를 눌러 월넛 질감이 들어간 도형의 서식을 복사한다. 점수로 채워질 도형을 Shift 를 누른 상태에서 클릭하여 모두 선택하고 Ctrl + Shift + V 를 눌러 서식을 붙여 넣는다.

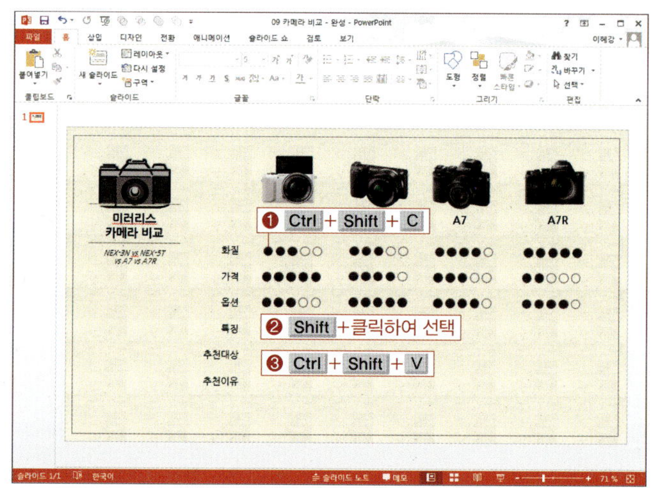

12 점수 배점에 대한 이유가 필요하므로 점수표 아래에 [삽입] 탭-[텍스트] 그룹-[텍스트 상자]를 선택해 텍스트를 입력하고 서식을 지정한다.

글꼴 / 글꼴 크기	글꼴 색
나눔고딕 / 9	(2) 회색

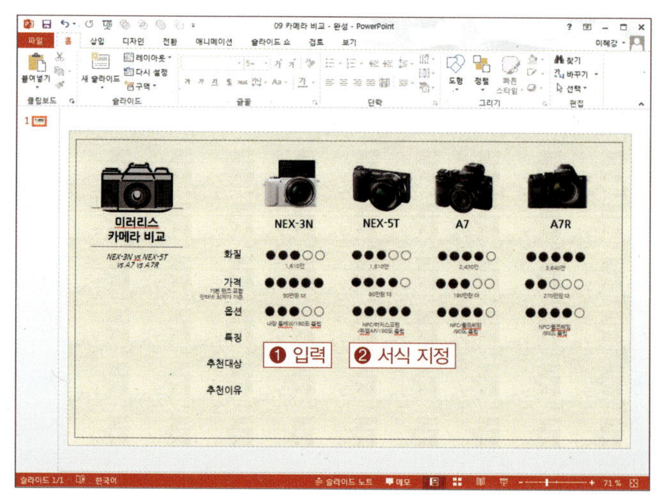

13 [삽입] 탭-[텍스트] 그룹-[텍스트 상자]
를 선택해 '특징, 추천대상, 추천이유'의 내용
을 입력하고 서식을 지정한다.

글꼴 / 글꼴 크기 / 속성	글꼴 색
나눔고딕 / 14 / 굵게	(2) 회색

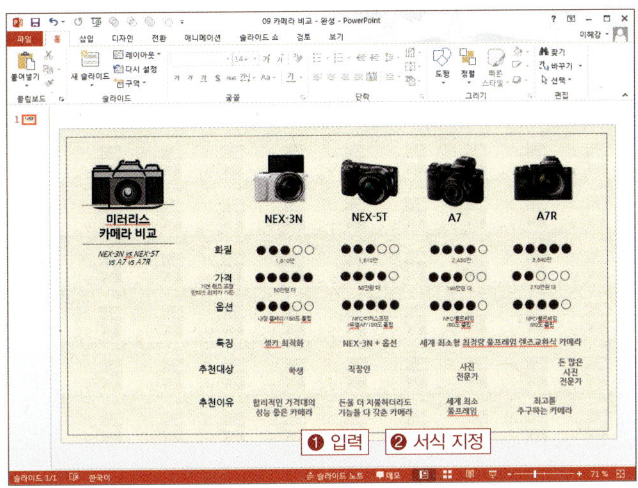

14 추천 대상에 어울리는 이미지를 삽입하
기 위해 [삽입] 탭-[이미지] 그룹-[그림]-[카
메라 관련사진] 폴더에서 '책가방'과 '직장인'
이미지를 삽입하고, '사진작가' 이미지를 불러
온 후 아래와 같이 서식을 지정하여 완성한다.

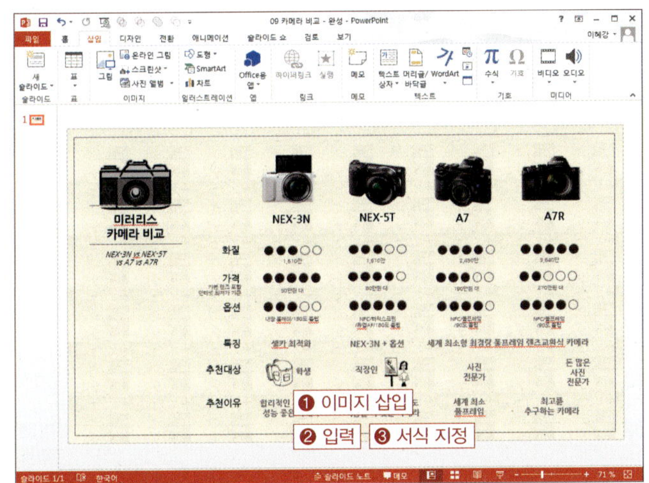

이미지	파일명	서식
학생	책가방.png	
직장인	직장인.png	
사진전문가	사진작가.wmf	얼굴, 상의, 손, 카메라의 색을 스포이트로 슬라이드의 배경색과 동일하게 변경 파일을 선택하고 그룹 해제(Ctrl + Shift + G)를 두 번 반복 후 변경할 부분을 선택하여 채우기
돈 많은 사진전문가 $ $		[삽입] 탭-[텍스트] 그룹-[텍스트 상자]에 "$"를 입력하고 '(2) 회색'으로 글꼴 색 지정

다양한 정보를 한눈에 표시하는
나트륨 소비 권장량 홍보

B·E·F·O·R·E

한국인 나트륨 소비, 적신호

한국 성인의 하루 평균 나트륨 섭취량은 4800mg으로 세계보건기구 WHO가 권고하는 권장량인 2000mg을 두 배 이상 웃돌고 있다. 특히 나트륨을 과다 섭취할 경우 고혈압을 비롯해 골다공증, 신장·심장질환 등 만성질환의 원인이 된다는 게 군 보건소의 설명이다. 나트륨을 적게 먹기 위해서는 음식은 되도록 싱겁게, 간식은 과자보다 과일이나 채소를 먹는다. 또한 국물은 적게 먹고, 가공식품 구입할 때에는 영양표시 중 나트륨을 꼭 확인한다. 식당에서 음식을 주문할 때는 싱겁게 만들어달라고 요구하는 습관을 가진다.

나트륨 소비 권장량 슬라이드

WHO(세계보건기구) 자료에 따르면 한국인의 나트륨 소비량이 WHO 평균에 비해 2.4배 더 많다고 한다. 나트륨을 과다 섭취할 경우 다양한 질병의 원인이 되므로 나트륨을 적게 먹기 위한 방법을 소개하고 지켜야 할 습관에 대해 소개하는 슬라이드를 만들어보자.

A·F·T·E·R

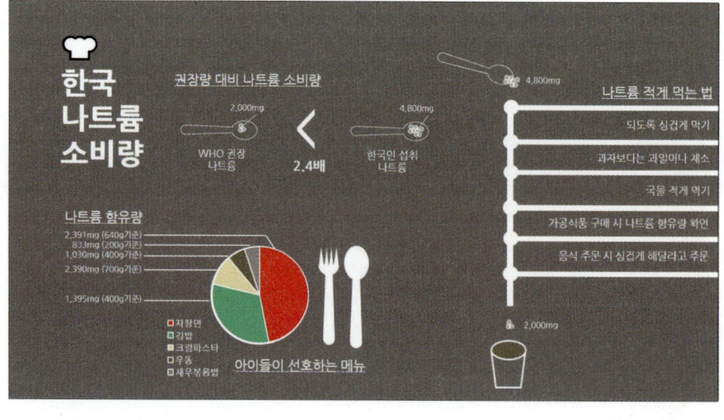

나트륨 소비 권장량 인포그래픽

나트륨 소비량을 나타내기 위해 숟가락 위에 소금을 만들고 소비량을 표현한다. 수저 클립아트와 원 도형을 만들고 그 위에 원 차트를 만들어 나트륨 함유량을 표현한다. 파이프 위에 나트륨 감소방법을 나열하고 파이프를 지나면서 나트륨량이 줄어들었음을 컵에 떨어지는 소금량으로 표현한다.

- **완성파일** : 한국 나트륨 소비량 – 완성.pptx
- **이미지** : 한국 나트륨 – 배경.png
- **색상정보** : 한국 나트륨 소비량 – 색상.png
- **실습파일** : 한국 나트륨 폴더

01 [보기] 탭–[마스터 보기] 그룹–[슬라이드 마스터]를 선택하고 슬라이드 내비게이션 창에서 첫 번째 마스터 슬라이드를 선택한다. [삽입] 탭–[이미지] 그룹–[그림]을 선택하고 '한국 나트륨 – 배경.png'를 선택해 삽입한 후 [마스터 보기 닫기]를 클릭하여 편집 슬라이드로 돌아간다.

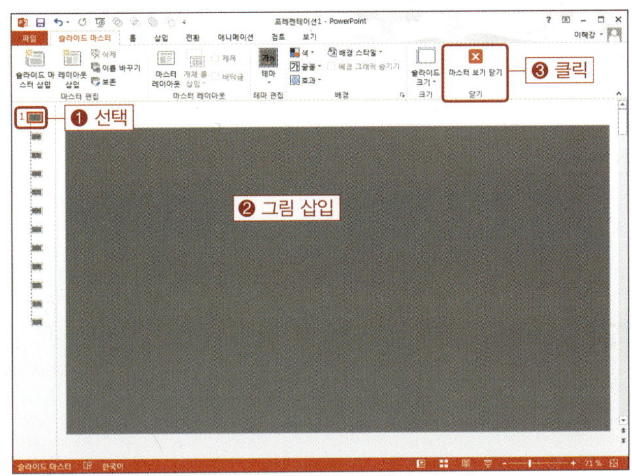

02 [삽입] 탭–[텍스트] 그룹–[텍스트 상자]를 이용해 제목과 소제목을 입력하고 서식을 지정한다. [삽입] 탭–[이미지] 그룹–[그림]–[한국 나트륨] 폴더에서 파일을 불러온 후 아래와 같이 서식을 지정하고 숟가락을 회전시키고 복제한다.

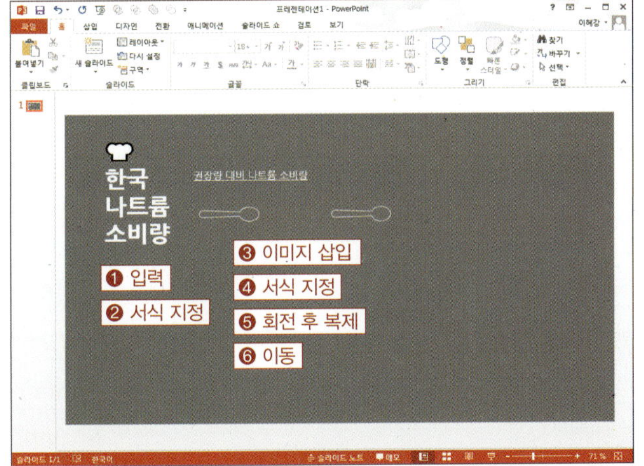

이미지	파일명	서식
	요리모자.wmf	
	숟가락.wmf	• 숟가락, 포크 분리 (Ctrl + Shift + G) • 도형 채우기 : 채우기 없음 • 선 색 : (1) 흰색

텍스트	글꼴 / 글꼴 크기 / 속성	글꼴 색
제목	나눔고딕 ExtraBold / 40	(1) 흰색
소제목	나눔고딕 / 18 / 밑줄	(1) 흰색

03 [삽입] 탭-[일러스트레이션] 그룹-[도형]-[타원]을 선택해 숟가락 위에 나트륨 함유량 비율만큼 정원을 그린 후 Ctrl + D 를 눌러 첫 번째 숟가락에는 3개, 두 번째 숟가락에는 8개를 만든다.

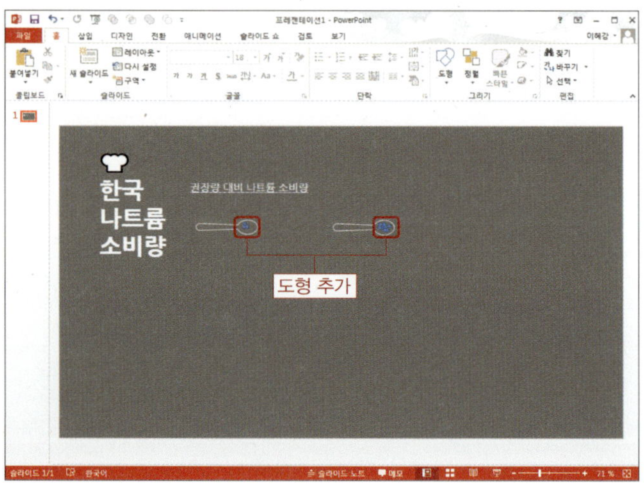

04 소금 느낌을 표현하기 위해 흰색으로 된 반투명 원으로 서식을 지정한다.

도형	채우기 색	선 색	투명도
정원	(1) 흰색	(1) 흰색	50%

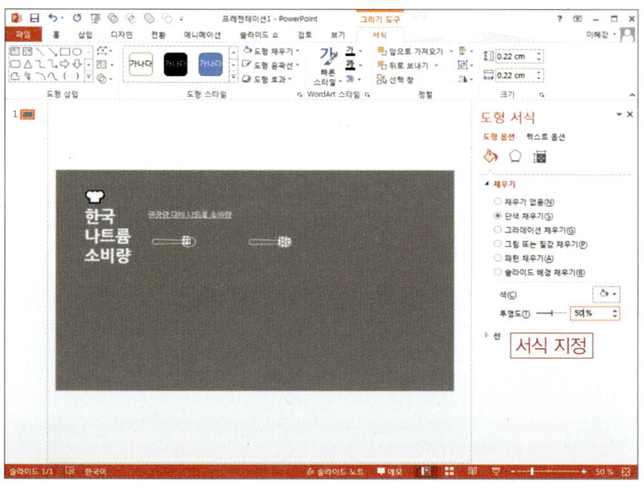

05 [삽입] 탭-[일러스트레이션] 그룹-[도형]-[선]을 선택해 나트륨 함유량을 가리키는 지시선을 만들고 서식을 지정한다. [삽입] 탭-[텍스트 상자]를 이용해 설명글 및 비교 기호를 입력하고 서식을 지정한다.

텍스트	글꼴 / 글꼴 크기 / 속성	글꼴 색
수치	나눔고딕 / 11	(1) 흰색
설명	나눔고딕 / 14	(1) 흰색
<	나눔고딕 / 54 / 굵게	(1) 흰색
2.4배	나눔고딕 / 18 / 굵게	(1) 흰색

도형	선 두께	선 색
윤곽선	½ pt	(1) 흰색

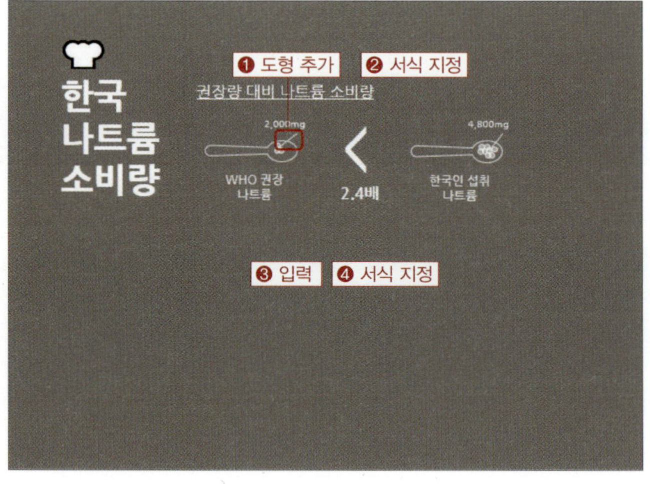

06 [삽입] 탭–[일러스트레이션] 그룹–[도형]–[타원]을 선택해 접시를 만들고 서식을 지정한다. [삽입] 탭–[이미지] 그룹–[그림]–[한국 나트륨] 폴더에서 '숟가락' 파일을 불러온 다음 서식을 지정한다.

도형	채우기 색	선
접시	(1) 흰색	선 없음

이미지	서식
숟가락.wmf	• 채우기 색 : (1) 흰색

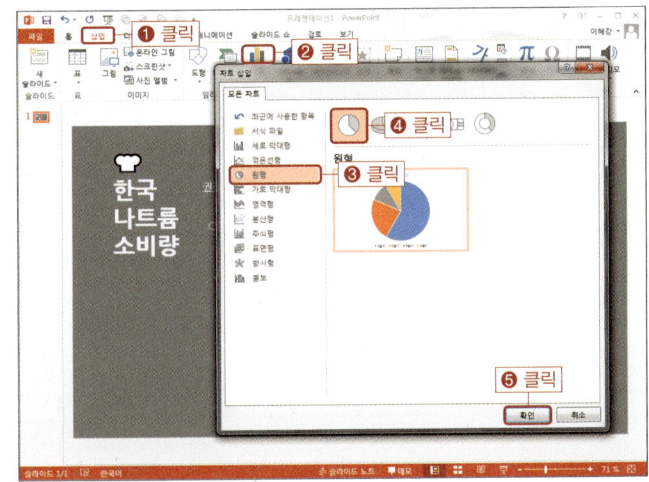

07 접시에 맞는 차트를 삽입하기 위해 [삽입] 탭–[일러스트레이션] 그룹–[차트]를 선택한다. 차트 종류에서 [원형]을 선택하고 유형에서 첫 번째 원형 스타일을 선택한 후 [확인]을 클릭한다.

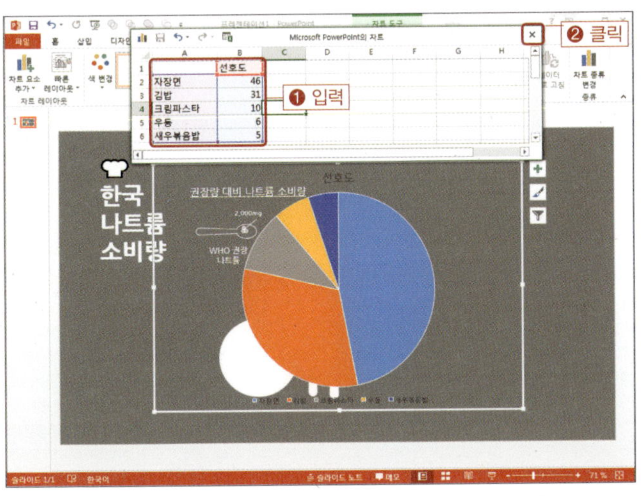

08 엑셀 데이터 창에서 다음과 같이 데이터를 입력하고 엑셀 창을 닫는다.

음식 종류	선호도
자장면	46
김밥	31
크림파스타	10
우동	6
새우볶음밥	5

09 차트 제목을 선택한 후 Delete 를 눌러 삭제하고 차트가 접시 위에 놓인 것처럼 이동한 후 크기를 조절한다.

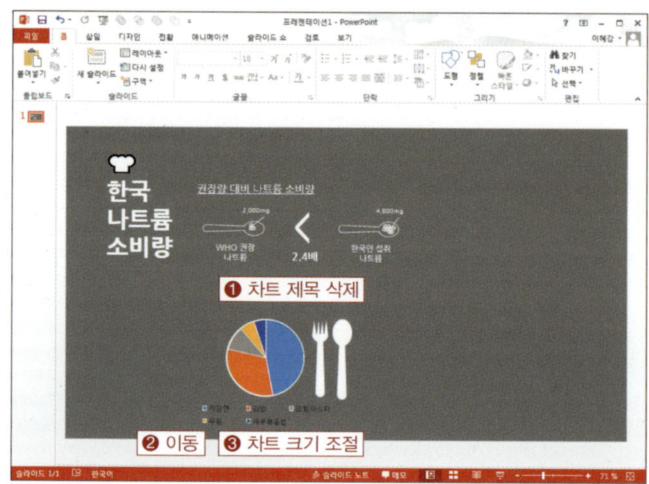

10 차트 범례의 위치를 변경하기 위해 왼쪽으로 드래그하여 이동하고 범례의 가로 길이를 줄이면 목록이 세로로 변경된다.

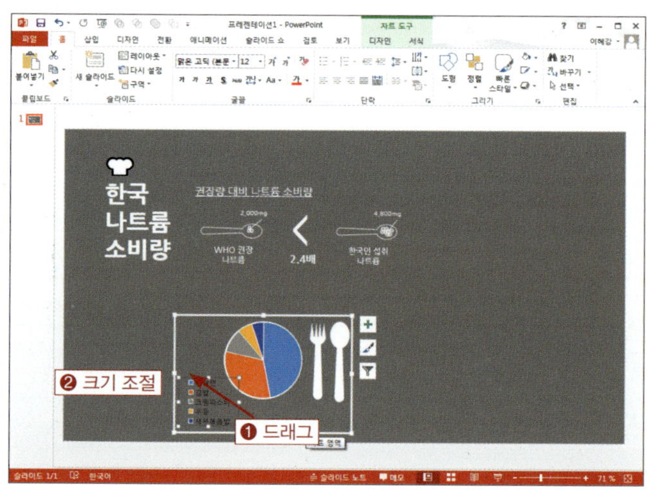

11 범례를 선택한 상태에서 [홈] 탭–[글꼴] 그룹–[글꼴 색]을 선택하고 '(1) 흰색'으로 지정한다.

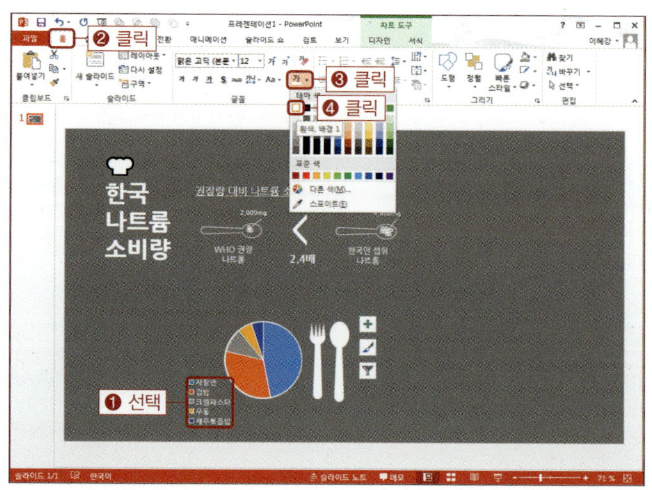

12 차트를 더블클릭하고 [차트 영역 서식] 작업 창에서 [채우기]를 클릭한 후 계열을 하나씩 선택해 [색]을 변경한다. [삽입] 탭-[이미지] 그룹-[그림]을 선택해 '한국 나트륨 소비량-색상.png'를 불러온 후 스포이트로 차트의 색을 차례로 (2)~(6) 색상으로 변경한다.

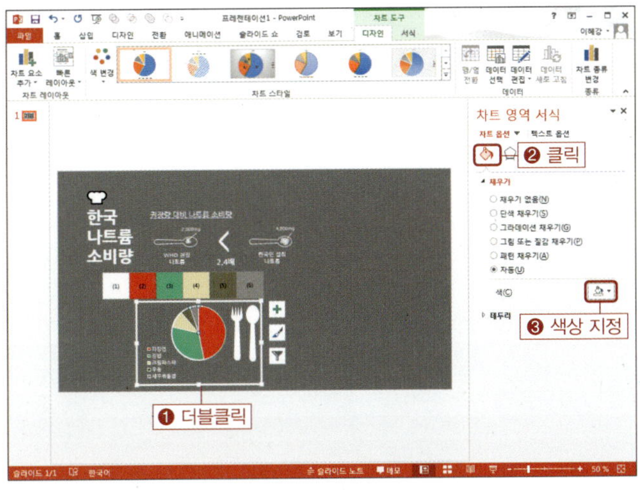

13 [삽입] 탭-[일러스트레이션] 그룹-[도형]-[선]을 선택해 각 색상별 지시선을 만든다.

도형	선 색	선 두께
선	(1) 흰색	1 ½ pt

TIP
꺾여 있는 선은 두 선을 연결해서 만든다.

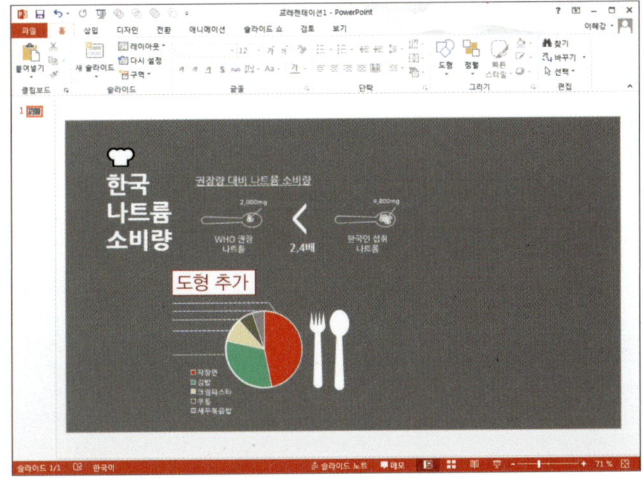

14 [삽입] 탭-[텍스트] 그룹-[텍스트 상자]를 선택해 각 음식별 나트륨 함유량을 입력하고 차트 제목은 오른쪽 하단에 입력한 후 서식을 지정한다.

텍스트	글꼴 / 글꼴 크기 / 속성	글꼴 색
나트륨 함유량	나눔고딕 / 18 / 밑줄	(1) 흰색
나트륨 수치	나눔고딕 / 11	(1) 흰색
아이들이 선호하는 메뉴	나눔고딕 / 18 / 밑줄	(1) 흰색

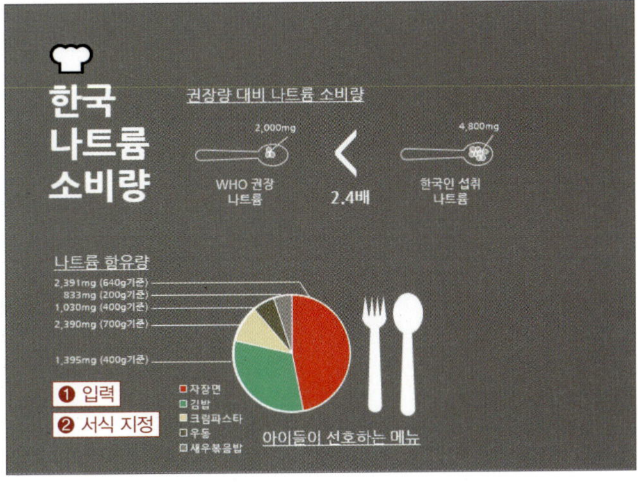

15 파이프 모양을 만들기 위해 [삽입] 탭–[일러스트레이션] 그룹–[도형]–[직사각형]을 선택해 세로로 긴 직사각형 1개와 가로로 긴 직사각형 6개를 만든다. 파이프 이음새를 만들기 위해 [삽입] 탭–[일러스트레이션] 그룹–[도형]–[타원]을 선택해 정원을 6개 만든다.

> **TIP**
> 직사각형 6개와 정원 6개처럼 반복되는 동일한 도형을 만들 때는 복제(Ctrl + D)를 활용해 작업한다.

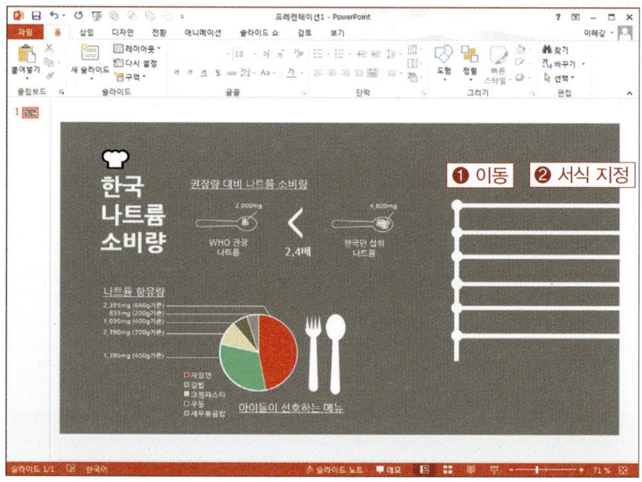

16 만든 도형을 그림처럼 연결하고 서식을 지정한다.

채우기 색	선
(1) 흰색	선 없음

17 수저와 소금을 복제(Ctrl + D)하여 파이프 위에 배치한다. 숟가락으로 소금을 떨어뜨리는 모습이 연출될 수 있도록 숟가락은 회전 조절점을 이용해 살짝 기울여 배치한다. 나트륨 양이 줄어들어 파이프 마지막에는 권장 나트륨 양만큼 되었음을 표현하기 위해 소금 3개만을 복제해 아래쪽에 배치한다.

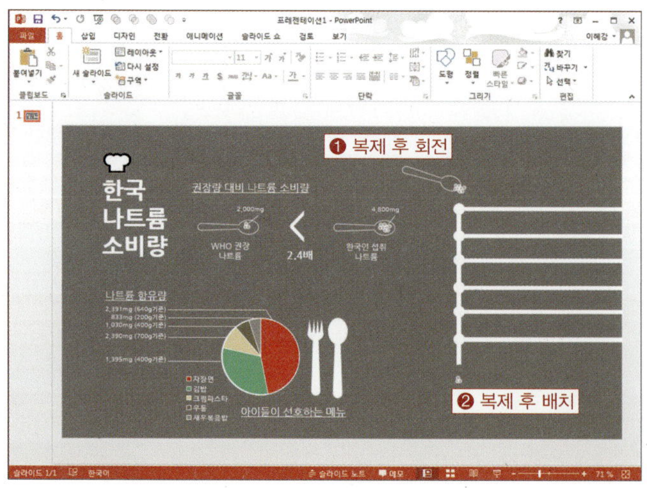

18 [삽입] 탭-[텍스트] 그룹-[텍스트 상자]를 이용해 텍스트를 입력하고 서식을 지정한다.

텍스트	글꼴 / 글꼴 크기 / 속성	글꼴 색
제목	나눔고딕 / 18 / 밑줄	(1) 흰색
내용	나눔고딕 / 14	(1) 흰색

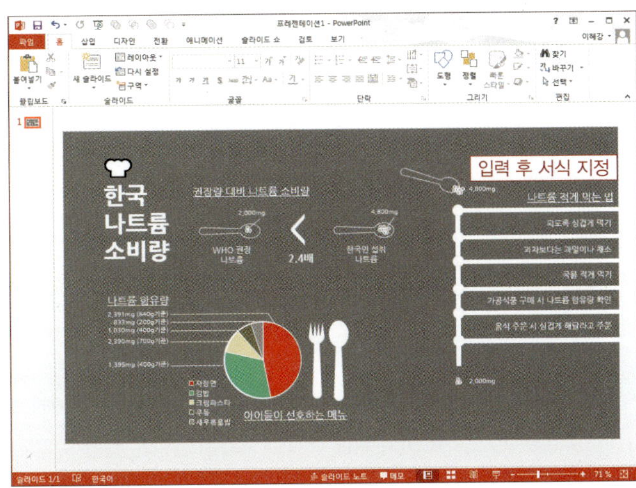

19 떨어진 나트륨을 받치는 컵을 만들기 위해 [삽입] 탭-[일러스트레이션] 그룹-[도형]-[사다리꼴]을 선택해 추가한 후 회전 조절점을 드래그해 뒤집어준다. [삽입] 탭-[일러스트레이션] 그룹-[도형]-[타원]을 선택해 가로로 길쭉한 원을 만든다.

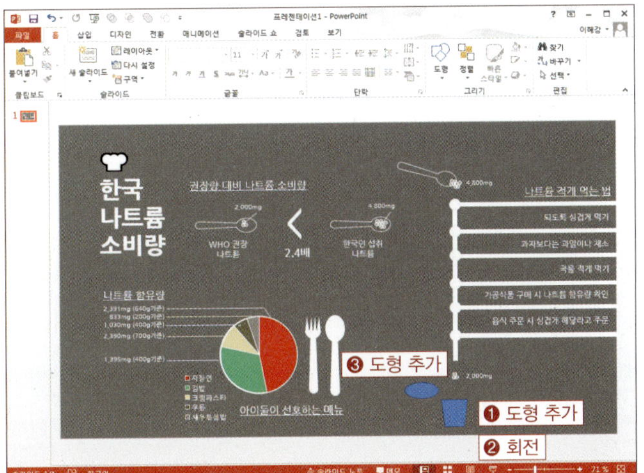

20 타원의 가로 길이가 사다리꼴의 가로 길이와 맞게 크기를 조절하고 서식을 지정한다.

도형	채우기 색	선 색	선 두께
사다리꼴	채우기 없음	(1) 흰색	2 ¼ pt
원	(5) 진회색	(1) 흰색	2 ¼ pt

TIP
원이 아래에 있다면 '맨 앞으로 가져오기'를 클릭해 위쪽에 배치한다.

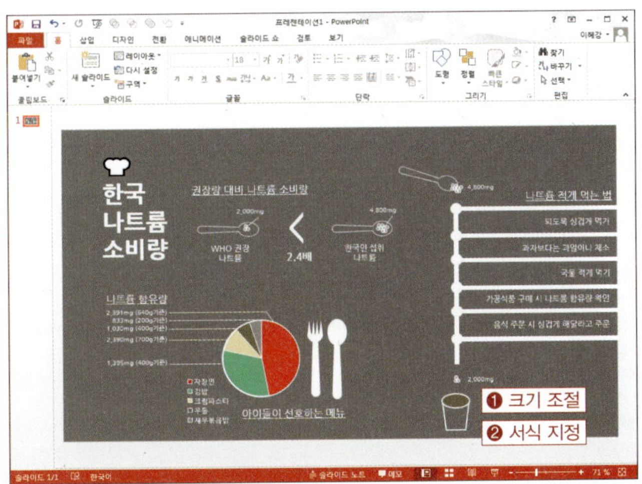

실전 프레젠테이션
인포그래픽 제작 02

쇼핑몰을 운영한 후 그동안의 실적에 대하여 내부 직원들에게 보고하는 자리에 사용될 판매 리포트이다. 자칫 딱딱해질 수 있는 보고서를 마치 판매 리포트 책자를 넘기는 듯한 느낌으로 만들어 친숙하게 받아들일 수 있게 한다.

수 정 포 인 트
배경 슬라이드는 실제 책상 위의 느낌이 나는 사진으로 지정하고 도형을 이용해 판매 리포트 노트를 만들어보자.

수 정 포 인 트
기존의 상품군별 차트에 대한 수치와 자료가 많으므로 단순화시켜 한눈에 볼 수 있게 표현한다.

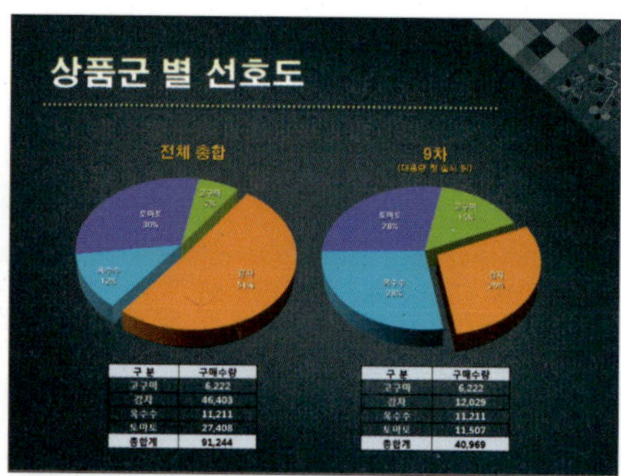

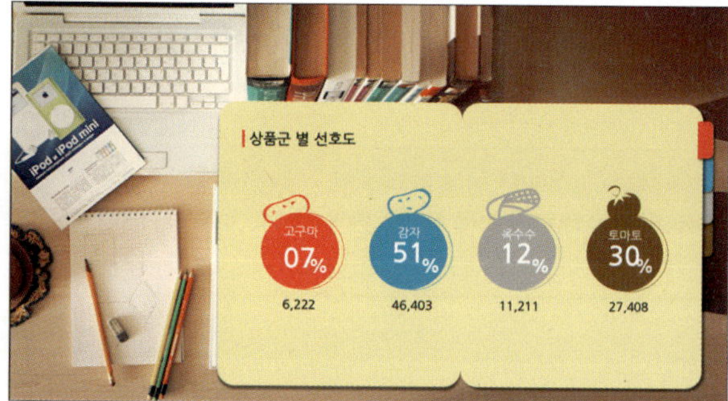

수 정 포 인 트

남한 지도를 불러와 해당 지역이 어디에 해당하는지 표기해보자. 장이 넘어갈 때마다 첫 장을 표시한 빨간 포스트잇은 왼쪽으로 넘어가게 표현한다.

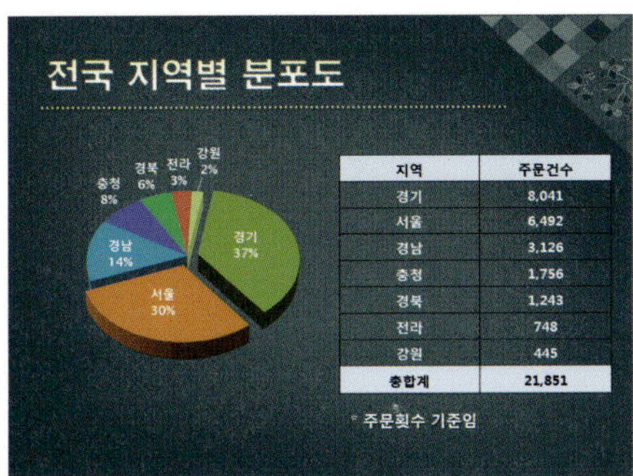

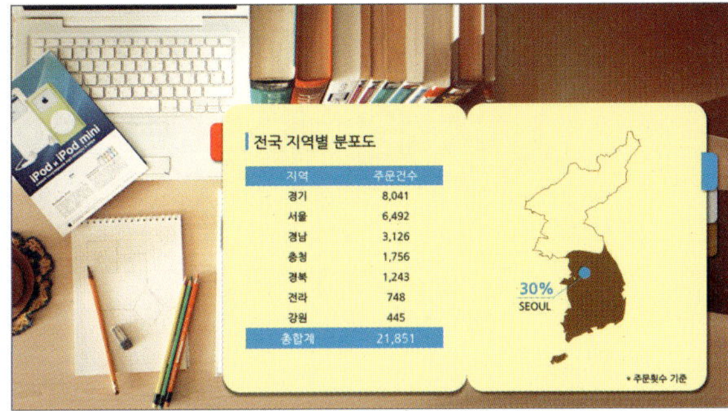

수 정 포 인 트

첫 구매와 재구매의 평균구매개수를 도형의 높이로 비교해보고 모든 항목을 표현하기 어렵다면 수치 부분을 강조해보자. 파란색 포스트잇은 왼쪽의 동일한 위치로 대칭해서 이동시킨다.

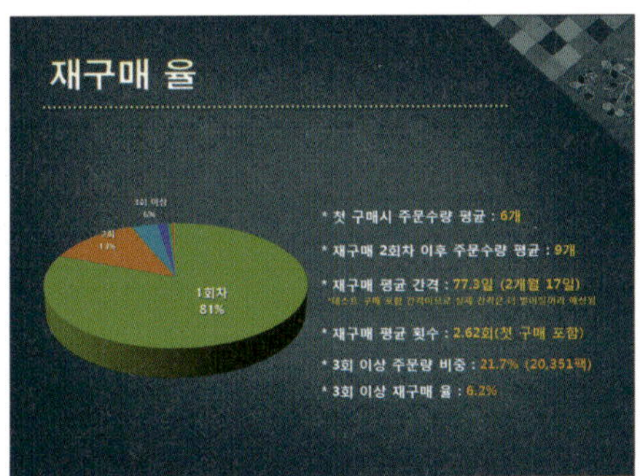

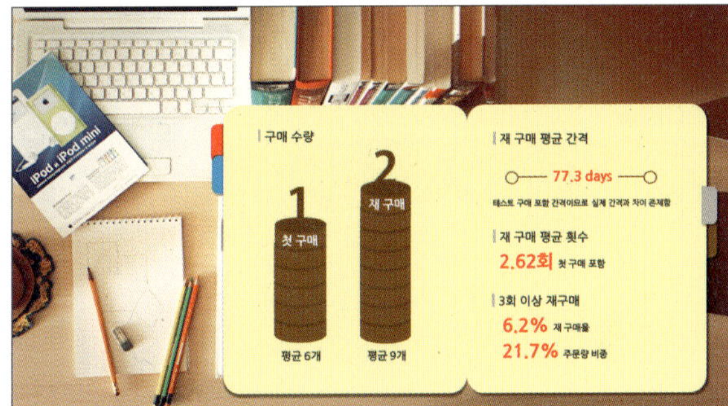

수 정 포 인 트

요일별 막대그래프는 전체적인 색감에 맞추어 가로 막대로 직접 표현하여 자연스럽게 배치해보자. 마지막 페이지는 책을 덮은 모양으로 표현한다.

※ 자료 제공: 둥이아범 님 〈bassljs@naver.com〉

011

사진을 활용해 시안성을 높이는
겨울철 추천 차 소개

B·E·F·O·R·E

겨울철 추천 차

1. 모과차
모과에는 사포닌, 사과산, 구연산, 비타민 C 등이 들어있어서 감기와 기관지 질환에 효과적입니다. 또한 공기가 건조하여 목이 아플 때 기침 가래에 좋으며, 위장장애를 완화시키는 작용이 있어 입덧을 하는 임산부에게 특히 좋습니다.

2. 유자차
유자는 겨울철에 모자라기 쉬운 비타민을 보충해 줍니다. 과육에는 유기산이 풍부해서 피로를 해소시키고 이뇨작용을 도와주며 껍질에는 피넨, 레모넨 등의 점유성분이 있어서 근육통이나 류머티즘 통증을 다스리는데 도움이 됩니다.

3. 생강차
생강차는 더운 성질의 음식으로 우리 몸을 따뜻하게 해주는데 좋습니다. 생강은 위점막을 자극하여 위액의 분비를 증가시켜 소화가 잘되도록 하는데 기침을 완화시켜주고 가래를 없애주는 효능이 있어 목감기에 좋으며, 혈액순환을 돕고 혈중 콜레스테롤을 낮추는데 효과적입니다.

겨울철 추천 차
슬라이드

겨울철에 마시는 대표적인 차로 모과차, 유자차, 생강차가 있다. 해당 차들에 함유된 몸에 좋은 영양분들과 차의 효능 설명 및 사람의 특성에 맞게 차를 추천해주는 자료이다. 차로 끓일 경우 본래의 모습이 사라지므로 각 재료들의 실제 모습을 가진 사진을 이용해 이해를 돕는 슬라이드를 만들어보자.

A·F·T·E·R

겨울철 추천 차
인포그래픽

Winter TEA라는 텍스트에 무늬를 넣어 겨울 느낌을 표현한다. 차를 실제 이미지로 표현할 수도 있지만 차 이미지를 찾는 것도 어려울 뿐만 아니라 통일성 있는 이미지를 찾는 것은 더욱 어렵다. 따라서 찻잔을 도형으로 만들고 실제 생강, 유자, 모과 이미지를 사용한다. 해당 차에 있는 구성 성분들을 표시하고 몸이 아픈 사람을 도형으로 만든 후 해당 차에서 연결선을 이용해 어떤 증상에 좋은지 표시하면 차의 효능을 더욱 강조할 수 있다.

• 완성파일 : 겨울철 차 추천 – 완성.pptx
• 이미지 : '겨울차 관련' 폴더, 겨울철 차 추천.png
• 색상정보 : 겨울철 차 추천 – 색상.png

01 [보기] 탭–[마스터 보기] 그룹–[슬라이드 마스터]를 선택하고 첫 번째 마스터 슬라이드를 선택한다. [삽입] 탭–[이미지] 그룹–[그림]을 선택하고 '겨울철 차 추천.png'를 삽입한 후 슬라이드 크기에 맞게 크기를 조절한다. [마스터 보기 닫기]를 클릭해 슬라이드 편집 화면으로 이동한다.

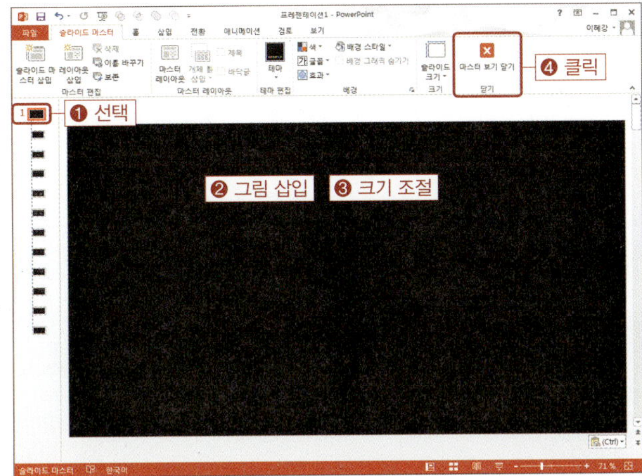

02 [삽입] 탭–[이미지] 그룹–[그림]을 선택하고 [겨울차 관련] 폴더에서 '커피.png' 이미지를 삽입한다. 불러온 이미지를 선택한 후 [그림 도구]–[서식] 탭–[조정] 그룹–[배경 제거]를 선택해 커피잔만 제외하고 나머지 부분은 제거한다.

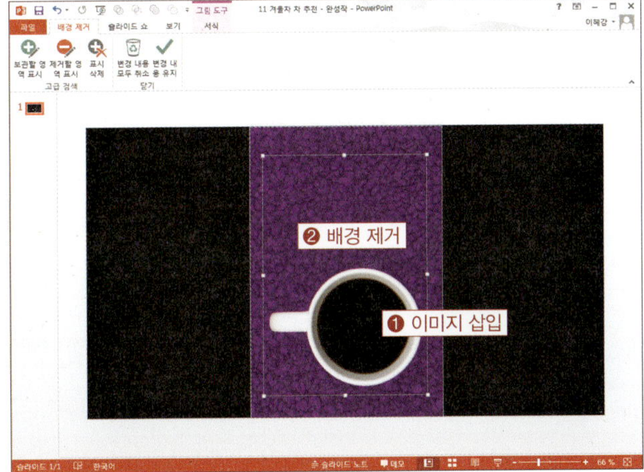

TIP
이미지 배경 제거는 〈PART 02. SECTION 007 배경 제거〉를 참고한다.

03 배경을 제거한 커피잔을 왼쪽에 배치하고 [삽입] 탭–[텍스트] 그룹–[텍스트 상자]를 선택해 제목과 부제목을 입력한 후 서식을 지정한다.

텍스트	글꼴 / 글꼴 크기 / 속성	글꼴 색
겨울철 추천 차	나눔고딕 / 20	(1) 흰색
Winter TEA	나눔고딕 ExtraBold / 48 / 굵게	(1) 흰색

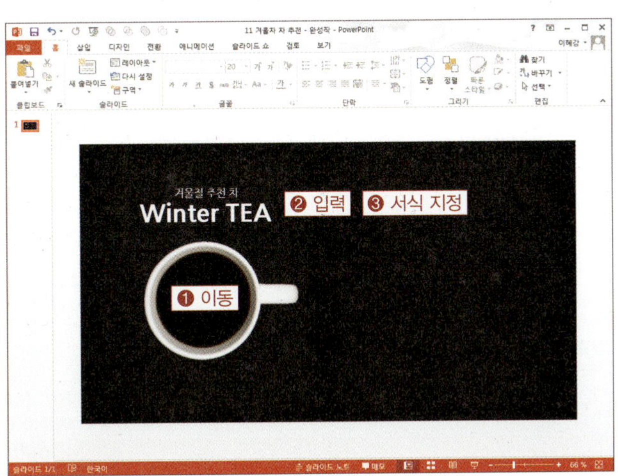

04 제목을 스웨터 느낌이 나도록 만들기 위하여 패턴을 제작하자. [삽입] 탭–[일러스트레이션] 그룹–[도형]–[자유 곡선]을 선택한 후 대각선으로 삐뚤삐뚤하게 선을 그어준다.

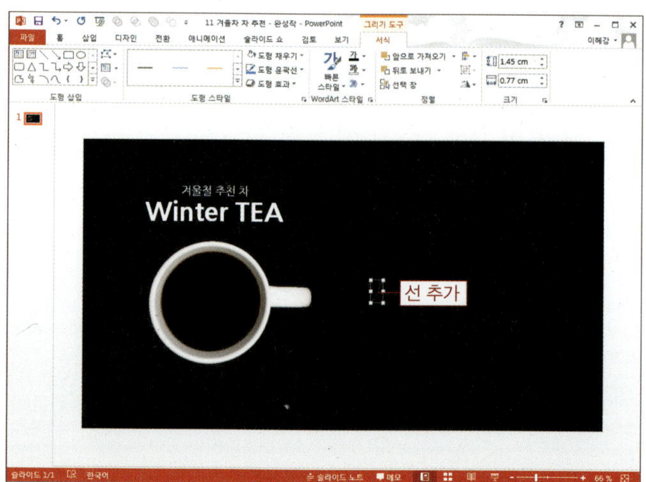

05 만든 선을 선택한 상태에서 복제(Ctrl + D)를 20~30회 정도 반복해 선이 한 줄로 배치되도록 한다.

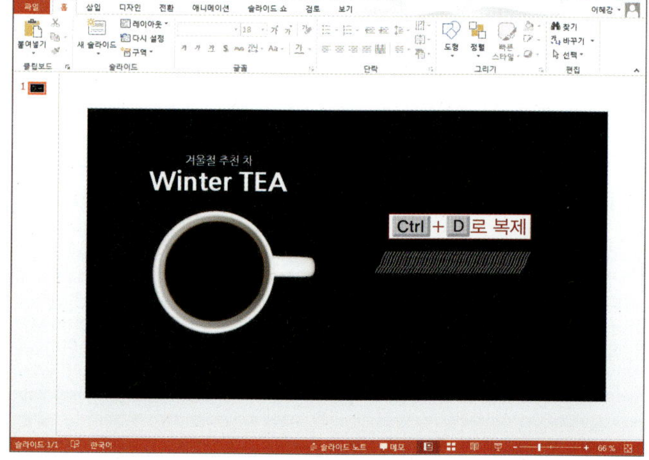

TIP
처음 복제한 도형이 배치된 간격으로 다음 복제되는 도형도 같은 간격으로 배치된다. 도형 복제가 원하는 대로 되지 않았다면 [홈] 탭–[그리기] 그룹–[정렬]–[맞춤]을 활용해 정렬시킨다.

06 선을 모두 선택한 후 선에 서식을 지정하고 Ctrl + C 를 눌러 복사한다.

도형	선 색
선	(1) 흰색

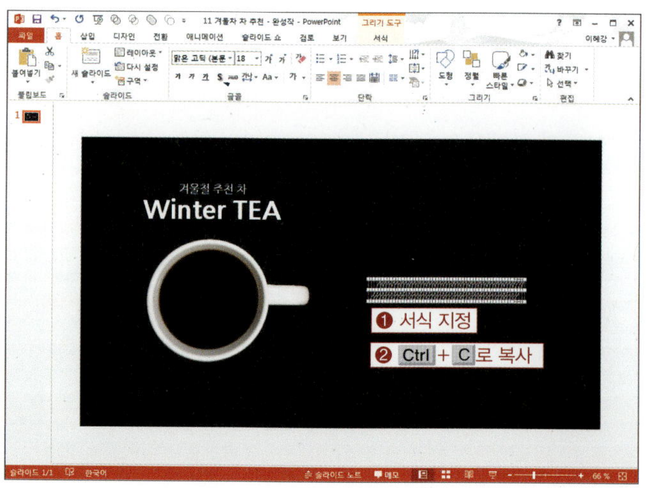

TIP
Ctrl + C 를 눌러 복사하면 클립보드에 임시로 저장되는데 [그림 또는 질감 채우기]에서 클립보드를 선택해 도형이나 텍스트에 채울 수 있다.

07 Winter TEA 텍스트 상자를 선택한 후 마우스 오른쪽 버튼을 클릭하고 [도형 서식]을 클릭한다. [도형 서식] 작업 창의 [텍스트 옵션]을 클릭하고 [텍스트 채우기]에서 '그림 또는 질감 채우기'를 선택한 후 [클립보드]를 선택하면 복사해둔 도형이 텍스트에 채워진다.

TIP

텍스트 상자를 선택하지 않고 텍스트 자체를 선택하면 [텍스트 효과 서식]으로 바로 들어가 편집이 가능하다.

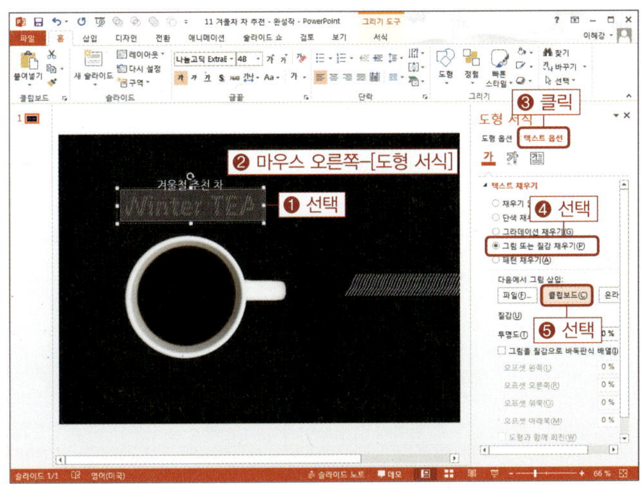

08 [도형 서식] 작업 창의 [텍스트 윤곽선]에서 '실선'을 선택하고 [색]은 '(1) 흰색', [두께]는 '0.75pt'로 지정한다.

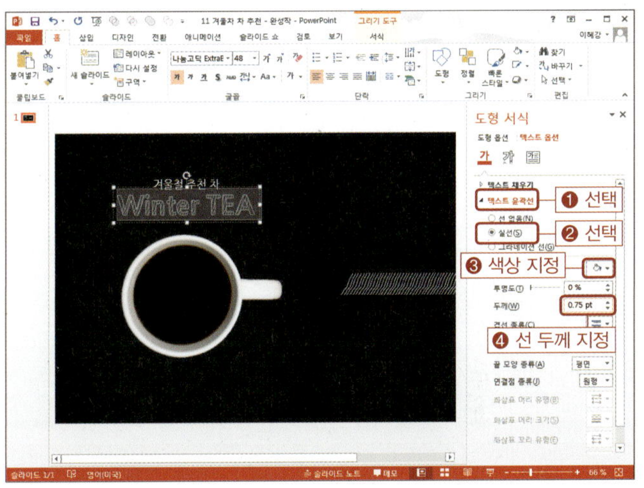

09 부제목 텍스트 상자를 선택한 후 [도형 서식] 작업 창 [텍스트 옵션]의 [텍스트 채우기]–'단색 채우기'에서 [투명도]를 '25%'로 지정한다.

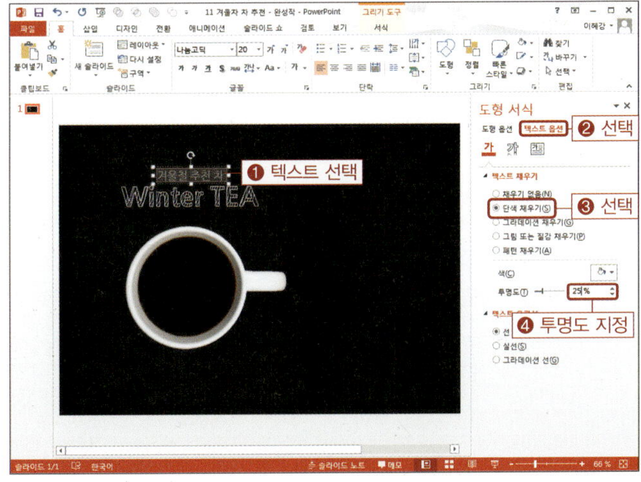

10 커피잔을 만들기 위해서 [삽입] 탭–[일러스트레이션] 그룹–[도형]에서 [도넛] 두 개와 [모서리가 둥근 직사각형]을 그림처럼 추가한다.

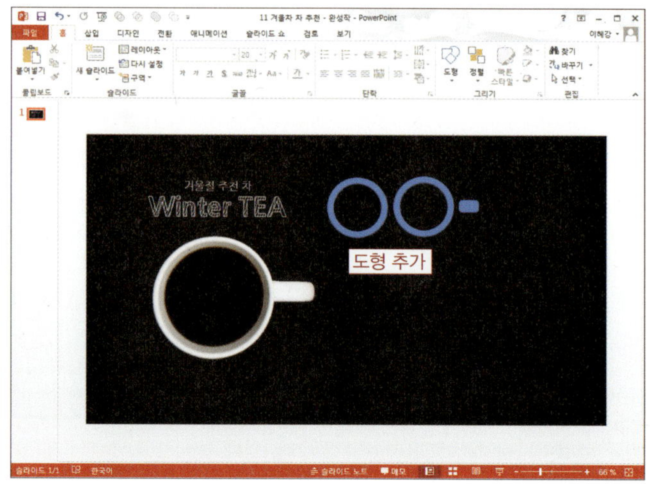

11 손잡이에 해당하는 도형과 커피잔의 몸통 부분이 겹칠 수 있게 배치한 상태에서 두 도형을 선택한 후 [도형 빼기]를 선택한다.

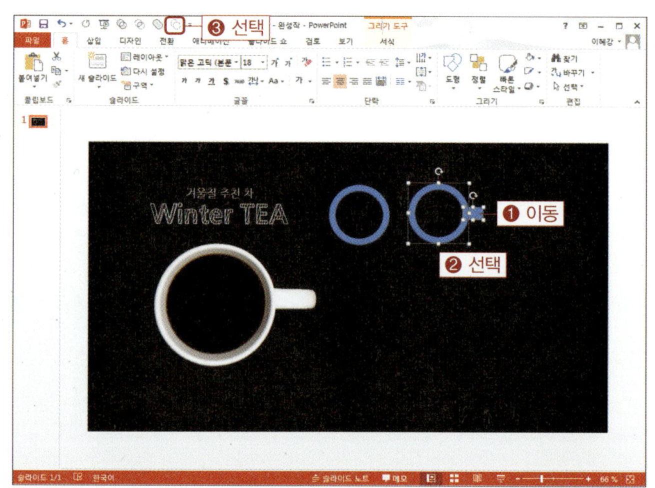

12 손잡이 왼쪽 부분이 원 곡선과 동일하게 잘려나간 것을 확인할 수 있다. 컵 모양이 되도록 두 도형을 배치하고 서식을 지정한다.

채우기 색	투명도	선	선 색	선 두께
(1) 흰색	50%	실선	(1) 흰색	1pt

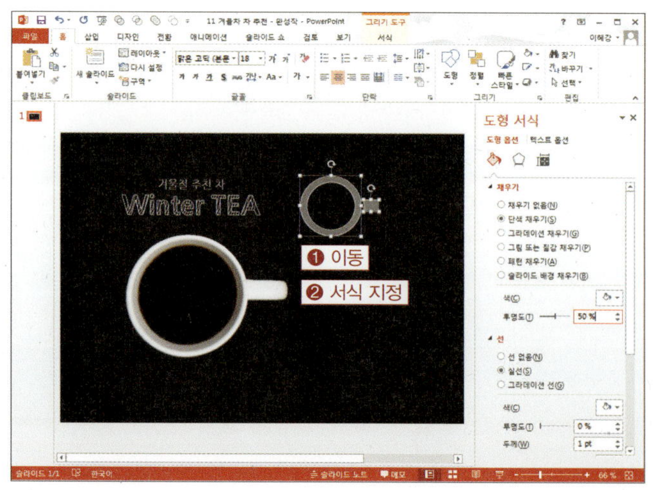

13 완성된 컵은 그룹설정(Ctrl + G)한 후 복제(Ctrl + D)하여 총 3개를 만들어준다.

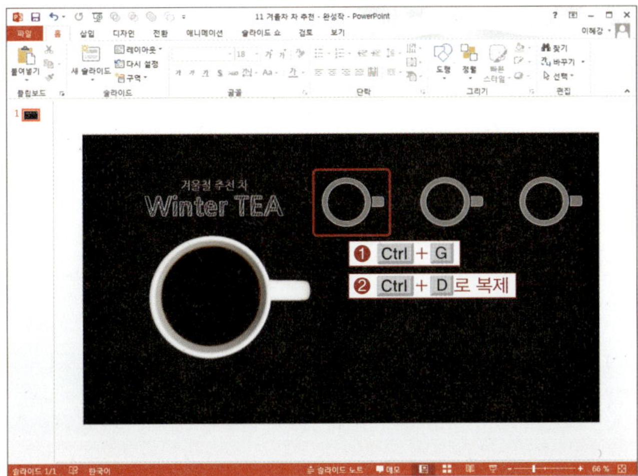

TIP
[그리기 도구] – [서식] 탭 – [정렬] 그룹 – [맞춤]을 이용하여 위치와 간격을 지정할 수 있다.

14 [삽입] 탭–[이미지] 그룹–[그림]을 선택하고 [겨울차 관련] 폴더에서 이미지를 삽입하고 각 이미지의 배경을 제거한 후 배치한다.

이미지	파일명	서식
	생강.jpeg	배경 제거
	유자차.jpeg	배경 제거
	모과차.jpeg	배경 제거

알·고·가·자

배경 제거 방법

[서식] 탭 – [조정] 그룹 – [색] – [투명한 색 설정]을 선택하고 배경을 클릭하면, 배경과 동일한 색이 투명색으로 변경된다. 2007, 2010 버전에서는 [서식] 탭 – [조정] 그룹 – [다시 칠하기] – [투명한 색 설정]을 클릭하고 배경을 제거하고자 하는 이미지의 배경을 클릭하면 배경을 쉽게 제거할 수 있다.

15 [삽입] 탭-[텍스트] 그룹-[텍스트 상자]를 선택해 차 이름과 차 성분을 입력하고 서식을 지정한다.

텍스트	글꼴 / 글꼴 크기 / 속성	글꼴 색	투명도
차 이름	나눔고딕 / 18 / 굵게	(1) 흰색	25%
차 성분	나눔고딕 / 14	(1) 흰색	25%

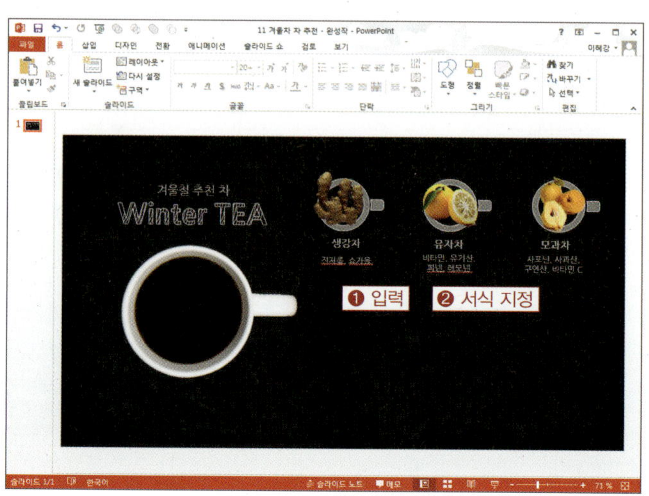

16 [삽입] 탭-[일러스트레이션] 그룹-[도형]-[선]을 선택해 선을 그어주고 서식을 지정한다. 첫 번째와 세 번째는 일직선으로 선을 만들고 두 번째 선은 2개를 만들어 텍스트와 아이콘이 들어갈 자리를 비워둔다.

선 색
(1) 흰색

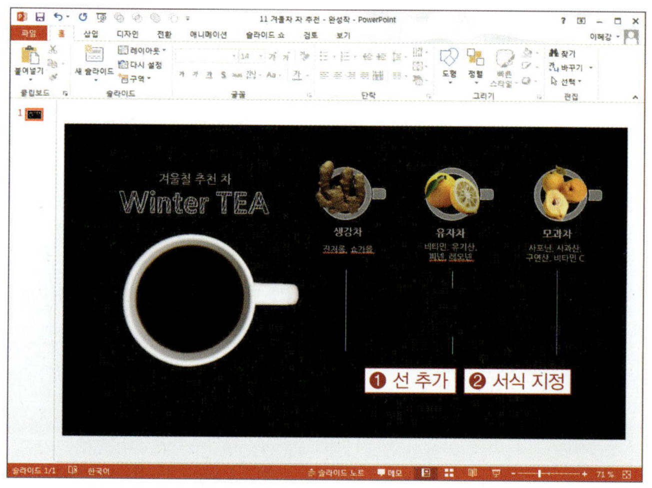

17 [삽입] 탭-[텍스트] 그룹-[텍스트 상자]를 선택해 텍스트를 입력한 후 "이런 분들에게"는 "겨울철 추천 차" 서식을 복사(Ctrl + Shift + C, Ctrl + Shift + V)하고, "GOOD!"은 "Winter TEA"의 서식을 복사한다. 서식이 복사된 후 글꼴 크기는 2pt씩 줄여준다.

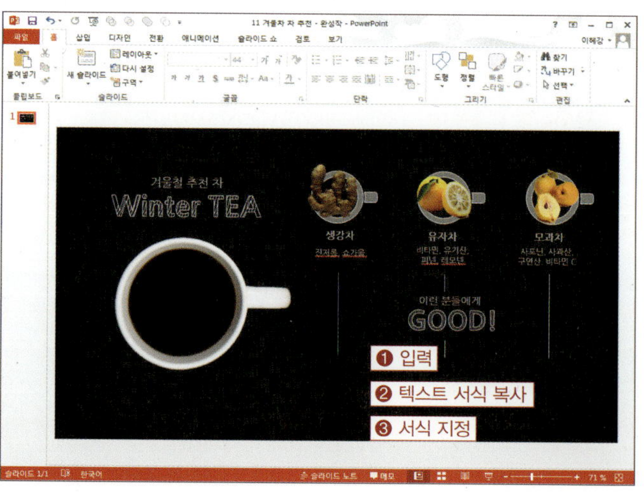

18 사람 아이콘을 만들기 위해 [삽입] 탭-[일러스트레이션] 그룹-[도형]-[타원]을 선택하고 정원을 만든다.

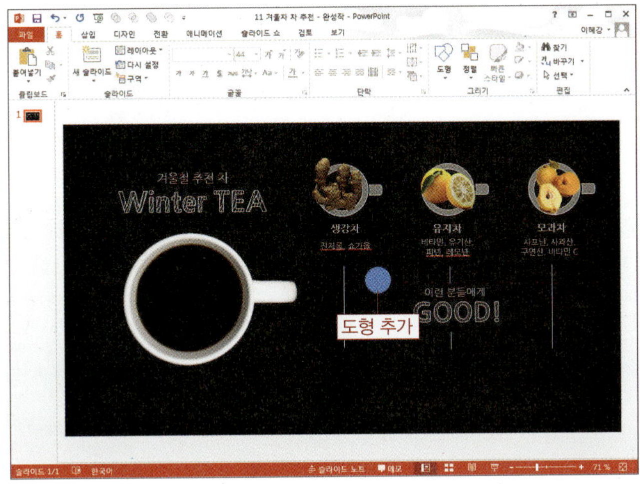

19 세밀한 작업을 위해서 Ctrl +마우스 휠을 위쪽으로 돌려 화면을 확대한다. [삽입] 탭-[일러스트레이션] 그룹-[도형]-[자유형]으로 사람 모양을 만들어준다.

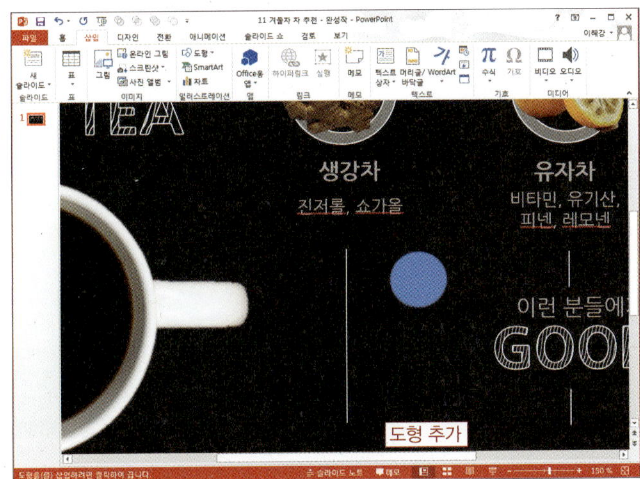

20 몸통의 시작점과 끝점을 연결하면 하나의 도형이 완성된다. 머리와 몸통을 선택하고 [도형 병합]을 선택한다. 하나의 사람 도형이 완성되었다.

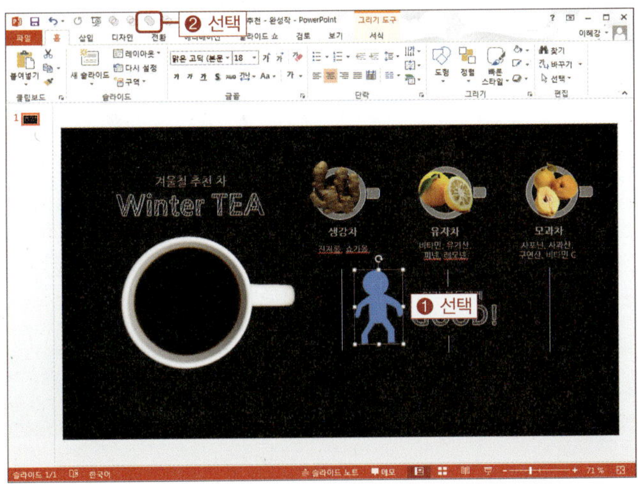

21 컵의 서식을 복사(`Ctrl` + `Shift` + `C`)한 후 사람 도형에 서식을 붙여 넣기(`Ctrl` + `Shift` + `V`)한다.

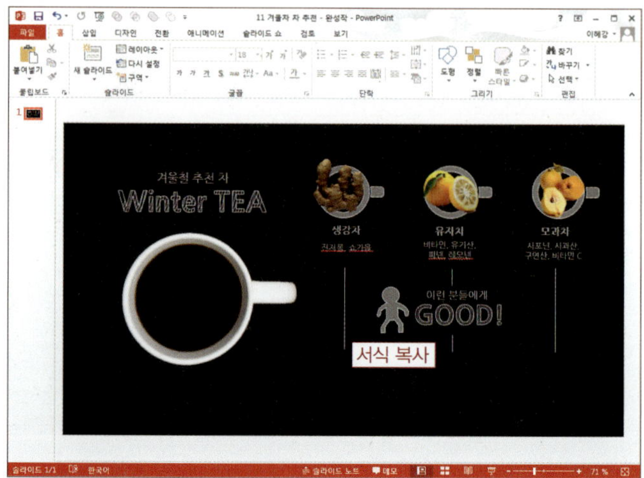

22 몸이 아픈 사람처럼 표현하기 위해 [삽입] 탭–[일러스트레이션] 그룹–[도형]–[자유형]으로 지그재그 모양의 선을 만든다. 사람 도형의 서식을 복사(`Ctrl` + `Shift` + `C`)하여 서식을 붙여 넣는다(`Ctrl` + `Shift` + `V`).

23 지그재그 선을 복제(`Ctrl` + `D`)해 몸 옆에 배치하여 아픈 사람 느낌을 완성한다.

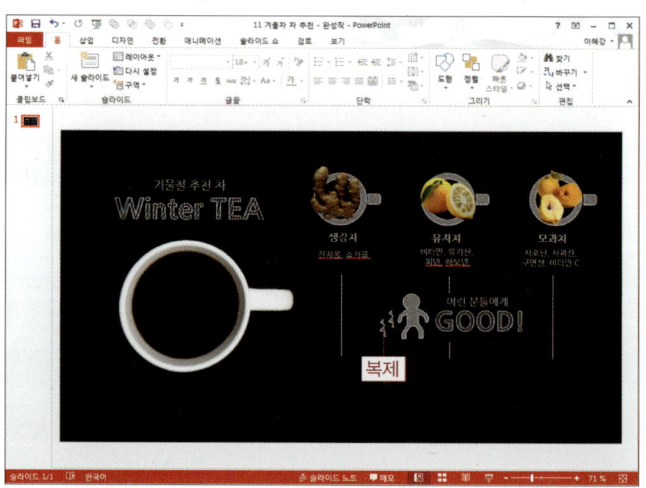

24 지그재그 선을 세 개 복제하여 그림처럼 배치하고 [삽입] 탭-[텍스트] 그룹-[텍스트 상자]를 선택해 질병을 입력한 후 서식을 지정하여 완성한다.

텍스트	글꼴 / 글꼴 크기	글꼴 색	투명도
질병	나눔고딕 / 14	(1) 흰색	29%

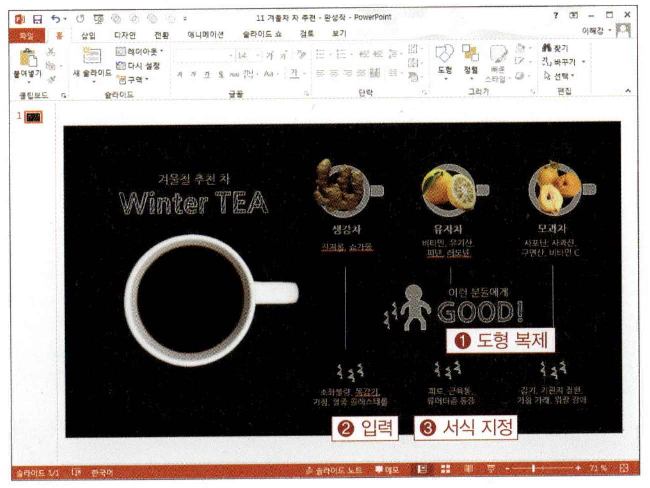

012

그래프와 지도를 활용한
주거 정책 자료

주거 대책 필요

매매/ 전세 변화 추이

분기	매매	전세
1	250	135
2	243	135
3	220	140
4	220	150
5	200	155
6	190	155
7	200	160
8	195	165

단위 : 백만원

서울 지역별 전세

6억이상	531
4-6억	1231
3-4억	2321
3억 이하	34125

출처: 가상 수치

주택 문제 데이터

매매와 전세 가격 추이를 표현할 때 표로 나타내면 실제로 증가하는지 감소하는지 여부를 한눈에 알기 어렵다. 가격 추이를 효과적으로 비교하고 전세와 매매의 가격 차이가 점점 좁혀진다는 것을 보여줘야 한다. 또 서울 지역별로 평균 전세 가격을 조사한 데이터를 직관적으로 알 수 있도록 만들어 보자.

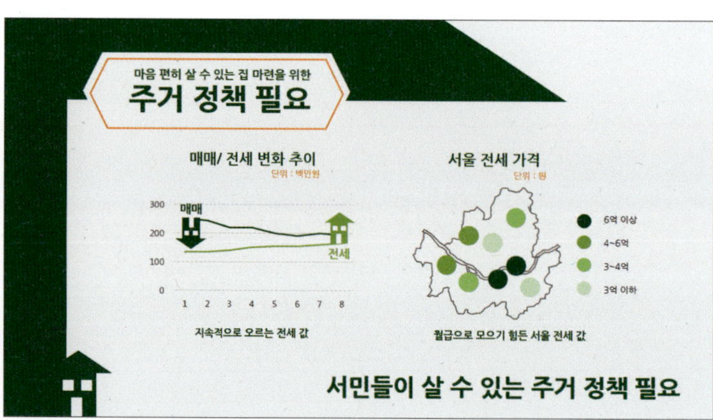

주택 문제 인포그래픽

도형을 이용해 전체 슬라이드의 모서리에 집 모양을 표현한다. 매매는 하락하고 전세는 상승한다는 것을 표현하기 위해 그래프로 만들고 지붕이 달린 집 모양을 그래프 양 끝에 배치한다. 서울 지도는 도형으로 직접 만들거나 저자가 만든 도형을 활용한다. 지역별로 전세 가격을 색으로 설정하여 지역 편차를 확인할 수 있도록 한다.

- 예제파일 : 서울 지도.pptx
- 완성파일 : 주택 문제 – 완성.pptx
- 색상정보 : 주택 문제 – 색상.png

01 빈 슬라이드에서 마우스 오른쪽 버튼을 클릭하고 [배경 서식]을 선택한다. [배경 서식] 작업 창의 [채우기]에서 '단색 채우기'를 선택하고 [색]을 '(1) 연회색'으로 지정한다.

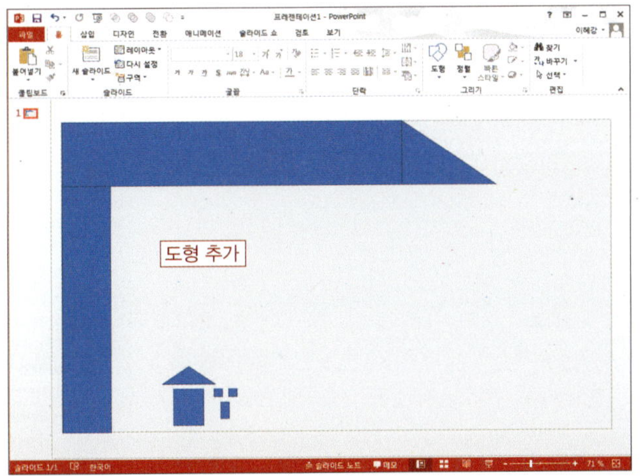

02 집을 만들기 위해 [삽입] 탭–[일러스트레이션] 그룹–[도형]의 [직사각형], [직각삼각형], [이등변 삼각형]을 선택해 그림처럼 만든다.

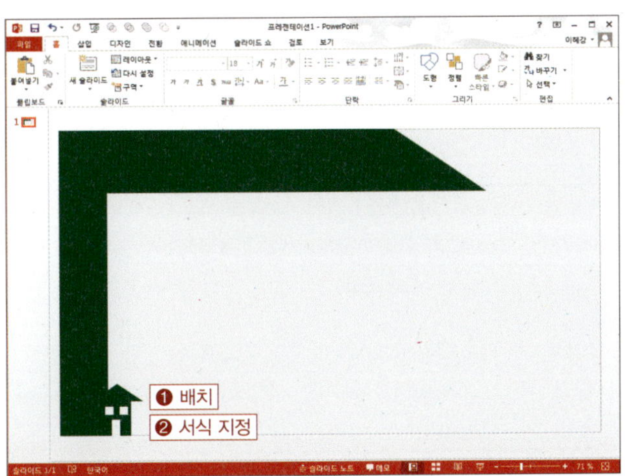

03 도형에 서식을 지정한 후 창문과 문은 집 위에 배치하고 집은 도형에 겹치게 배치한다.

도형	채우기 색	선
집 도형	(2) 진초록색	선 없음
창과 문	(1) 연회색	선 없음

04 제목을 만들기 위해 [삽입] 탭–[일러스트레이션] 그룹–[도형]–[육각형]을 선택하고 모양 조절점을 드래그해 길쭉한 육각형으로 만들어준다. 도형을 선택하고 Ctrl + D 를 눌러 하나 더 복제한 후 기존 도형보다 작게 크기를 변경한다.

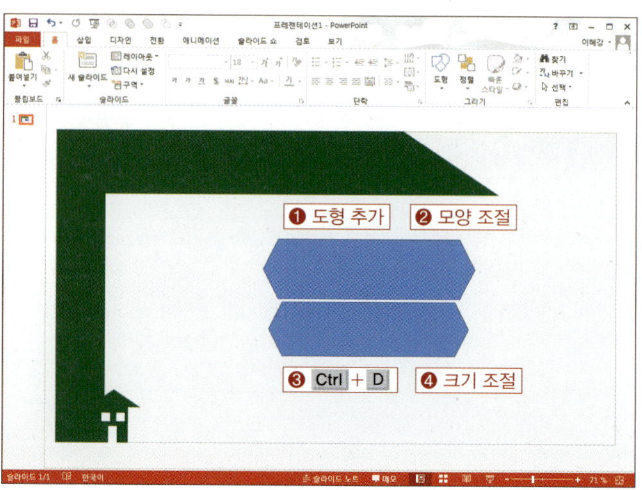

05 도형에 서식을 지정하고 두 개의 도형을 그림과 같이 배치한다.

도형	채우기 색	선	선 색
큰 육각형	(1) 연회색	선 없음	–
작은 육각형	(1) 연회색	실선	(6) 노란색

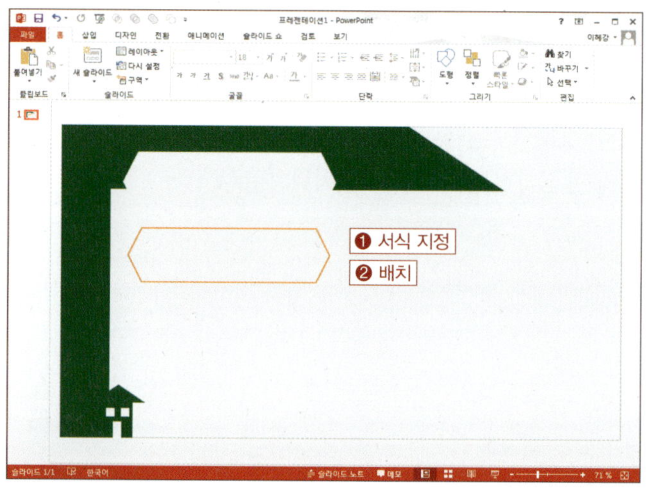

06 육각형 도형은 그림처럼 지붕과 겹치게 배치한 후 [삽입] 탭–[텍스트] 그룹–[텍스트 상자]를 선택해 제목 및 소제목을 입력하고 서식을 지정한다.

텍스트	글꼴 / 글꼴 크기 / 속성	글꼴 색
제목 부연	나눔고딕 / 16 / 굵게	(2) 진초록색
제목	나눔고딕 ExtraBold / 40	(2) 진초록색
소제목	나눔고딕 / 20 / 굵게	(2) 진초록색
단위	나눔고딕 / 12	(6) 노란색
설명	나눔고딕 / 14 / 굵게	(2) 진초록색

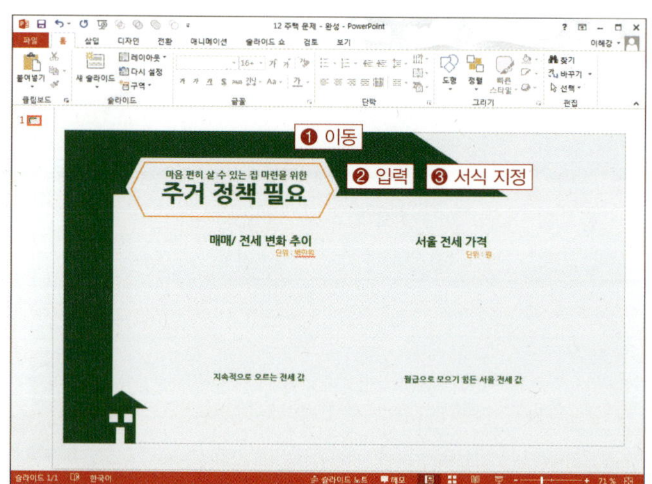

07 [삽입] 탭-[일러스트레이션] 그룹-[차트]를 선택한 후 차트 종류에서 [꺾은선형]을 선택한다. 꺾은선형 중 첫 번째 차트를 선택한 후 [확인]을 클릭한다.

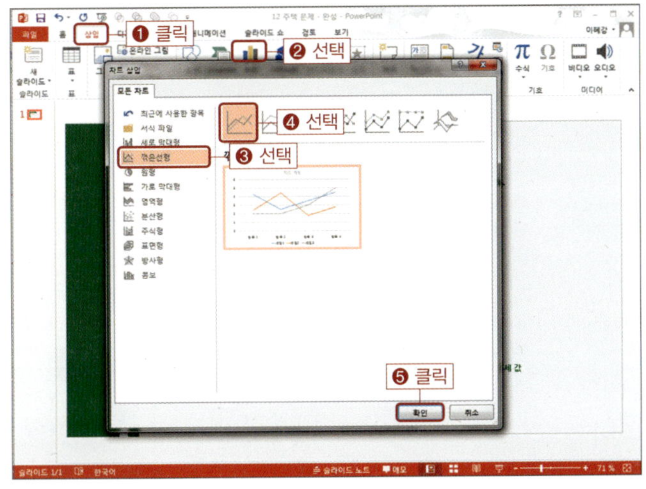

08 엑셀 데이터 창에 매매와 전세의 가격 흐름을 입력한 후 엑셀 창을 닫는다. 사용하지 않는 차트 제목과 범례를 선택한 후 Delete 를 눌러 삭제하고 차트 크기를 소제목 아래에 들어갈 수 있게 줄인다.

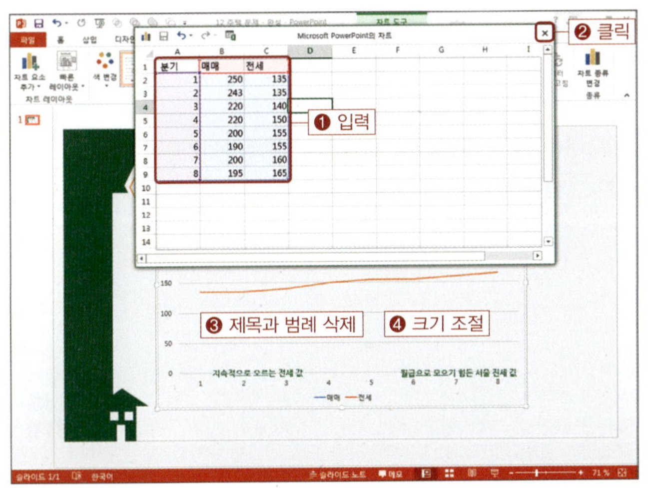

09 차트의 위쪽 계열 선을 더블클릭하여 [데이터 계열 서식] 작업 창을 연다. [계열 옵션]에서 [채우기 및 선]을 클릭하고 [선]은 '실선'으로 [색]을 '(2) 진초록색'으로 지정한다.

TIP
계열을 선택할 때 모든 항목이 선택된 상태에서 색상을 변경해야 한다. 항목이 하나만 선택되어 있다면 빈 슬라이드에 마우스를 클릭한 후 다시 선택한다.

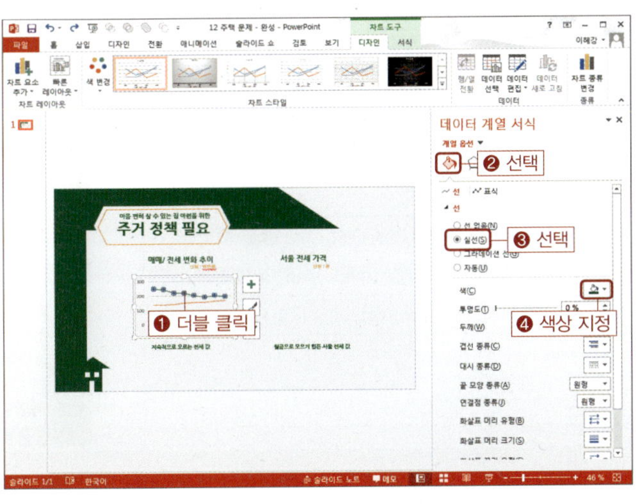

10 아래에 위치한 계열 선을 선택한 후 [색]을 '(3) 진연두색'으로 지정한다.

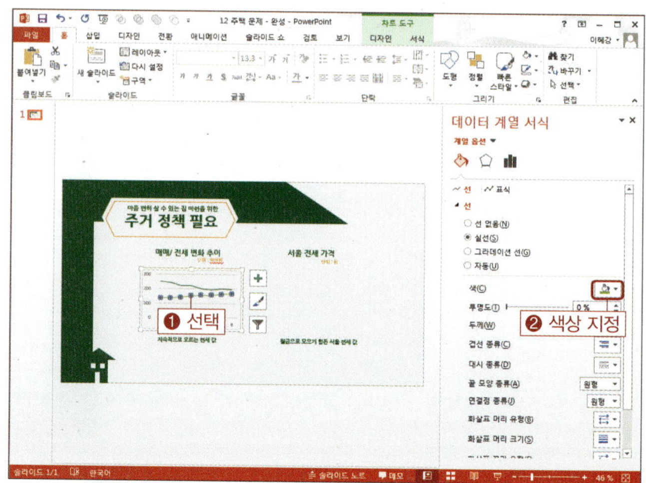

11 처음 작업했던 집을 두 개 복제(Ctrl + D)하여 계열 선과 동일한 색으로 채우기 색을 각각 변경한다. 위쪽 계열 선에 위치할 집 모양의 도형은 회전 조절점을 드래그하여 회전시키고 그림과 같이 배치한다.

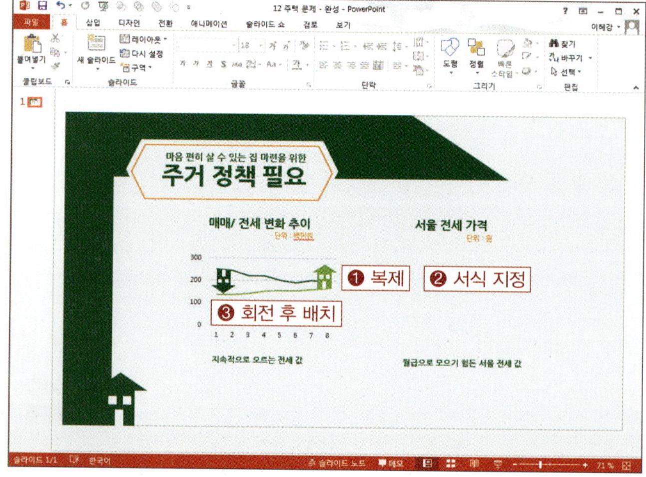

12 [삽입] 탭-[텍스트] 그룹-[텍스트 상자]를 선택해 해당 그래프가 어떤 것을 나타내는지 알려주는 텍스트를 입력한 후 서식을 지정한다.

텍스트	글꼴 / 글꼴 크기 / 속성	글꼴 색
매매	나눔고딕 / 16 / 굵게	(2) 진초록색
전세	나눔고딕 / 16 / 굵게	(3) 진연두색

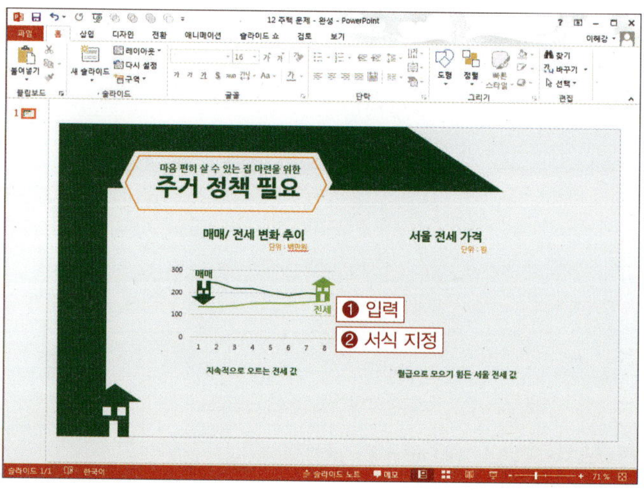

13 '서울지도.pptx' 파일을 열고 서울 지도를 복사(Ctrl + C)한 후 기존 슬라이드에 붙여넣는다(Ctrl + V).

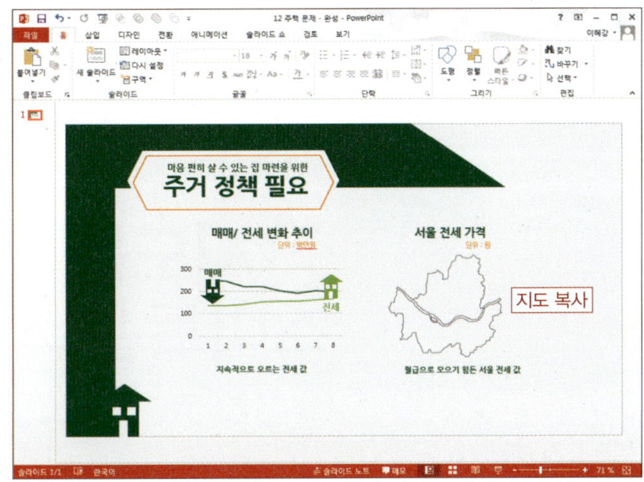

14 [삽입] 탭-[일러스트레이션] 그룹-[도형]-[타원]을 선택해 서울 주요 지역의 위치를 표시하고 가격에 따라 색을 지정한다. (2)~(5) 초록색 계열로 가격이 비쌀수록 진한 색으로, 낮을수록 연한 색으로 설정한다. [삽입] 탭-[텍스트] 그룹-[텍스트 상자]를 선택해 텍스트를 입력하고 서식을 지정한다.

글꼴 / 글꼴 크기	글꼴 색
나눔고딕 / 12	(7) 진회색

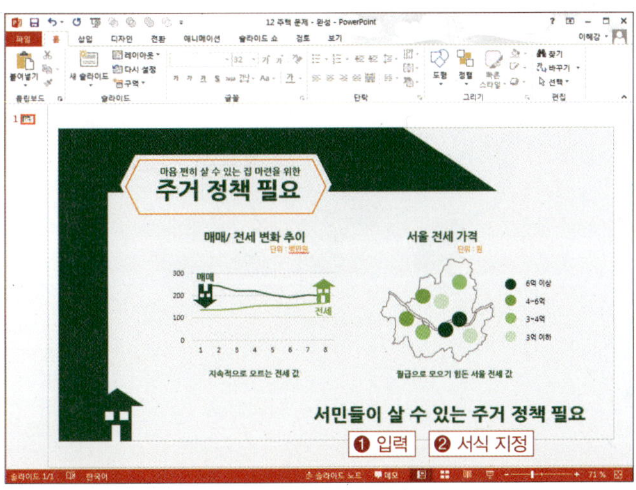

15 [삽입] 탭-[텍스트] 그룹-[텍스트 상자]를 선택해 해당 슬라이드에 대한 결론을 입력하고 서식을 지정하여 완성한다.

글꼴 / 글꼴 크기	글꼴 색
나눔고딕 ExtraBold / 32	(2) 진초록색

013

지도를 활용한
스마트폰 시장 분석

스마트폰 보급률 상위5국

1	대한민국	68%
2	노르웨이	55%
3	홍콩	55%
4	싱가포르	53%
5	호주	50%

2013년 미국 스트레티지 애널리틱스 보고서

스마트폰 시장
슬라이드

스마트폰 보급률이 높은 상위 5개 나라를 조사한 결과가 단순한 데이터로 이루어져 있다. 여기서 대한민국이 스마트폰 보급률 1위라는 것을 강조하고 다른 나라에 비해 무한한 가능성과 시장성을 가지고 있음을 표현해보자.

스마트폰 시장
인포그래픽

나라 이름만 이야기하는 것보다 세계 지도 위에 각 나라의 보급률을 표기한다. 또 스마트폰의 보급률에 관련된 내용이므로 스마트폰의 액정에 보급률만큼의 색을 칠한다. 한국의 점유율이 가장 높다는 것을 나타내기 위해 한국의 스마트폰만 다른 색으로 표시한다. 무한한 가능성을 가진 한국 시장에서 독보적으로 애플리케이션 점유율을 가지고 있는 SunRiver 회사를 홍보하기 위해 스마트 폰 내 애플리케이션 점유율을 표기한다.

• 완성파일 : 스마트폰 시장 – 완성.pptx
• 색상정보 : 스마트폰 시장 – 색상.png
• 이미지 : black map.png

01 빈 슬라이드에서 마우스 오른쪽 버튼을 클릭하고 [배경 서식]을 선택한다. [배경 서식] 작업 창의 [채우기]에서 '단색 채우기'를 선택하고 [색]은 '(1) 살구색'을 선택한다.

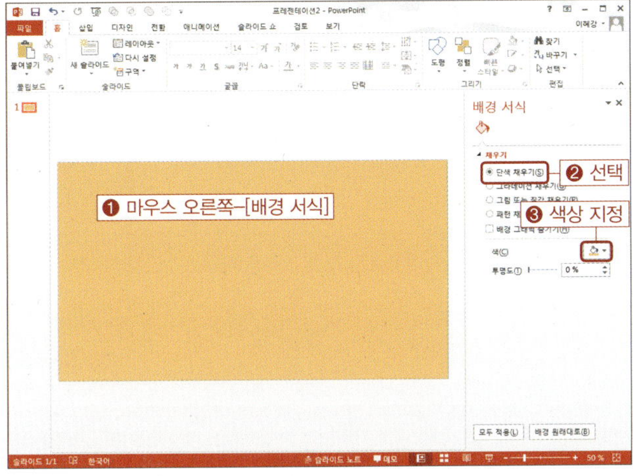

02 [삽입] 탭-[이미지] 그룹-[그림]을 선택하고 'black map.png'를 삽입한다.

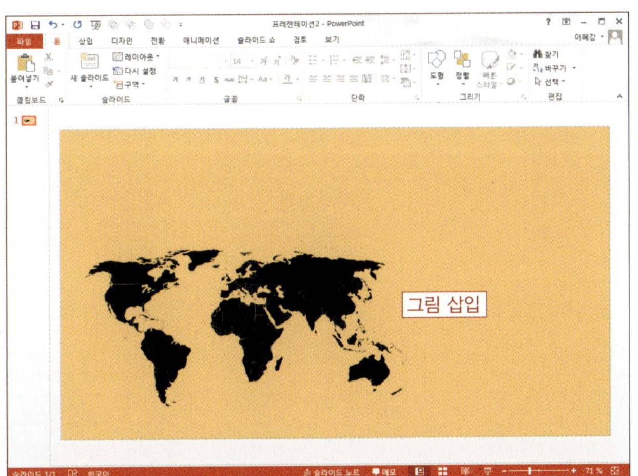

03 [삽입] 탭-[텍스트] 그룹-[텍스트 상자]를 선택해 제목을 입력하고 서식을 지정한다. 대한민국, SunRiver와 관련된 단어를 주변에 배치한다.

텍스트	글꼴 / 글꼴 크기	글꼴 색
부가설명	나눔고딕 ExtraBold / 21	(5) 검은색
무한한	나눔고딕 ExtraBold / 36	(5) 검은색
점유율	나눔고딕 ExtraBold / 32	(5) 검은색
1위	나눔고딕 ExtraBold / 40	(5) 검은색
대한민국	나눔고딕 ExtraBold / 54	(2) 빨간색
SUNRIVER	나눔고딕 ExtraBold / 44	(3) 하늘색

04 스마트폰을 만들기 위해 [삽입] 탭–[일러스트레이션] 그룹–[도형]–[모서리가 둥근 직사각형]을 그림처럼 추가한다.

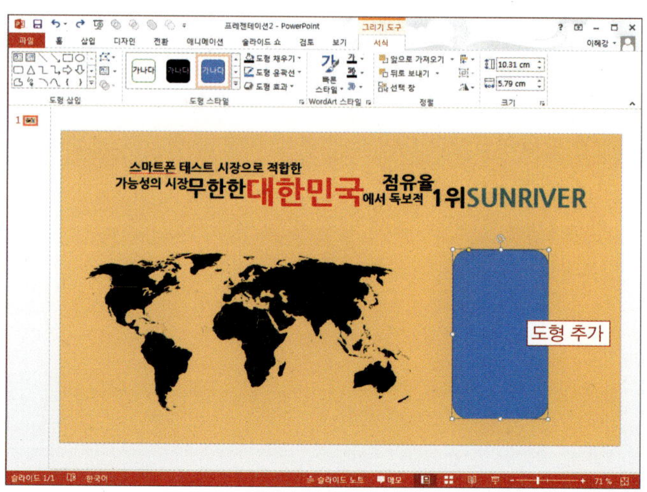

05 스마트폰 크기에 맞게 [삽입] 탭–[일러스트레이션] 그룹–[도형]에서 스피커, 액정, 버튼 모양의 도형을 추가한다.

모양	도형
스피커	모서리가 둥근 직사각형
액정	직사각형
버튼	타원

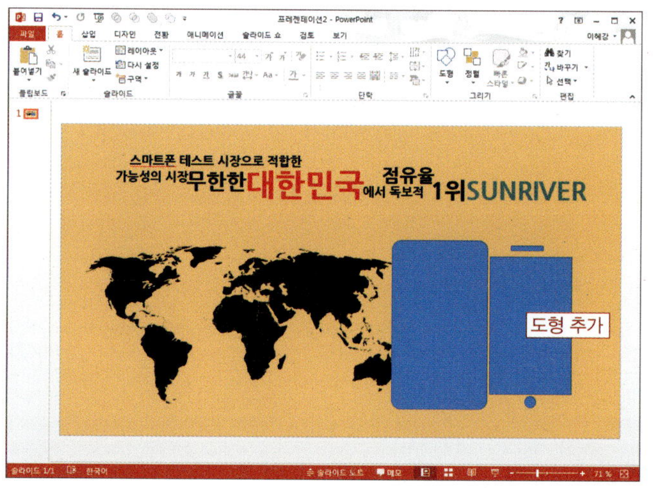

06 스마트폰 틀에 만든 도형들을 배치한 후 서식을 지정하고 관련 도형을 모두 선택한 후, 그룹설정(Ctrl + G)을 한다.

도형	채우기 색	선
스마트폰 틀	(4) 진회색	선 없음
그 외 도형	(6) 흰색	선 없음

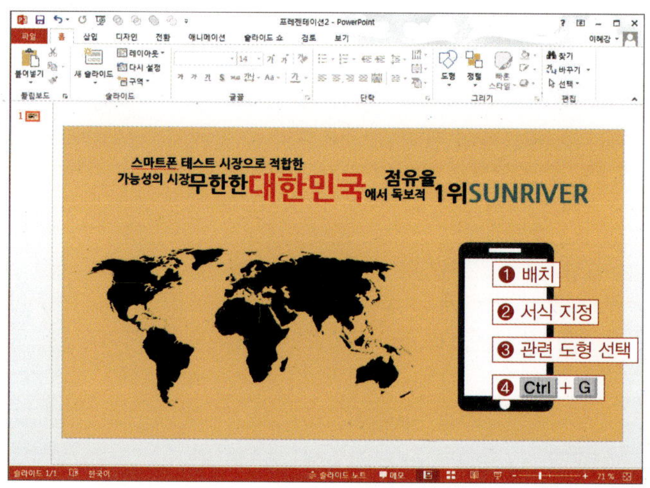

07 만든 스마트폰을 복제(Ctrl + D)하고 크기를 작게 축소한다. 그룹 설정을 해제(Ctrl + Shift + G)하고 액정 화면을 하나 더 복제(Ctrl + D)한다.

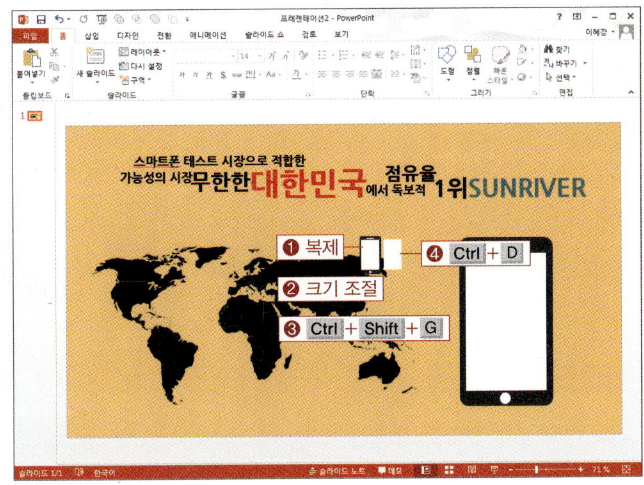

08 복사한 액정의 색상을 변경하고 색상을 변경한 도형을 선택한 상태에서 세로 길이만 조절한 후 스마트폰 위에 배치한다. 완성된 스마트폰을 복제(Ctrl + D)하여 각 나라 근처에 배치한다. 대한민국의 액정 색을 변경한 후 수치에 맞게 세로 길이를 조절한다.

도형	채우기 색
액정	(2) 진분홍

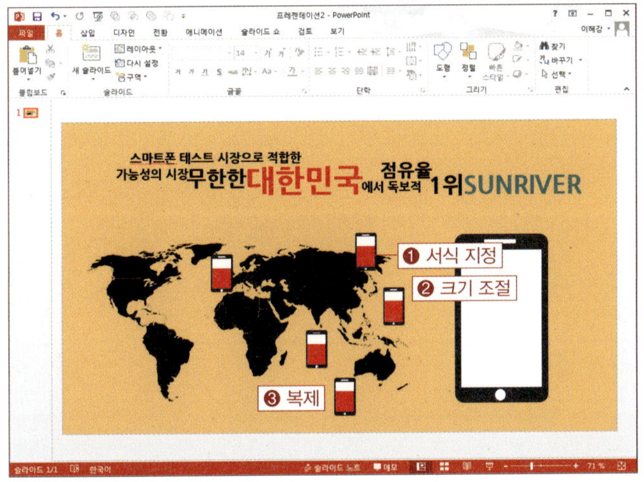

09 대한민국을 제외하고 다른 나라의 액정 색을 변경한 후 각 수치에 맞게 세로 길이를 조절한다.

도형	채우기 색
액정	(3) 파란색

10 [삽입] 탭-[일러스트레이션] 그룹-[도형]에서 [선]과 [타원]을 선택해 지시선과 정원을 만든다. [삽입] 탭-[텍스트] 그룹-[텍스트 상자]를 선택해 각 수치가 어떤 나라를 뜻하는지 나라 이름을 입력하고 서식을 지정한다.

도형	채우기 색	선 색	선 두께
지시선	–	(4) 진회색	1 ½ pt
정원	(4) 진회색	선 없음	–

텍스트	글꼴 / 글꼴 크기	글꼴 색
나라 이름	나눔고딕 Extrabold / 10.5	(4) 진회색

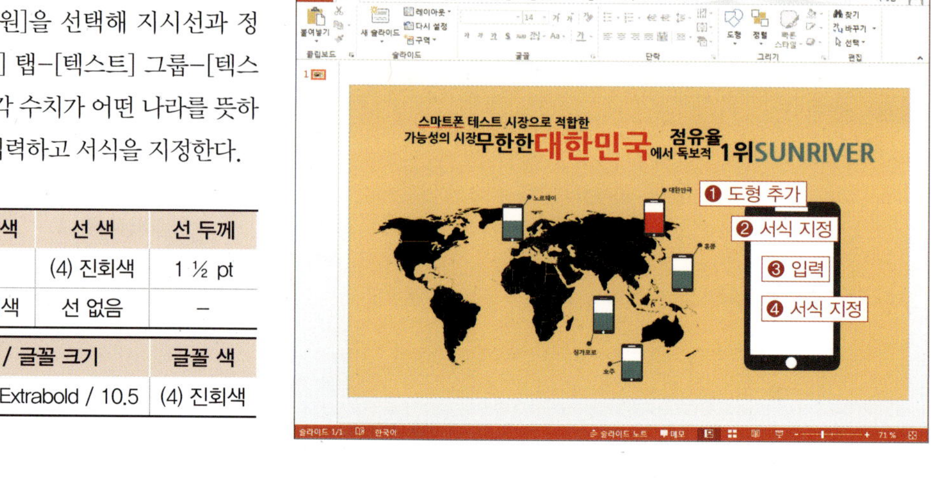

11 [삽입] 탭-[텍스트] 그룹-[텍스트 상자]를 선택해 구체적인 비율과 제목, 출처를 입력하고 서식을 지정한다.

텍스트	글꼴 / 글꼴 크기 / 속성	글꼴 색
퍼센트	나눔고딕 ExtraBold / 12 / 굵게	(6) 흰색
출처 제목	나눔고딕 ExtraBold / 16	(5) 검은색
출처	나눔고딕 ExtraBold / 12	(4) 진회색

12 큰 스마트폰의 액정을 선택해 복제(Ctrl + D)한 후 서식을 지정한다.

도형	채우기 색
액정	(2) 진분홍

13 색상을 변경한 액정 도형을 그림과 같이 배치하고 SunRiver 회사의 국내 점유율만큼 세로 크기를 줄여준다.

14 같은 방법으로 액정을 하나 더 복제(Ctrl + D)하고 다른 회사의 비율만큼 세로 길이를 조절한 후 서식을 지정한다.

도형	채우기 색
액정	(3) 파란색

TIP

Shift 를 누른 상태에서 키보드 화살표 키를 이용하면 쉽게 크기를 조절할 수 있다.

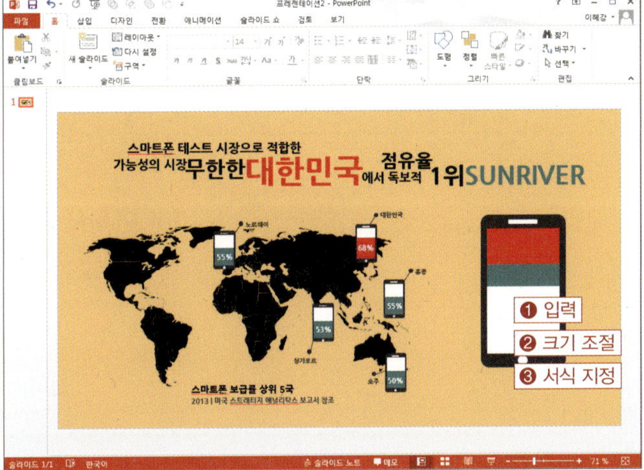

15 [삽입] 탭-[텍스트] 그룹-[텍스트 상자]를 선택해 상세 데이터를 입력하고 서식을 지정해 슬라이드를 완성한다.

텍스트	글꼴 / 글꼴 크기 / 속성	글꼴 색
SUNRIVER	나눔고딕 ExtraBold / 20 / 굵게	(6) 흰색
B사	나눔고딕 ExtraBold / 24 / 굵게	(6) 흰색
기타	나눔고딕 ExtraBold / 24 / 굵게	(4) 회색
국내 점유율	나눔고딕 ExtraBold / 16	(5) 진회색

014

은행 상품 홍보를 통한
신규고객 유치방안

사회초년생 재테크 이유
출처 :사회 초년생 00명 단위: %

1위	결혼자금	43
2위	주택구입	25
3위	노후대비	17
4위	주위권유	7
5위	여행경비	5

맞춤형 적금

THE DREAM 결혼적금

만기일 지정 : 2, 3, 5년
만기일 내 결혼 성공 시 축하 이율 + 0.3%
만기일 도래 시 위로 이율 + 0.3% 지급

THE DREAM 주택적금

만기일 지정 : 10, 12, 15년
주택 구입 전 : 우대 이율 지급
주택 구입 후 : 대출 이율 우대

은행 신규 상품
슬라이드

사회 초년생이 재테크를 하는 이유가 결혼자금과 주택구입이라는 설문조사 결과가 나왔다. 해당 설문 조사를 기반으로 결혼과 주택 자금 마련을 위한 새로운 신상품 프로모션을 진행하고자 한다. 먼저 여론 조사 결과를 눈에 띄게 만들어 그 적절성을 표현하고 그에 맞는 자금을 모으기 위해서는 어떤 상품에 가입을 해야 효율적인지를 표현하자.

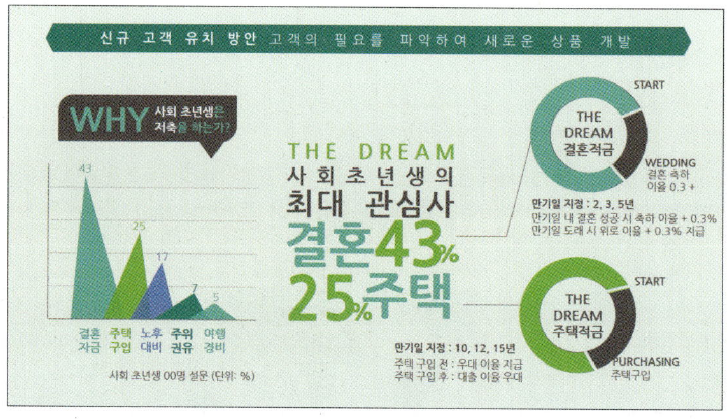

은행 신규 상품
인포그래픽

파워포인트에서 기본적으로 제공하는 그래프가 아닌 자연스러운 그래프를 만들기 위해 직접 도형을 이용한다. 결혼 자금과 주택구입이 가장 큰 항목이므로 텍스트로 강조하고, 목표를 달성했을 때 어떠한 이점이 있는지를 표현해 해당 상품의 유용성을 표현한다.

• 완성파일 : 은행 신규 상품 – 완성.pptx
• 색상정보 : 은행 신규 상품 – 색상.png

01 빈 슬라이드에서 마우스 오른쪽 버튼을 클릭하고 [배경 서식]을 선택한다. [배경 서식] 작업 창의 [채우기]에서 '단색 채우기'를 선택하고 [색]을 '(1) 연회색'으로 변경한다.

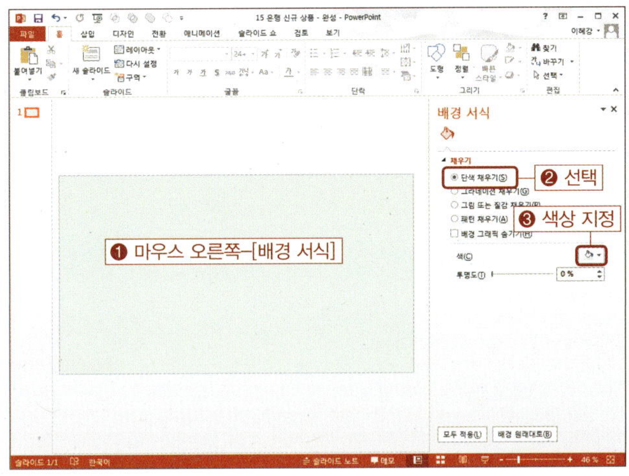

02 [삽입] 탭–[일러스트레이션] 그룹–[도형]–[육각형]을 선택하고 가로로 길게 만든 후 서식을 지정한다. [삽입] 탭–[일러스트레이션] 그룹–[도형]에서 [대각선 방향의 모서리가 둥근 직사각형]과 [이등변 삼각형]을 선택해 도형을 그림처럼 추가하고 삼각형은 회전 조절점을 드래그하여 뒤집어준다.

도형	채우기 색	선
육각형	(2) 진초록	선 없음

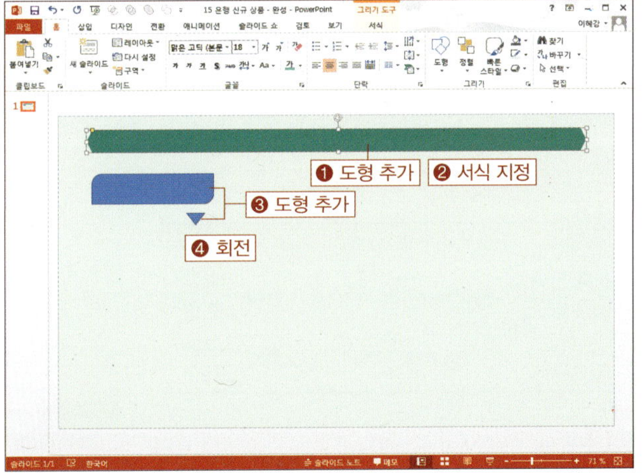

03 대각선 방향의 모서리가 둥근 직사각형과 삼각형을 그림과 같이 배치하고 두 도형을 선택한 후 [도형 병합]을 선택한다.

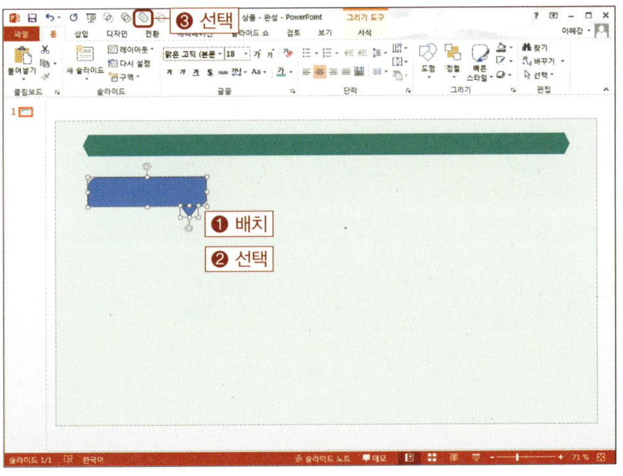

04 병합한 도형의 서식을 지정한다.

도형	채우기 색	선
병합한 도형	(6) 회색	선 없음

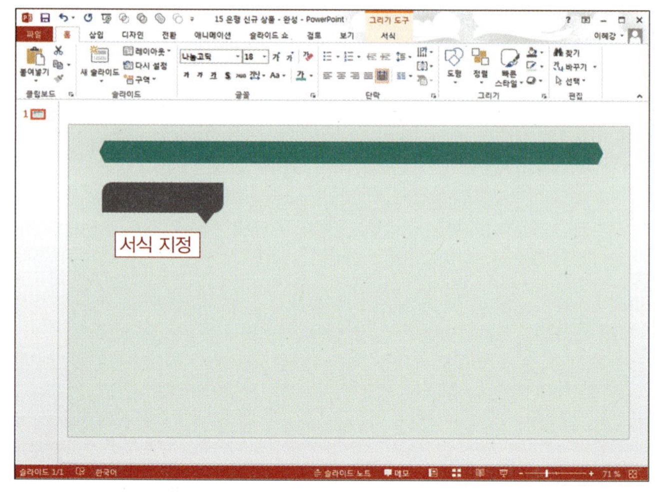

05 [삽입] 탭-[텍스트] 그룹-[텍스트 상자]를 선택해 제목을 입력한 후 서식을 지정한다. 텍스트 상자의 가로 크기를 크게 하고 [홈] 탭-[단락] 그룹-[균등 분할]을 선택하면 텍스트 상자의 길이만큼 텍스트가 균등하게 정렬된다.

텍스트	글꼴/글꼴 크기/속성	글꼴 색	정렬
신규 고객 유치 방안	나눔고딕 / 18 / 굵게	(7) 흰색	균등 분할
고객의 필요를~	나눔고딕 / 18	(7) 흰색	균등 분할

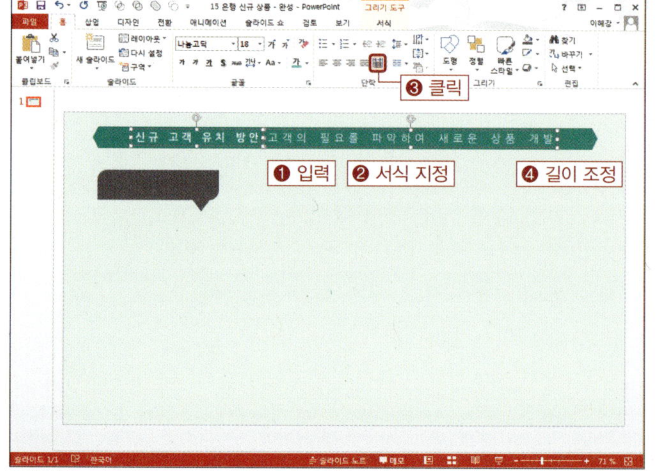

06 [삽입] 탭-[텍스트] 그룹-[텍스트 상자]를 선택해 회색 도형에도 텍스트를 입력한 후 서식을 지정한다.

텍스트	글꼴 / 글꼴 크기 / 속성	글꼴 색
WHY	나눔고딕 ExtraBold / 44 / 굵게	(3) 하늘색
사회 초년생은~	나눔고딕 / 16 / 굵게	(3) 하늘색, (7) 흰색

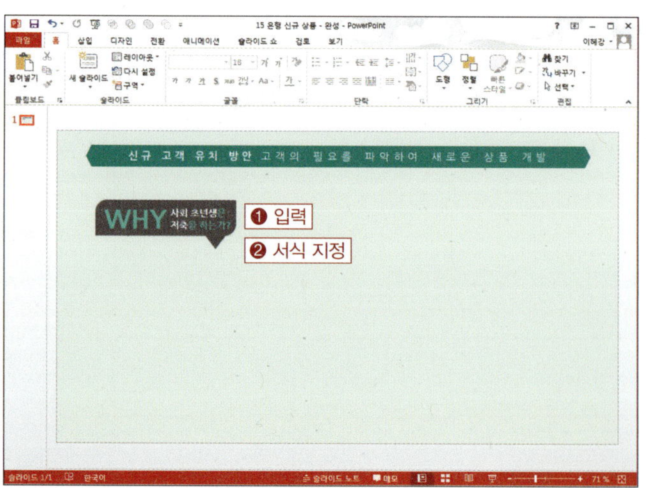

07 차트를 만들기 위해 [삽입] 탭–[일러스트레이션] 그룹–[도형]–[선]을 이용해 세로 선 1개와 가로 선 5개를 만든 후 서식을 지정한다.

도형	선 색
선	(6) 회색

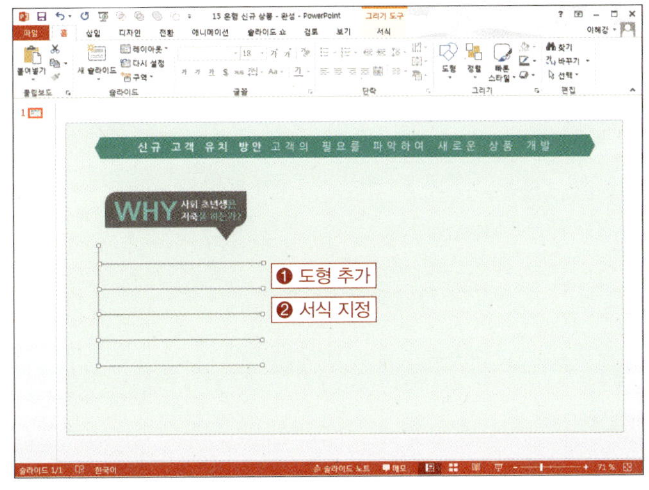

08 눈금으로 활용될 선 4개를 선택한 상태에서 마우스 오른쪽 버튼을 클릭하고 [개체 서식]을 선택한다. [도형 서식] 작업 창의 [선]에서 '실선'을 선택하고 [투명도]를 '70%'로 지정한다.

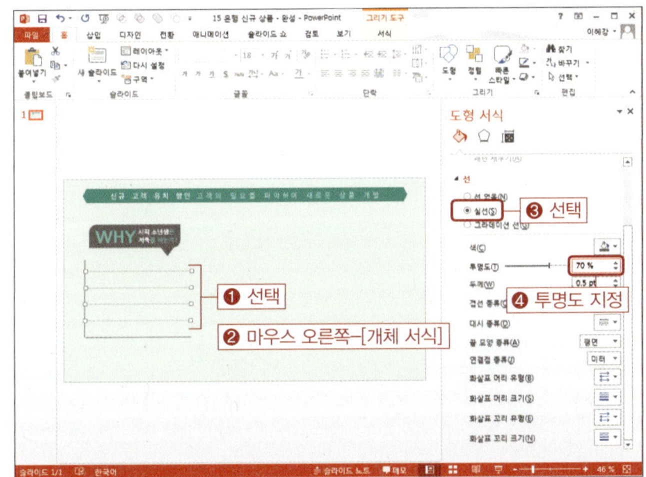

09 [삽입] 탭–[일러스트레이션] 그룹–[도형]–[이등변 삼각형]을 선택해 각 항목의 수치 높이로 된 삼각형을 만든다. 삼각형을 선택하고 모양 조절점을 드래그하여 각도를 변경한 후 서식을 지정한다.

도형	채우기 색	선	투명도
이등변 삼각형	(2)~(5) 색	선 없음	10%

TIP
색상 선택 시 너무 많은 색이 사용될 경우 통일성이 떨어질 수 있으므로 떨어져 있는 도형이라면 사용했던 색상을 사용해도 된다. 이 그래프의 경우 첫 번째와 마지막 도형의 색이 동일하다.

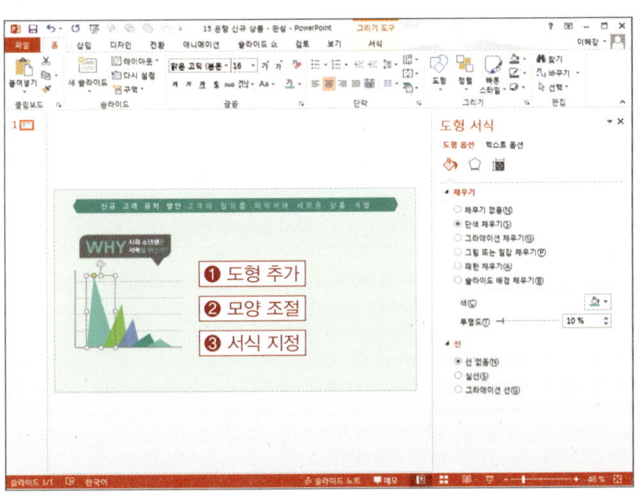

10 [삽입] 탭-[텍스트] 그룹-[텍스트 상자]를 선택해 수치, 항목, 출처를 입력하고 서식을 지정한다.

텍스트	글꼴 / 글꼴 크기 / 속성	글꼴 색
수치	나눔고딕 / 14	도형 색과 동일하게
항목	나눔고딕 / 16 / 굵게	도형 색과 동일하게
출처	나눔고딕 / 14	(6) 회색

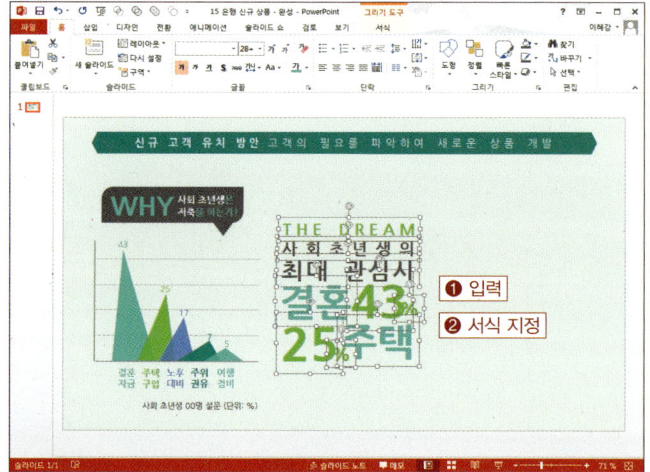

11 텍스트로 주제를 강조하기 위해 [삽입] 탭-[텍스트] 그룹-[텍스트 상자]를 선택해 텍스트를 입력하고 서식을 지정한다. 크기와 위치를 각각 지정하기 위해 텍스트별로 텍스트 상자를 만들어 입력한다.

텍스트	글꼴 / 글꼴 크기 / 속성	글꼴 색	정렬
THE DREAM	나눔고딕 / 28 / 굵게	(4) 초록색	균등 분할
사회 초년생의	나눔고딕 / 28 / 굵게	(6) 회색	균등 분할
최대 관심사	나눔고딕 / 40 / 굵게	(6) 회색	균등 분할
결혼, 주택	나눔고딕 ExtraBold / 66 / 굵게	(3) 하늘색	–
수치	나눔고딕 ExtraBold / 80 / 굵게	(4) 초록색	–
%	나눔고딕 ExtraBold / 32 / 굵게	(4) 초록색	–

12 [삽입] 탭-[일러스트레이션] 그룹-[도형]에서 [선]과 [도넛]을 선택해 도넛과 지시선을 추가한 후 서식을 지정한다. 도넛 도형은 모양 조절점을 드래그하여 도넛의 크기를 넓혀준다.

도형	채우기 색	선	선 색
도넛	(6) 회색	선 없음	–
선	–	실선	(6) 회색

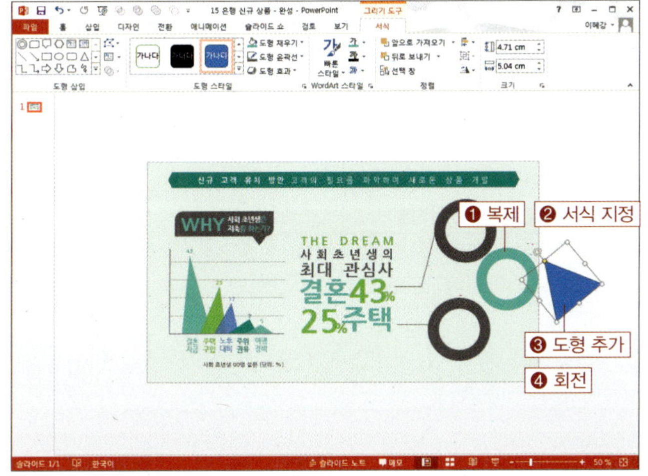

13 도넛을 하나 더 복제(Ctrl + D)한 후 서식을 지정한다. [삽입] 탭-[일러스트레이션] 그룹-[도형]-[이등변 삼각형]으로 도넛을 자르는 데 사용할 도형을 추가한 후 회전 조절점을 드래그하여 회전시킨다.

도형	채우기 색	선
도넛	(3) 하늘색	선 없음

14 이등변 삼각형을 도넛 위의 자를 위치에 배치하고 도넛과 이등변 삼각형을 선택한 후 [도형 빼기]를 선택한다.

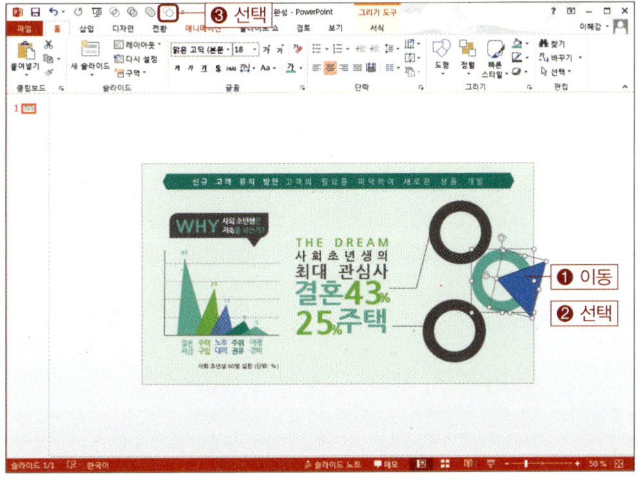

15 자른 도넛을 위쪽 회색 도넛 도형 위에 배치한다.

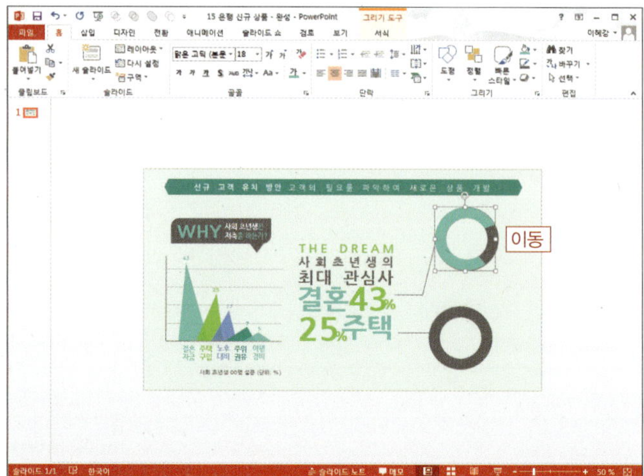

16 [삽입] 탭-[일러스트레이션] 그룹-[도형]-[선]을 선택해 선을 만들고 서식을 지정한 후 도넛 사이의 경계와 동일하게 배치한다.

도형	선 색	두께
선	(1) 연회색	4 ½ pt

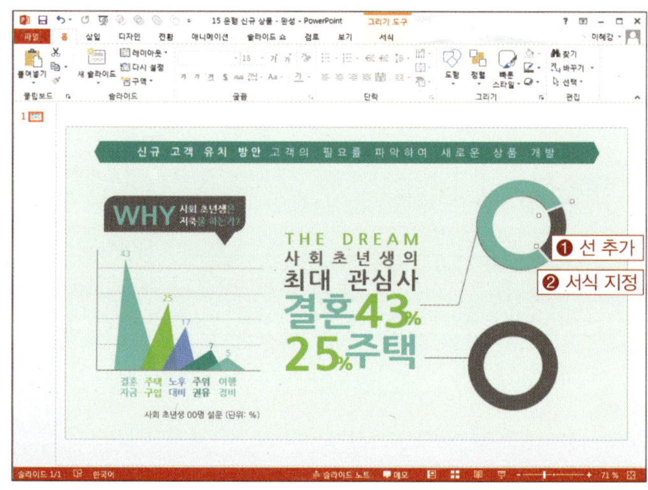

17 같은 방법으로 아래쪽 도넛 도형에도 잘린 도넛을 배치하고 서식을 지정한다.

도형	채우기 색	선
도넛	(4) 초록색	선 없음

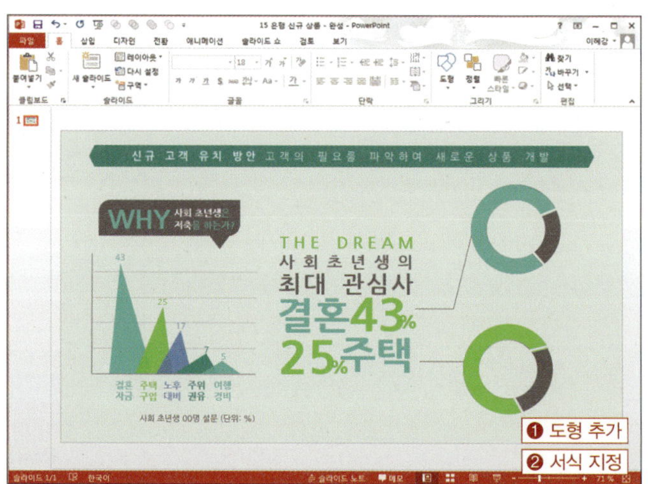

18 [삽입] 탭–[텍스트] 그룹–[텍스트 상자]를 선택해 도넛 안에 적금 이름을 입력하고 서식을 지정한다.

텍스트	글꼴 / 글꼴 크기 / 속성	글꼴 색
적금 이름	나눔고딕 / 18 / 굵게	(6) 회색

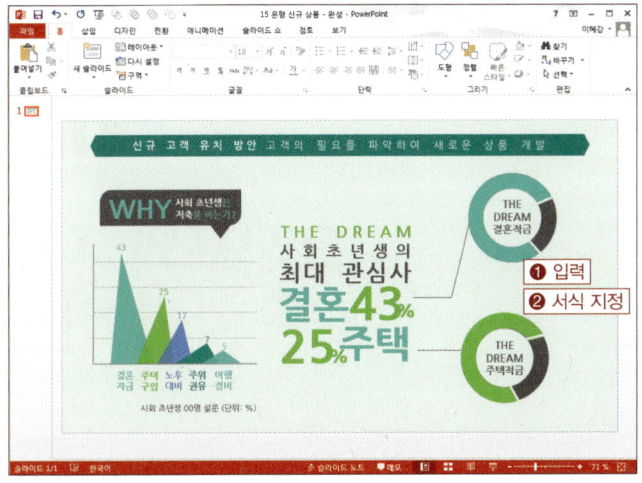

19 [삽입] 탭–[텍스트] 그룹–[텍스트 상자]를 선택해 적금의 상세 내역을 입력하고 서식을 지정해 슬라이드를 완성한다.

텍스트	글꼴 / 글꼴 크기 / 속성	글꼴 색
내용 제목	나눔고딕 / 14 / 굵게	(6) 회색
내용	나눔고딕 / 14	(6) 회색

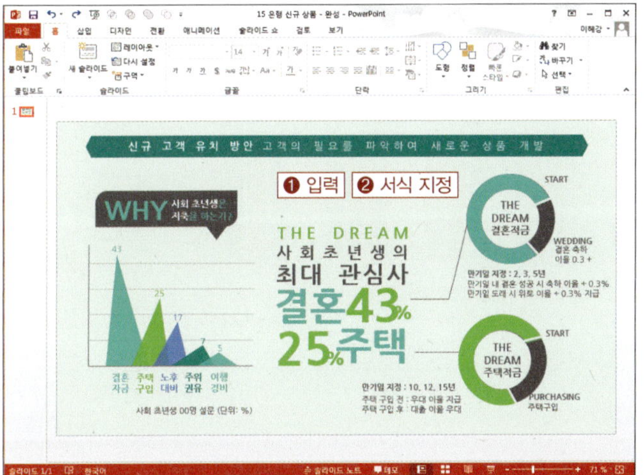

015

그래프와 지도를 이용한
교육환경 비교 발표 자료

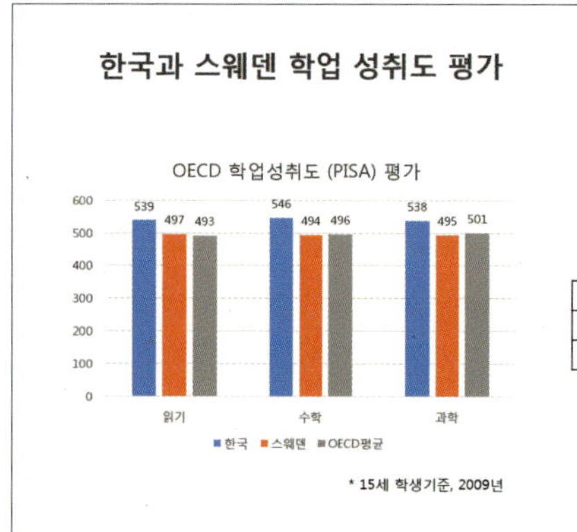

교육환경 비교 슬라이드

한국과 스웨덴의 학업 성취도 평가를 비교하면 한국은 스웨덴에 비해 각 과목의 점수가 높다는 것을 알 수 있다. 하지만 교육 시스템 평가 순위에서는 스웨덴에 비해서 현저히 낮은 점수와 순위를 받았다. 이러한 객관적인 근거를 기반으로 한국 교육 시스템에 대한 문제를 제기하는 슬라이드를 만들고자 한다.

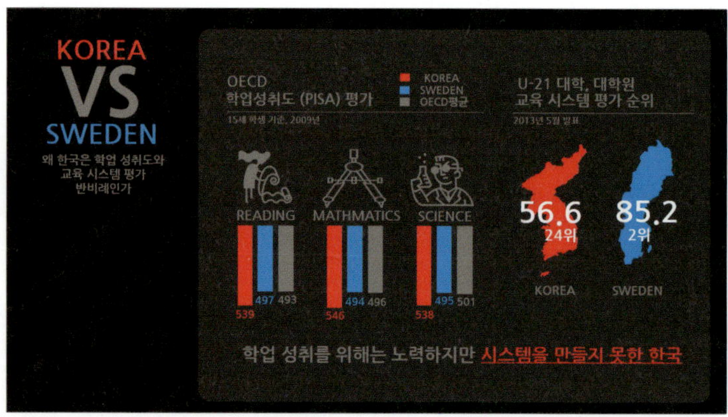

교육환경 비교 인포그래픽

두 비교 대상의 대표 컬러를 각각 지정한다. 일관적으로 대표 컬러를 사용하면 컬러만 봐도 어떤 대상을 의미하는지 알 수 있다. 값이 커질수록 아래로 긴 그래프를 만들면 그래프 위에 안정적으로 과목명을 대표하는 이미지를 배치할 수 있다. 각 나라별 점수 및 순위는 지도를 만들어 그 위에 표현해 보자.

• 완성파일 : 교육환경 비교 – 완성.pptx
• 색상정보 : 교육환경 비교 – 색상.png
• 이미지 : 교육환경–배경.png, korea map.jpg, sweden map.jpg
• 실습파일 : 교육환경 비교 폴더

01 [보기] 탭–[마스터 보기] 그룹–[슬라이드 마스터]를 선택한 후 첫 번째 마스터 슬라이드를 선택한다. [삽입] 탭–[이미지] 그룹–[그림]을 선택하고 '교육환경–배경.png'를 삽입한 후 슬라이드에 맞게 크기를 지정한다.

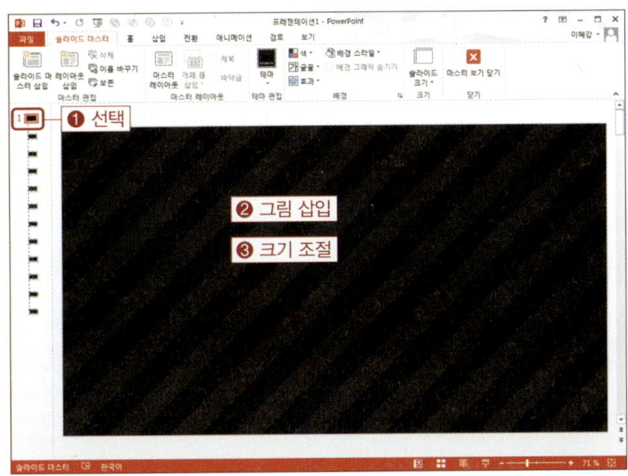

02 [삽입] 탭–[일러스트레이션] 그룹–[도형]–[모서리가 둥근 직사각형]을 선택해 슬라이드 크기의 3/4 정도로 도형을 추가하고 서식을 지정한다. [슬라이드 마스터] 탭–[닫기] 그룹–[마스터 보기 닫기]를 클릭해 슬라이드 편집 화면으로 이동한다.

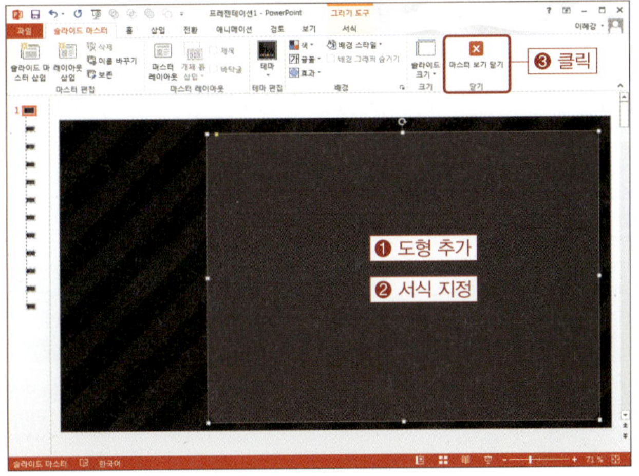

도형	채우기 색	선
모서리가 둥근 직사각형	(1) 회색	선 없음

TIP
모서리가 둥근 직사각형의 조절점을 이동하면 모서리의 곡선 정도를 쉽게 조절할 수 있다.

03 [삽입] 탭–[텍스트] 그룹–[텍스트 상자]를 선택해 텍스트를 입력하고 서식을 지정한다.

텍스트	글꼴 / 글꼴 크기 / 속성	글꼴 색
KOREA	나눔고딕 / 36 / 굵게	(3) 분홍색
VS	나눔고딕 ExtraBold / 88 / 굵게	(2) 연회색
SWEDEN	나눔고딕 / 36 / 굵게	(4) 파란색
부가설명	나눔고딕 / 16 / 굵게	(2) 연회색

04 [삽입] 탭-[일러스트레이션] 그룹-[도형]-[선]을 선택하고 제목과 내용을 구분할 선을 만든 후 서식을 지정한다.

도형	선 색
선	(2) 연회색

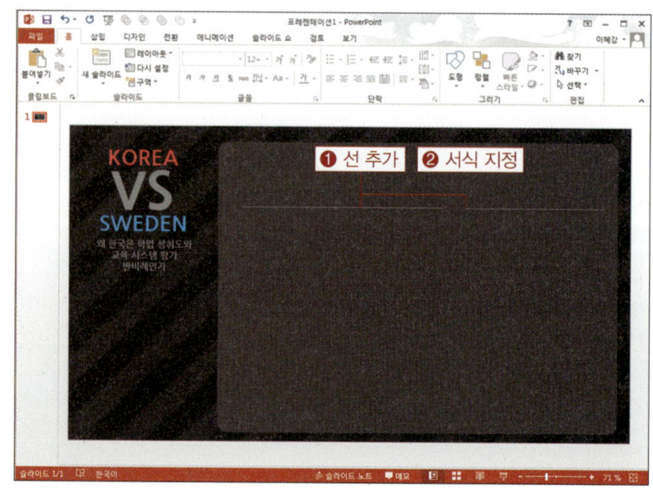

05 [삽입] 탭-[텍스트] 그룹-[텍스트 상자]를 선택해 제목과 부가 설명글을 입력하고 서식을 지정한다.

텍스트	글꼴 / 글꼴 크기 / 속성	글꼴 색
제목	나눔고딕 / 20 / 굵게	(2) 연회색
부가 설명	나눔고딕 / 12 / 굵게	(2) 연회색

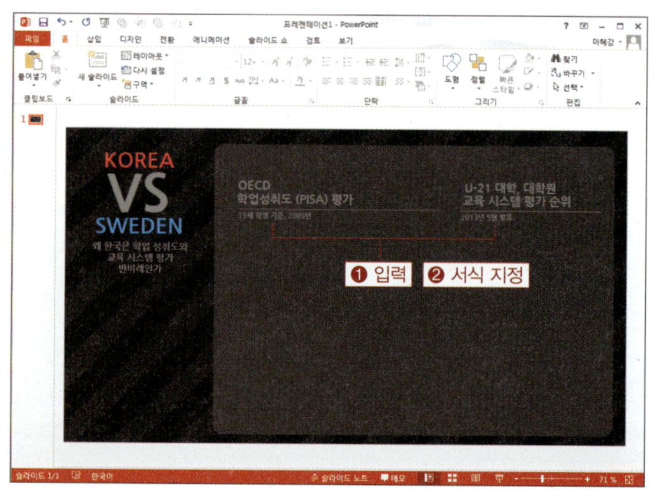

06 과목별로 한눈에 알아볼 수 있도록 [삽입] 탭-[이미지] 그룹-[그림]을 선택하고 [교육환경 비교] 폴더에서 파일을 불러와 서식을 지정한다.

그림	파일명	서식
	읽기.wmf	(2) 연회색
	수학.wmf	(2) 연회색
	과학자.wmf	(2) 연회색

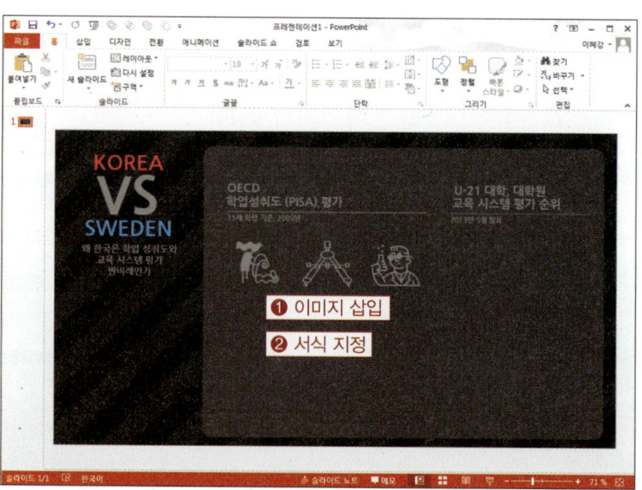

07 [삽입] 탭-[일러스트레이션] 그룹-[도형]-[직사각형]을 선택해 직사각형을 삽입하고 각 과목별 수치만큼 세로 길이를 변경한 후 서식을 지정한다. 직사각형을 복제(Ctrl + D)한 후 길이를 동일하게 조절하여 상단에 배치한다.

도형	채우기 색	선
한국	(3) 분홍색	선 없음
스웨덴	(4) 파란색	선 없음
OECD 평균	(2) 연회색	선 없음

08 정확한 의미를 전달하기 위해 [삽입] 탭-[텍스트] 그룹-[텍스트 상자]를 선택해 과목명과 수치, 막대 차트가 어떤 나라를 의미하는지 입력한 후 서식을 지정한다.

텍스트	글꼴 / 글꼴 크기 / 속성	글꼴 색
도형 설명글	나눔고딕 / 14 / 굵게	(2) 연회색
READING 외 2	나눔고딕 / 18 / 굵게	(2) 연회색
수치	나눔고딕 / 14 / 굵게	그래프 색과 동일 색

09 [삽입] 탭-[이미지] 그룹-[그림]을 선택해 'korea map.jpg'와 'sweden map.jpg'를 삽입한다.

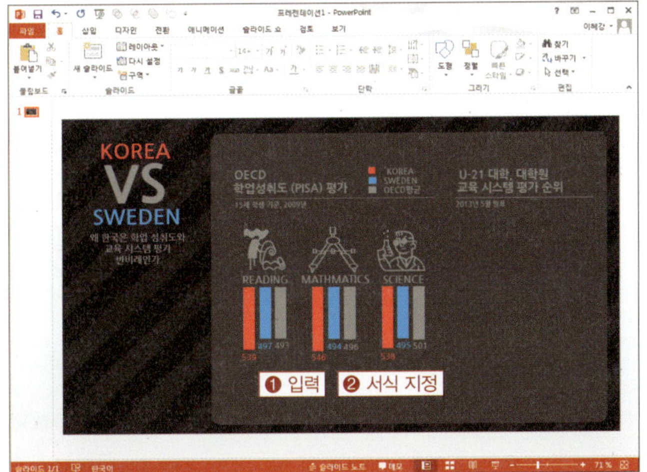

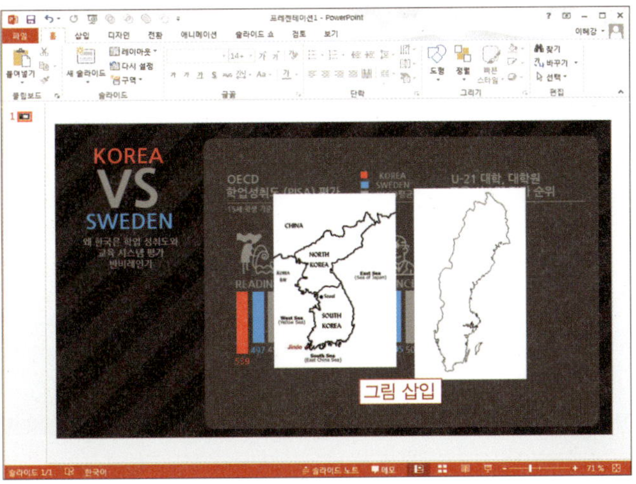

10 [삽입] 탭-[일러스트레이션] 그룹-[도형]-[자유형]을 선택해 지도 윤곽선을 따라 지도를 그린다.

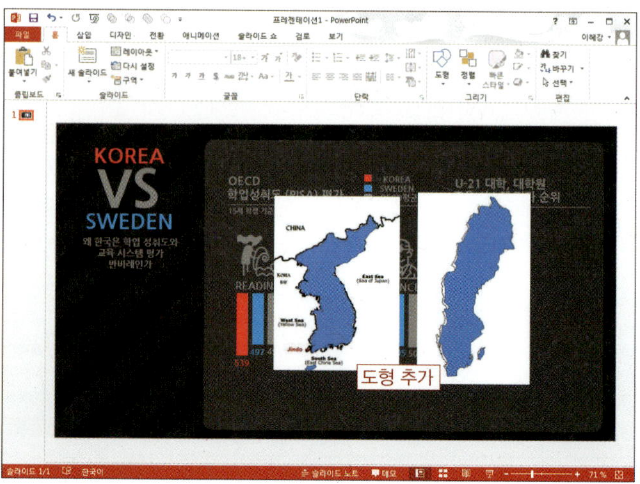

11 도형 지도가 완성되면 지도 이미지를 선택하고 Delete 를 눌러 삭제한 후 그림처럼 지도를 배치한다.

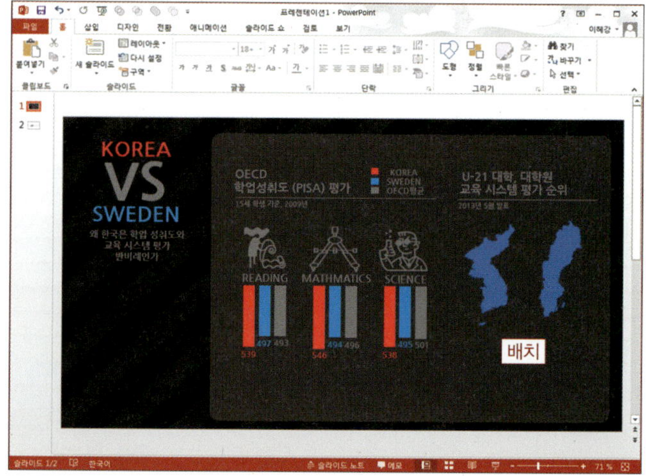

> **TIP**
> 자세한 방법은 〈PART 02. SECTION 005 지도 도형 만들기〉를 참고한다.

12 지도 도형에 서식을 지정한다.

도형	채우기 색	선
한국	(3) 분홍색	선 없음
스웨덴	(4) 파란색	선 없음

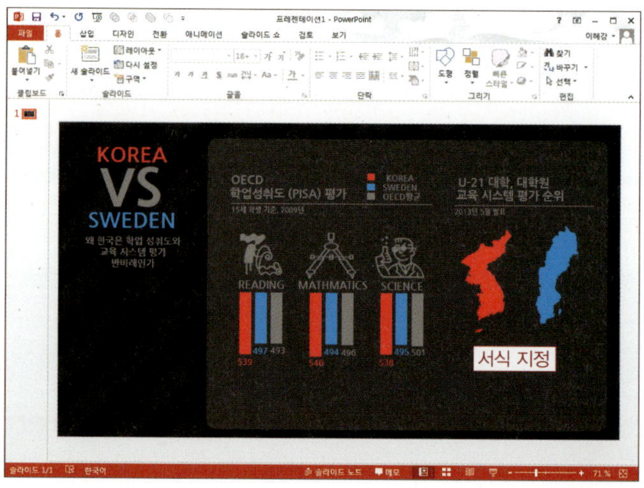

13 [삽입] 탭–[텍스트] 그룹–[텍스트 상자]를 선택해 평가 점수와 순위, 나라 이름을 입력한 후 서식을 지정하여 완성한다.

텍스트	글꼴 / 글꼴 크기 / 속성	글꼴 색
평가점수	나눔고딕 / 40 / 굵게	(5) 흰색
순위	나눔고딕 / 20 / 굵게	(5) 흰색
나라 이름	나눔고딕 / 16 / 굵게	(2) 연회색
결론 문장	나눔고딕 / 24 / 굵게, 일부 밑줄	(2) 연회색, (3) 분홍색

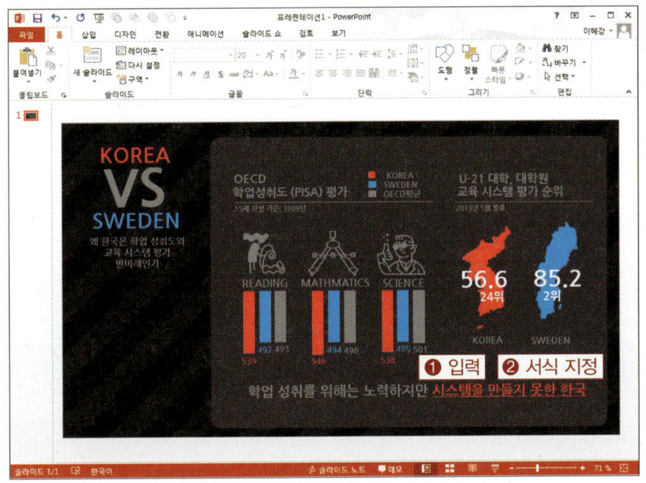

실전 프레젠테이션 인포그래픽 제작 03

세법 개정안 인포그래픽화

세법 개정은 개정 전과 후의 차이를 한눈에 알아볼 수 있도록 표현하는 것이 핵심이다. 세법 개정 이후 무엇이 변했는지 동일한 항목을 기준으로 변한 부분만 강조하여 표시하는 것이 포인트이다.

수 정 포 인 트

표지를 만들 때 특별히 사용할 이미지가 없다면 해당 주제에 어울리는 느낌을 형상화할 수 있는 이미지를 도형으로 표현해본다.

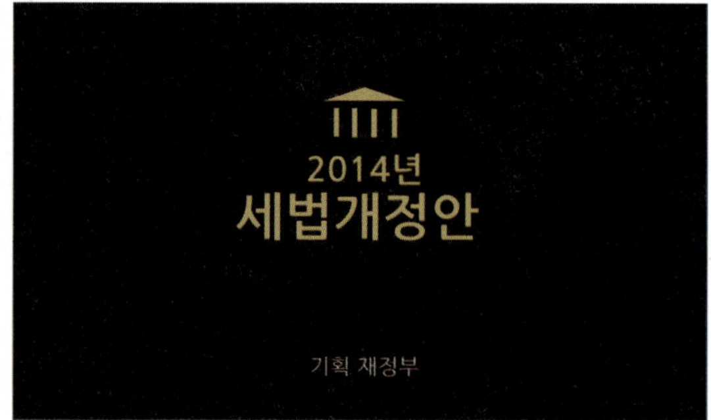

수 정 포 인 트

시작 전 청중들의 주의를 환기시키기 위해 명언을 사용할 때는 단순히 명언만 나열하기보다는 해당 명언을 말한 사람의 사진을 함께 보여주는 것이 좋다.

수 정 포 인 트

세법 개정 방향의 큰 틀을 알려주기 위해 크게 네 구역으로 나누어 각 구역의 방향성에 대해 정리하고, 대표할 수 있는 이미지를 넣어준다.

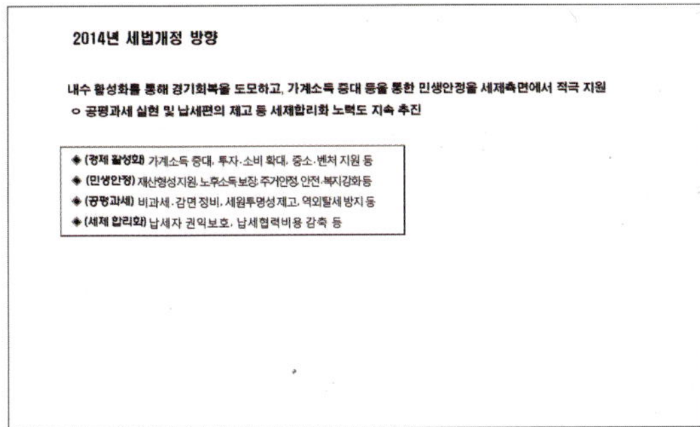

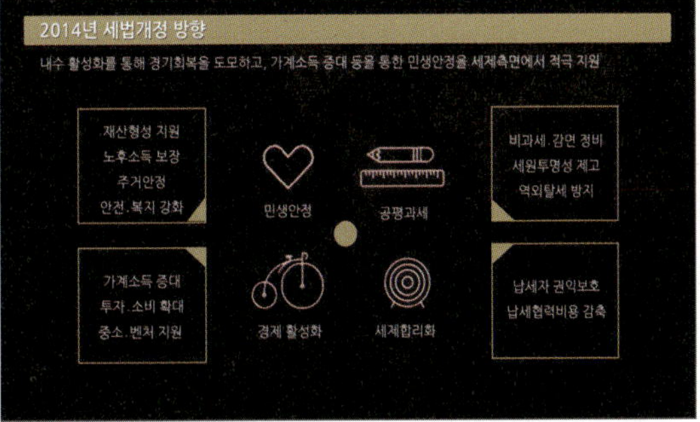

수 정 포 인 트

변경되는 주요 항목을 설정한 후 변경되는 부분은 크게 표시하여 한눈에 무엇이 어떻게 변했는지를 확인할 수 있게 한다.

2014년 세법개정 주요 내용

○ 신용카드 소득공제 혜택이 2년 연장됩니다.

○ 내년 6월까지 체크카드·현금영수증 사용액 증가분에 대해선 공제율을 확대합니다.(30%→40%)

○ 주택남보대출 이자에 대한 소득공제를 확대합니다.(만기 15년 이상의 경우, 공제한도 1500만→1800만원 확대)

○ 어르신·장애인 대상 저축상품(비과세종합저축)에 대한 비과세 한도가 확대됩니다.(3000만→5000만원)

○ 서민층 및 고졸 중소기업 재직청년에 대해 재형저축 의무가입기간을 완화합니다.(7→3년)

○ 민간 임대주택시장 활성화를 위해 임대주택펀드 분리과세 기간을 2년 연장합니다.

○ 농어가 목돈마련저축에 대한 비과세 혜택을 3년 연장합니다.

○ 고배당 기업의 배당금에 대해선 세금을 깎아줍니다.(소액주의 경우, 14%→9%)

○ 퇴직금을 연금으로 수령할 경우, 일시금으로 받을 때보다 세금을 30% 적게 냅니다.

016

도형을 이용한
여론조사 발표자료

여가시간 활용

통계청이 최근 발표한 '2013년 사회조사 결과' 자료를 보면 응답자의 절반 가량(46.9%)이 여가시간에 가장 하고 싶은 것으로 '여행'을 꼽았다. 이밖에 하고 싶은 여가활동으로는 문화예술관람(9.0%), 스포츠 활동(8.4%), 자기개발(6.3%) 등이라고 답했다.

이번 조사는 전국 1만7664 표본가구내 상주하는 만 13세 이상 가구원 약 3만8000명을 대상으로 진행됐다. 남성과 여성 모두 여가시간에 가장 하고 싶은 것은 여행이었다. 여행 외에 여가활동방법으로는 남성의 경우 스포츠 활동을, 여성은 문화예술관람을 희망했다.

하지만 현실적으로 주말이나 휴일 여가활동방법으로 가장 많이 꼽은 것은 'TV 및 DVD 시청'이었다. 응답자의 59.9%가 여가활용방법으로 'TV 및 DVD 시청'을 꼽았다. TV 시청 다음으로는 휴식(37.5%)과 가사일(28.2%)이 많았다.

특히 남성의 경우 휴식(39.6%)을 TV 시청 다음으로 많이 꼽은 반면, 여성들은 TV 시청과 함께 밀렸던 가사일을 한다(42.6%)고 답변이 상당수였다. 대부분의 사람들이 별다른 여가활동 없이 주말이나 휴일을 보내고 있는 것이다.

상황이 이렇다 보니 본인의 여가활동에 만족하는 사람은 27.1%에 그쳤다. 반면, 보통(47.8%)과 불만족(25.1%)이라고 답한 응답자는 72.9%에 달했다. 10명 중 7~8명은 여가시간 활용에 대한 만족하지 못하고 있는 것이다.

여가생활이 만족스럽지 못한 이유는 경제적 부담(57.7%)이 가장 컸다. 시간부족(21.1%)이라고 답한 응답자도 상당수 있었다.

여가시간 활용
슬라이드

통계청의 한 조사에 따르면 여가시간에 가장 하고 싶은 활동이 '여행'이라고 꼽았지만 실제 가장 많이 하는 활동은 'TV 시청'이라는 결과가 나왔다. 현실과 이상의 차이가 존재하여 여가시간에 만족하는가라는 질문에 1/4만 만족한다는 결과가 나왔다. 왜 사람들의 이상과 현실에 괴리가 발생하는지에 대한 원인을 분석하는 인포그래픽을 만들어보자.

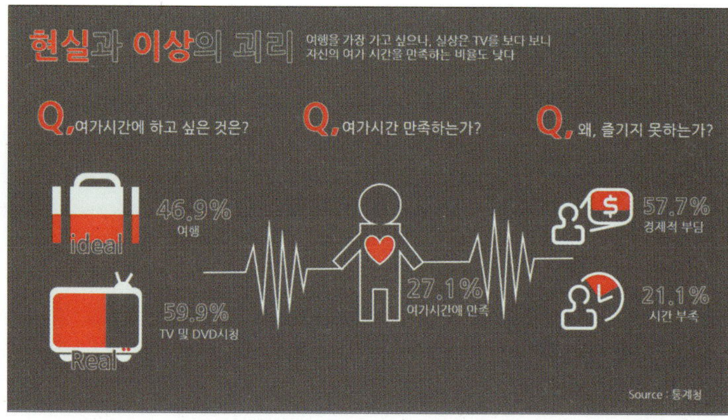

여가시간 활용
인포그래픽

여가시간을 여행으로 보내고 싶은 사람들의 비율은 여행 가방을 이용해 표현한다. 실제 여가시간을 보내는 비율인 TV 시청은 TV 도형을 만들어 표현한다. 이상과 현실의 차이는 여가시간 만족도와 연관이 깊으므로 사람 도형과 연결선으로 이은 후 신체의 1/4만큼의 심장을 만들어 만족도 수치를 표현한다.

- 완성파일 : 여가시간 활용 – 완성.pptx
- 실습파일 : 여가시간 활용 폴더
- 색상정보 : 여가시간 활용 – 색상.png

01 빈 슬라이드에서 마우스 오른쪽 버튼을 클릭하고 [배경 서식]을 선택한다. [배경 서식] 작업 창의 [채우기]에서 '단색 채우기'를 선택하고 [색]을 '(1) 진회색'으로 지정한다.

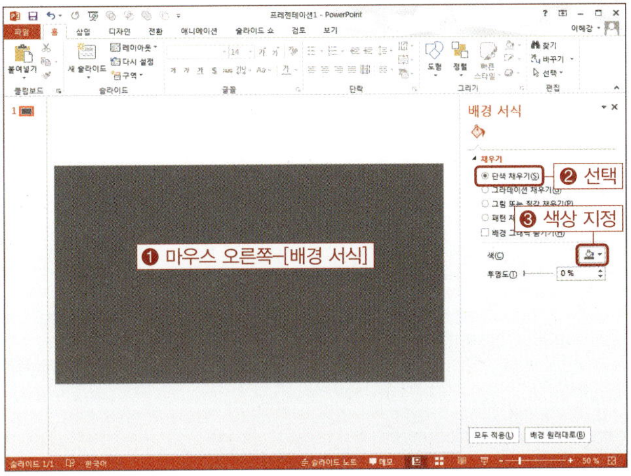

02 [삽입] 탭-[텍스트] 그룹-[텍스트 상자]를 선택해 제목과 부연설명, 질문을 입력하고 서식을 지정한다.

텍스트	글꼴 / 글꼴 크기	글꼴 색
대제목	나눔고딕 ExtraBold / 44	(3) 연회색
제목 옆 설명	나눔고딕 / 16	(3) 연회색
Q.	나눔고딕 ExtraBold / 48	(3) 연회색
질문	나눔고딕 / 20	(3) 연회색

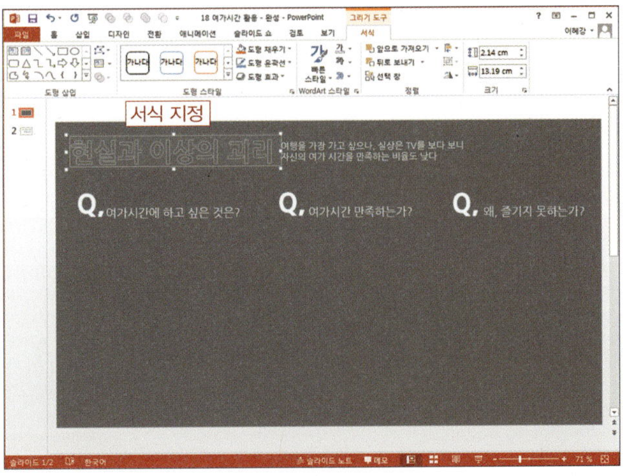

03 제목을 강조하기 위해 텍스트를 선택한 후 [그리기 도구]-[서식] 탭-[WordArt 스타일] 그룹에서 [텍스트 채우기]는 '채우기 없음'을, [텍스트 윤곽선]의 [색]은 '(3) 연회색'으로 지정한다.

04 3번과 같은 방법으로 "Q," 텍스트에도 같
은 서식을 지정한다.

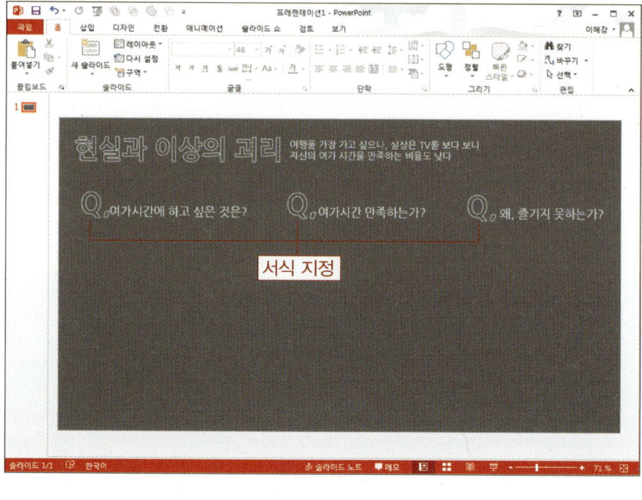

05 제목 중 강조하고자 하는 텍스트와 "Q,"
만 선택해 [홈] 탭–[글꼴] 그룹–[글꼴 색]을
'(2) 진분홍'으로 변경한다.

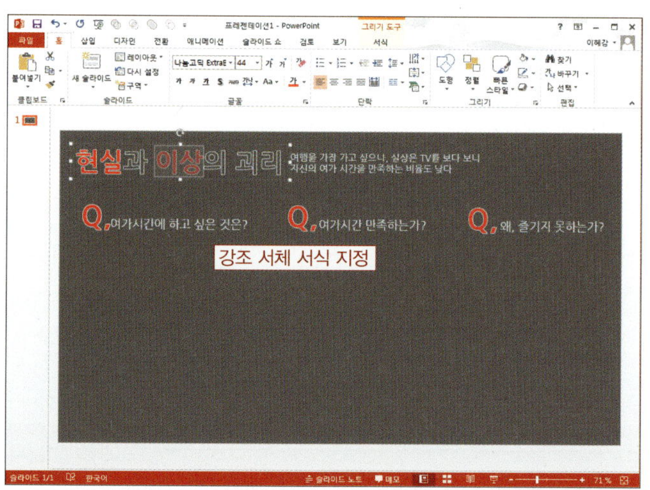

06 여행 가방을 만들기 위해 [삽입] 탭–[일
러스트레이션] 그룹–[도형]–[모서리가 둥근
직사각형]을 선택해 2개를 추가하고 [삽입]
탭–[일러스트레이션] 그룹–[도형]–[직사각
형]을 선택해 4개를 그림과 같이 만들어준다.

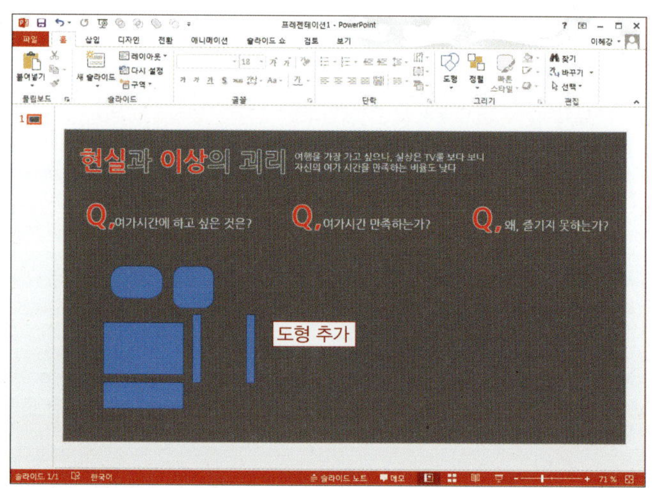

07 가방 손잡이를 만들기 위해 오른쪽에 있는 모서리가 둥근 직사각형을 왼쪽으로 그림과 같이 이동하여 두 개의 도형을 선택하고 [도형 빼기]를 선택한다.

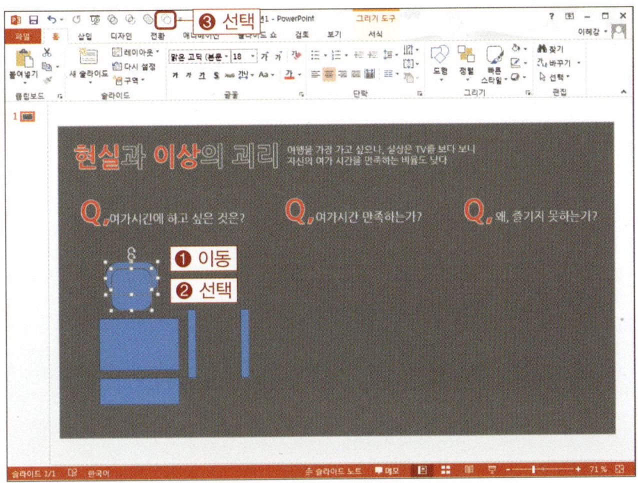

08 손잡이와 직사각형을 그림처럼 배치하고 서식을 지정한다.

도형	채우기 색	선
손잡이 / 직사각형	(3) 연회색	선 없음

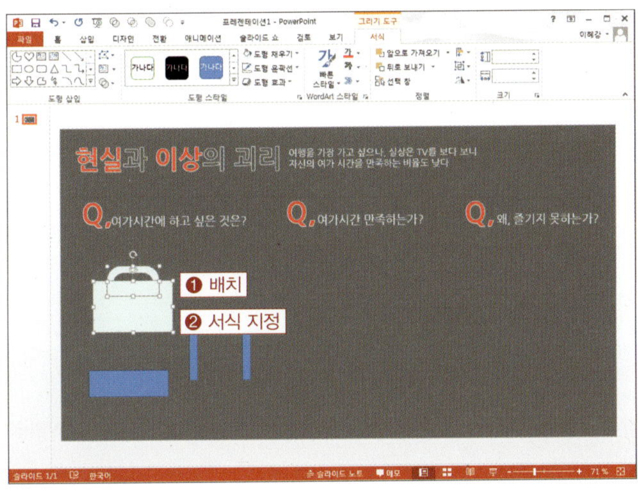

09 하단의 직사각형 도형을 선택하고 세로 크기를 조절한 후 서식을 지정하고 그림처럼 배치한다.

도형	채우기 색	선
직사각형	(2) 진분홍	선 없음

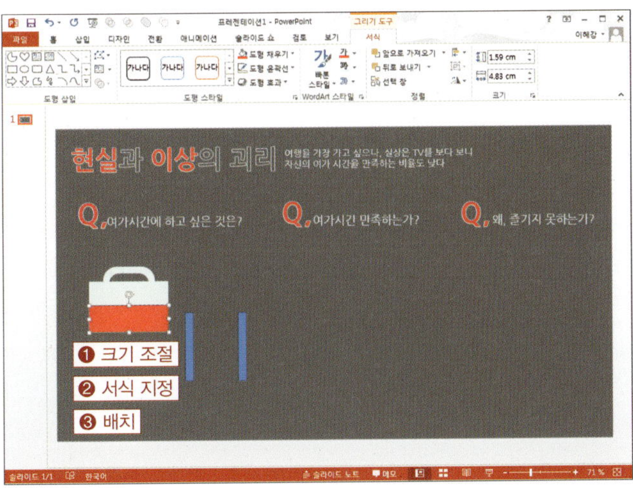

10 여행 가방임을 나타내기 위하여 긴 직사각형 두 개를 가방의 양 옆에 배치한 후 길이를 연회색의 높이에 맞게 조절한다. 두 개의 직사각형을 복제(Ctrl + D)하고 그림과 같이 배치한 후 각각 서식을 지정한다.

도형	채우기 색	선
직사각형	(2) 진분홍, (3) 연회색	선 없음

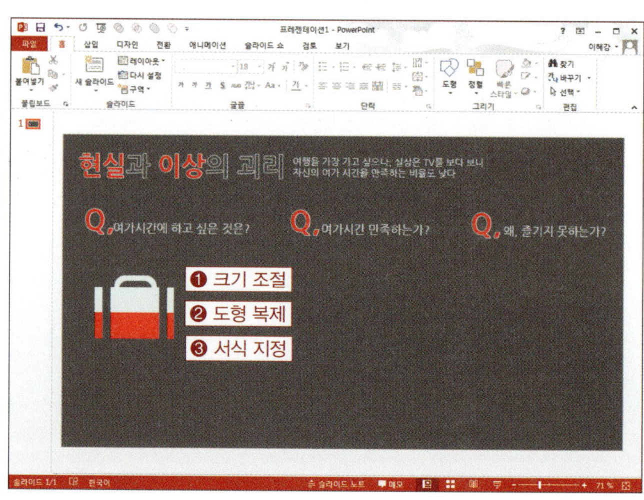

11 TV를 만들기 위하여 [삽입] 탭-[일러스트레이션] 그룹-[도형]-[모서리가 둥근 직사각형]을 선택해 TV 본체를 만들고 [삽입] 탭-[일러스트레이션] 그룹-[도형]-[원형]을 선택해 도형을 추가한다.

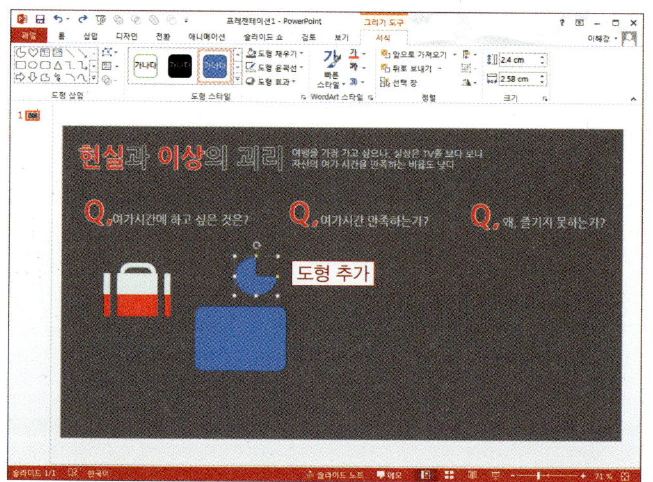

12 원형 도형의 모양 조절점을 드래그하여 반원을 만들고 원의 호가 위쪽을 향하도록 회전시킨다.

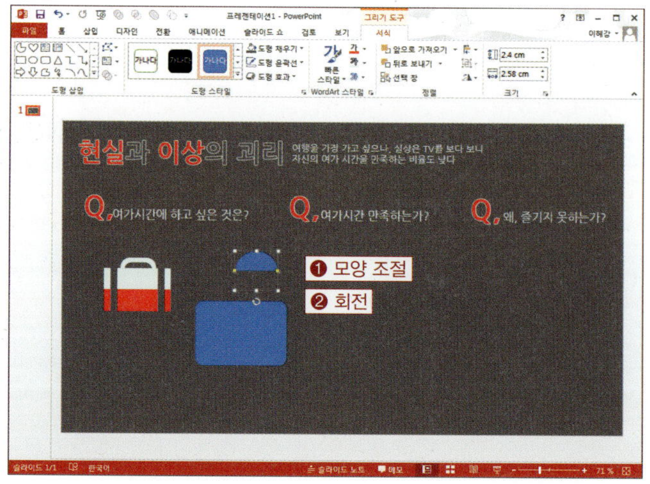

13 반원을 복제(Ctrl + D)한 후 회전 조절점을 드래그해 방향을 회전하고 TV 다리를 만들어준다. 수신기를 만들기 위해 [삽입] 탭-[일러스트레이션] 그룹-[도형]-[직사각형]을 선택하고 길게 두 개 추가한 후 그림처럼 회전시켜준다.

TIP
도형을 선택하면 표시되는 회전 조절점이 나오지 않는다면 도형의 크기를 크게 만든 후 회전하고 다시 크기를 줄여준다.

14 TV 도형을 모두 선택한 후 서식을 지정한다.

도형	채우기 색	선
TV 도형	(3) 연회색	선 없음

15 TV 본체 도형을 2개 복제(Ctrl + D)하여 스크린과 시청 비율을 표시할 도형을 만든다. 도형 빼기에 사용할 도형을 [삽입] 탭-[일러스트레이션] 그룹-[도형]-[직사각형]을 선택해 추가하고, TV 버튼이 될 도형을 [삽입] 탭-[일러스트레이션] 그룹-[도형]-[타원]을 선택해 만든다.

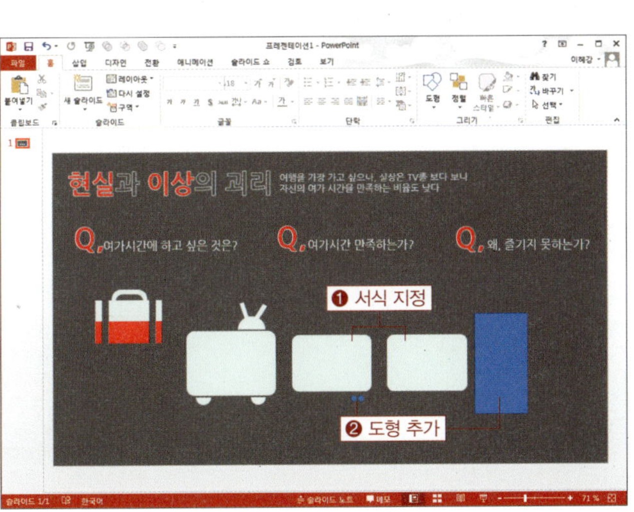

16 TV 시청 비율만큼 도형을 겹치게 만든 후 [도형 빼기]를 선택한다.

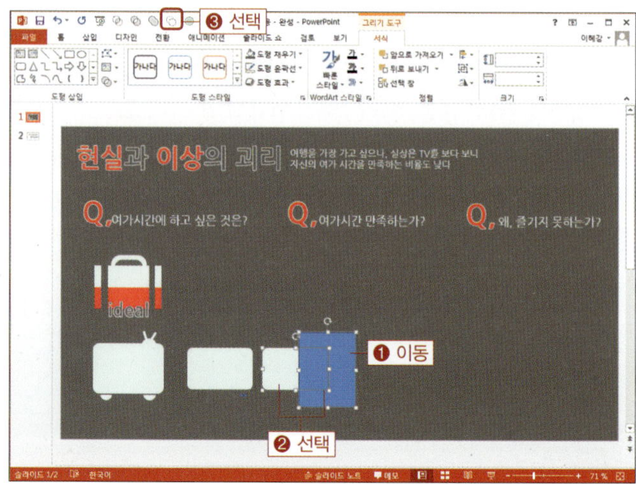

17 도형들의 서식을 지정하고 그림처럼 TV 위에 배치한다.

도형	채우기 색	선
스크린	(1) 진회색	선 없음
시청 비율	(2) 진분홍	선 없음
버튼	(2) 진분홍	선 없음

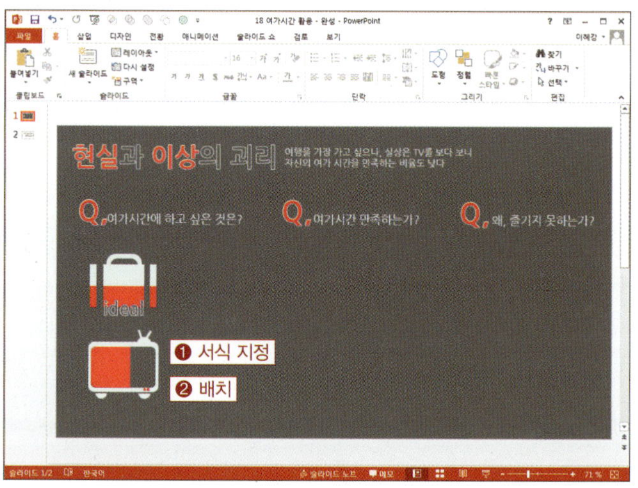

18 TV가 완성되었다면 [삽입] 탭-[텍스트] 그룹-[텍스트 상자]를 선택해 텍스트를 입력하고 서식을 지정한다.

텍스트	글꼴 / 글꼴 크기	글꼴 색	텍스트 윤곽선
ideal, Real, 퍼센트	나눔고딕 ExtraBold / 32	(1) 진회색	(3) 연회색
여행, TV 및 DVD시청	나눔고딕 / 16	(3) 연회색	–

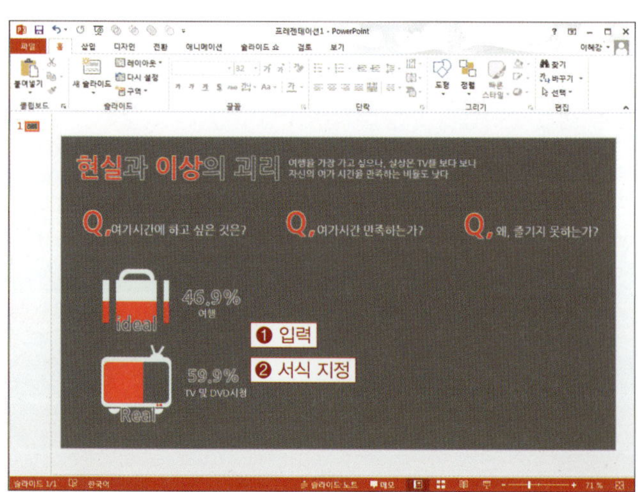

19 [삽입] 탭-[일러스트레이션] 그룹-[도형]-[자유형]을 이용하여 전파 모양의 선을 만들고 서식을 지정한다.

도형	선 색	선 두께
자유형	(3) 연회색	2 ¼ pt

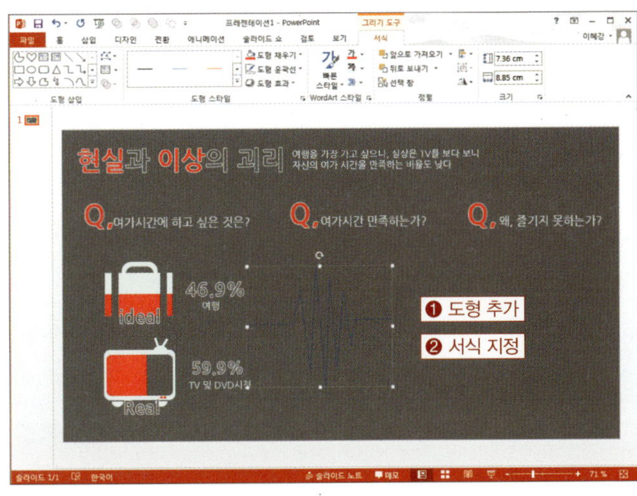

20 사람 도형을 만들기 위해 [삽입] 탭-[일러스트레이션] 그룹-[도형]-[타원]을 선택해 정원으로 머리를 만들고 [삽입] 탭-[일러스트레이션] 그룹-[도형]-[직사각형]을 선택해 몸통과 팔, 다리 각각 2개씩 만든 후 팔은 회전 조절점을 드래그해 회전시켜준다. [삽입] 탭-[일러스트레이션] 그룹-[도형]-[하트]를 선택해 만족도 비율만큼 크기를 지정해 도형을 추가한다.

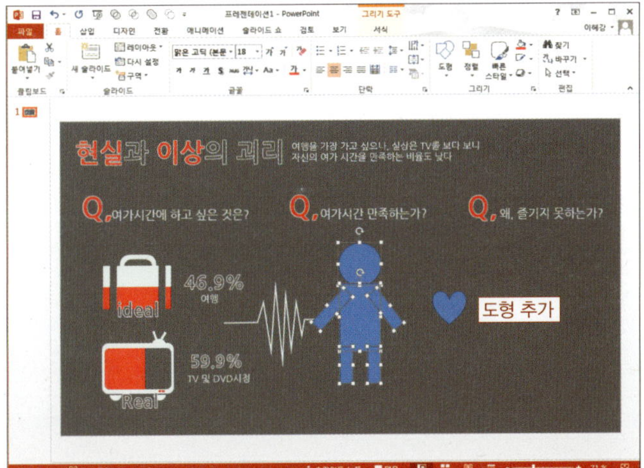

21 마우스를 드래그하여 사람 도형을 모두 선택한 후 [도형 병합]을 선택한다.

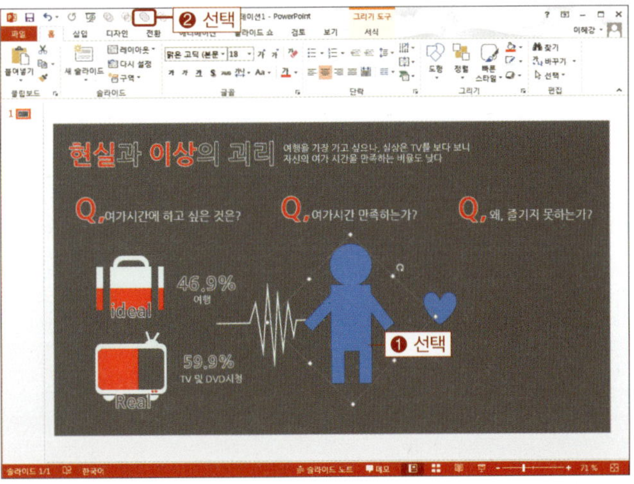

22 사람 도형과 하트 도형에 서식을 지정하고 그림처럼 배치한다.

도형	채우기 색	선	선 색
사람	채우기 없음	실선	(3) 연회색
하트	(2) 진분홍	실선	(3) 연회색

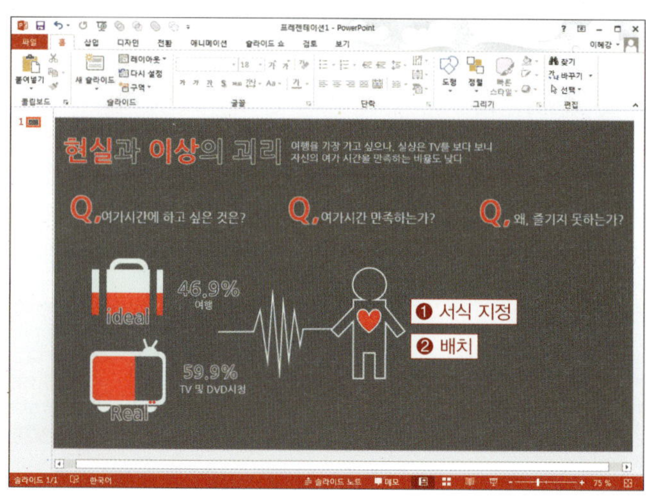

23 비율과 설명글 텍스트를 복제(Ctrl + D)해 그림처럼 변경하고 전파선도 복제(Ctrl + D)하여 손과 연결되도록 배치하고 텍스트를 수정한다.

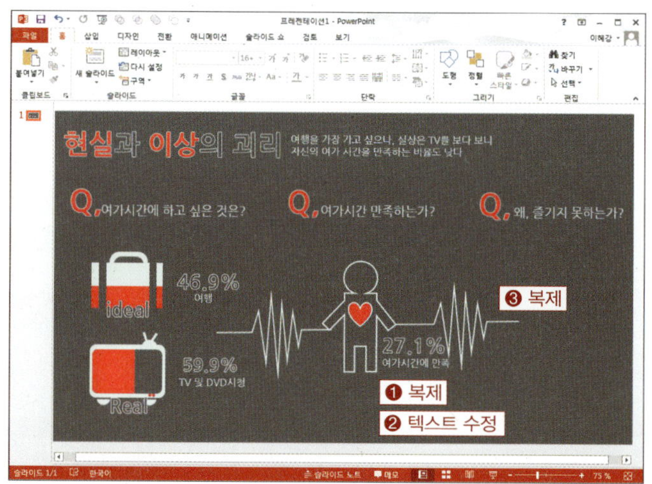

24 [삽입] 탭-[이미지] 그룹-[그림]을 선택하고 [여가시간 활용] 폴더에서 즐기지 못하는 이유에 관련된 파일을 삽입한다.

그림	파일명	서식
	사람 돈.wmf	(3) 연회색
	사람 시간.wmf	(3) 연회색

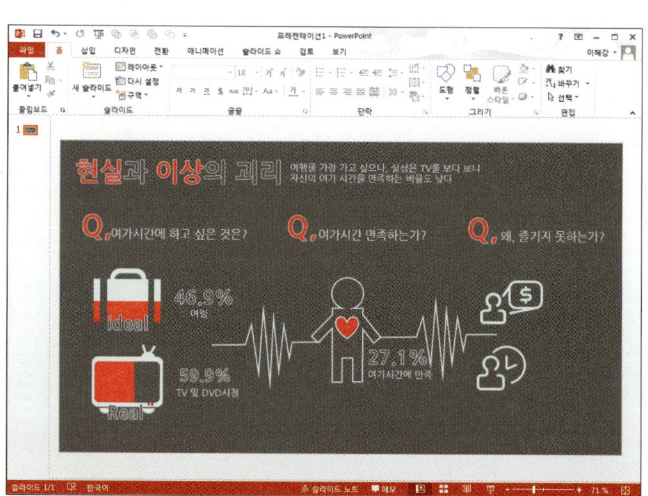

25 즐기지 못하는 이유의 비율을 나타내기 위해 [삽입] 탭-[일러스트레이션] 그룹-[도형]-[모서리가 둥근 직사각형]과 [원형]을 선택해 도형을 추가하고 서식을 지정한다. 시간 때문에 즐기지 못하는 비율만큼 원의 호 길이를 모양 조절점을 드래그해 조절한다.

도형	채우기 색	선
모서리가 둥근 직사각형 / 원형	(2) 진분홍	선 없음

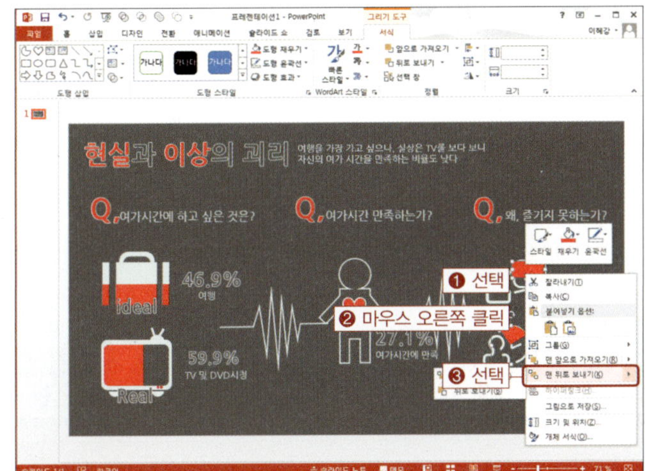

26 비율을 나타내는 도형이 아이콘보다 앞에 있으므로 두 개의 도형을 선택하고 마우스 오른쪽 버튼을 클릭한 후 [맨 뒤로 보내기]를 선택한다.

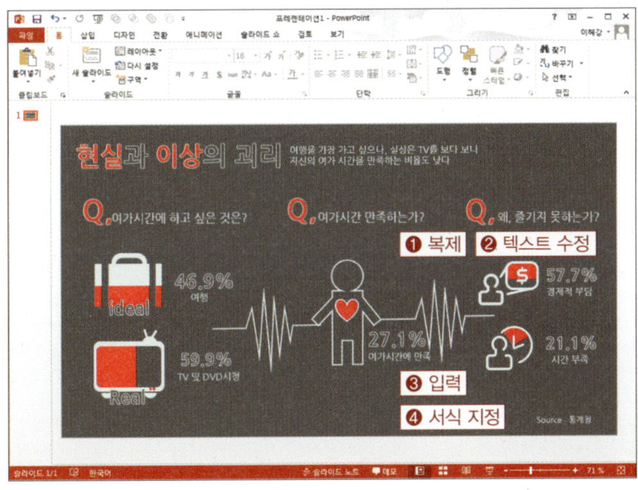

27 비율과 설명글을 복제(Ctrl + D)한 후 텍스트를 변경한다. [삽입] 탭-[텍스트] 그룹-[텍스트 상자]를 선택해 소스 출처를 입력하고 서식을 지정하여 슬라이드를 완성한다.

텍스트	글꼴 / 글꼴 크기	글꼴 색
Source~	나눔고딕 / 14	(3) 연회색

017

지속적인 운동을 위한
해결방안

B·E·F·O·R·E

지속적인 운동 방법

꾸준히 운동하는 사람은 회원의 5%
꾸준히의 기준은 한주에 평균 3회이상을 6개월간 출석하여 운동

개인운동지도 1~3개월 상품이 가장 많음 : 이유는 비용 측면

운동할 시간적 여유가 없음 : 회사일, 학교일
혼자서 하려니 잘 안된다.
금전적 문제
운동법을 몰라서 재미 없음

그래서!!!
Co-Player 제도 도입
비용적인 문제 해결
회원과의 친목으로 인한 재미 부가

지속적 운동 방법
슬라이드

꾸준히 운동하지 못하는 사람들의 원인을 분석한 후 그 원인을 해소할 수 있는 방안을 마련하여 지속적으로 운동할 수 있도록 하는 슬라이드를 만들고자 한다. 꾸준히 운동하는 사람과 그렇지 않은 사람들의 비율 차이를 표현하고 운동을 하지 못하는 이유에 대한 설명과 함께 Co-Player라는 제도를 도입해 문제를 해결할 수 있다는 내용을 담아내보자.

A·F·T·E·R

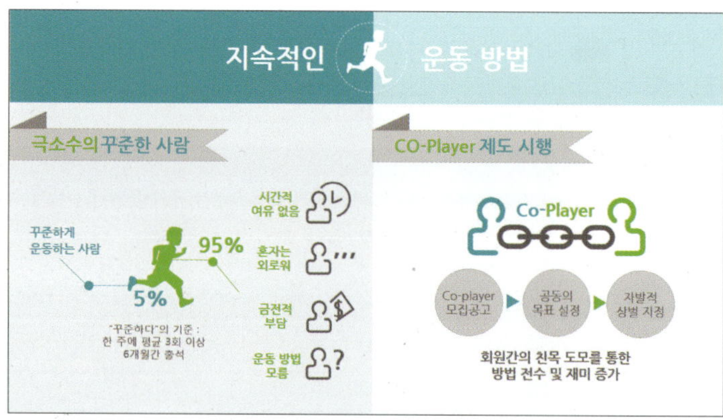

지속적 운동 방법
인포그래픽

꾸준히 운동하는 사람과 그렇지 않은 사람들의 비율 차이를 표현하기 위해 달리기를 하고 있는 사람을 활용하였다. 나머지 95%는 꾸준하게 운동하지 못한다라는 것을 강조하며 그 이유를 클립아트로 표현한다. 운동을 하지 못하는 이유에 사용했던 클립아트와 동일한 느낌의 클립아트로 Co-Player를 표현하여 운동을 하지 못했던 사람들에게 새롭게 할 수 있다라는 메시지를 전달한다.

- 완성파일 : 지속적 운동 방법 – 완성.pptx
- 실습파일 : 지속적 운동 방법 폴더
- 색상정보 : 지속적 운동 방법 – 색상.png

01 [보기] 탭–[마스터 보기] 그룹–[슬라이드 마스터]를 선택한다. 첫 번째 슬라이드에서 마우스 오른쪽 버튼을 클릭하고 [배경 서식]을 선택한다. [배경 서식] 작업 창의 [채우기]에서 '단색 채우기'를 선택하고 [색]을 '(1) 옅은 회색'으로 변경한다.

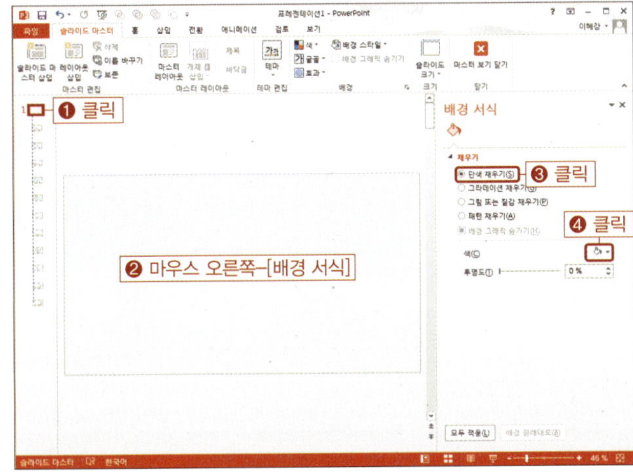

02 [삽입] 탭–[일러스트레이션] 그룹–[도형]–[직사각형]을 선택하고 슬라이드 위쪽에 추가한 후 서식을 지정한다.

도형	채우기 색	선
직사각형	(3) 파란색	선 없음

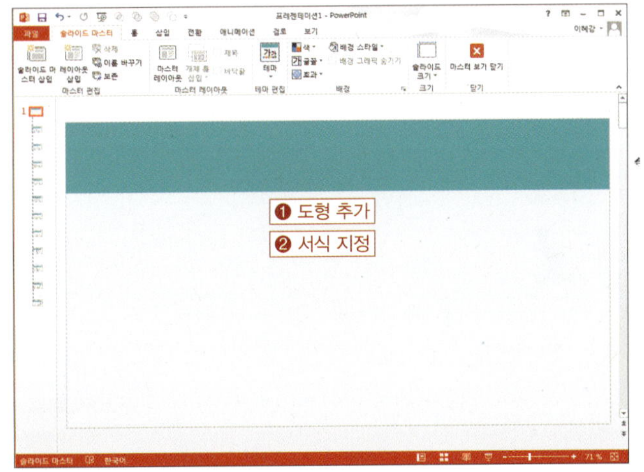

03 [삽입] 탭–[일러스트레이션] 그룹–[도형]–[직사각형]을 선택해 슬라이드의 오른쪽 절반이 채워지도록 도형을 추가한 후 서식을 지정한다.

도형	채우기 색	선
직사각형	(2) 흰색	선 없음

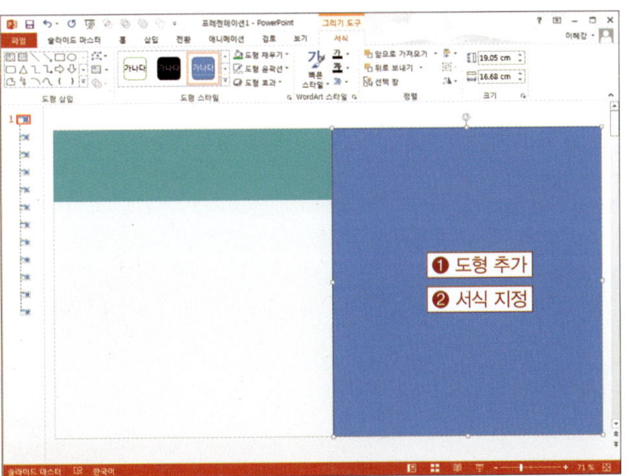

04 도형을 선택한 상태에서 마우스 오른쪽 버튼을 클릭하고 [도형 서식]을 선택한다. [도형 서식] 작업 창의 [채우기]에서 '단색 채우기'를 선택하고 [투명도]를 '30%'로 지정한다. 슬라이드를 반으로 나눈 느낌을 연출하였다. [슬라이드 마스터] 탭-[닫기] 그룹-[마스터 보기 닫기]를 클릭해서 작업 창으로 이동한다.

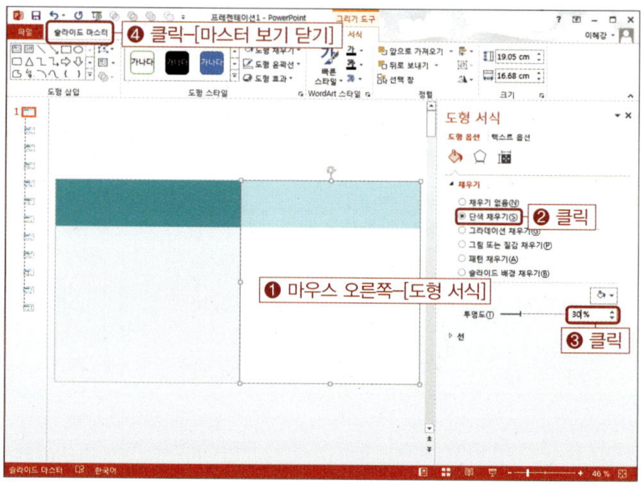

05 [삽입] 탭-[일러스트레이션] 그룹-[도형]에서 [타원]을 선택해 원을 만든다. [삽입] 탭-[이미지] 그룹-[그림]을 선택하고 [지속적 운동 방법] 폴더에서 파일을 삽입 후 서식을 지정한다.

이미지	파일명	서식
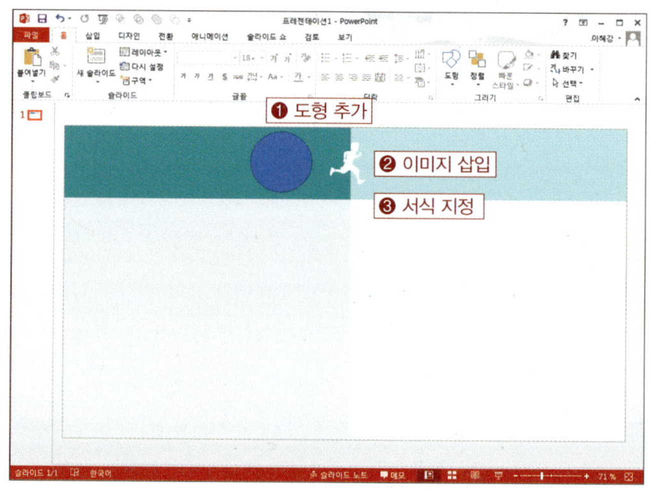	남자.wmf	(2) 흰색

06 원 도형을 선택한 후 서식을 지정하고 그림과 같이 배치한다.

도형	채우기 색	선	대시
원	채우기 없음	(2) 흰색	파선

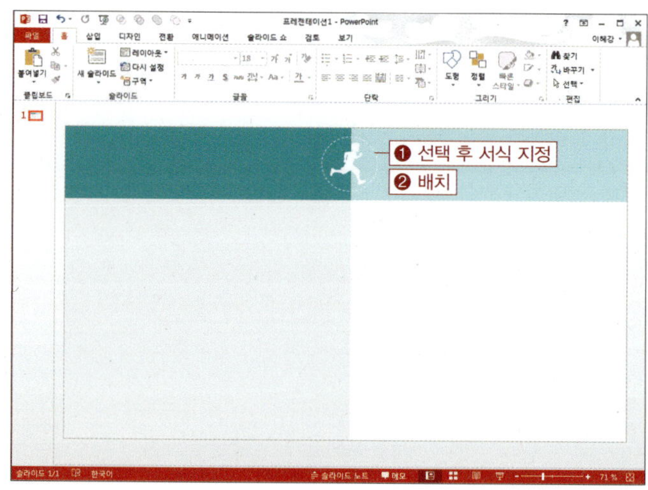

07 [삽입] 탭-[일러스트레이션] 그룹-[도형]-[직각 삼각형]을 선택해 도형을 추가한 후 [홈] 탭-[그리기] 그룹-[정렬]-[회전]-[좌우 대칭]을 선택해 방향을 전환하고 서식을 지정한다. [삽입] 탭-[일러스트레이션] 그룹-[도형]-[직사각형]을 선택해 직사각형을 그린다. 마우스 오른쪽 버튼을 클릭하고 [점 편집]을 선택해 그림처럼 리본 모양을 만들고 서식을 지정한다.

도형	채우기 색	선	선 색
직각 삼각형	(5) 회색	선 없음	–
직사각형	(6) 연회색	실선	(5) 회색

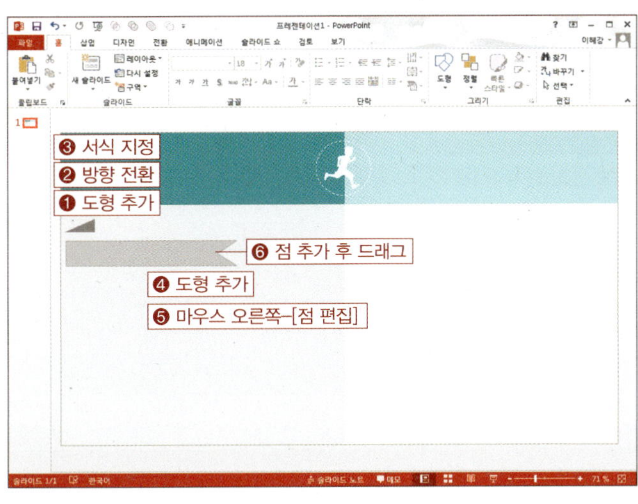

08 직각 삼각형과 리본 도형을 그림과 같이 배치하여 접힌 리본 모양을 완성한다. 접힌 리본을 하나 더 복제(Ctrl + D)하여 슬라이드 오른쪽에도 배치한다.

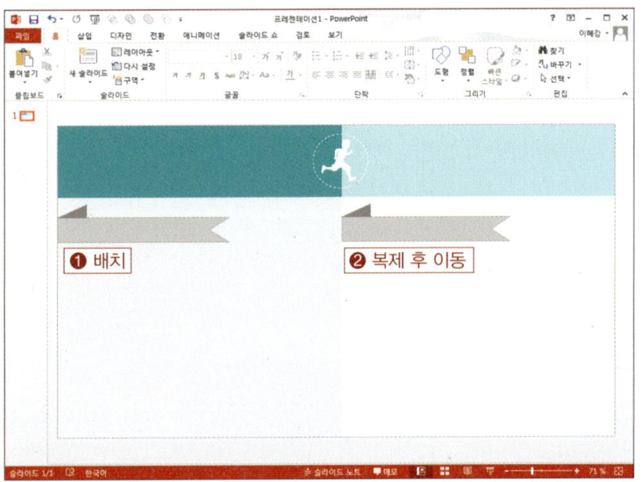

09 [삽입] 탭-[텍스트] 그룹-[텍스트 상자]를 선택해 제목과 소제목을 입력한 후 서식을 지정한다.

텍스트	글꼴 / 글꼴 크기 / 속성	글꼴 색
제목	나눔고딕 / 36 / 굵게	(2) 흰색
소제목	나눔고딕 / 24 / 굵게	(3) 파란색, (7) 초록색

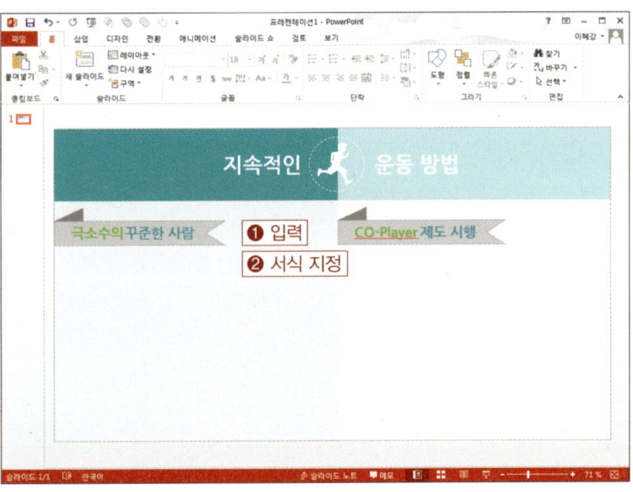

10 운동하는 남자 도형을 2개 더 복제(Ctrl + D)하여 서식을 지정한다.

도형	채우기 색
사람 도형	(3) 파란색
사람 도형	(7) 초록색

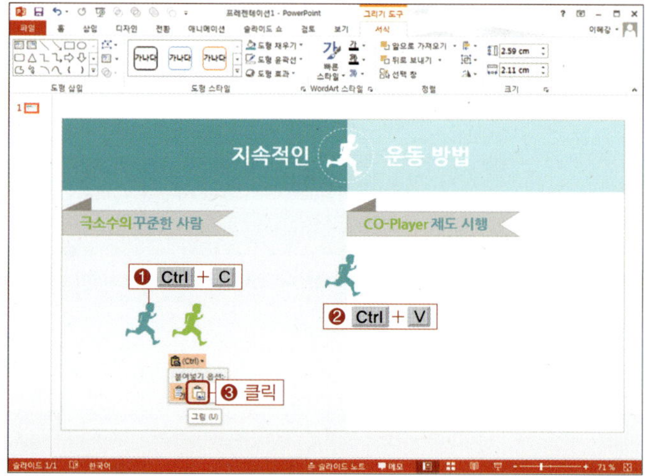

11 도형은 자르기가 되지 않으므로 도형을 이미지로 만들어야 한다. 파란색의 달리는 사람 도형을 선택하고 복사(Ctrl + C)한 후 붙여 넣기(Ctrl + V)를 한다. 복사된 도형의 오른쪽 아래에 나타나는 Ctrl 버튼을 클릭해 [붙여 넣기 옵션]에서 [그림]을 선택한다.

12 이미지로 만들어진 운동하는 사람을 선택하고 [그리기 도구]-[서식] 탭-[크기] 그룹-[자르기]를 선택한 후 5%를 나타내기 위해 신발만 남기고 이미지를 잘라준다. 파란색 도형은 Delete 를 눌러 삭제한다.

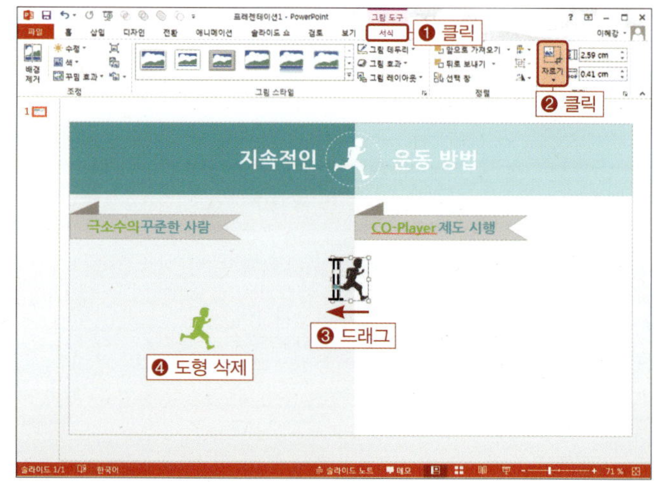

13 자른 이미지를 초록색 도형 위에 배치한다.

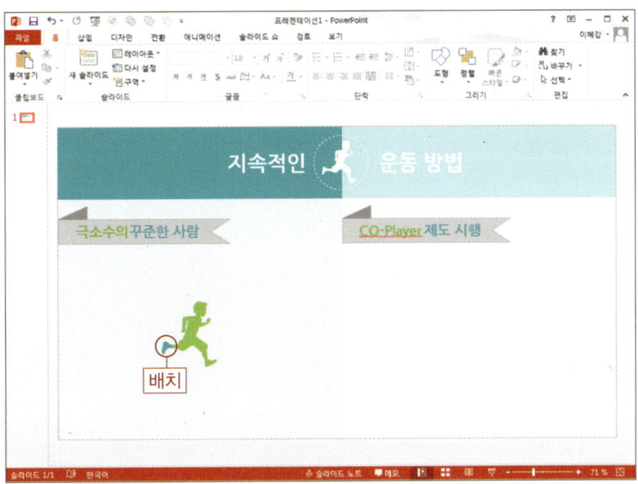

14 파란색과 초록색이 무엇을 의미하는지 알려주기 위해 [삽입] 탭-[일러스트레이션] 그룹-[도형]에서 [선]과 [타원]을 선택해 지시선을 만든 후 서식을 지정한다. [삽입] 탭-[텍스트] 그룹-[텍스트 상자]를 선택해 각 영역의 비율을 입력하고 서식을 지정한다.

도형	채우기 색	선 색
선	–	도형과 동일한 색
타원	도형과 동일한 색	–

텍스트	글꼴 / 글꼴 크기 / 속성	글꼴 색
비율	나눔고딕 ExtraBold / 28 / 굵게	도형과 동일한 색

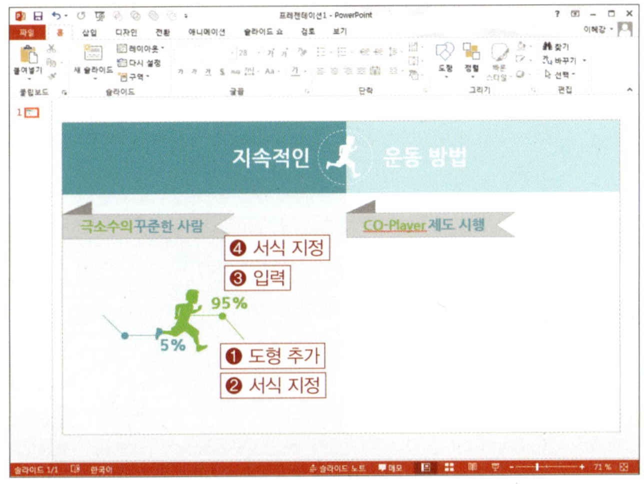

15 [삽입] 탭-[텍스트] 그룹-[텍스트 상자]를 선택해 해당 영역에 관련된 텍스트를 입력하고 서식을 지정한다.

텍스트	글꼴 / 글꼴 크기 / 속성	글꼴 색
꾸준하게 운동하는 사람	나눔고딕 / 16 / 굵게	(3) 파란색
95%의 이유	나눔고딕 / 16 / 굵게	(7) 초록색
기준	나눔고딕 / 14	(4) 진회색

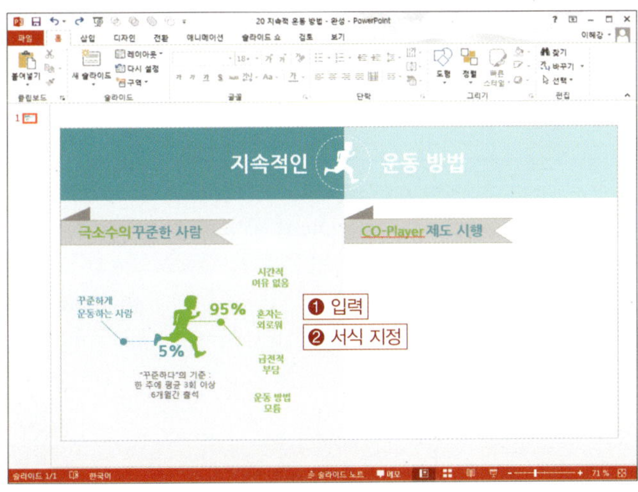

16 운동을 제대로 하지 못하는 이유에 적합한 이미지를 [삽입] 탭–[이미지] 그룹–[그림]–[지속적 운동 방법] 폴더에서 다음과 같이 wmf 파일을 삽입한 후, 서식을 지정한다.

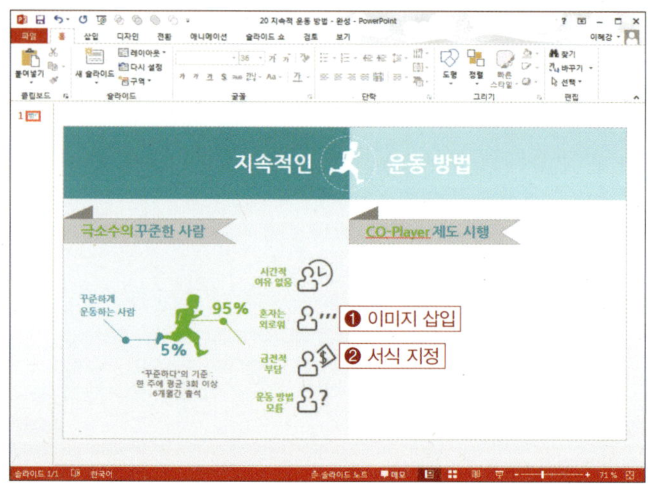

이미지	파일명	서식
	사람 시간.wmf	(4) 진회색
	사람.wmf + ,,, 입력	(4) 진회색
	사람.wmf + [선]으로 그리기 + $ 입력	(4) 진회색
	사람.wmf + ? 입력	(4) 진회색

17 [삽입] 탭–[이미지] 그룹–[그림]–[지속적 운동방법] 폴더에서 Co-player에 관련된 wmf 파일을 삽입하고 서식을 지정한다.

이미지	파일명	서식
	사람 체인.wmf	(3) 파란색, (4) 진회색, (7) 초록색

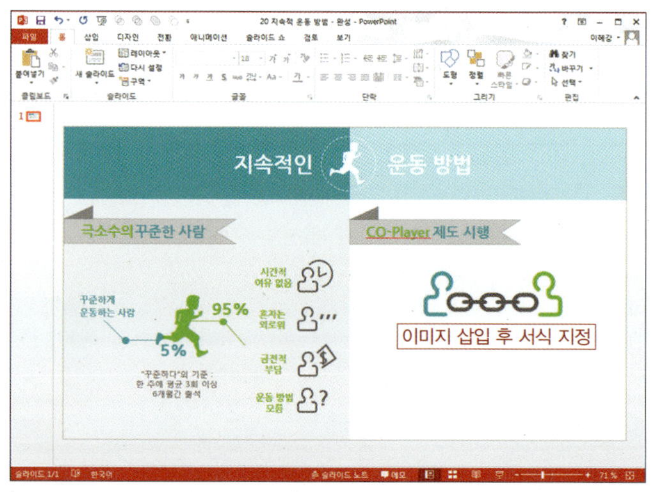

18 [삽입] 탭-[일러스트레이션] 그룹-[도형]-[타원]을 선택해 단계를 나타내는 도형을 추가하고 서식을 지정한다. [삽입] 탭-[일러스트레이션] 그룹-[도형]-[이등변 삼각형]을 선택해 흐름을 나타내는 도형을 추가하고 서식을 지정한다.

도형	채우기 색	선	선 색
타원	(6) 연회색	실선	(5) 회색
이등변 삼각형	(3) 파란색, (7) 초록색	선 없음	–

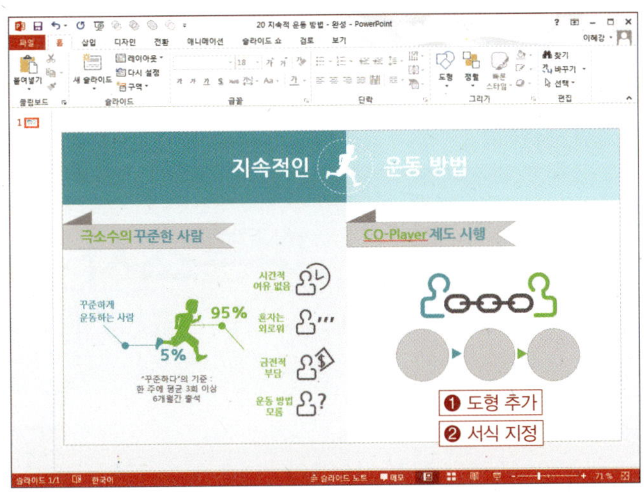

19 [삽입] 탭-[텍스트] 그룹-[텍스트 상자]를 선택해 관련 텍스트를 입력하고 서식을 지정하여 완성한다.

텍스트	글꼴 / 글꼴 크기 / 속성	글꼴 색
Co–Player	나눔고딕 ExtraBold / 24 / 굵게	(3) 파란색, (7) 초록색
단계	나눔고딕 / 16	(4) 진회색
결론	나눔고딕 / 18 / 굵게	(4) 진회색

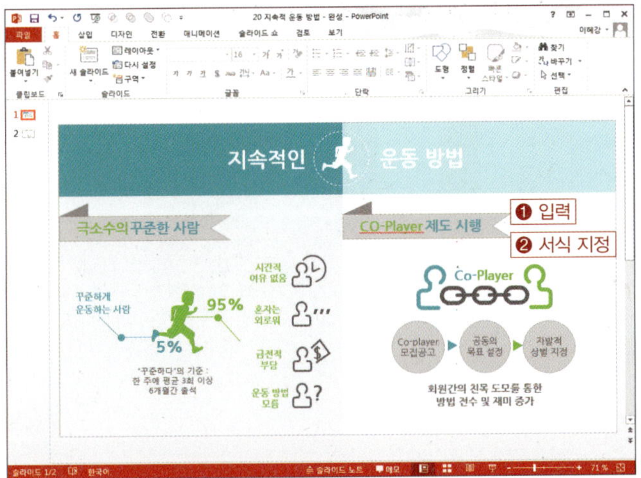

018

여론조사 결과에 맞는
복지 정책안

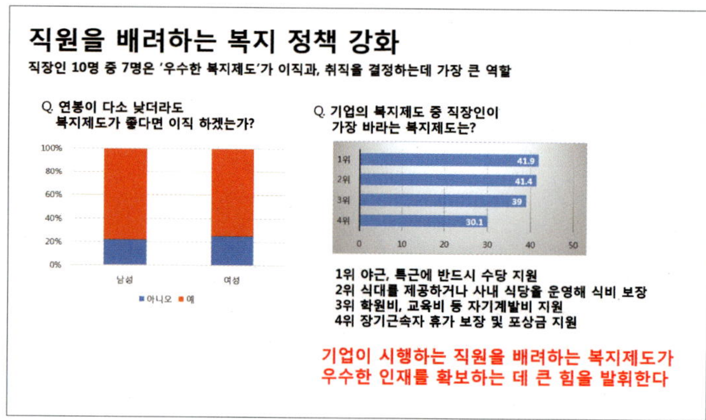

복지 정책 강화 슬라이드

직원들이 복지 제도에 대해서 얼마나 중요하게 생각하고 있는지와 어떠한 복지 제도를 원하는지에 대한 설문조사 결과 자료이다. 이러한 자료를 토대로 복지 강화의 중요성과 그에 맞춘 회사의 복지 정책을 제안하는 슬라이드를 만들어보자.

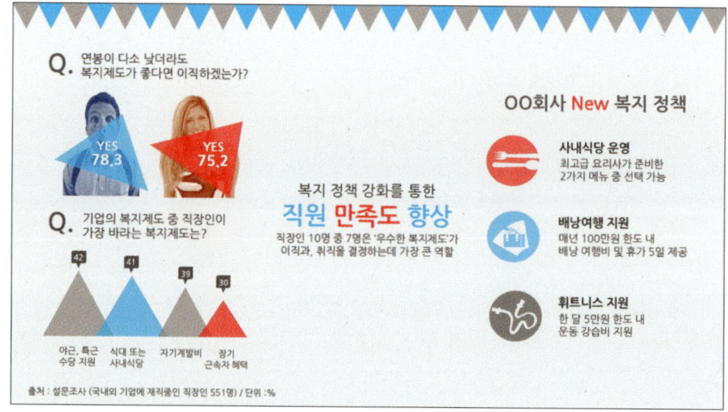

복지 정책 강화 인포그래픽

남자와 여자 비교 응답을 나타내는 이미지와 차트는 많이 있다. 차트를 색다른 느낌으로 표현하고 싶다면 남자와 여자 사진을 이용해 하나의 색상 톤으로 변경하고 그 위에 도형과 투명도를 활용해 응답 비율을 표시하면 더욱 직관적으로 표현할 수 있다. 직원들이 바라는 복지 제도를 표현하기 위해 일반적으로 사용하는 차트 대신 삼각형을 겹치게 배치하고 각 비율을 정확히 전달하기 위해 수치를 입력한다. 새롭게 만들 복지 정책을 표현하기 위해 복지 제도와 어울리는 클립아트를 활용해 느낌을 전달하고 간략한 텍스트로 설명을 보충한다.

• 완성파일 : 복지정책 강화 – 완성.pptx
• 실습파일 : 복지정책 강화 폴더
• 색상정보 : 복지정책 강화 – 색상.png

01 [보기] 탭–[마스터 보기] 그룹–[슬라이드 마스터]를 선택하고 첫 번째 슬라이드를 선택한 후 마우스 오른쪽 버튼을 클릭하고 [배경 서식]을 선택한다. [배경 서식] 작업 창의 [채우기]에서 [색]을 '(1) 연회색'으로 지정한다.

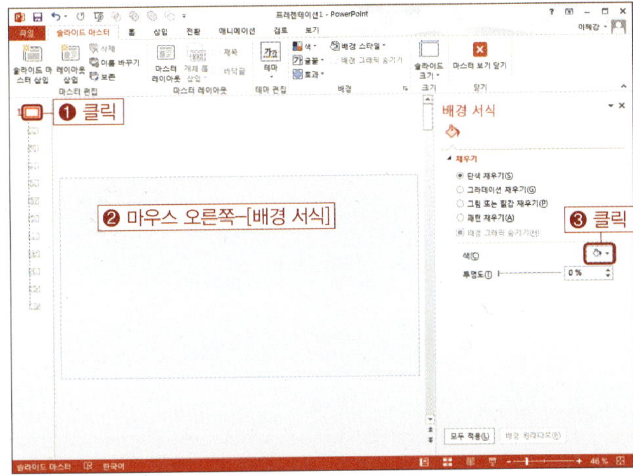

02 슬라이드에 파티 플래그 모양을 만들기 위해 [삽입] 탭–[일러스트레이션] 그룹–[도형]–[이등변 삼각형]을 선택해 도형을 추가하고 방향을 회전시킨다. 이등변 삼각형을 복제(Ctrl+D)해 그림과 같이 슬라이드 위쪽을 채워준다.

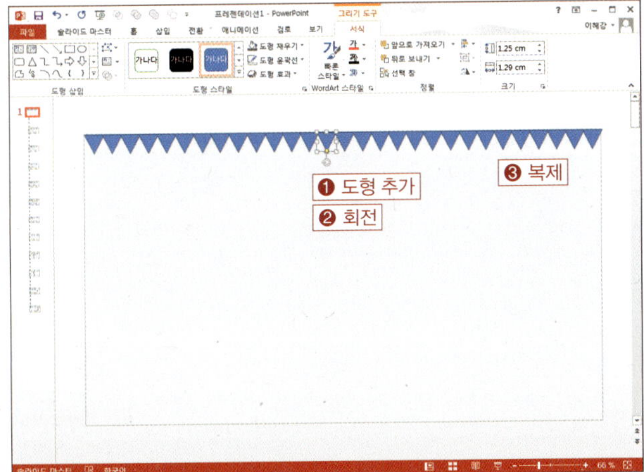

> **TIP**
> 도형이 슬라이드에 맞추어 정렬되지 않았다면 도형을 모두 선택한 후 [홈] 탭–[그리기] 그룹–[맞춤]에서 맞춘다.

03 채우기 색이 반복되도록 서식을 변경하고 작업이 끝나면 [슬라이드 마스터] 탭–[닫기] 그룹–[마스터 보기 닫기]를 선택해 작업 창으로 이동한다.

도형	채우기 색
이등변 삼각형	(5) 진회색, (3) 파란색 반복

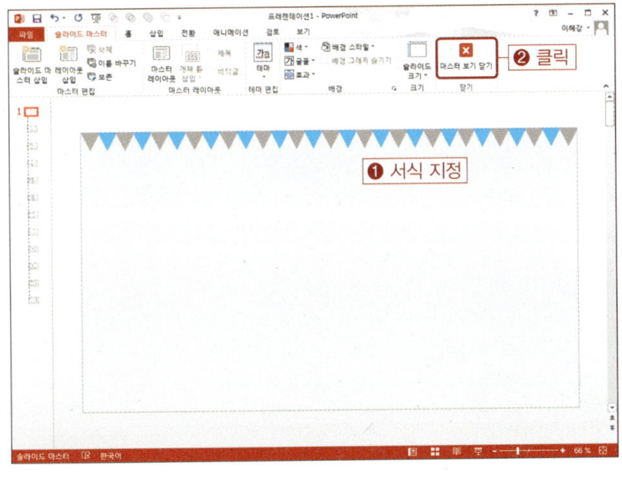

04 [삽입] 탭–[텍스트] 그룹–[텍스트 상자]를 선택해 제목과 질문을 입력하고 서식을 지정한다.

텍스트	글꼴 / 글꼴 크기 / 속성	글꼴 색
Q.	나눔고딕 / 32 / 굵게	(5) 진회색
질문	나눔고딕 / 16	(5) 진회색
복지 정책 강화를 통한	나눔고딕 / 20	(5) 진회색
직원 만족도 향상	나눔고딕 / 32 / 굵게	(3) 파란색, (4) 분홍색
설명	나눔고딕 / 14	(5) 진회색

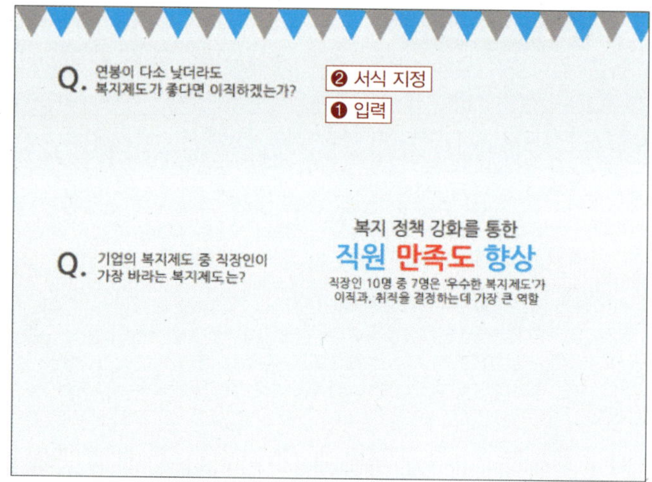

05 남자와 여자를 나타내기 위해 [삽입] 탭–[이미지] 그룹–[그림]을 선택하고 [복지정책 강화] 폴더에서 '입을 벌린 남자'와 '젊은 여자' 이미지를 추가한다.

06 이미지를 선택한 후 [그림 도구]–[서식] 탭–[배경 제거]를 선택해 배경을 제거한다. 여자의 경우 전신이 나온 사진이므로 [그림 도구]–[서식] 탭–[정렬] 그룹–[자르기]를 선택해 남자처럼 상체만 남기고 자른다.

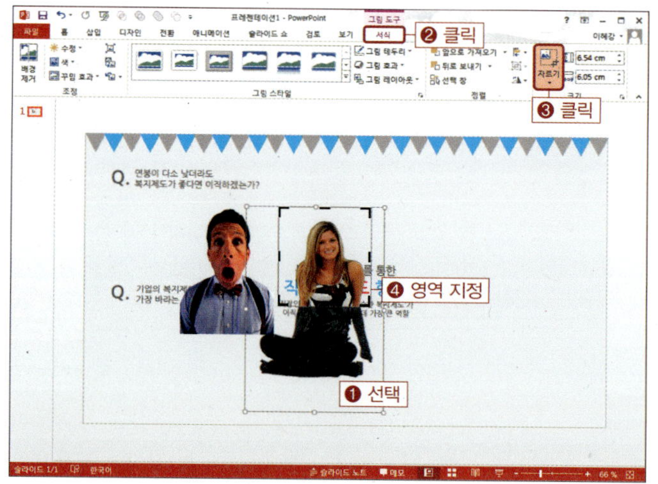

07 사진을 선택한 상태에서 [그림 도구]−[서식] 탭−[조정] 그룹−[색]의 [다시 칠하기]에서 남자 사진은 [파랑, 밝은색 강조1]을, 여자 사진은 [주황, 밝은색 강조2]를 선택해 색상을 변경한다.

08 남녀 그림을 그림처럼 배치하고 크기를 조절한다. [삽입] 탭−[일러스트레이션] 그룹−[도형]−[이등변 삼각형]을 선택하고 도형을 추가한 후 회전 조절점을 드래그하여 회전시켜준다. 삼각형의 크기는 동의하는 비율에 비례될 수 있도록 여자 쪽보다 남자 쪽 삼각형을 더 크게 만든다.

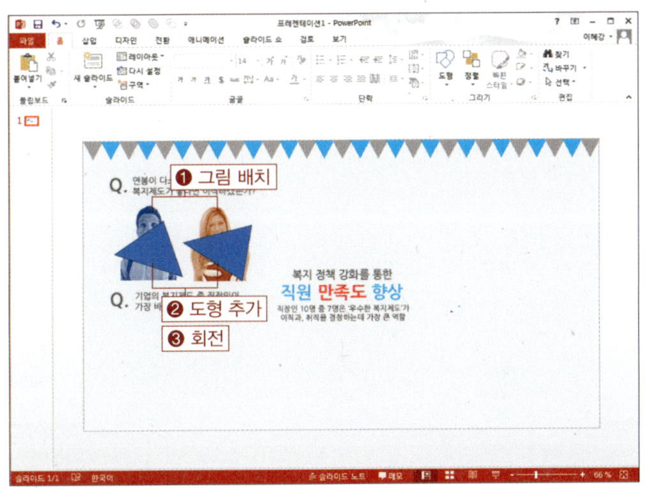

09 도형을 선택한 상태에서 마우스 오른쪽 버튼을 클릭하고 [도형 서식]을 선택해 서식을 각각 지정한다.

도형	채우기 색	투명도	선
남자 도형	(3) 파란색	30%	선 없음
여자 도형	(4) 분홍색	30%	선 없음

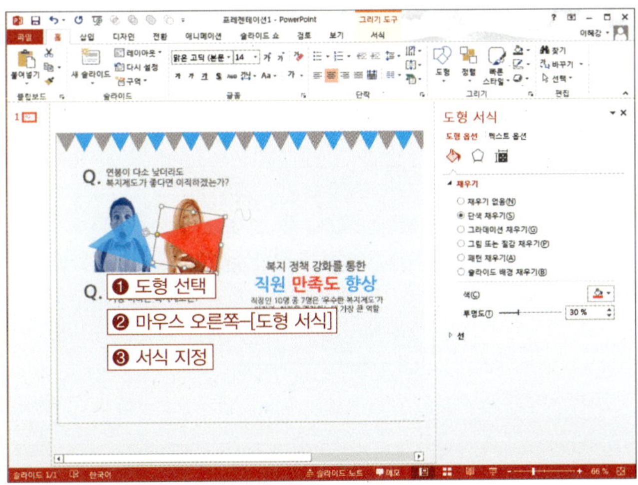

10 [삽입] 탭-[텍스트] 그룹-[텍스트 상자]를 선택해 동의하는 비율을 입력하고 서식을 지정한다.

텍스트	글꼴 / 글꼴 크기	글꼴 색
YES	나눔고딕 ExtraBold / 16	(2) 연회색
수치	나눔고딕 ExtraBold / 20	(2) 연회색

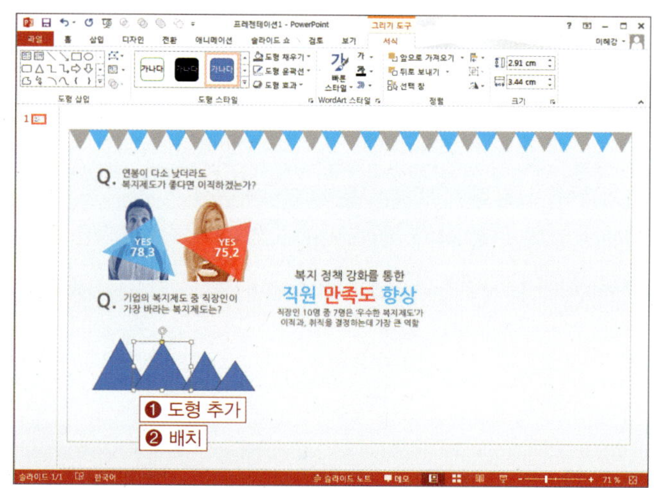

11 [삽입] 탭-[일러스트레이션] 그룹-[도형]-[이등변 삼각형]을 선택해 도형 4개를 만들고 원하는 복지 제도의 비율에 맞게 크기를 변경한 후 그림처럼 겹치게 배치한다.

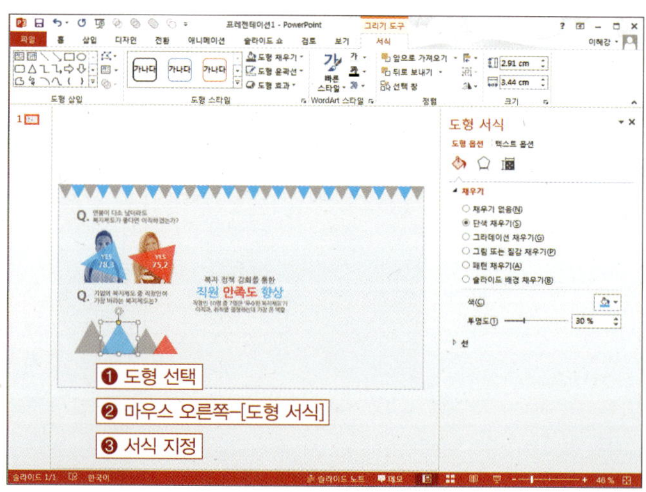

12 도형을 선택한 상태에서 마우스 오른쪽 버튼을 클릭하고 [도형 서식]을 선택하여 각각의 서식을 지정한다.

도형	채우기 색	투명도	선
첫 번째 도형	(2) 연회색	30%	선 없음
두 번째 도형	(3) 파란색	30%	선 없음
세 번째 도형	(2) 연회색	30%	선 없음
네 번째 도형	(4) 분홍색	30%	선 없음

13 [삽입] 탭-[일러스트레이션] 그룹-[도형]-[대각선 방향의 모서리가 둥근 직사각형]을 선택해 도형을 추가한다. [삽입] 탭-[일러스트레이션] 그룹-[도형]-[이등변 삼각형]을 선택해 도형을 추가한 후 회전 조절점을 드래그해 회전시켜준다.

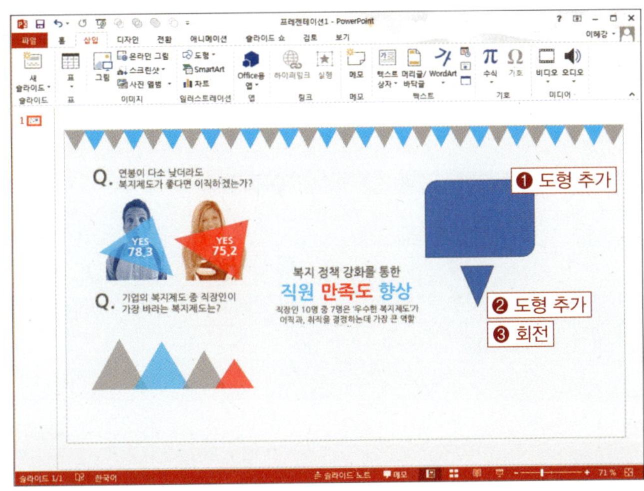

14 도형을 그림과 같이 배치하고 서식을 지정한다. 두 도형을 선택한 후 Ctrl + G 를 눌러 그룹으로 설정한다.

도형	채우기 색	선
모두	(5) 진회색	선 없음

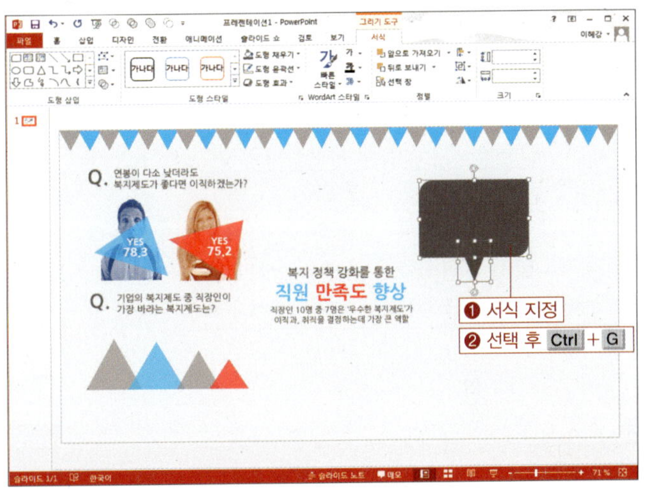

15 작성한 도형의 크기를 줄여 삼각형 꼭짓점 위에 배치하고 복제(Ctrl + D)하여 그림처럼 배치한다.

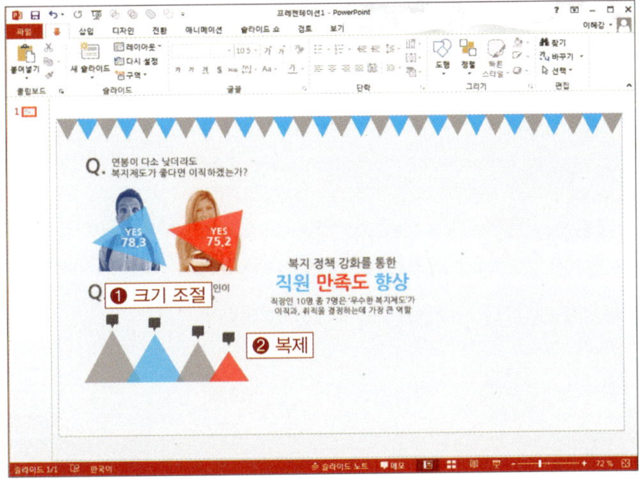

16 [삽입] 탭-[텍스트] 그룹-[텍스트 상자]를 선택해 수치와 항목, 출처를 입력하고 서식을 지정한다.

텍스트	글꼴 / 글꼴 크기	글꼴 색
수치	나눔고딕 / 10.5	(2) 연회색
항목	나눔고딕 / 12	(5) 진회색
출처	나눔고딕 / 12	(5) 진회색

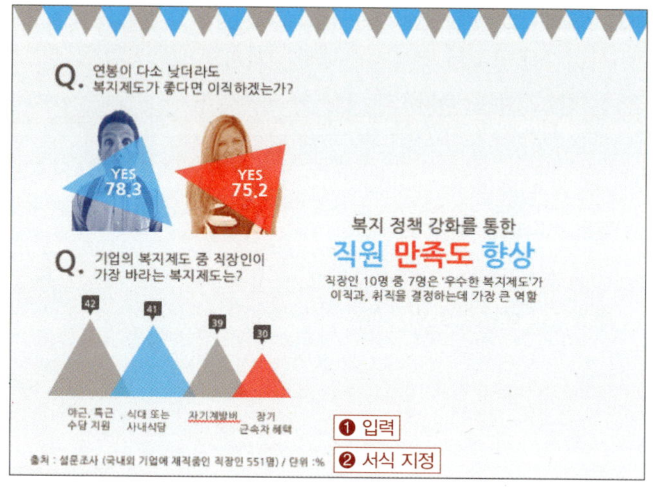

17 [삽입] 탭-[일러스트레이션] 그룹-[도형]-[타원]을 선택하고 도형 3개를 만든 후 서식을 지정한다.

도형	채우기 색	투명도	선
첫 번째 도형	(4) 분홍색	30%	선 없음
두 번째 도형	(3) 파란색	30%	선 없음
세 번째 도형	(5) 진회색	30%	선 없음

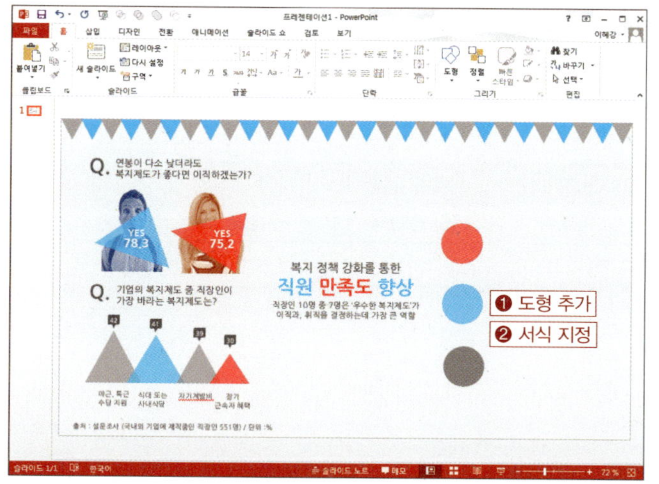

18 [삽입] 탭-[이미지] 그룹-[그림]을 선택하고 [복지정책 강화] 폴더에서 복지제도에 어울리는 파일을 삽입한다.

이미지	파일명	서식
사내식당	식당.wmf	(2) 연회색
배낭여행	여행용 가방.wmf	(2) 연회색
휘트니스	줄넘기.wmf	(2) 연회색

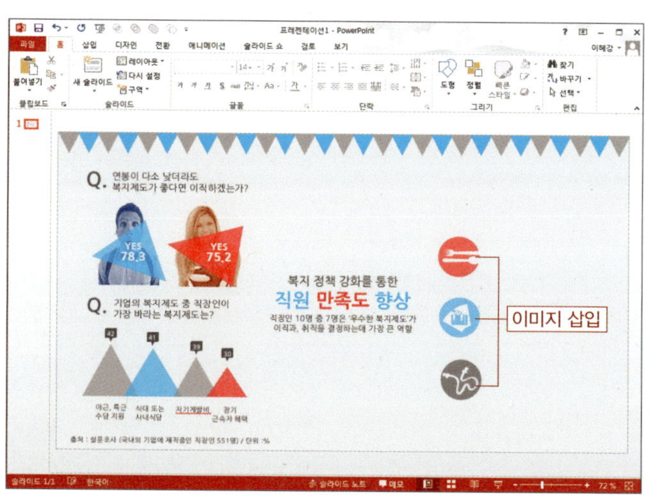

19 [삽입] 탭-[텍스트] 그룹-[텍스트 상자]를 선택해 복지제도에 대한 상세 내역을 입력하고 서식을 지정하여 완성한다.

텍스트	글꼴 / 글꼴 크기 / 속성	글꼴 색
제목	나눔고딕 / 24 / 굵게	(4) 분홍색, (5) 진회색
소제목	나눔고딕 / 16 / 굵게	(5) 진회색
부연설명	나눔고딕 / 14	(5) 진회색

019

나라를 소개하는
교육자료

B·E·F·O·R·E

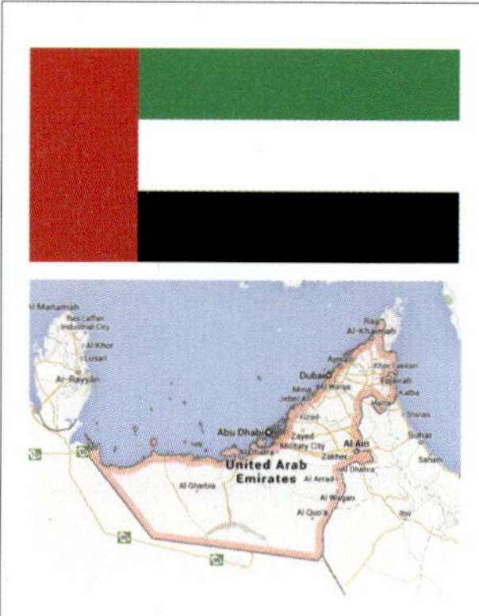

나라 소개 슬라이드

한 나라에 대한 설명을 할 때 기본적으로 국기, 지도, 인구 등의 정보를 제공한다. 국기와 지도 등을 한 슬라이드에서 보여주다 보면 일관성을 유지하기 어렵다. 일관된 느낌을 유지하면서 그 나라를 대표하는 이미지를 활용해 슬라이드를 만들어보자.

A·F·T·E·R

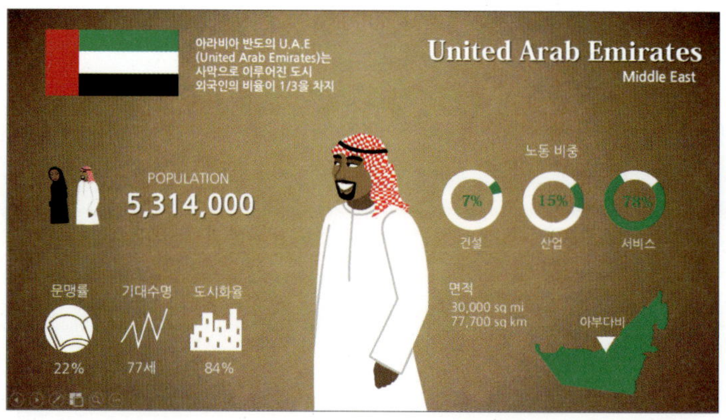

나라 소개 인포그래픽

UAE는 사막 지역임을 고려하여 상자 사진을 사용하여 사막 느낌이 나도록 배경을 표현하였다. 해당 나라의 전통 의상을 입은 사람이 있다면 활용해도 좋다. 이 슬라이드에 추가된 사람은 파워포인트에서 제공하는 클립아트이다. 또한 UAE의 국기에 사용된 색을 활용하여 더욱 통일감 있는 인포그래픽을 만들었다.

• 완성파일 : UAE 나라 소개 – 완성.pptx
• 실습파일 : 나라 소개 폴더
• 색상정보 : UAE 나라 소개 – 색상.png

01 [보기] 탭–[마스터 보기] 그룹–[슬라이드 마스터]를 선택하고 첫 번째 슬라이드를 선택한다. [삽입] 탭–[이미지] 그룹–[그림]을 선택해 '나라 소개–배경.png'를 삽입하고 슬라이드 크기에 맞게 크기를 조절한 후 [슬라이드 마스터] 탭–[닫기] 그룹–[마스터 보기 닫기]를 선택한다.

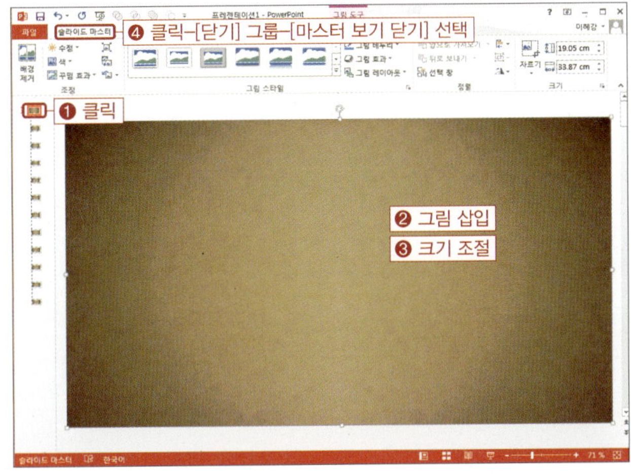

02 [삽입] 탭–[텍스트] 그룹–[텍스트 상자]를 선택해 제목, 상세 설명 등을 입력한 후 서식을 지정한다. 구글(http://www.google.co.kr)에서 'UAE flag'로 검색해 해당 국기 이미지를 저장한 후 [삽입] 탭–[이미지] 그룹–[그림]을 선택해 국기를 불러온 후 배치한다.

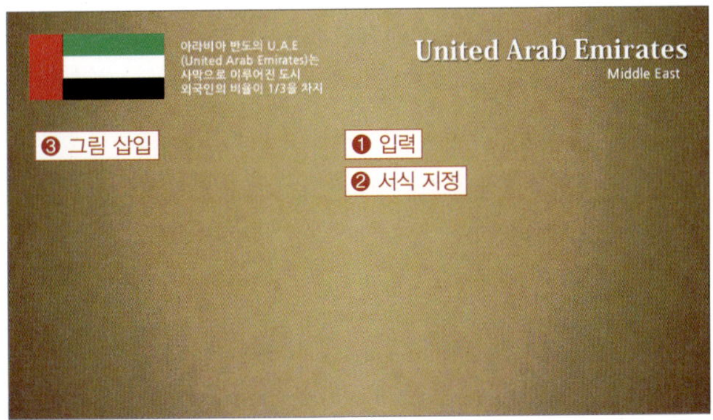

텍스트	글꼴 / 글꼴 크기 / 속성	글꼴 색
부가설명	나눔고딕 / 16 / 굵게	(2) 흰색
나라 이름	Kozuka Mincho Pro H / 36 / 텍스트 그림자	(2) 흰색
Middle East	나눔고딕 / 18 / 굵게	(2) 흰색

03 [삽입] 탭–[이미지] 그룹–[그림]을 선택하고 [나라 소개] 폴더에서 '아랍남자.png'를 삽입한다.

04 UAE 인원수를 나타내기 위해 [삽입] 탭
–[이미지] 그룹–[그림]을 선택하고 [나라 소개]
폴더에서 '아랍여자.png'와 '아랍남자.png'를
삽입한다. [삽입] 탭–[텍스트] 그룹–[텍스트
상자]를 선택해 인원수를 입력하고 서식을 지
정한다.

텍스트	글꼴 / 글꼴 크기 / 속성	글꼴 색
POPULATION	나눔고딕 / 18	(2) 흰색
인원수	나눔고딕 ExtraBold / 36 / 굵게, 텍스트 그림자	(2) 흰색

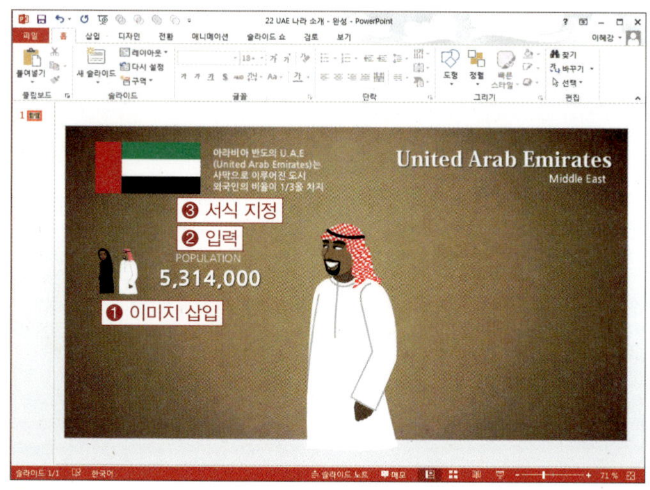

05 [삽입] 탭–[이미지] 그룹–[그림]을 선택
하고 [나라 소개] 폴더에서 문맹률, 도시에 관
한 파일을 삽입한다. [삽입] 탭–[일러스트레
이션] 그룹–[도형]–[자유형]을 선택해 기대
수명을 나타내는 도형을 삽입하고 서식을 지
정한다. [삽입] 탭–[텍스트] 그룹–[텍스트 상
자]를 선택해 제목과 퍼센트를 입력한 후 서
식을 지정한다.

텍스트	글꼴 / 글꼴 크기	글꼴 색
제목 / 퍼센트	나눔고딕 / 18	(2) 흰색

이미지		파일명	서식
문맹률		책.wmf	(2) 흰색
건물		건물.wmf	(2) 흰색

도형	선 색	선 두께
자유형	(2) 흰색	2 ¼pt

06 [삽입] 탭-[텍스트] 그룹-[텍스트 상자]를 선택해 노동 비중에 관련된 항목과 비율을 입력하고 서식을 지정한다.

텍스트	글꼴 / 글꼴 크기 / 속성	글꼴 색
노동 비중	나눔고딕 / 18	(2) 흰색
퍼센트	Kozuka Mincho Pro H / 20 / 굵게	(1) 초록색
산업 이름	나눔고딕 / 16	(2) 흰색

07 [삽입] 탭-[일러스트레이션] 그룹-[차트]를 선택한다. 차트 종류에서 [원형]을 선택한 후 [도넛형]을 선택하고 [확인] 버튼을 클릭한다.

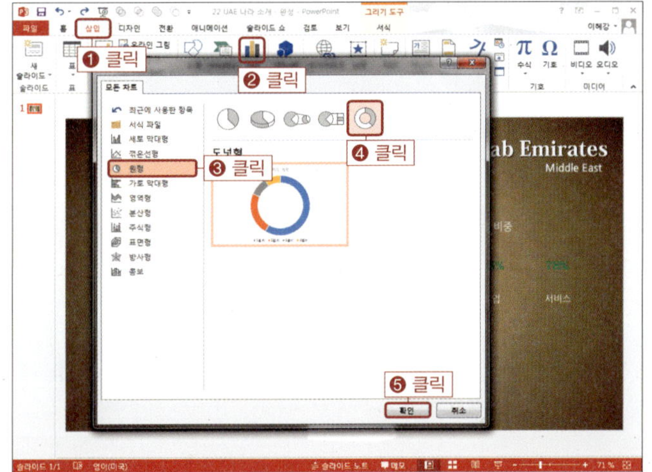

08 엑셀 데이터 창에서 데이터를 입력하고 엑셀 창을 닫는다.

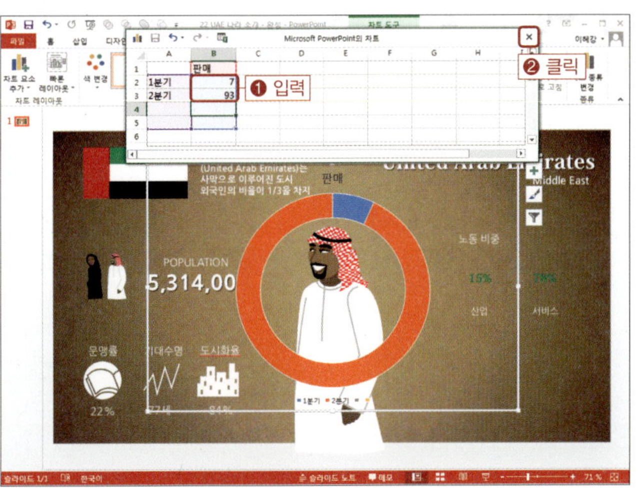

09 차트를 제외한 차트 구성 요소들을 선택한 후 Delete 를 눌러 삭제한다.

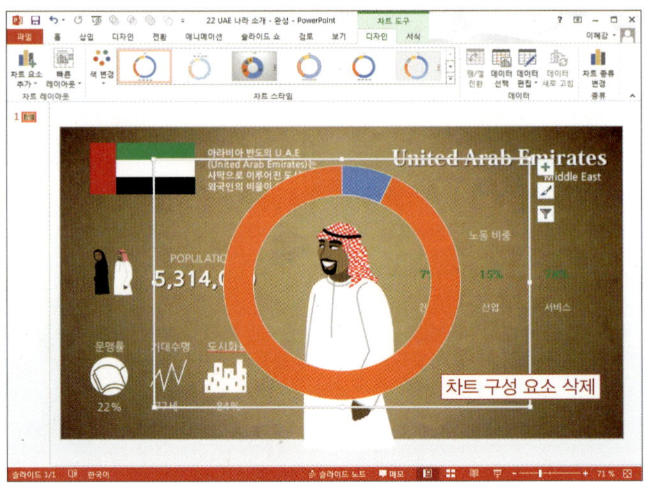

10 차트 계열을 더블클릭하고 [데이터 계열 서식] 작업 창이 나타나면 [계열 옵션]을 선택한다. [첫째 조각의 각]을 '50°', [도넛 구멍 크기]를 '70%'로 지정한다.

11 [데이터 계열 서식] 작업 창의 [채우기 및 선]을 선택한다. 각 계열을 선택하고 [채우기]의 [색]을 '(1) 초록색'과 '(2) 흰색'으로 변경한다.

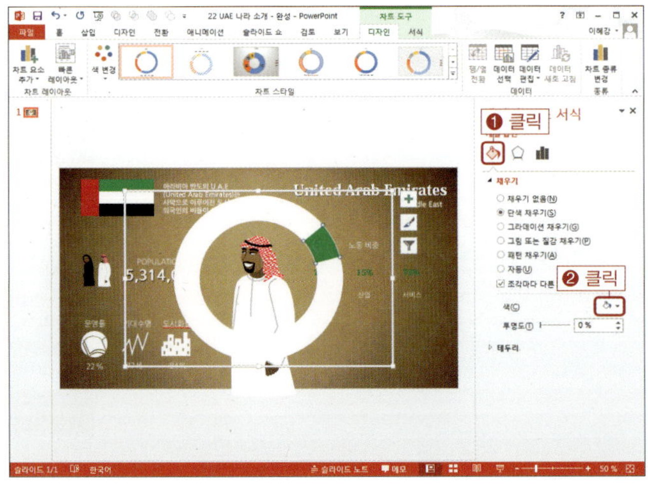

TIP
변경할 부분을 선택한 후 차트색을 변경해야 한다.

12 [데이터 계열 서식] 작업 창의 [테두리]에서 '선 없음'을 선택한다.

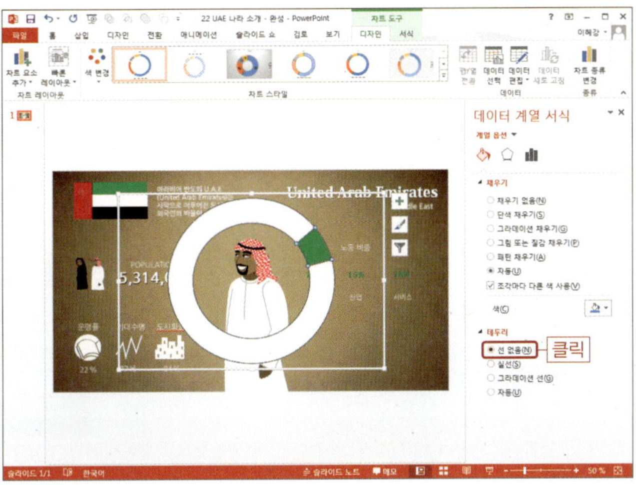

13 완성된 차트의 크기를 변경하고 비율이 가운데 위치하도록 배치한다.

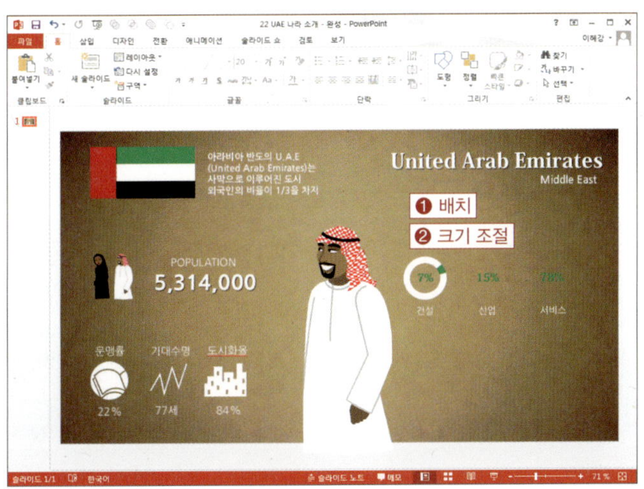

14 Ctrl + D 를 눌러 차트를 두 개 더 복제한 후 비율이 가운데 위치하도록 배치한다.

15 데이터를 변경할 차트에서 마우스 오른쪽 버튼을 클릭하고 [데이터 편집]을 선택한다. 엑셀 데이터 창이 나타나면 해당되는 비율 값을 입력한 후 엑셀 창을 닫는다.

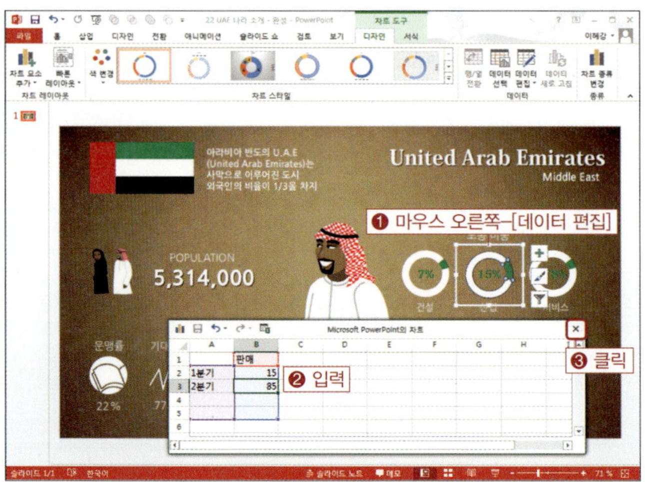

16 같은 방법으로 서비스 항목도 데이터 값을 아래와 같이 변경하여 그래프를 작성한다.

그래프	1분기	2분기
두 번째 그래프(산업)	15	85
세 번째 그래프(서비스)	78	22

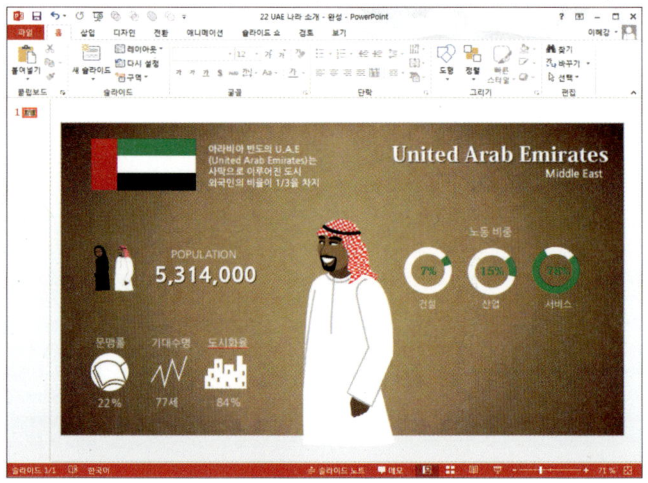

17 [삽입] 탭-[이미지] 그룹-[그림]을 선택하고 'UAE map.png'를 슬라이드에 삽입한다.

18 [삽입] 탭-[일러스트레이션] 그룹-[도형]
-[자유형]을 선택해 지도를 자유형 도형으로
만든 후 사용했던 지도 이미지는 Delete 를 눌
러 삭제한다.

TIP
자세한 방법은 〈PART 02. SECTION 005 지도 도형 만들
기〉를 참고한다.

19 [삽입] 탭-[일러스트레이션] 그룹-[도
형]에서 [이등변 삼각형]을 선택해 도형을 추
가한 후 이등변 삼각형은 회전 조절점을 드래
그하여 회전시킨다. 지도와 도형의 서식을 지
정하고 그림과 같이 배치한다.

도형	채우기 색	선
지도	(1) 초록색	선 없음
이등변 삼각형	(2) 흰색	선 없음

20 [삽입] 탭-[텍스트] 그룹-[텍스트 상자]
를 선택해 면적 및 수도 이름을 입력하고 서
식을 지정한다.

텍스트	글꼴 / 글꼴 크기	글꼴 색
면적 제목	나눔고딕 / 18	(2) 흰색
면적 수치	나눔고딕 / 16	(2) 흰색
아부다비	나눔고딕 / 16	(2) 흰색

시장 변화를 한눈에 살펴보는
스마트폰 사용 분석도

B·E·F·O·R·E

모바일 기기 전성시대

IDC가 발표한 Global connected device shipment forecast
에 따르면 데스크탑은 감소하는 반면 모바일 기기의 사용량
은 증가할 것으로 예측되었다.

	데스크탑	노트북	테블릿PC	스마트폰
13년도	134	181	227	1013
17년도	124	197	407	1734

이동성이 편리한 스마트폰은 모든 기계의 허브 역할
을 하여 연동되는 시대가 더욱 더 과속화 될 것으로
보인다.

스마트폰 전성기 슬라이드

PC가 주류를 이루던 전자기기 시장은 이
동이 편리한 노트북, 태블릿, 스마트폰 등
으로 다양화되고 있다. PC를 제외한 다른
모바일 기기는 모두 증가할 것으로 예상
되며 특히 크기가 작은 스마트폰의 증가
량은 더욱 높아질 것으로 예상된다는 자
료이다.

A·F·T·E·R

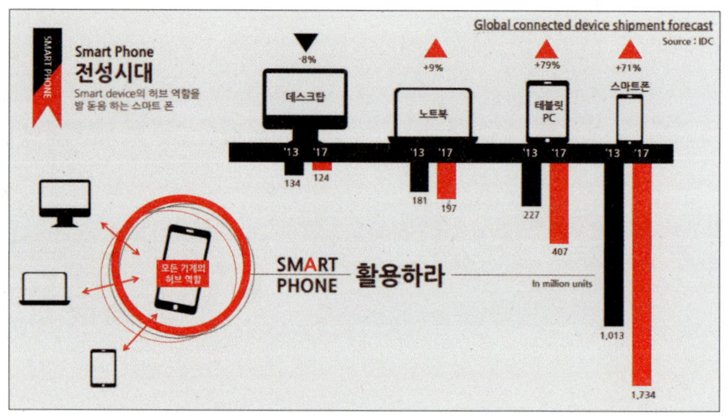

스마트폰 전성기
인포그래픽

먼저 각 기기들의 특징을 살릴 수 있는
제품은 이미지로 표현하고 수치는 그래
프로 표현한다. 또한 삼각형을 이용해 연
도별 비율을 비교한 값을 나타낸다. 스마
트폰의 사용량이 급진적으로 늘어나는
것을 반영하면서 모든 기기들의 허브 역
할을 할 것이라는 결론을 도출해 스마트
폰을 가운데 배치하고 나머지 기기들과
유기적으로 연결되어 있음을 표현한다.

• 완성파일 : 스마트폰 전성기 – 완성.pptx
• 색상정보 : 스마트폰 전성기 – 색상.png

01 빈 슬라이드에서 마우스 오른쪽 버튼을 클릭하고 [배경 서식]을 선택한다. [배경 서식] 작업 창의 [채우기]에서 [색]을 '(1) 연회색'으로 변경한다.

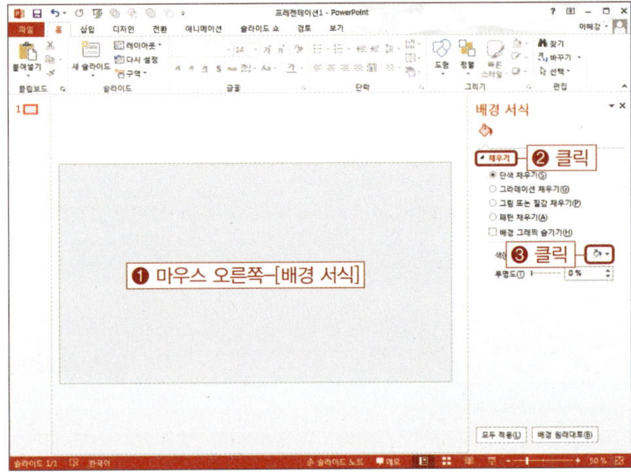

02 [삽입] 탭–[일러스트레이션] 그룹–[도형]–[직사각형]을 선택해 도형을 추가한다. 직사각형을 선택한 상태에서 마우스 오른쪽 버튼을 클릭하고 [점 편집]을 선택한다.

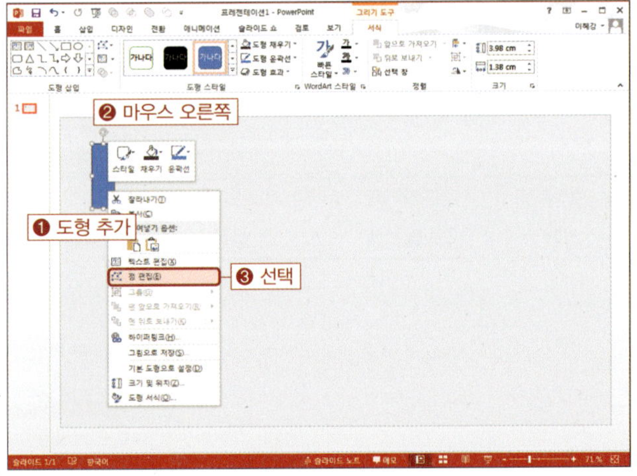

03 Ctrl 을 누른 상태에서 직사각형 아래 변의 가운데를 클릭해서 점을 추가한다.

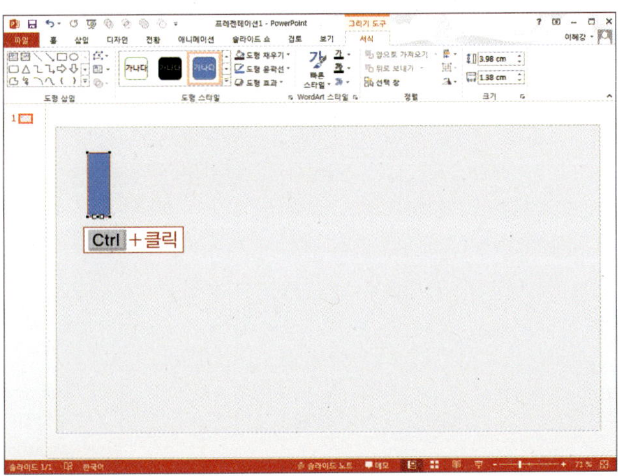

04 추가된 점을 위로 드래그하면 점의 위치가 바뀌면서 직사각형이 리본 모양으로 만들어진다.

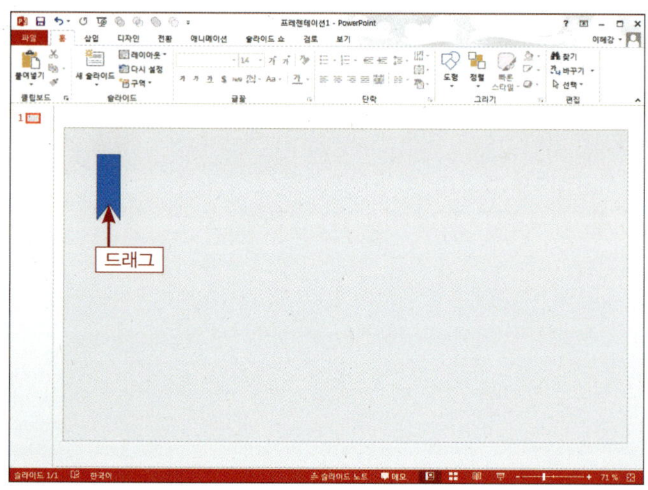

05 리본 도형에 서식을 지정하고 리본을 하나 더 복제(Ctrl + D)한다. [삽입] 탭-[일러스트레이션] 그룹-[도형]-[직각 삼각형]을 선택하고 도형을 추가한 후 회전 조절점을 드래그하여 그림처럼 회전시킨다.

도형	채우기 색	선
리본	(3) 빨간색	선 없음

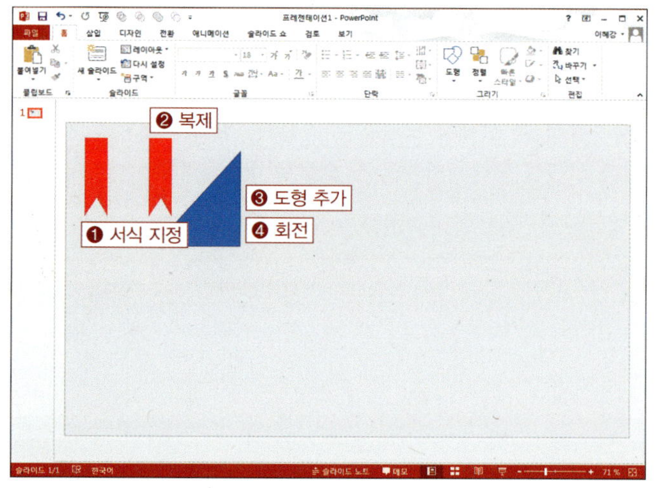

06 리본 위에 직각 삼각형을 위치시키고 두 도형을 모두 선택한 후 [도형 빼기]를 클릭해 리본을 잘라준다.

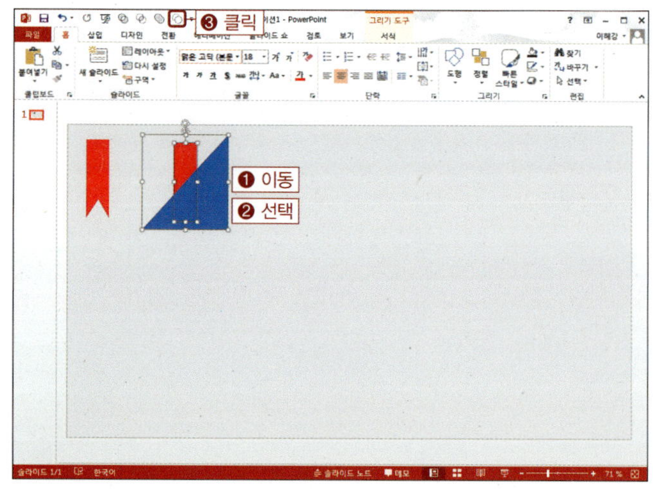

07 자른 리본의 서식을 지정하고 그림처럼 리본 위에 배치한다.

도형	채우기 색
자른 리본	(2) 진회색

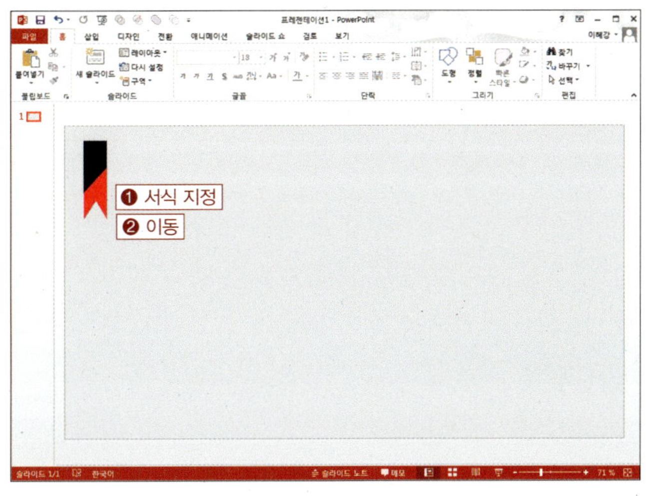

08 세로로 텍스트를 입력하기 위해 [삽입] 탭–[텍스트] 그룹–[텍스트 상자]–[세로 텍스트 상자]를 선택한 후 "SMART PHONE"이라고 입력한다. 서식을 지정하고 그림처럼 배치한다.

텍스트	글꼴 / 글꼴 크기 / 속성	글꼴 색
SMART PHONE	나눔고딕 / 12 / 굵게	(4) 흰색

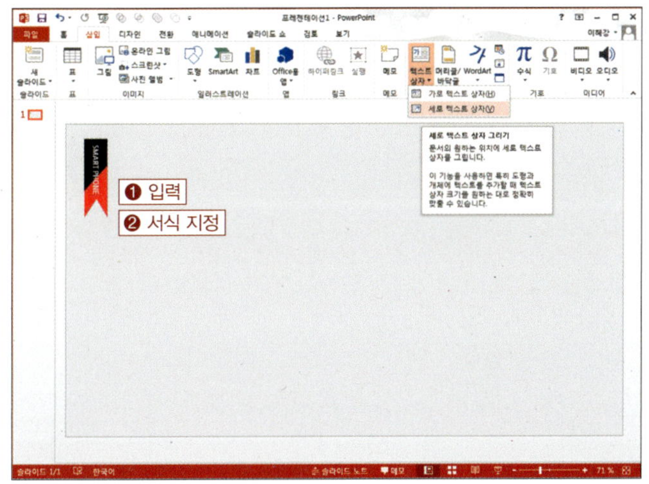

09 PC 모니터를 만들기 위해 [삽입] 탭–[일러스트레이션] 그룹–[도형]에서 본체가 될 [모서리가 둥근 직사각형], 액정이 될 [직사각형], 모니터 지지대가 될 [직사각형]과 [이등변 삼각형]을 선택해 도형을 추가한다.

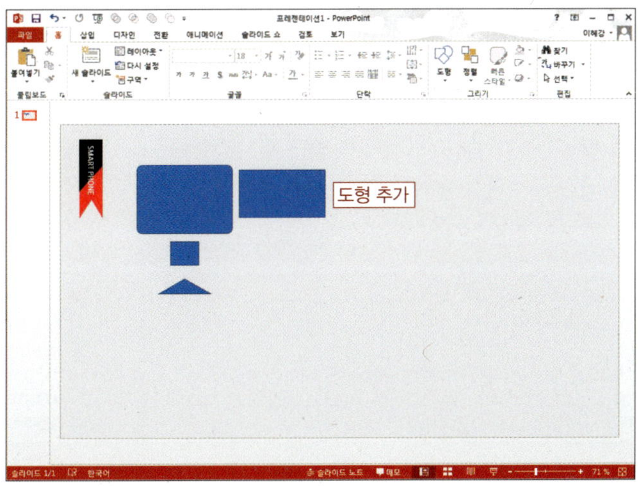

10 본체와 지지대를 겹쳐서 모니터 모양이 될 수 있게 배치한 후 도형을 선택하고 [도형 병합]을 클릭한다.

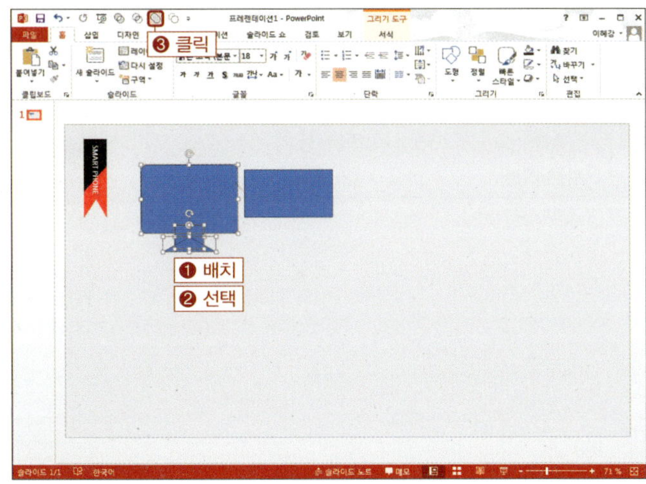

11 액정으로 활용할 직사각형을 모니터에 위에 배치한 후 모니터와 액정 도형을 모두 선택하고 [도형 빼기]를 클릭한다.

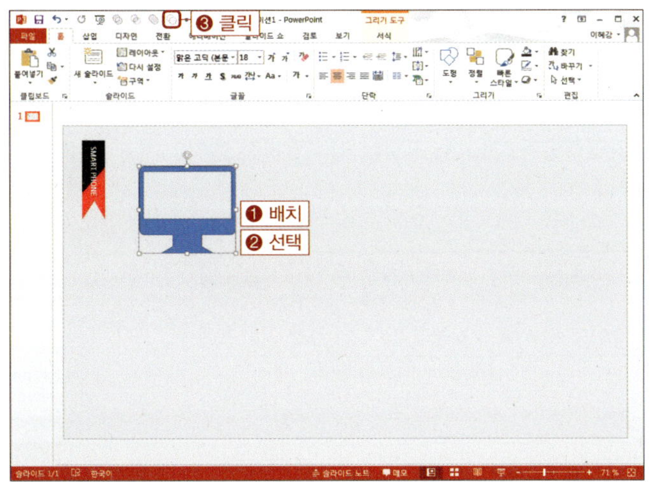

12 노트북을 만들기 위해 [삽입] 탭–[일러스트레이션] 그룹–[도형]에서 모니터 본체와 액정이 될 [모서리가 둥근 직사각형] 2개, 키보드가 될 [직사각형]과 [모서리가 둥근 직사각형]을 선택해 도형을 추가한 후 양 끝이 둥글게 되도록 모양 조절점을 드래그하여 조절한다.

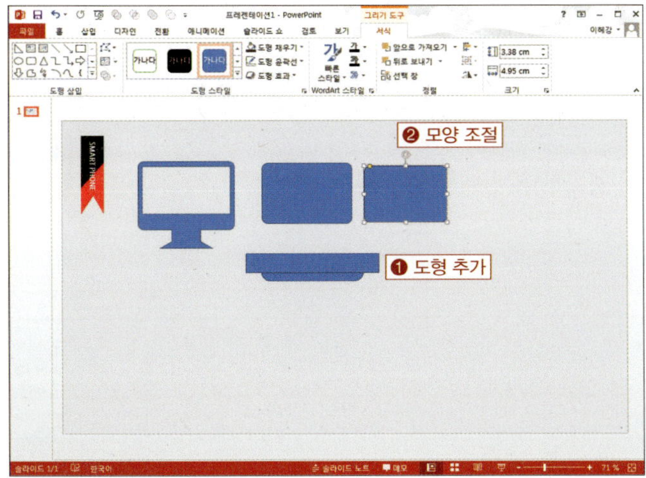

13 모니터 본체와 액정이 될 모서리가 둥근 직사각형을 겹치게 배치한 후 도형을 선택하고 [도형 빼기]를 클릭한다.

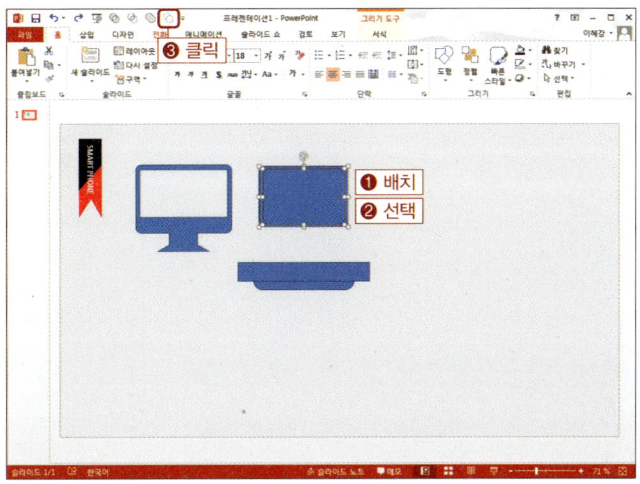

14 직사각형과 모서리가 둥근 직사각형도 그림처럼 배치한 후 도형을 선택하고 [도형 빼기]를 클릭한다.

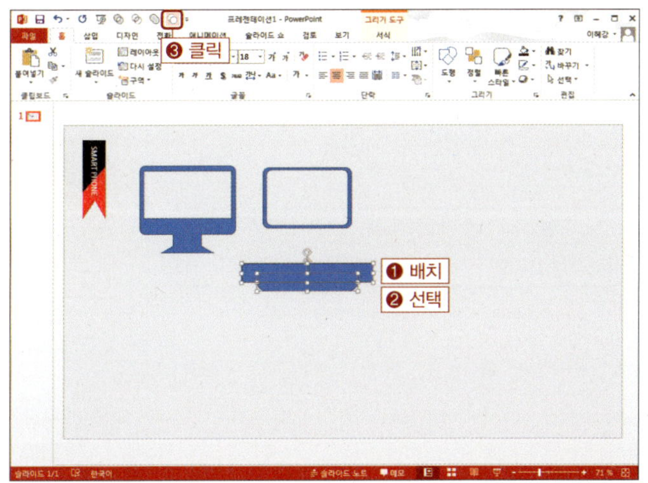

15 모니터와 키보드 도형을 그림처럼 배치하면 노트북이 완성된다. 두 도형을 모두 선택한 후 [도형 병합]을 클릭한다.

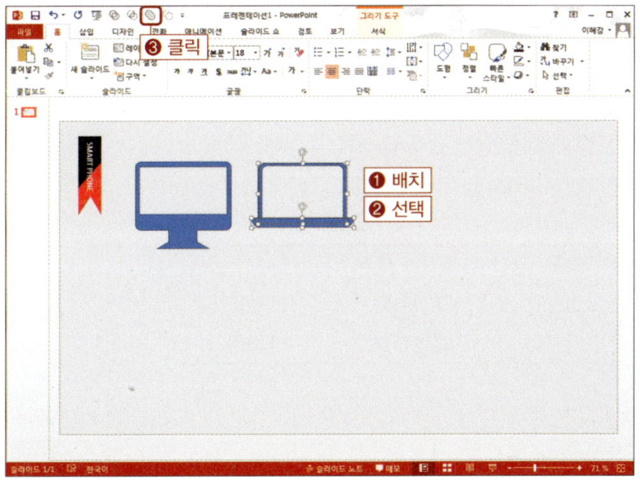

16 같은 방법으로 태블릿 PC와 핸드폰도 도형으로 만들어보자.

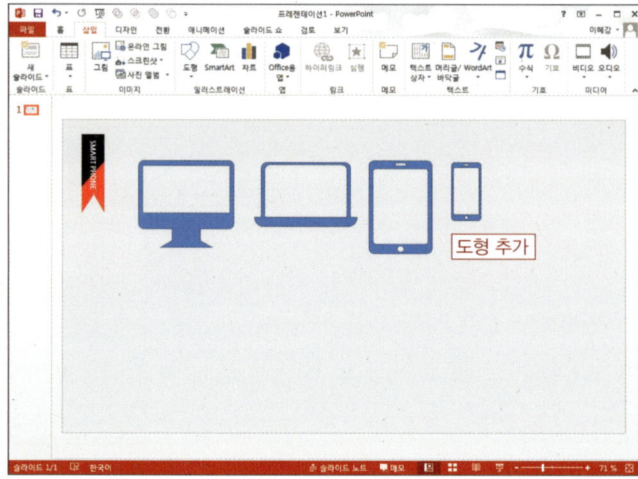

17 [삽입] 탭-[일러스트레이션] 그룹-[도형]-[직사각형]을 선택해 직사각형을 길게 만들고 서식을 지정한다. 직사각형 위에 만든 IT기기 도형들을 배치한 후 서식을 지정한다.

도형	채우기 색	선
직사각형, IT기기	(2) 진회색	선 없음

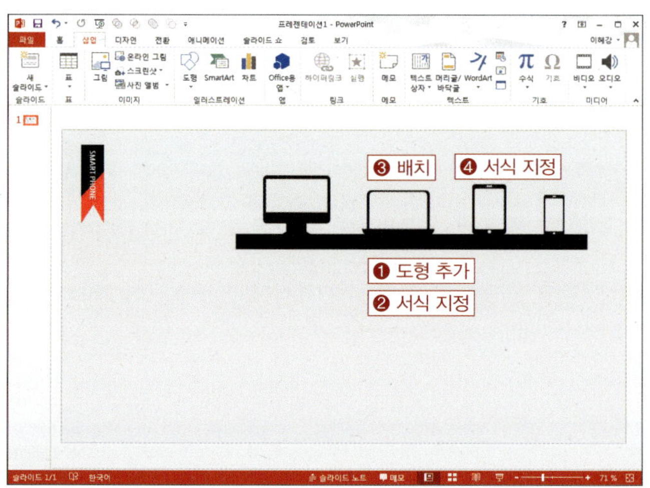

18 '13년도 판매량과 '17년도 예상판매량을 [삽입] 탭-[일러스트레이션] 그룹-[도형]-[직사각형]을 선택해 세로로 긴 그래프로 만들어준다. 가로 길이는 동일하게 하고 세로 길이만 변경한 후 서식을 지정한다.

도형	채우기 색	선
'13년도	(2) 진회색	선 없음
'17년도	(3) 빨간색	선 없음

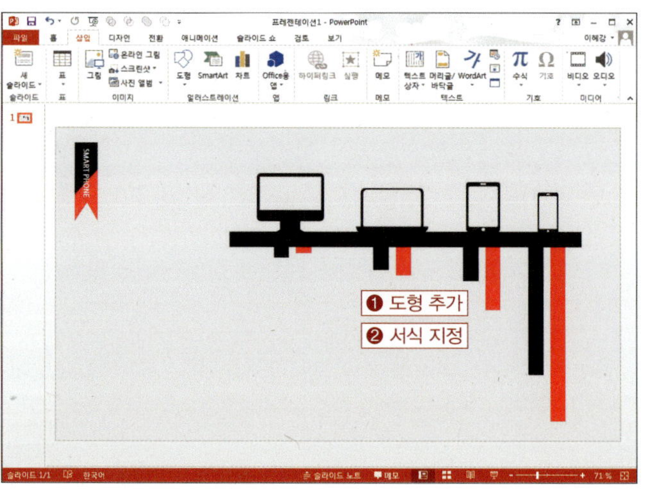

19 [삽입] 탭-[텍스트] 그룹-[텍스트 상자]를 선택해 각 차트에 대한 텍스트를 입력하고 서식을 지정한다.

텍스트	글꼴 / 글꼴 크기 / 속성	글꼴 색
퍼센트	나눔고딕 / 12 / 굵게	(2) 진회색
기계 명	나눔고딕 / 14 / 굵게	(2) 진회색
연도	나눔고딕 / 14 / 굵게	(4) 흰색
수치	나눔고딕 / 12 / 굵게	(2) 진회색

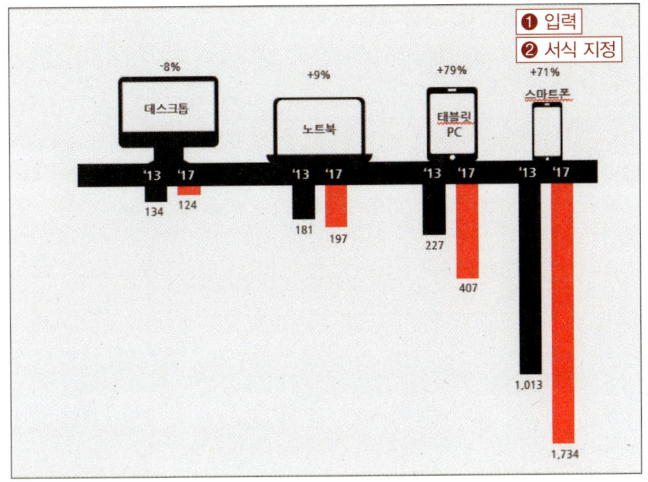

20 한눈에 판매량이 증가했는지 또는 감소했는지 보여주기 위해서 [삽입] 탭-[일러스트레이션] 그룹-[도형]-[이등변 삼각형]을 선택해 도형을 그림처럼 만들고 서식을 지정한다.

도형	채우기 색	선
감소	(2) 진회색	선 없음
증가	(3) 빨간색	선 없음

TIP
역삼각형은 삼각형을 복제한 후 회전시킨다.

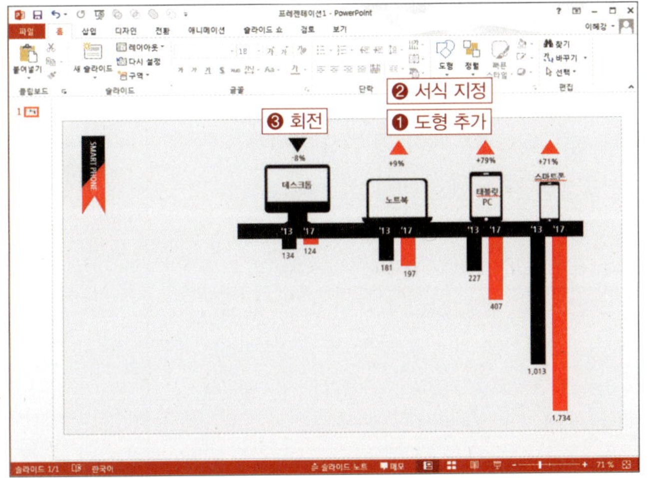

21 휴대폰 수량에서 결론을 내기 위해 [삽입] 탭-[일러스트레이션] 그룹-[도형]-[선]을 선택하고 휴대폰 그래프와 연결할 선을 만든 후 서식을 지정한다. [삽입] 탭-[텍스트] 그룹-[텍스트 상자]를 선택해 수치 단위를 입력하고 서식을 지정한다.

도형	선	선 색
선	실선	(2) 진회색

텍스트	글꼴 / 글꼴 크기 / 속성	글꼴 색
단위	나눔고딕 / 12 / 굵게	(2) 진회색

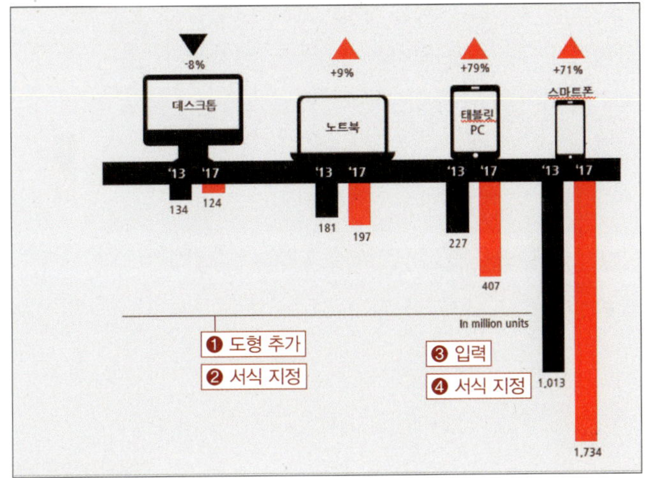

22 [삽입] 탭-[텍스트] 그룹-[텍스트 상자]를 선택해 텍스트를 입력하고 서식을 지정한다.

텍스트	글꼴 / 글꼴 크기	글꼴 색	채우기 색
SMART PHONE	나눔고딕 ExtraBold / 24	(2) 진회색, (3) 빨간색	–
활용 하라	나눔고딕 ExtraBold / 32	(2) 진회색	(1) 연회색

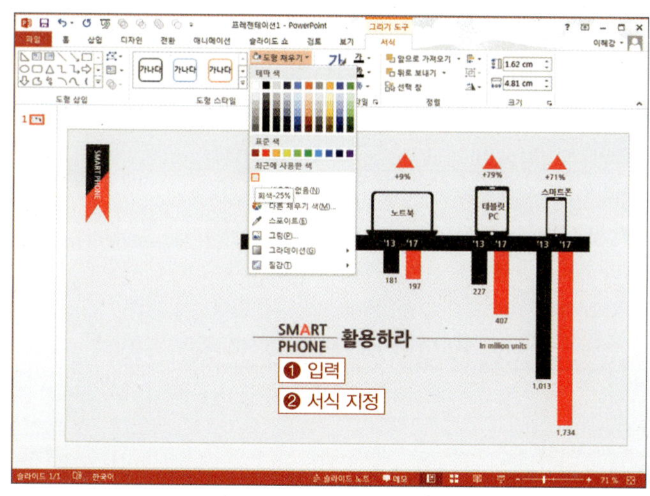

23 [삽입] 탭-[일러스트레이션] 그룹-[도형]-[타원]을 선택해 정원을 만들고 복제(Ctrl + D)하여 3개의 원을 만들어준다. [삽입] 탭-[일러스트레이션] 그룹-[도형]-[도넛]을 선택해 도형을 만들고 각각 서식을 지정한다.

도형	채우기 색	선	선 색
타원 1, 2	채우기 없음	실선	(2) 진회색
타원 3	채우기 없음	실선	(3) 빨간색
도넛	(3) 빨간색	선 없음	–

24 만든 원을 그림처럼 배치하고 기존에 만들었던 휴대폰을 복제(Ctrl + D)한 후 원 가운데 배치한다.

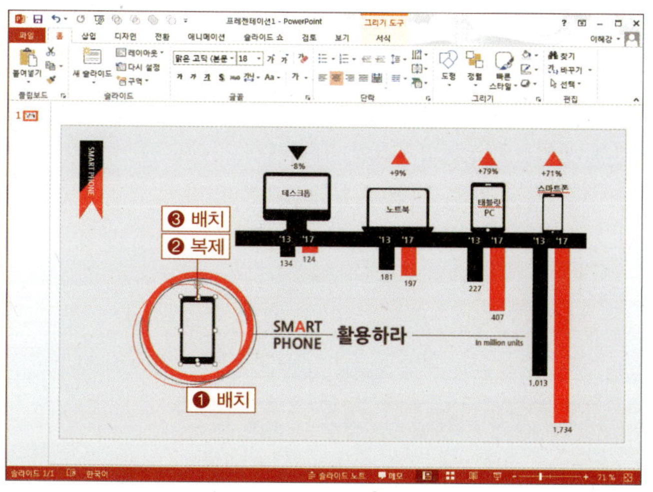

25 휴대폰을 선택해 회전 조절점을 드래그하여 그림처럼 약간만 회전시킨다. [삽입] 탭-[일러스트레이션] 그룹-[도형]-[선]을 선택해 3개의 지시선을 만들고 서식을 지정한다. [삽입] 탭-[일러스트레이션] 그룹-[도형]-[직사각형]을 선택해 도형을 추가하고 그림과 같이 배치한 후 서식을 지정한다.

도형	채우기 색	선	선 색	화살표
선	–	실선	(3) 빨간색	양쪽 화살표
직사각형	(3) 빨간색	선 없음	(3) 빨간색	–

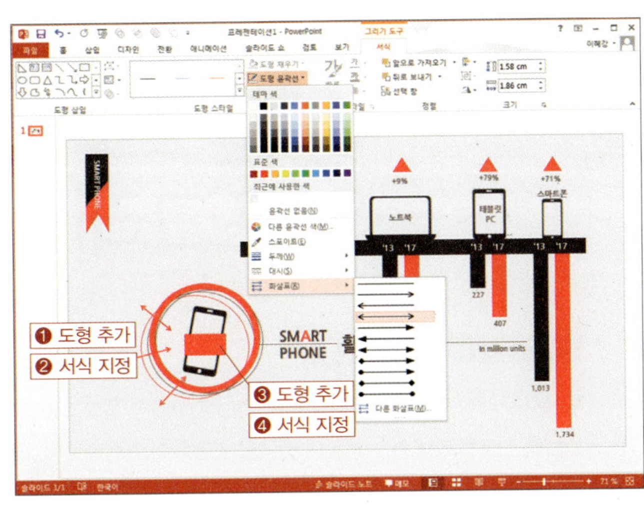

26 화살표가 가리키는 곳에 기존에 만들었던 데스크톱, 노트북, 태블릿 PC 도형을 복제(Ctrl + D)해 크기를 조절하고 그림처럼 배치한다.

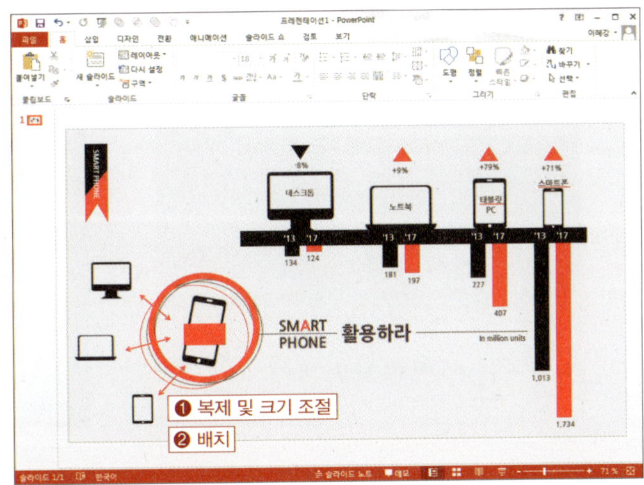

27 [삽입] 탭-[텍스트] 그룹-[텍스트 상자]를 선택해 부가 설명글을 입력하고 원 안의 직사각형 도형에도 텍스트를 입력한 후 서식을 지정한다.

텍스트	글꼴 / 글꼴 크기 / 속성	글꼴 색
직사각형 도형 안	나눔고딕 / 12 / 굵게	(5) 흰색
Smart Phone	나눔고딕 ExtraBold / 18	(2) 진회색
전성시대	나눔고딕 ExtraBold / 28	(2) 진회색
설명	나눔고딕 / 14	(2) 진회색
출처설명	나눔고딕 / 16 / 굵게, 밑줄	(2) 진회색
출처	나눔고딕 / 12 / 굵게	(2) 진회색

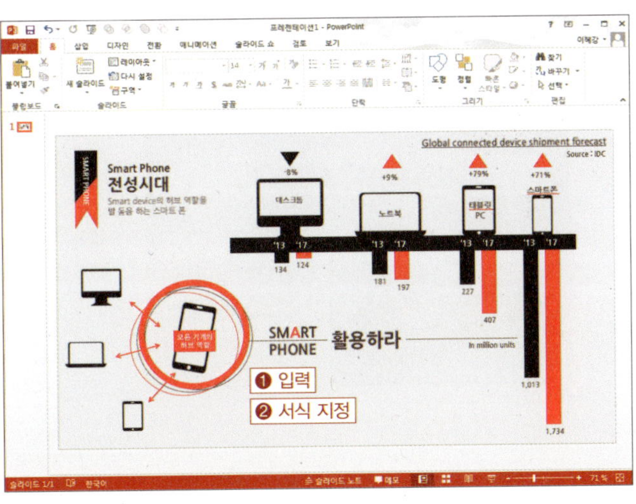

실전 프레젠테이션 인포그래픽 제작 04

선박 소개 인포그래픽화

방문자를 대상으로 해당 선박을 소개하는 자료를 만들려고 한다. 처음 접하는 사람들에게 친숙하고 재미있게 알려줄 수 있도록 전달하고자 하는 부분의 강약을 조절하여 표현해보자.

수 정 포 인 트

기존의 사진으로 전체적인 분위기를 맞추기 어렵다면 슬라이드에 사용될 기본 색상을 이용해 그라데이션을 적용하고, 관련 흰색 아이콘을 삽입하면 세련된 느낌으로 표현할 수 있다.

수 정 포 인 트

선박에 대해 설명할 때 색상이 많아 분산되는 느낌이 든다면 이미지는 흑백으로 전환하고 지시선에 색을 주어 주제를 강조한다.

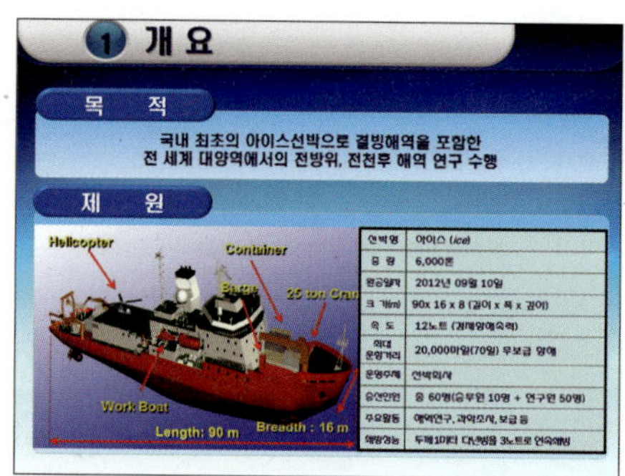

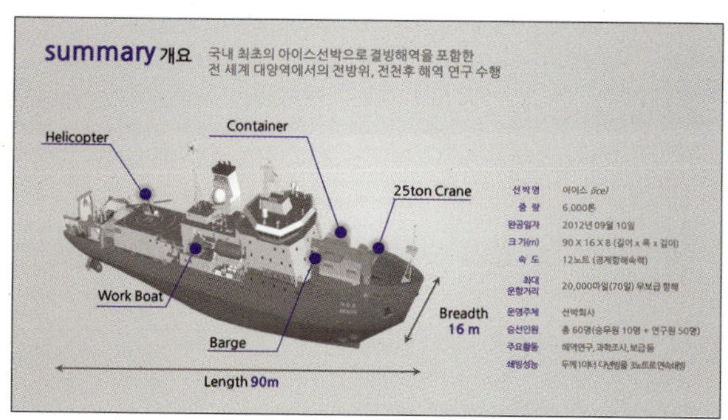

이미지가 함께 사용된다면 정보를 나열하기 보다는 강조되는 중요한 수치나 정보를 크게 하고 그 주위에 정보를 적어 한눈에 주요 정보를 습득할 수 있게 표현한다.

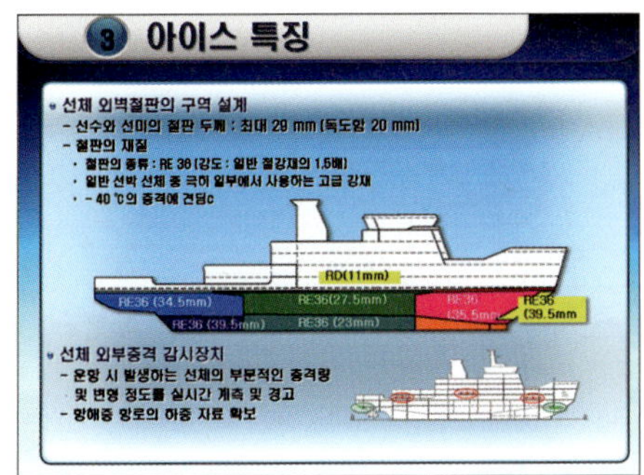

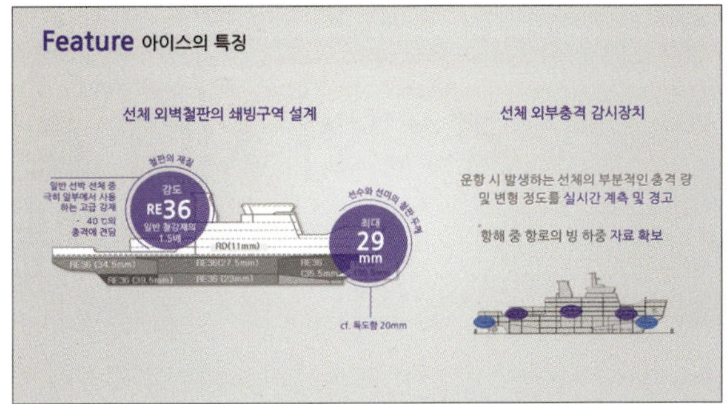

사진에서 색이 크게 중요하지 않다면 전체적인 슬라이드 느낌과 맞추기 위해 흑백으로 전환해 통일성을 줄 수 있다. 사진의 크기가 모두 다르다면 세로 높이를 동일하게 조절하여 배치하면 더욱 깔끔하게 배치할 수 있다.

이동 경로는 곡선으로 표시한 후 그 위에 기간별 이동 간격만큼 거리를 두고 위치와 날짜를 배열하면 이동 경로의 느낌을 더욱 잘 살릴 수 있다.

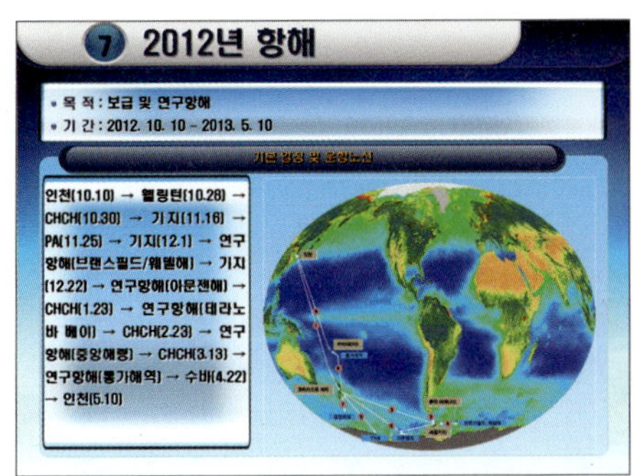

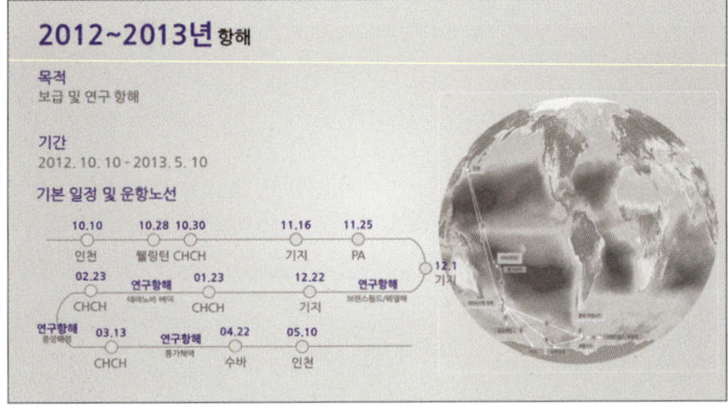

021

주제와 시대 흐름을 강조하는 산업제품 동향

< 백열전구와 대체조명간 특성비교 >

구 분	백열전구	안정기내장형램프*	LED램프*
에너지효율	10~15lm/W	50~80lm/W	60~80lm/W
제품수명	1,000시간	5,000~15,000시간	25,000시간**
제품가격	약 1,000원	약 3,000~5,000원	약 10,000~20,000원
교체기준	30W	10W	4W
	60W	20W	8W
	100W	30W	12W
제품사진			

* 동일한 소켓을 사용하므로, 별도의 시공 없이 손쉽게 제품 교체 가능
** 출처 : 미국 에너지부(Department of Energy : DOE, '13.6.4)

< 조명기기별 유지비용 비교 >

구 분	연간 제품비용(A)*	연간 전기요금(B)**	총 유지비용(A+B)
백열전구(60W)	1,497원	14,366원	15,863원
안정기내장형램프(20W)	599원	4,789원	5,387원
LED램프(컨버터내장형, 8W)	898원	1,916원	2,813원

백열전구 슬라이드

상세하고 객관적인 자료는 실제로 그 자료가 필요한 사람에게는 매우 유용하지만 원하는 주제를 효과적으로 강조하기에는 아쉬움이 있다. 강조하고 싶은 주제에 맞게 객관적인 자료를 가공하여 보는 사람으로 하여금 자세한 수치는 모를지라도 백열전구를 더 이상 사용하지 말아야겠다는 인식을 가질 수 있도록 만들어 보자.

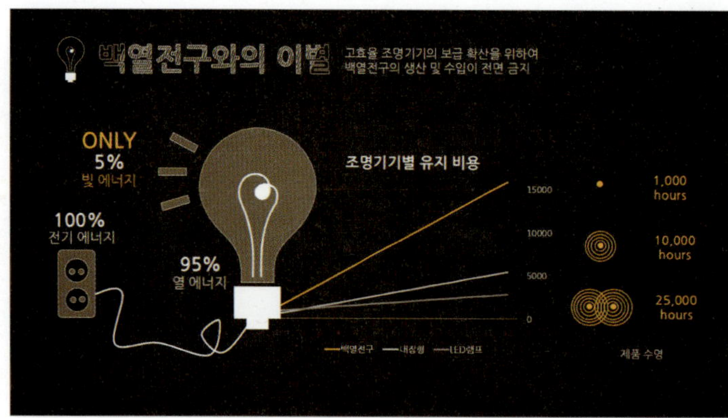

백열전구 인포그래픽

전기 콘센트에서는 100%의 에너지가 나갔지만 백열전구는 95%를 열에너지로 사용하고 실제 본연의 임무인 빛 에너지는 5%로 만든다는 것을 이미지를 통하여 나타내었다. 빛이 나는 느낌을 내기 위해 투명도를 활용하였고 다른 전구와 백열전구의 유지비용을 비교하기 위해 초기 도입 비용과 교체 시기, 월 전기료 등을 종합적으로 분석하여 그래프로 표현하였다. 또한 제품 수명을 나무의 나이테처럼 원으로 표현해 상징화하였다.

- **완성파일** : 백열전구 이별 – 완성.pptx
- **이미지** : 백열전구 이별–배경.png
- **실습파일** : 백열전구 이별 폴더
- **색상정보** : 백열전구 이별 – 색상.png
- **참고자료** : 전구별 비용 엑셀.xlsx

01 [보기] 탭–[마스터 보기] 그룹–[슬라이드 마스터]를 선택하고 첫 번째 슬라이드를 선택한다. [삽입] 탭–[이미지] 그룹–[그림]을 선택해 '백열전구 이별–배경.png'를 삽입하고 슬라이드 크기에 맞게 크기를 조절한다. [슬라이드 마스터] 탭–[닫기] 그룹–[마스터 보기 닫기]를 선택한다.

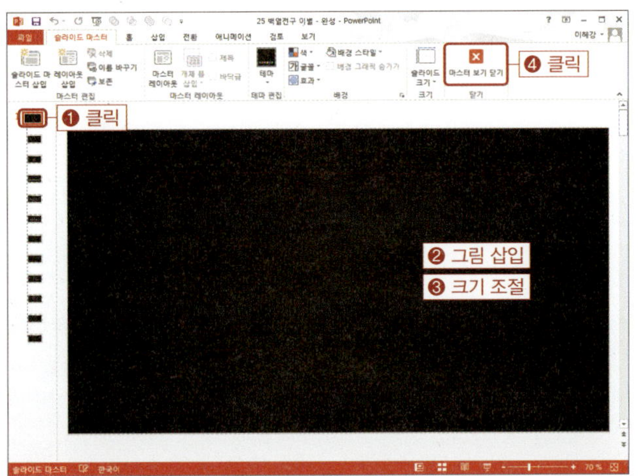

02 [삽입] 탭–[이미지] 그룹–[그림]을 선택하고 [백열전구 이별] 폴더에서 전구 도형을 삽입한다. [삽입] 탭–[텍스트] 그룹–[텍스트 상자]를 선택해 제목을 입력한 후 서식을 지정한다.

이미지	파일명	서식
전구	전구.wmf	(1) 흰색

텍스트	글꼴 / 글꼴 크기 / 속성	글꼴 색
제목	나눔고딕 ExtraBold / 40 / 굵게	(1) 흰색
부연설명	나눔고딕 / 16	(1) 흰색

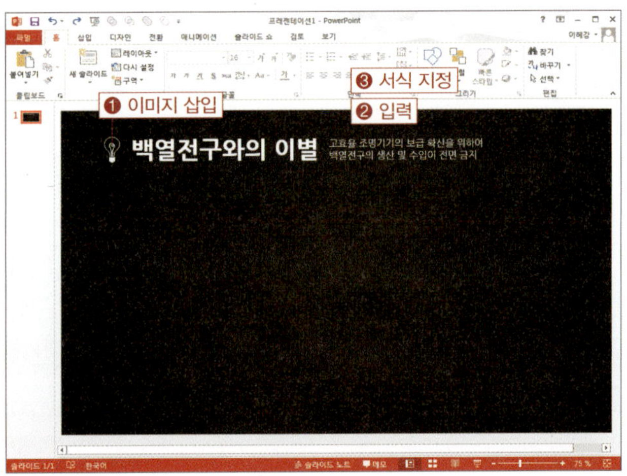

03 제목 텍스트를 줄무늬로 만들기 위해 [삽입] 탭–[일러스트레이션] 그룹–[도형]–[자유곡선]을 이용해 삐뚤삐뚤하게 대각선을 그린다.

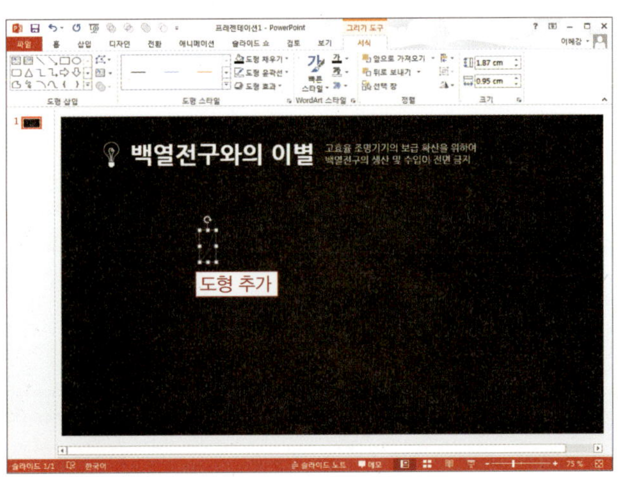

04 자유 곡선을 텍스트 길이만큼 복제(Ctrl + D)한다. 다시 복제할 때는 복제 후 처음 이동 한 위치만큼 떨어져 복제되므로 처음 복제한 자유 곡선의 위치를 잘 지정한 후 계속 복제 한다.

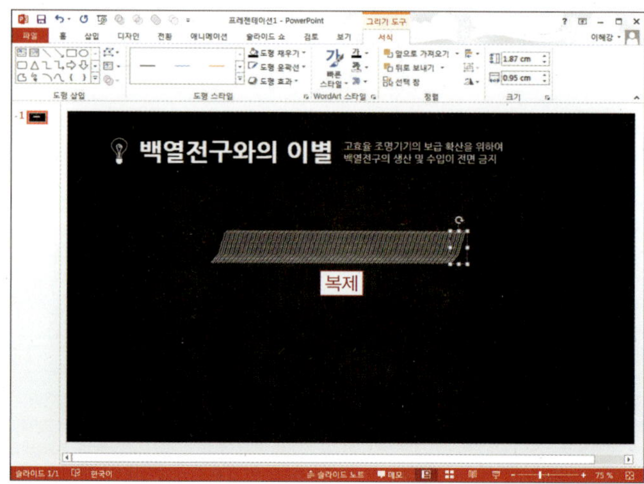

05 만든 곡선을 마우스로 드래그하여 모두 선택한 후 Ctrl + C를 눌러 복사한다.

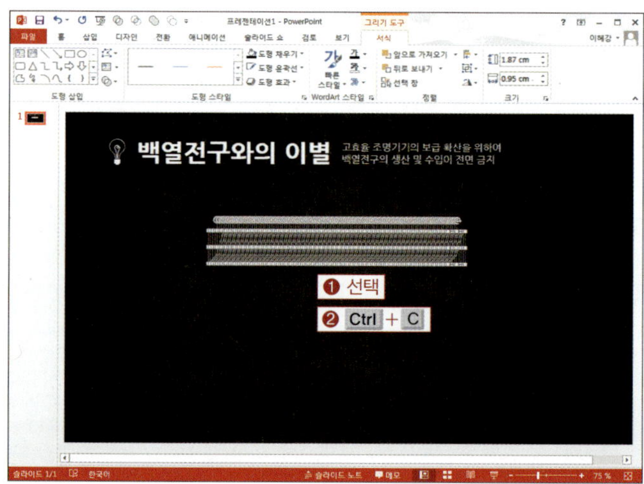

06 제목 텍스트를 선택하고 Ctrl + A를 눌러 전체를 선택한 후 마우스 오른쪽 버튼을 클릭 하고 [텍스트 효과 서식]을 클릭한다. [도형 서식] 작업 창의 [텍스트 옵션]에서 [텍스트 채우기 및 윤곽선]을 선택하고 [텍스트 채우 기]에서 '그림 또는 질감 채우기'을 선택한다. [클립보드]를 클릭하여 복사했던 선으로 글자 를 채운다.

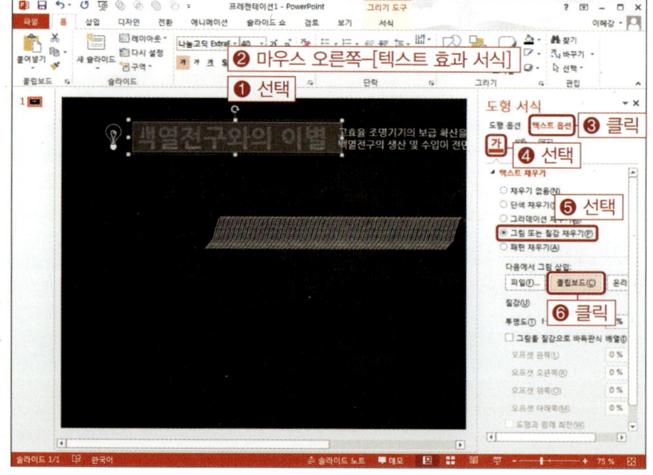

07 줄무늬로 인해 글자의 경계가 명확하지 않으므로 텍스트를 선택한 상태에서 [그리기 도구]–[서식] 탭–[WordArt 스타일] 그룹–[텍스트 윤곽선]에서 '(1) 흰색'을 선택한다.

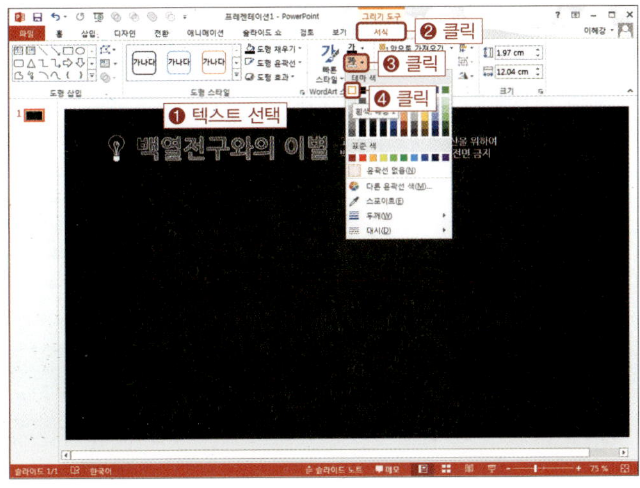

08 제목에 활용한 전구를 하나 더 복제(Ctrl + D)해 그림처럼 크기를 조절한 후, 그룹설정 해제(Ctrl + Shift + G)를 두 번 눌러 도형으로 변환한다.

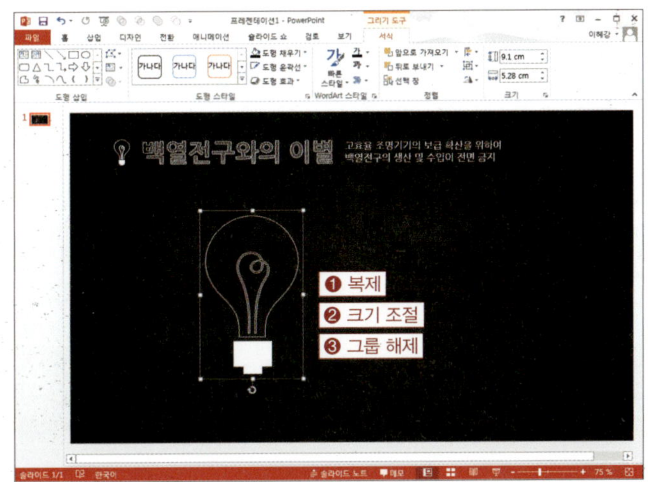

09 전구의 유리 부분 도형만 선택한 후 마우스 오른쪽 버튼을 클릭하고 [도형 서식]을 선택한다. [도형 서식] 작업 창의 [채우기]에서 '단색 채우기'를 선택하고 [색]을 '(1) 흰색'으로, [투명도]를 '64%'로 변경해 반투명한 느낌을 만든다.

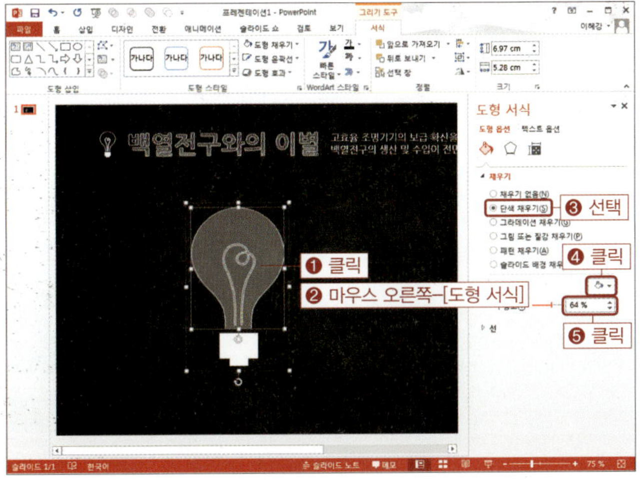

10 [삽입] 탭-[일러스트레이션] 그룹-[도형]-[직사각형]을 선택해 도형을 추가한 후 전구의 곡선을 따라 회전시켜준다. 직사각형을 두 개 더 복제(Ctrl + D)해 그림처럼 회전시킨다.

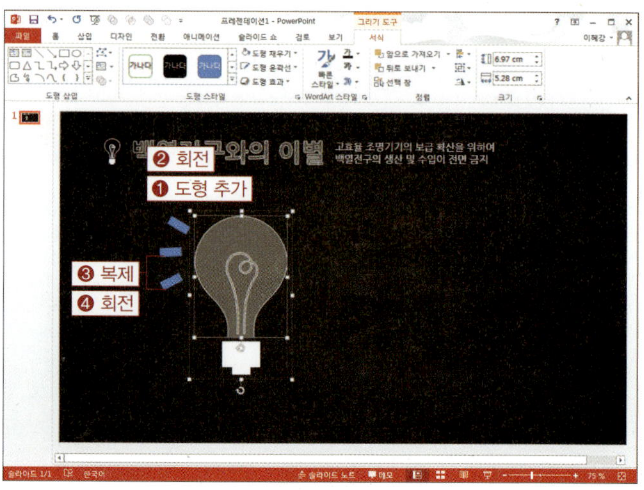

11 전구 유리에 적용했던 서식을 복사하기 위해 도형을 선택하고 서식을 복사(Ctrl + Shift + C)한 후 빛 모양의 직사각형을 선택하고 서식을 붙여 넣기(Ctrl + Shift + V)를 한다.

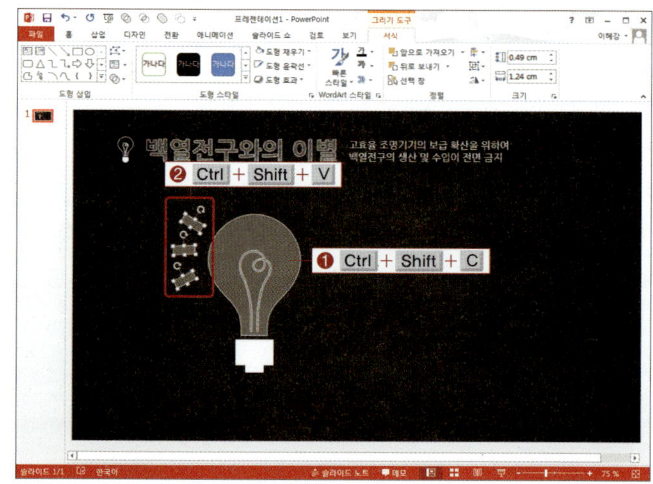

12 [삽입] 탭-[일러스트레이션] 그룹-[도형]에서 [모서리가 둥근 직사각형]과 [타원]을 선택해 콘센트 제작에 필요한 도형을 준비한다.

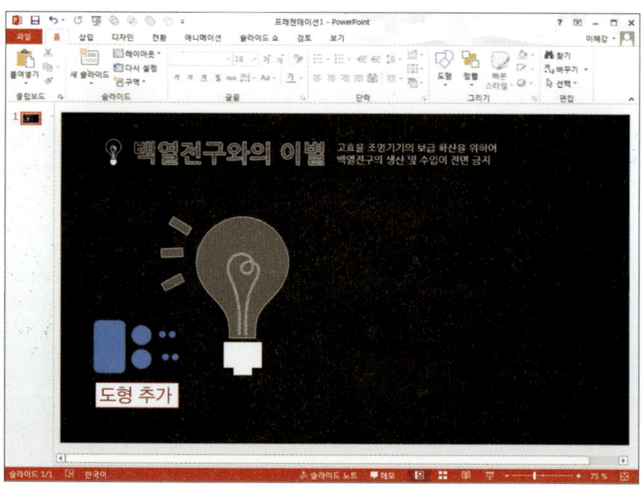

13 모서리가 둥근 직사각형 위에 타원 두 개를 위치시키고 도형을 모두 선택한 후 [도형 빼기]를 선택한다.

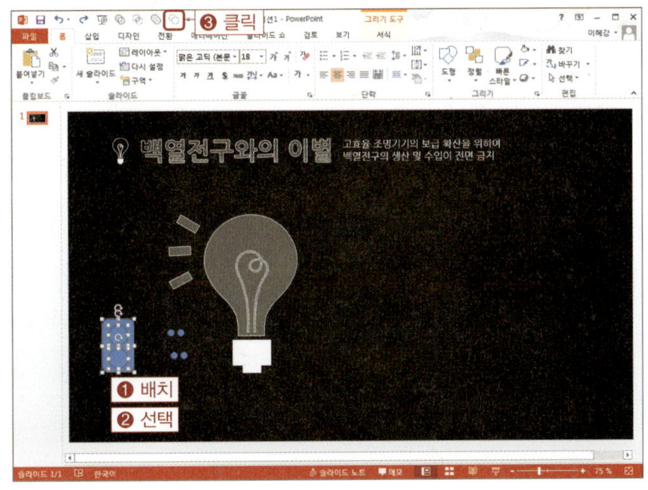

14 콘센트처럼 모양이 변하면 작은 원 2개씩을 원 안에 배치한다. 빛으로 사용된 도형의 서식을 복사(Ctrl + Shift + C)한 후 콘센트에 서식을 붙여 넣기(Ctrl + Shift + V)를 한다.

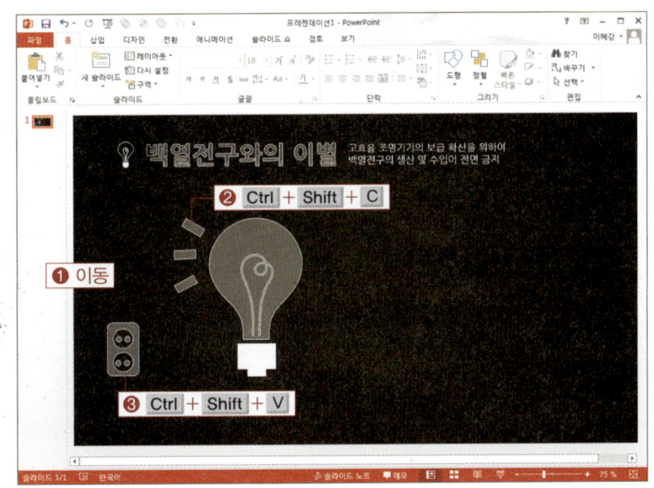

15 [삽입] 탭-[일러스트레이션] 그룹-[도형]-[곡선]을 선택해 전기선을 만들고 서식을 지정한다.

도형	선 색	선 두께
곡선	(1) 흰색	2 ¼ pt

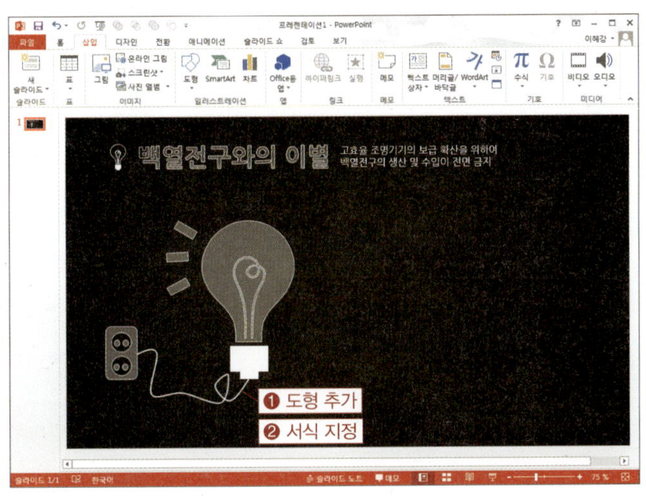

16 [삽입] 탭-[텍스트] 그룹-[텍스트 상자]를 선택해 에너지 전달 관련 텍스트를 입력하고 서식을 지정한다.

텍스트	글꼴 / 글꼴 크기 / 속성	글꼴 색
ONLY	나눔고딕 / 28 / 굵게	(2) 노란색
퍼센트	나눔고딕 / 24 / 굵게	(1) 흰색
설명	나눔고딕 / 18	(1) 흰색, (2) 노란색

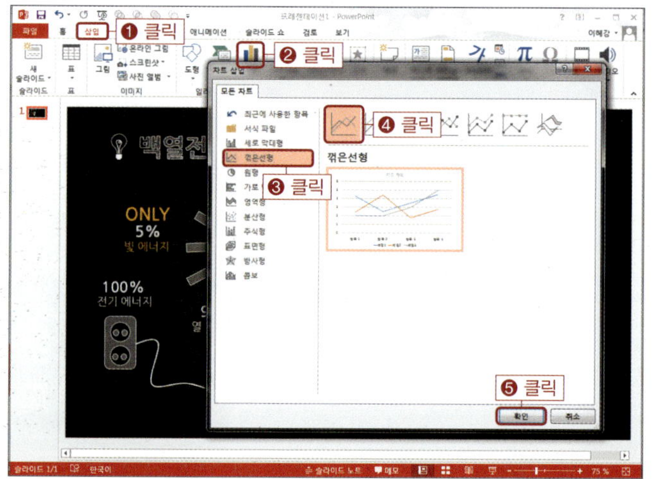

17 전구별 사용 비용을 표현하기 위한 차트를 만들기 위해 [삽입] 탭-[일러스트레이션] 그-[차트]를 선택한다. 차트 종류에서 [꺾은선형]을 선택한 후 첫 번째 꺾은선형을 선택하고 [확인] 버튼을 클릭한다.

18 엑셀 데이터 창이 나타나면 각 전구별로 시간에 따라 변화하는 비용을 입력하고 엑셀 창을 닫는다.

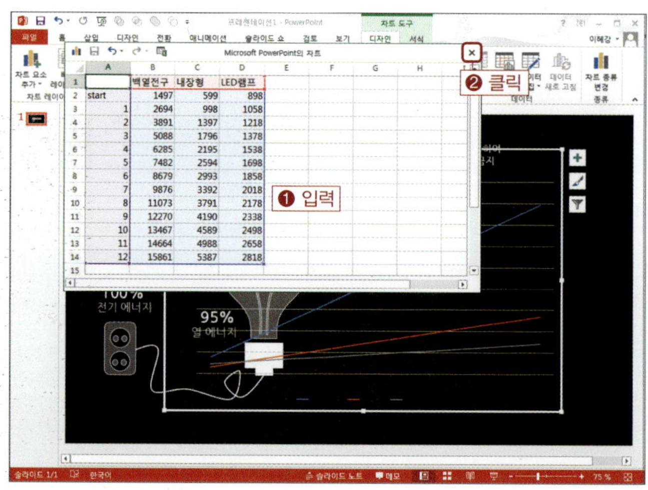

> **TIP**
> 전구별로 소요되는 비용을 월로 나누어 계산하여 수치를 입력했다. 직접 입력이 어렵다면 '전구별 비용 엑셀.xls' 파일을 열고 복사해서 붙여 넣기를 한다.

19 차트를 더블클릭하고 축을 클릭하면 [축 서식] 작업 창이 나타난다. [축 옵션]을 선택하고 [최대값]을 '15000'으로 지정해 그래프 안에 선이 가득 차게 변경하고 [단위]의 [주]는 '5000', [보조]는 '1000'으로 지정한다.

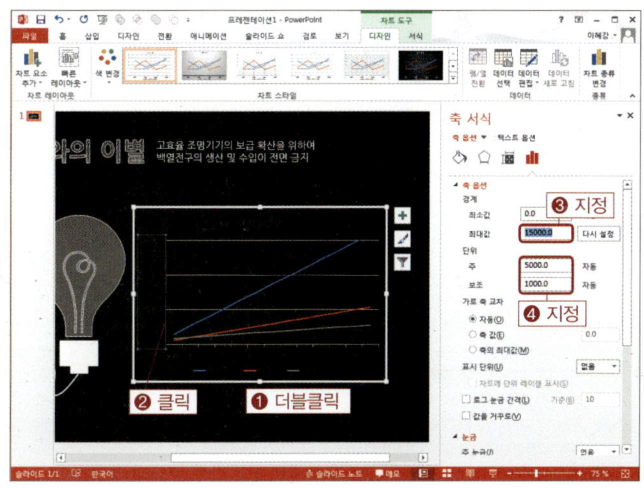

20 [축 서식] 작업 창의 [레이블]에서 [레이블 위치]를 '높은 쪽'으로 지정하면 수치가 오른쪽으로 이동한다.

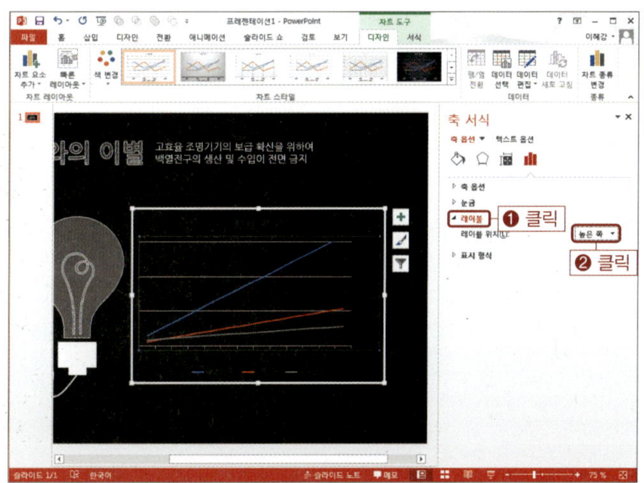

21 차트에서 주 눈금선을 선택하면 나타나는 [주 눈금선 서식] 작업 창의 [선]에서 '실선'을 선택하고 [투명도]를 '65%'로 지정한다.

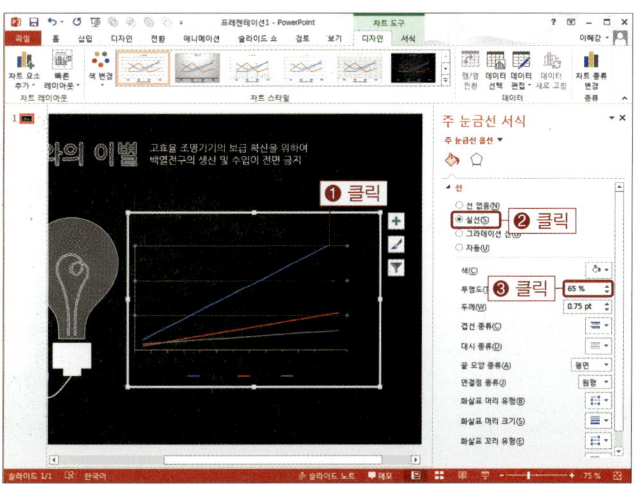

22 차트를 선택한 상태에서 마우스 오른쪽 버튼을 클릭하고 [맨 뒤로 보내기]를 선택해 차트를 전구보다 뒤쪽으로 배치한다.

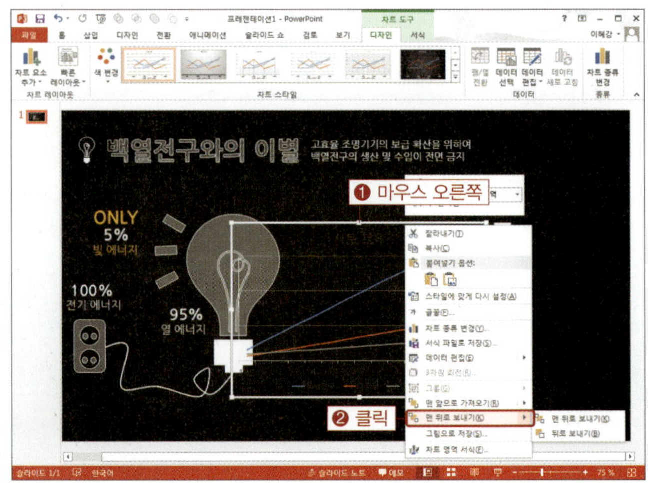

23 차트 내의 첫 번째 계열 선을 선택하고 [데이터 계열 서식] 작업 창의 [선]에서 '실선'을 선택한 후 [색]은 '(2) 노란색'으로 지정한다.

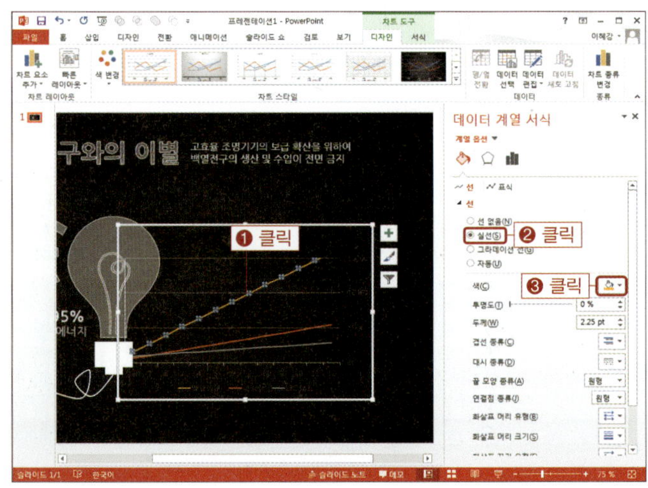

24 두 번째 계열 선을 선택한 후 [실선]−[색]을 '(1) 흰색'으로 변경한다.

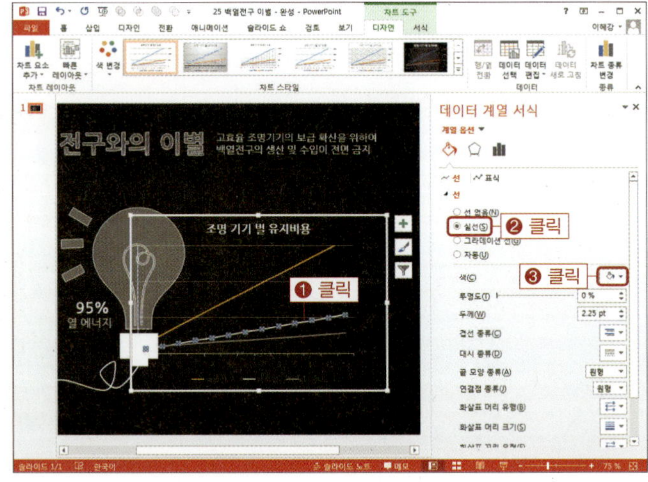

25 차트 제목을 선택하여 Delete 를 눌러 삭제하고 [삽입] 탭–[텍스트] 그룹–[텍스트 상자]를 선택해 텍스트를 입력한 후 서식을 지정한다.

텍스트	글꼴 / 글꼴 크기 / 속성	글꼴 색
차트 제목	나눔고딕 / 18 / 굵게	(1) 흰색

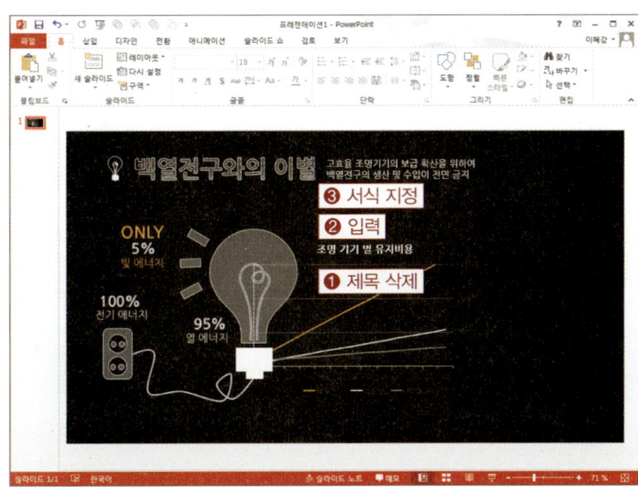

26 전구 유지시간을 표현하기 위해 [삽입] 탭–[일러스트레이션] 그룹–[도형]–[타원]을 선택해 여러 개의 타원을 만들고 서식을 지정한다. [삽입] 탭–[텍스트] 그룹–[텍스트 상자]를 선택해 전구 지속 시간을 입력하고 서식을 지정한다.

도형	채우기 색	선	선 색	두께
작은 원	(2) 노란색	선 없음	–	–
큰 원	채우기 없음	–	(2) 노란색	1 ½pt

텍스트	글꼴 / 글꼴 크기 / 속성	글꼴 색
지속 시간	나눔고딕 / 16 / 굵게	(2) 노란색

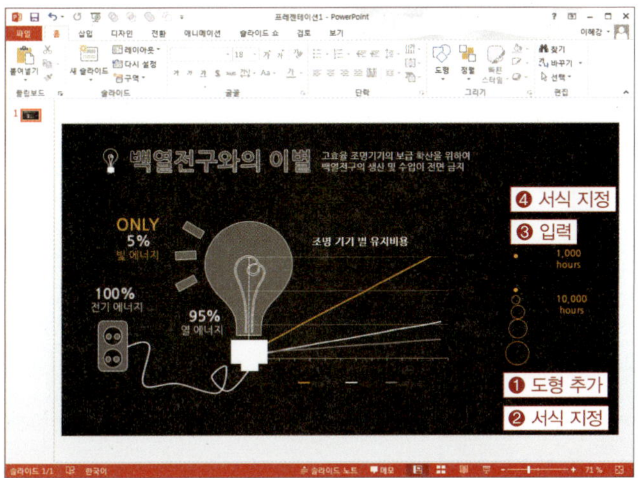

27 가운데 원에서부터 차례대로 커지는 모양이 될 수 있게 원을 배치해 10,000시간을 표현한다. 25,000시간을 표현하기 위해서 10,000시간에 테두리를 복제(Ctrl + D)하고 바깥쪽에 큰 원을 하나를 더 복제(Ctrl + D)한 후 겹치게 배치한다. [삽입] 탭–[텍스트] 그룹–[텍스트 상자]를 선택해 제품 수명 텍스트를 입력하고 서식을 지정한다.

텍스트	글꼴 / 글꼴 크기	글꼴 색
제품 수명	나눔고딕 / 14	(1) 흰색

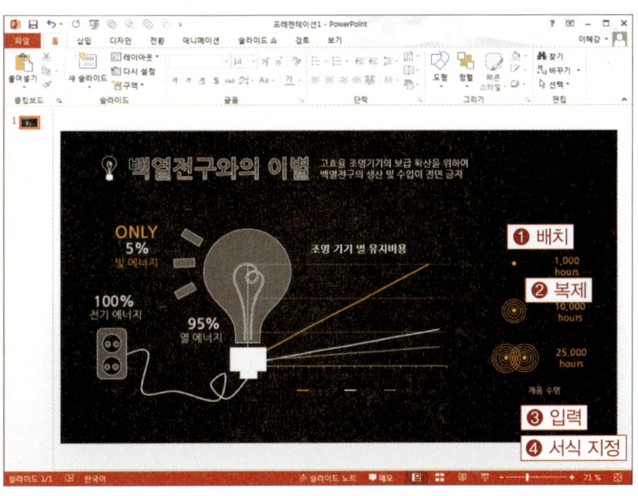

022

도형과 이미지를 활용한
국립공원 쓰레기 배출량 현황

B·E·F·O·R·E

국립공원관리공단에 의하면 작년 국립공원 탐방객은 4천96만명인 것으로 집계됐다.

북한산을 찾은 사람이 774만명(18.9%)으로 탐방객 1위를 차지했다. 이어 설악산(354만명), 경주(320만명), 지리산(267만명) 등의 순이었다.

또 작년 한 해동안 전체 국립공원의 쓰레기 배출량은 1천353t으로 집계됐다.

가장 많이 쓰레기를 배출한 곳은 지리산(225t)이었고 북한산(200t), 설악산(142t)등의 순으로 많았다.

	산	탐방객
1	북한산	774만명
2	설악산	354만명
3	경주	320만명
4	지리산	267만명

	산	쓰레기 배출
1	지리산	225t
2	북한산	220t
3	설악산	142t

산에서 배출되는 쓰레기 현황 슬라이드

한 해 동안 사람들이 가장 많이 방문한 산의 순위를 나타낸 자료이다. 많이 방문하는 산일수록 쓰레기 배출량도 높게 나타났다. 방문자 숫자만큼 산의 크기를 만들고 뒷면에는 쓰레기 배출량이라는 어두운 그림자가 있다는 것을 표현하는 인포그래픽을 만들어보자.

A·F·T·E·R

산에서 배출되는 쓰레기 현황 인포그래픽

각 산의 실제 높이를 표현하기보다는 산의 높이로 방문객 수를 나타낸다. 해당 산의 대표적인 이미지와 산 이름을 적고, 산 정상에 꽂은 깃발로 방문객 수를 표시한다. 방문객이 늘어날수록 쓰레기 배출량이 늘어나게 되는데 쓰레기 배출량만큼의 크기로 삼각형을 배치하고 실제 쓰레기양을 수치로 표시한다. 이러한 쓰레기 배출량을 줄이기 위해 지켜야 할 행동 수칙을 함께 제시해 산을 지키는 방법을 홍보한다.

• 완성파일 : 산 쓰레기 배출 – 완성.pptx   • 색상정보 : 산 쓰레기 배출 – 색상.png
• 이미지 : 산 사진 폴더

01 빈 슬라이드에서 마우스 오른쪽 버튼을 클릭하고 [배경 서식]을 선택한다. [배경 서식] 작업 창의 [채우기]에서 [색]을 '(1) 연회색'으로 지정한다.

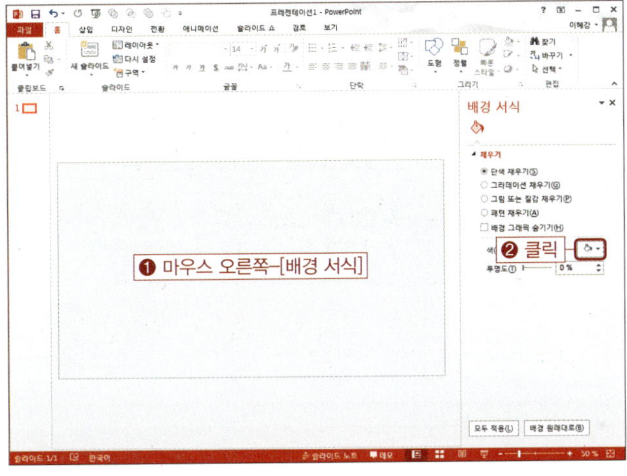

02 [삽입] 탭–[텍스트] 그룹–[텍스트 상자]를 선택해 제목과 부가 설명을 입력하고 서식을 지정한다.

텍스트	글꼴 / 글꼴 크기 / 속성	글꼴 색
KOREAN	나눔고딕 / 28	(3) 진회색
MOUNTAINS	나눔고딕 / 28 / 굵게	(3) 진회색
부가설명	나눔고딕 / 12	(3) 진회색

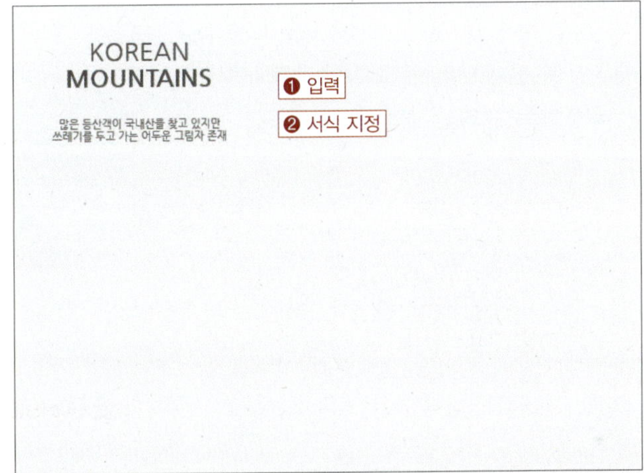

03 [삽입] 탭–[일러스트레이션] 그룹–[도형]–[선]을 선택해 제목의 위아래에 선을 만들고 서식을 지정한다.

도형	선 색	두께
선	(3) 진회색	½ pt

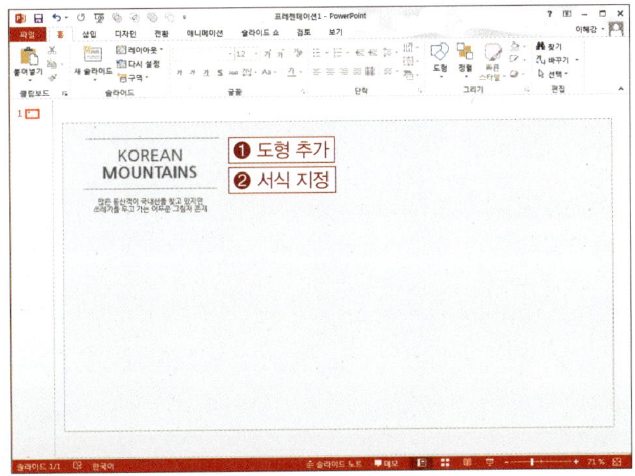

04 [삽입] 탭-[일러스트레이션] 그룹-[도형]-[이등변 삼각형]을 선택해 방문객 수 비율과 크기가 같게 도형을 4개 추가한 후 서식을 지정한다.

도형	선
이등변 삼각형	선 없음

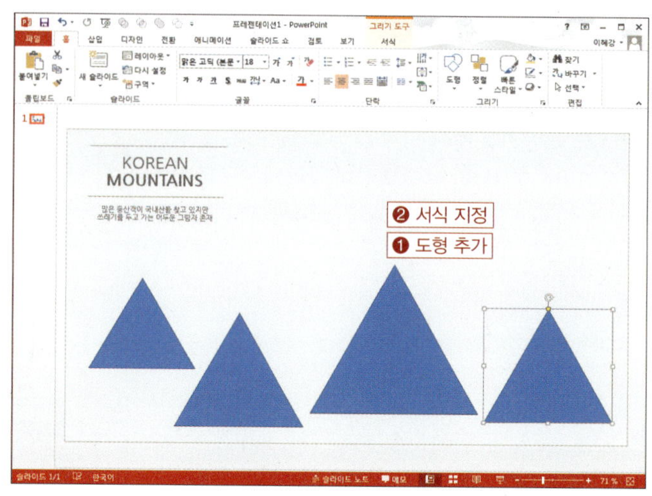

05 도형을 선택한 후 마우스 오른쪽 버튼을 클릭하고 [도형 서식]을 선택한다. [도형 서식] 작업 창의 [채우기]에서 '그림 또는 질감 채우기'를 선택하고 [파일]을 선택해 [산사진] 폴더에 있는 '지리산' 사진을 삽입한다.

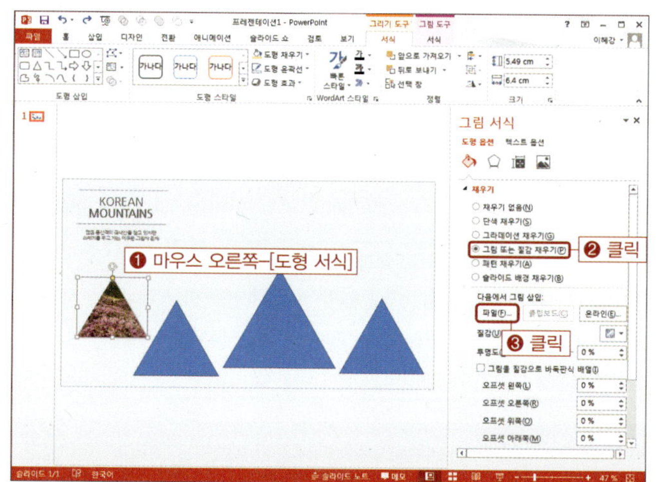

06 도형을 선택한 상태에서 [그리기 도구]-[서식] 탭-[도형 스타일] 그룹-[도형 효과]-[그림자]-[바깥쪽]-[오프셋 대각선 오른쪽 아래]를 선택해서 그림자 효과를 적용한다.

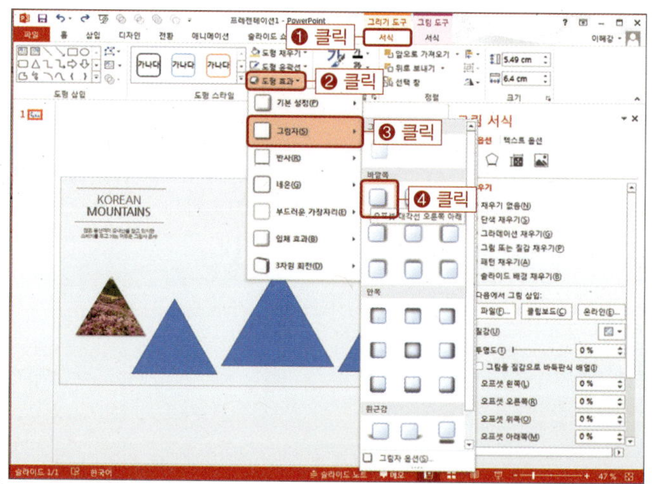

07 같은 방법으로 다른 삼각형에도 산 사진을 삽입하고 그림자 효과를 지정한다.

08 산을 교차해 배치한다. 가장 큰 산이 뒤로 갈 수 있도록 해당 도형을 선택한 후 마우스 오른쪽 버튼을 클릭하고 [맨 뒤로 보내기]를 선택한다.

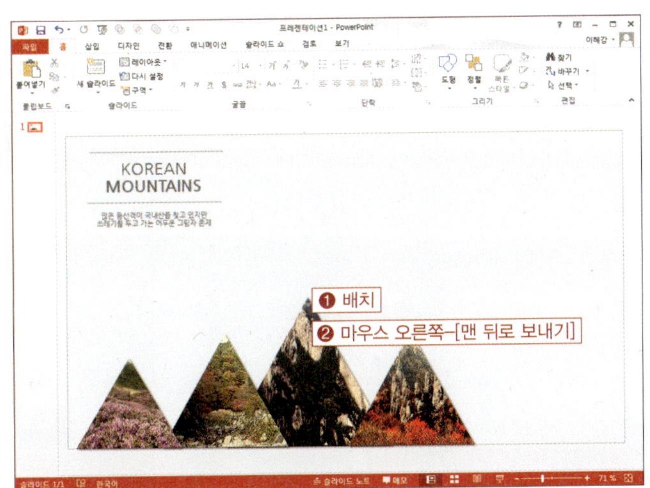

09 방문자 수를 나타내기 위해 [삽입] 탭-[일러스트레이션] 그룹-[도형]에서 [선]과 [이등변 삼각형]을 추가하고 이등변 삼각형을 회전하여 깃발 모양을 만들어 서식을 지정한다.

도형	채우기 색	선	선 색
선	–	실선	(2) 회색
이등변 삼각형	(2) 회색	선 없음	–

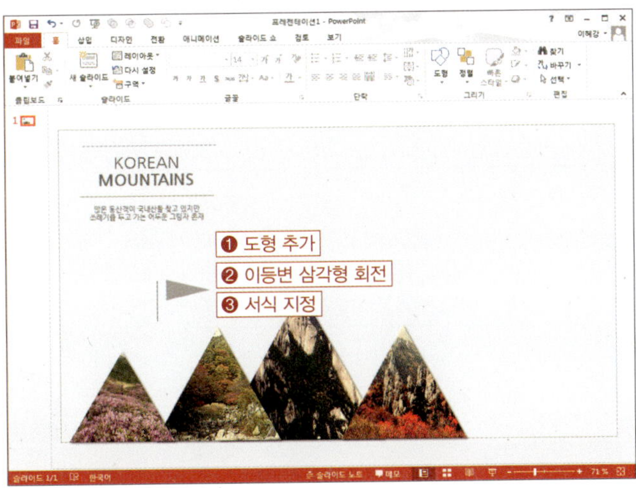

10 도형을 깃발 모양으로 만들어 그룹으로 설정(Ctrl + G)한 후 복제(Ctrl + D)하여 각 산의 꼭대기에 깃발을 배치한다.

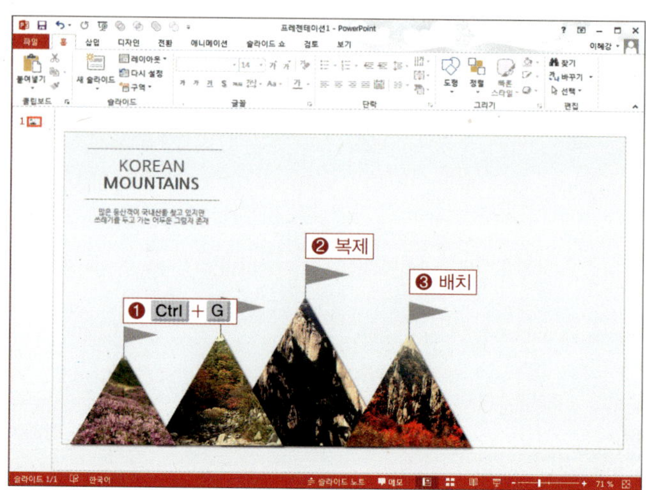

11 깃발을 뒤로 위치시키기 위해 모두 선택한 후 마우스 오른쪽 버튼을 클릭하고 [맨 뒤로 보내기]를 선택한다.

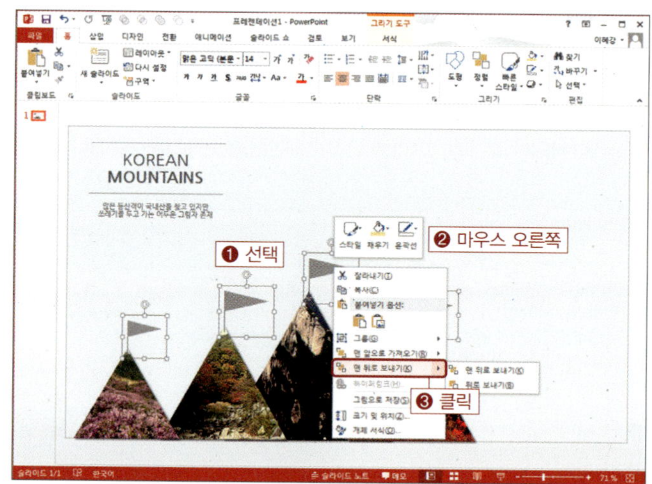

Shift 를 이용하면 한 번에 여러 개를 선택할 수 있다.

12 [삽입] 탭-[텍스트] 그룹-[텍스트 상자]를 선택해 산 이름과 방문객 수를 입력한 후 서식을 지정한다.

텍스트	글꼴 / 글꼴 크기 / 속성	글꼴 색
방문객 수	나눔고딕 / 12	(7) 흰색
산 이름	나눔고딕 / 16 / 굵게, 텍스트 그림자	(7) 흰색

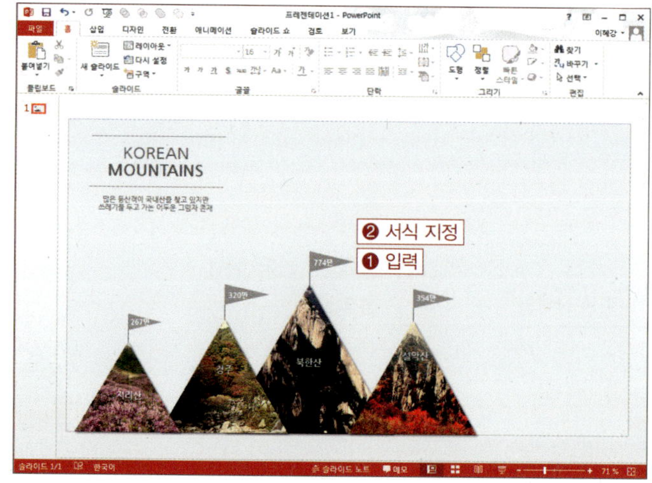

13 산 쓰레기 배출량을 그림자로 표현하기 위해 [삽입] 탭–[일러스트레이션] 그룹–[도형]–[이등변 삼각형]을 선택해 산 쓰레기 배출량 비율만큼 만들고 서식을 지정한다.

도형	채우기 색	투명도	선
이등변 삼각형1	(4) 보라색	60%	선 없음
이등변 삼각형2	(5) 초록색	60%	선 없음
이등변 삼각형3	(6) 노란색	60%	선 없음

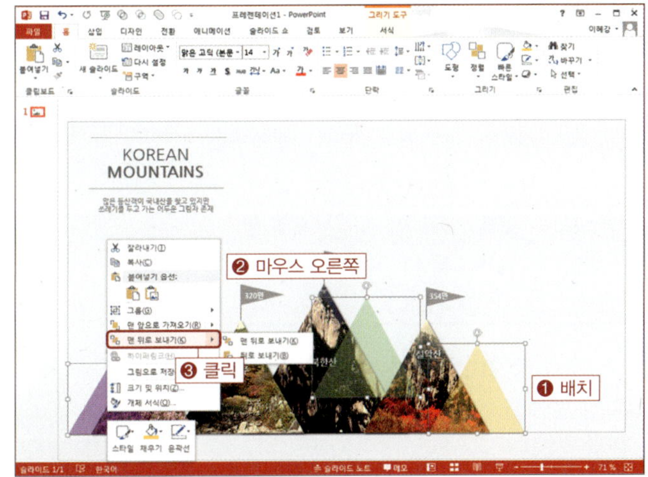

14 산 그림자를 각 산 위에 배출량 비율만큼 나오도록 배치한 후 마우스 오른쪽 버튼을 클릭하고 [맨 뒤로 보내기]를 선택한다.

15 [삽입] 탭–[텍스트] 그룹–[텍스트 상자]를 선택해 그림자 산 위에 쓰레기 배출량을 입력하고 서식을 지정한다. 텍스트 입력 후 회전 조절점을 드래그하여 산 빗면과 동일한 각도로 배치해준다.

텍스트	글꼴 / 글꼴 크기 / 속성	글꼴 색
쓰레기 배출량	나눔고딕 / 12 / 굵게	(3) 진회색

16 깃발과 그림자를 하나씩 복제(Ctrl + D)한다.

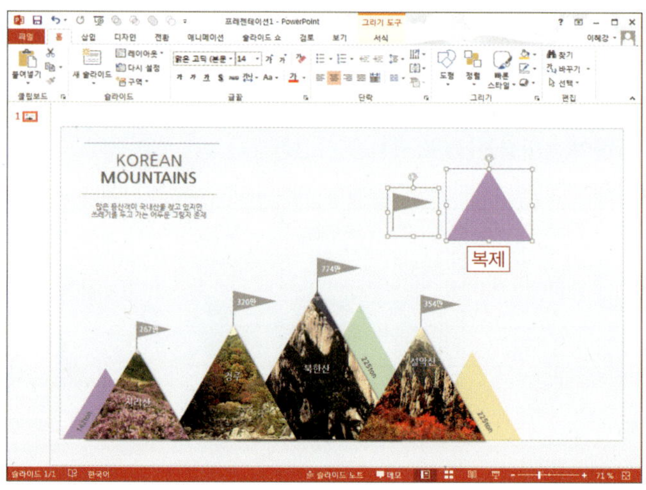

17 복제한 깃발과 산 도형은 크기를 작게 만들어 그림처럼 배치한다. [삽입] 탭-[텍스트] 그룹-[텍스트 상자]를 선택해 깃발과 그림자의 의미와 단위를 입력하고 서식을 지정한다.

텍스트	글꼴 / 글꼴 크기	글꼴 색
설명	나눔고딕 / 11	(3) 진회색
단위	나눔고딕 / 10.5	(3) 진회색

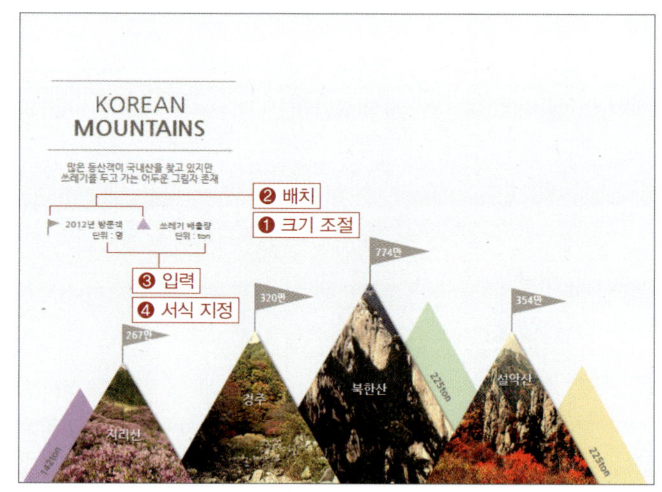

18 기존에 만들었던 산을 복제(Ctrl + D)한 후 마우스 오른쪽 버튼을 클릭하고 [도형 서식]을 선택한다. [도형 서식] 작업 창의 [채우기]에서 '그림 또는 질감 채우기'를 선택하고 [파일]을 클릭해 쓰레기 사진을 삽입한다.

19 쓰레기 배출량을 줄이는 방안을 보여주기 위해 [삽입] 탭-[일러스트레이션] 그룹-[도형]에서 [선]과 [타원]을 선택해 도형을 추가하고 서식을 지정한다.

도형	채우기 색	선	선 색
선	–	실선	(2) 회색
타원	(2) 회색	선 없음	–

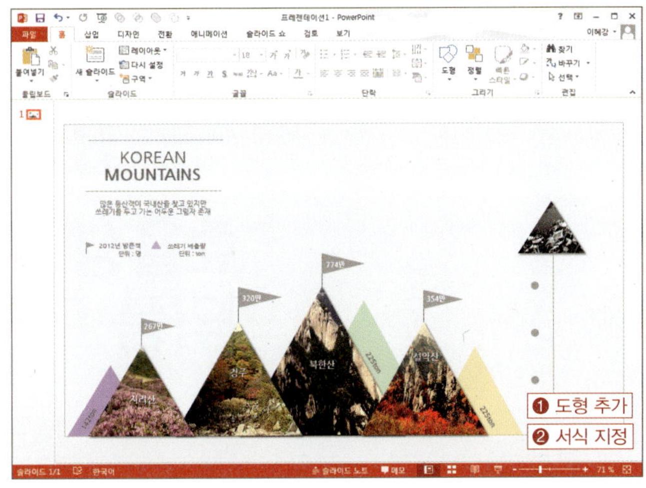

20 선 위에 원을 배치하고 [삽입] 탭-[텍스트] 그룹-[텍스트 상자]를 선택해 배출량 줄이는 방법에 대한 캠페인, 출처 텍스트를 입력한 후 서식을 지정한다.

텍스트	글꼴 / 글꼴 크기 / 속성	글꼴 색
쓰레기 배출량~	나눔고딕 / 14	(3) 진회색
Campaigns	나눔고딕 / 36 / 텍스트 그림자	(3) 진회색
활동 설명	나눔고딕 / 14	(3) 진회색
출처	나눔고딕 / 10.5	(3) 진회색

023

효율성을 강조한
의약품 구매 가이드

B·E·F·O·R·E

비합리적 의약품 구매

의약품 판매가격 차이			
분류	제품명	최고가	최저가	차액
전문의약품	로아큐탄(60캡슐)	48,000	30,000	18,000 (60.0%)
	제니칼(84캡슐)	115,000	82,000	33,000 (40.2%)
일반의약품	써큐란(120캡슐)	23,000	16,000	7,000 (43.7%)
	우루사(100캡슐)	34,000	24,000	10,000 (41.6%)
	이가탄(100캡슐)	27,000	22,000	5,000 (22.7%)
	아로나민골드(100정)	30,000	25,000	5,000 (20.0%)

단위: 원

**합리적으로
구매하지 못하는 이유**

- 온라인마켓 구매 불가
- 긴급 구매가 많음
- 주변환경의 약국에 의존
- 가격비교 불가

의약품 구매 가이드 슬라이드

동일한 의약품이지만 최고가와 최저가의 차이가 크다는 객관적인 자료를 근거로, 왜 사람들은 의약품을 구매할 때 합리적인 구매를 하지 못하는가에 대한 이유를 조명해보는 자료이다. 각 의약품의 최고가와 최저가를 표현하고 이유를 설명하는 슬라이드를 만들어보자.

A·F·T·E·R

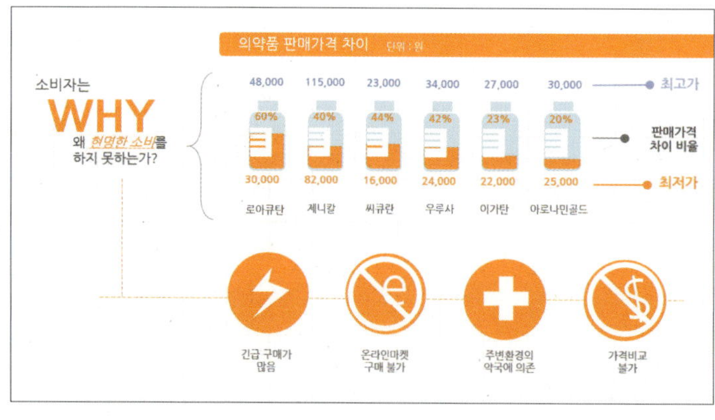

의약품 구매 가이드 인포그래픽

의약품을 생각하면 떠오르는 이미지는 알약과 물약이지만 알약의 개수가 많아지면 다소 복잡해질 수 있으므로 물약의 높이를 이용해 최고가와 최저가를 표현한다. 가격의 차이를 근거로 왜 소비자가 현명한 소비를 하지 못하는가에 대한 질문을 던지고 그 질문에 대한 이유를 설명한다. 텍스트로 되어 있을 경우 가독성이 떨어지므로 이유를 이미지화시켜 정보를 전달한다.

01 빈 슬라이드에서 마우스 오른쪽 버튼을 클릭하고 [배경 서식]을 클릭한다. [배경 서식] 작업 창의 [채우기]에서 '그림 또는 질감 채우기'를 선택하고 [파일]을 선택해 '격자무늬.png' 파일을 불러온다.

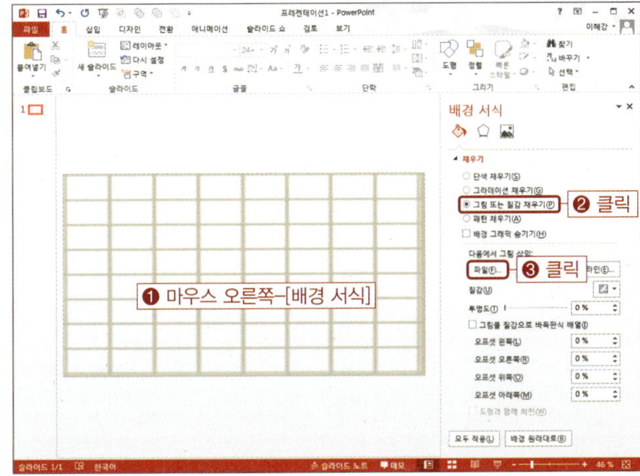

02 작은 이미지가 슬라이드 전체 크기에 맞춰 이미지가 늘어났다. [그림을 질감으로 바둑판식 배열]을 클릭하고 [배율 X]와 [배율 Y]의 비율을 '10%'로 지정한다. 또한 무늬의 색이 진하기 때문에 [투명도]를 '80%'로 지정한다.

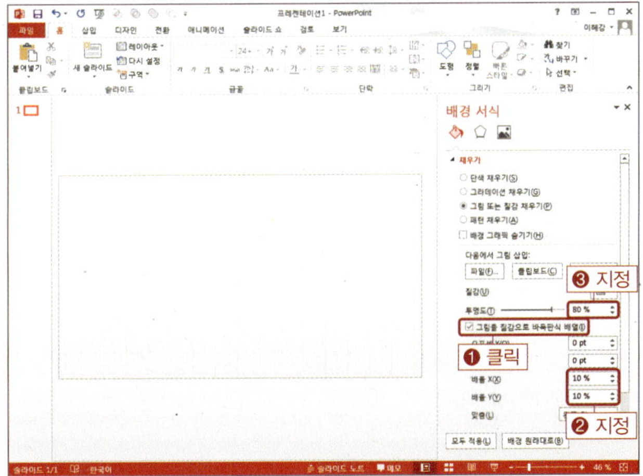

03 [삽입] 탭–[텍스트] 그룹–[텍스트 상자]를 선택해 텍스트를 입력하고 서식을 지정한다.

텍스트	글꼴 / 글꼴 크기 / 속성	글꼴 색
소비자는	나눔고딕 / 20	(5) 회색
WHY	나눔고딕 ExtraBold / 60 / 굵게	(1) 주황색
질문	나눔고딕 / 18 / 일부 기울임꼴, 일부 밑줄	(5) 회색, (1) 주황색

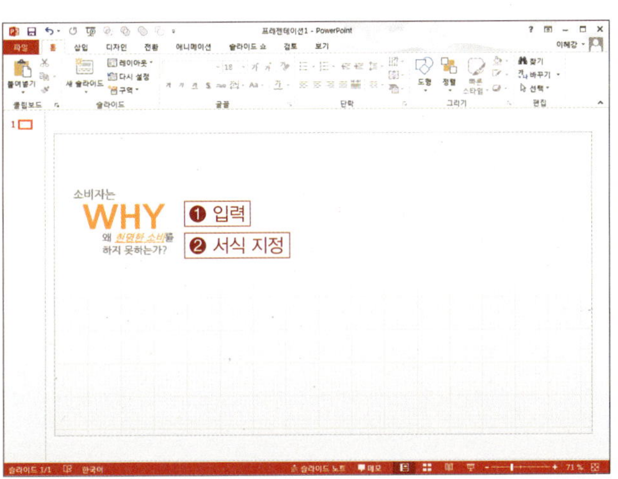

04 [삽입] 탭-[일러스트레이션] 그룹-[도형]-[모서리가 둥근 직사각형]과 [왼쪽 중괄호]를 선택해 도형을 추가하고 서식을 지정한다.

도형	채우기 색	선	선 색
모서리가 둥근 직사각형	(1) 주황색	선 없음	–
왼쪽 중괄호	–	실선	(5) 회색

TIP
[왼쪽 중괄호]의 조절점을 이용하여 굽은 정도 조절이 가능하다.

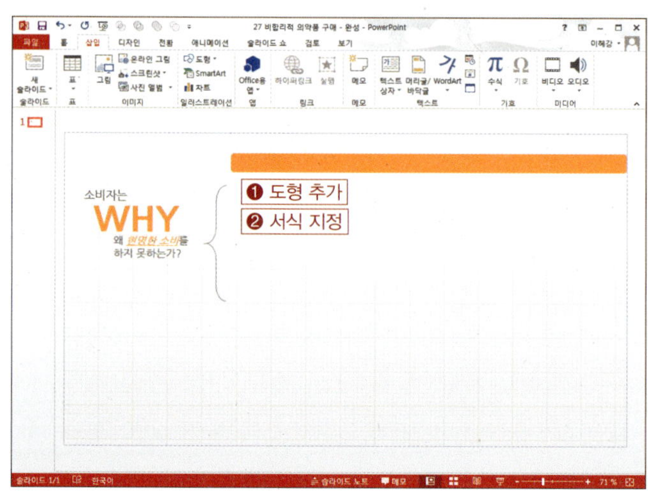

05 [삽입] 탭-[이미지] 그룹-[그림]-[의약품 구매] 폴더에서 '의약품.wmf' 파일을 불러온다.

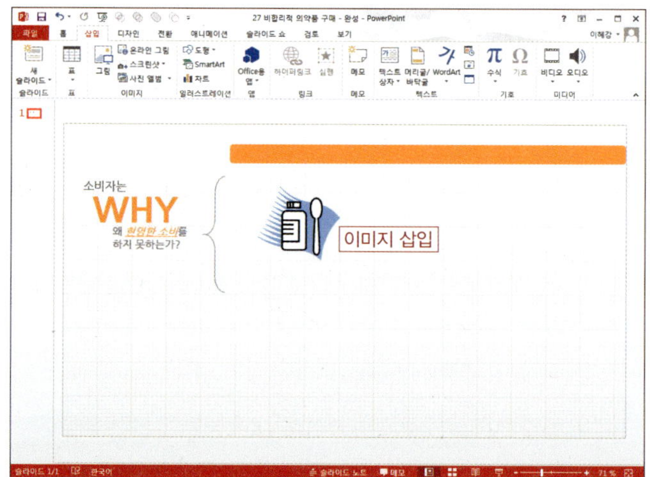

06 Ctrl + Shift + G 를 두 번 눌러 그룹을 해제하여 클립아트를 분리한 후 불필요한 도형들은 삭제하고 병과 라벨지 도형에 서식을 지정한다.

도형	채우기 색
병	(3) 연한 하늘색
라벨지	(2) 흰색

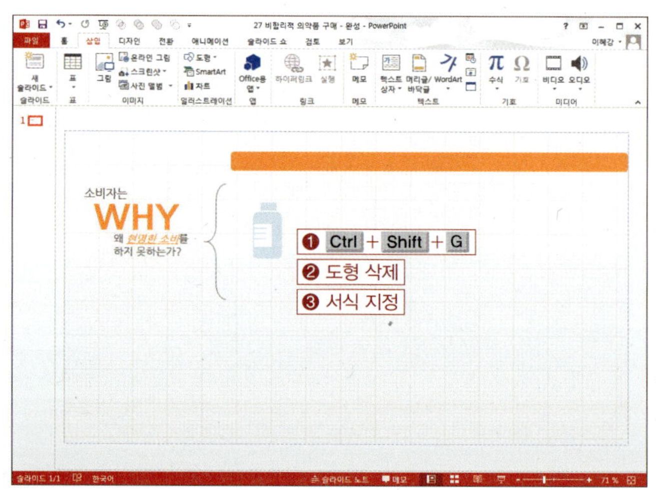

07 병 모양 도형을 복제(Ctrl + D)하고 서식을 지정한다.

도형	채우기 색
병	(1) 주황색

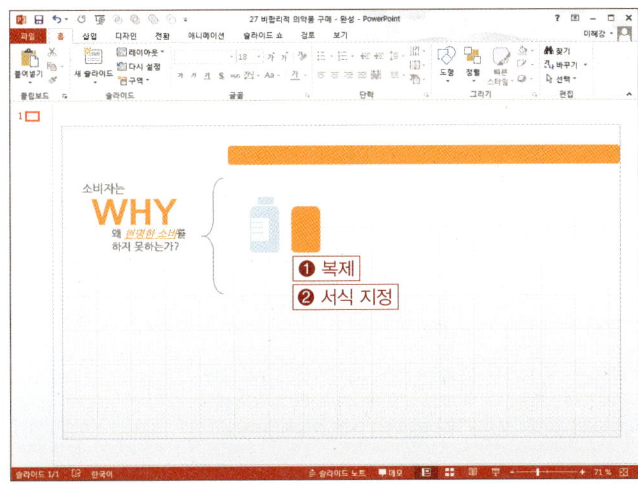

08 도형은 자르기를 할 수 없으므로 주황색 도형을 이미지로 변경한다. 주황색 도형을 복사(Ctrl + C)한 후 붙여 넣기(Ctrl + V)를 하면 나타나는 [붙여 넣기 옵션]에서 [그림]을 선택한다.

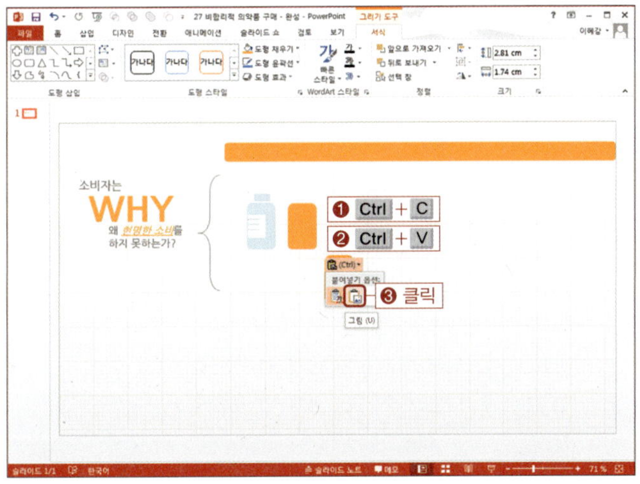

09 기존의 도형은 Delete 를 눌러 삭제하고 이미지로 변경된 개체를 선택한 후 [그림 도구]–[서식] 탭–[크기] 그룹–[자르기]를 선택해 비율만큼 잘라준다.

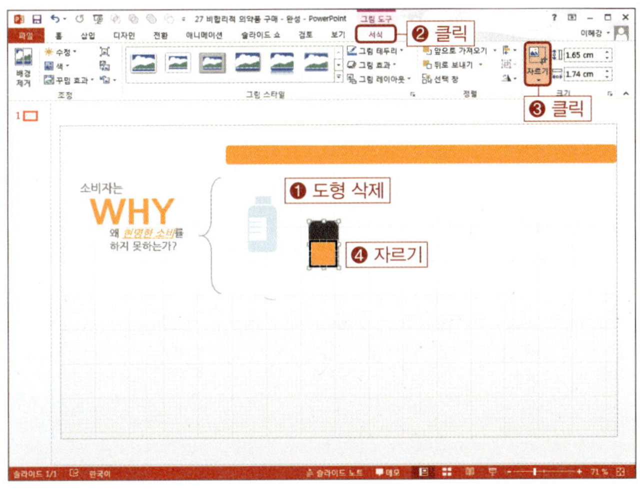

10 물병과 라벨지 사이에 주황색 이미지를 배치한다. 같은 방법으로 물병을 여러 개 복제(Ctrl + D)한 후 주황색 이미지를 비율에 맞게 잘라 그림과 같이 만든다.

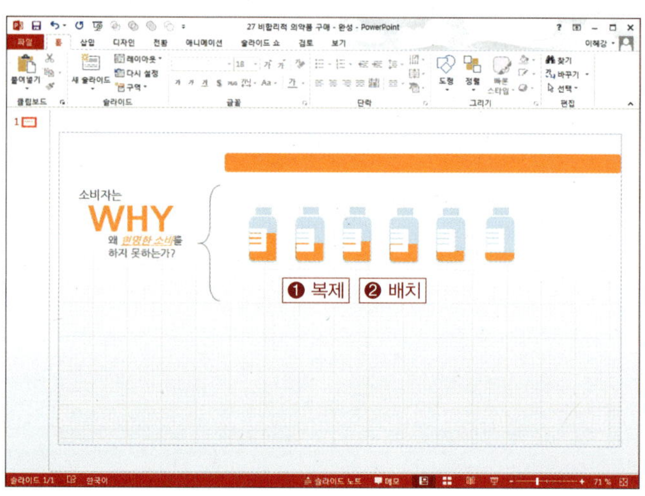

11 [삽입] 탭-[텍스트] 그룹-[텍스트 상자]를 선택해 최고가, 최저가 등을 입력하고 서식을 지정한다.

텍스트	글꼴 / 글꼴 크기 / 속성	글꼴 색
의약품 판매가격~	나눔고딕 / 20	(2) 흰색
단위	나눔고딕 / 14	(2) 흰색
최고가	나눔고딕 / 14 / 굵게	(3) 파란색
비율	나눔고딕 / 14 / 굵게	(1) 주황색
최저가	나눔고딕 / 14 / 굵게	(1) 주황색
약품명	나눔고딕 / 14	(5) 회색

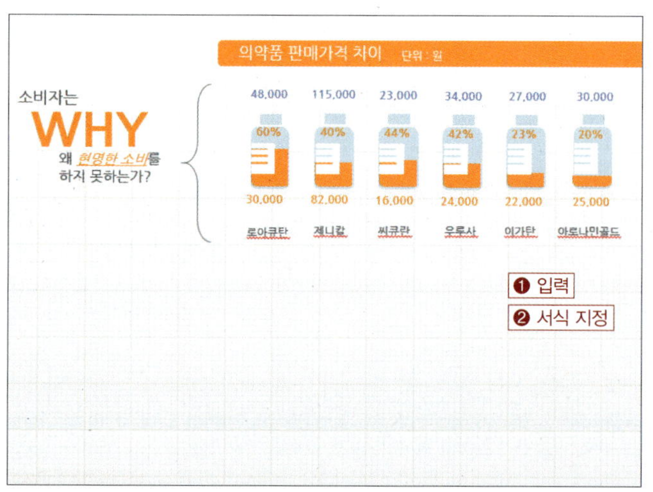

12 [삽입] 탭-[일러스트레이션] 그룹-[도형]에서 [선]과 [타원]을 선택해 지시선을 만들고 서식을 지정한다.

도형	선 색 / 채우기 색	선 두께
선 1, 타원	(3) 파란색	2 ¼ pt
선 2, 타원	(5) 회색	2 ¼ pt
선 3, 타원	(1) 주황색	2 ¼ pt

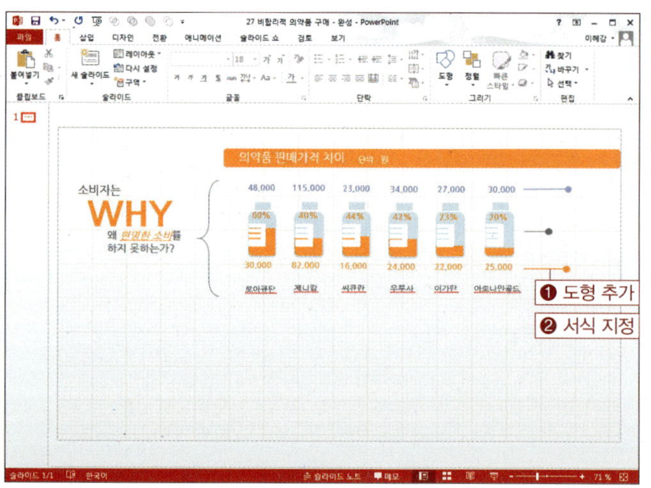

13 지시선 옆에 [삽입] 탭–[텍스트] 그룹–
[텍스트 상자]를 선택해 텍스트를 입력하고
서식을 지정한다.

텍스트	글꼴 / 글꼴 크기 / 속성	글꼴 색
최고가	나눔고딕 / 18 / 굵게	(3) 파란색
비율	나눔고딕 / 16 / 굵게	(5) 회색
최저가	나눔고딕 / 18 / 굵게	(1) 주황색

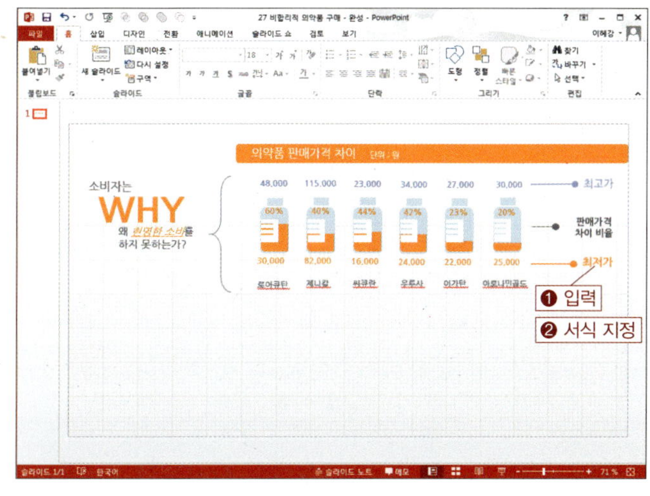

14 [삽입] 탭–[일러스트레이션] 그룹–[도형]–
[선]을 선택해 선 두 개를 만들고 서식을 지정
한다.

도형	선 색	대시
선	(1) 주황색	파선

TIP
파선을 지정할 때는 [그리기 도구] 탭–[서식]–[도형 스타
일]–[도형 윤곽선]–[대시]를 선택한다.

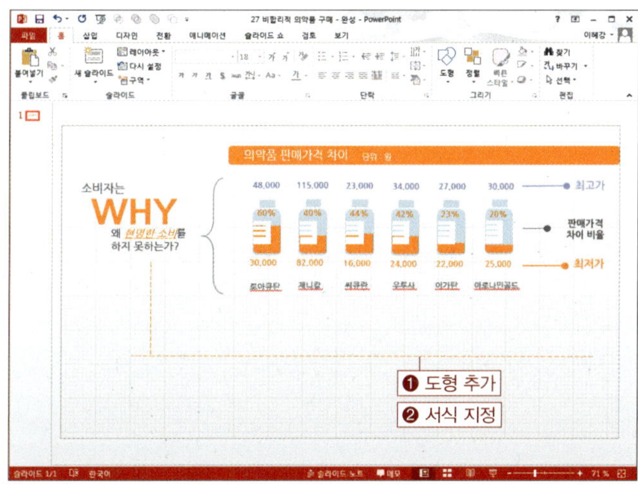

15 [삽입] 탭–[일러스트레이션] 그룹–[도
형]–[타원]을 선택해 원 4개를 만들고 서식을
지정한다.

도형	채우기 색	선
타원	(1) 주황색	선 없음

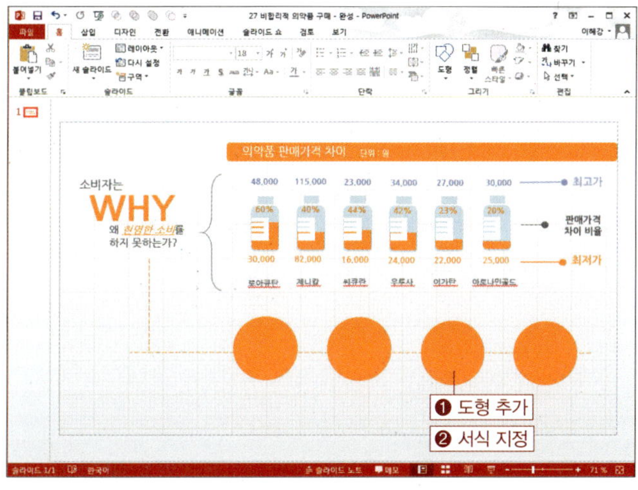

16 [삽입] 탭–[텍스트] 그룹–[텍스트 상자]를 선택해 현명한 소비를 하지 못하는 이유를 입력하고 서식을 지정한다.

텍스트	글꼴 / 글꼴 크기	글꼴 색
이유	나눔고딕 / 14	(5) 회색

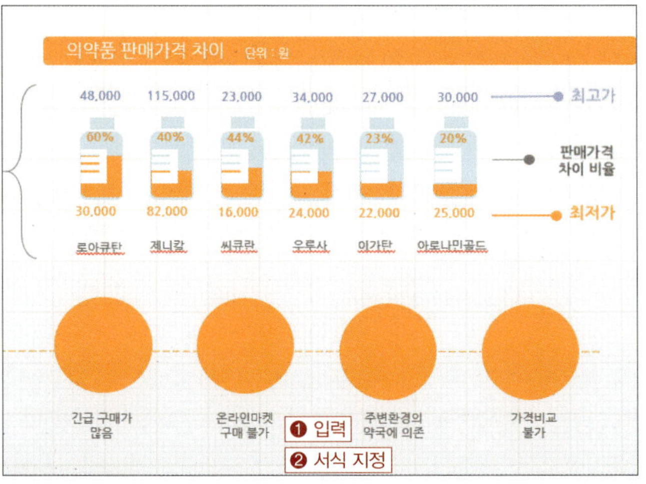

17 타원에 각 텍스트를 대표할 수 있는 심플한 이미지를 삽입해보자. 긴급 구매를 표현하기 위해 [삽입] 탭–[일러스트레이션] 그룹–[도형]–[자유형]을 선택해 번개 모양을 만들고 서식을 지정한다.

도형	채우기 색	선
자유형	(2) 흰색	선 없음

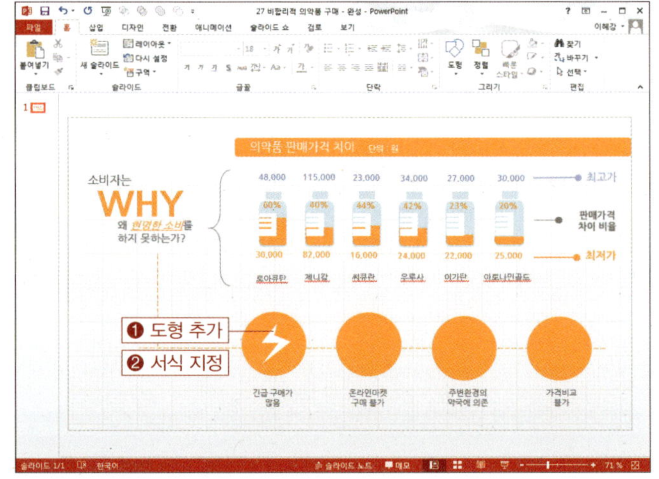

18 온라인과 돈을 표현하기 위해 [삽입] 탭–[텍스트] 그룹–[텍스트 상자]를 선택해 'e'와 '$'를 입력하고 서식을 지정한다.

텍스트	글꼴 / 글꼴 크기	글꼴 색
텍스트	나눔고딕 / 72	(2) 흰색

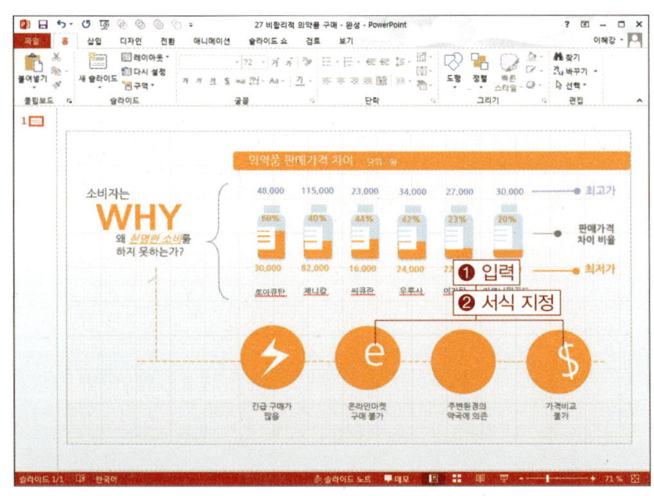

19 사용이 불가하다는 것을 나타내기 위해 [삽입] 탭–[일러스트레이션] 그룹–[도형]–["없음" 기호]를 선택하여 그림처럼 추가하고 서식을 지정한다.

도형	채우기 색	선
"없음" 기호	(2) 흰색	선 없음

TIP
도형을 선택하고 모양 조절점을 이용해 "없음" 기호의 두께를 조절한다.

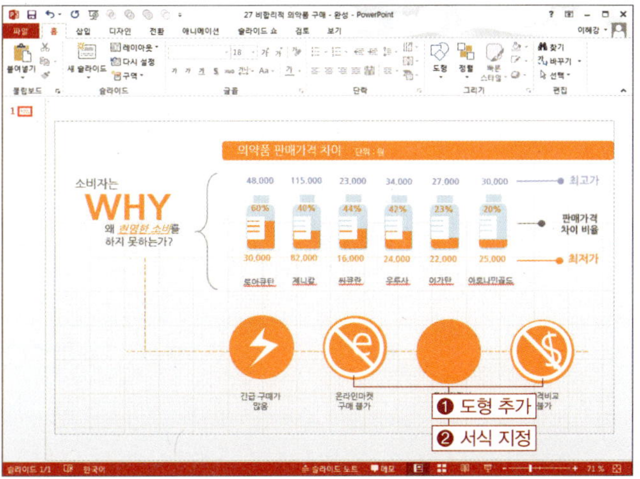

20 약국을 표현하기 위해 [삽입] 탭–[일러스트레이션] 그룹–[도형]–[십자형]을 선택해 도형을 추가한 후 서식을 지정한다.

도형	채우기 색	선
십자형	(2) 흰색	선 없음

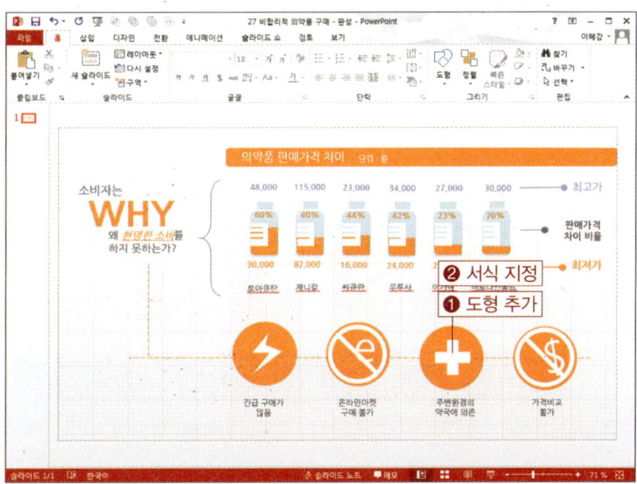

024

장소에 따른 인터넷 라디오의
청취 동향 분석

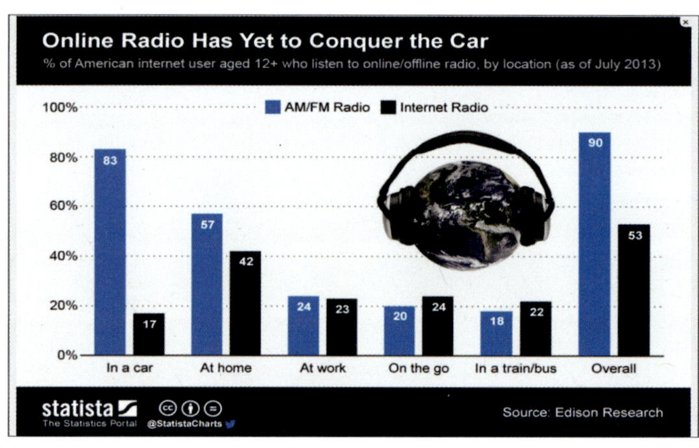

인터넷 라디오의 가능성 슬라이드

인터넷 라디오와 기존 라디오를 청취하는 사람의 숫자가 장소에 따라 다르다는 내용을 담고 있는 자료이다. 장소에 따라 다르다는 것을 수치로 표현하고 차트로 보여주고 있다. 여기서 좀 더 나아가 한눈에 장소를 알아볼 수 있고 결론을 도출할 수 있게 인포그래픽을 제작해 보자.

인터넷 라디오의 가능성 인포그래픽

인터넷 라디오와 기존 라디오를 청취하는 사람의 숫자가 장소에 따라 다르다는 것을 확실히 표현할 수 있도록 상단에 라디오 이미지와 함께 주제에 대한 질문을 하고 아래쪽에 장소를 이미지화하여 차트를 비교하도록 하였다. 또 결과를 위쪽에 배치하여 인터넷 라디오의 가능성에 대해 설명하였다.

실전 따라하기

- 완성파일 : 인터넷 라디오 – 완성.pptx
- 실습파일 : 인터넷 라디오 폴더
- 색상정보 : 인터넷 라디오 – 색상.png

01 빈 슬라이드에서 마우스 오른쪽 버튼을 클릭하고 [배경 서식]을 선택한다. [배경 서식] 작업 창의 [채우기]에서 '단색 채우기'를 선택하고 [색]을 '(2) 겨자색'으로 지정한다.

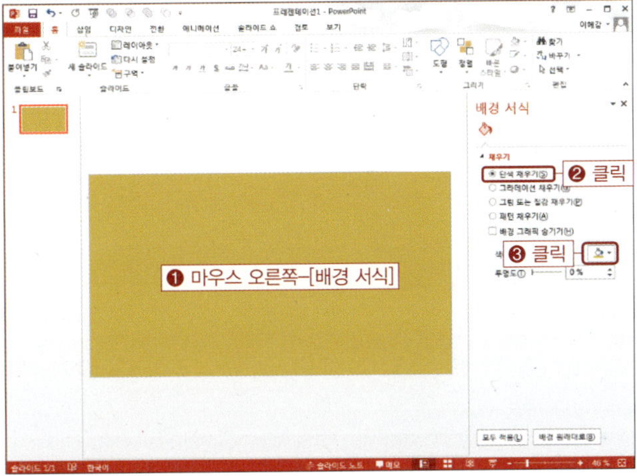

02 [삽입] 탭–[이미지] 그룹–[그림]을 선택하고 [인터넷 라디오] 폴더에서 '라디오.wmf'를 그룹설정 해제(Ctrl + Shift + G)로 도형으로 변환하고, 서식을 지정한다.

이미지	파일명	속성
라디오	라디오.wmf	(3) 진회색

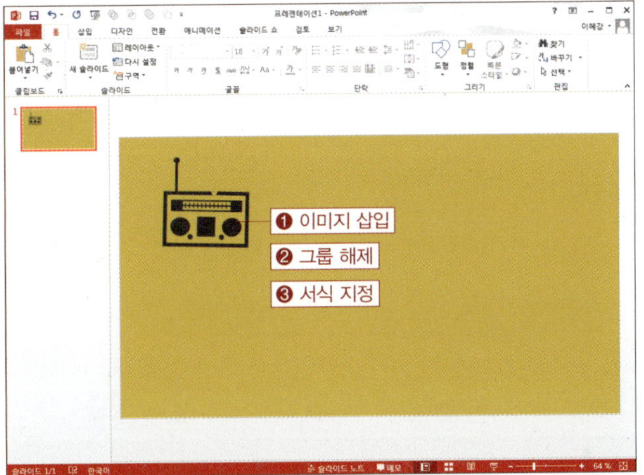

03 집 지붕을 만들기 위해 [삽입] 탭–[일러스트레이션] 그룹–[도형]에서 [직사각형]과 [사다리꼴]을 선택해 도형을 추가한다.

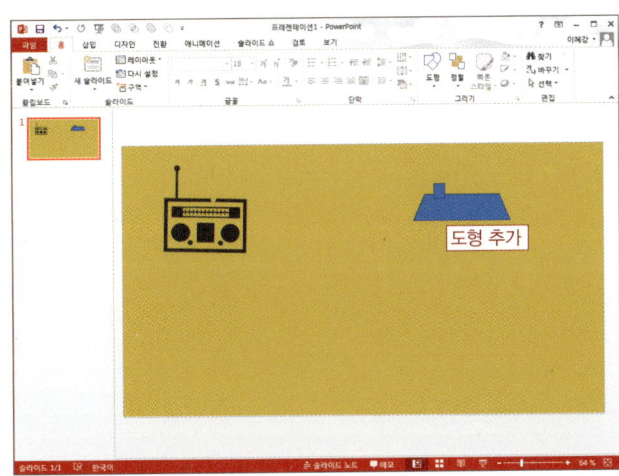

TIP
지붕의 경사면을 조정하고 싶다면 사다리꼴 도형의 모양 조절점을 드래그하면 된다.

04 두 도형을 선택한 후 서식을 지정한다.

도형	채우기 색	선
직사각형 / 사다리꼴	(3) 진회색	선 없음

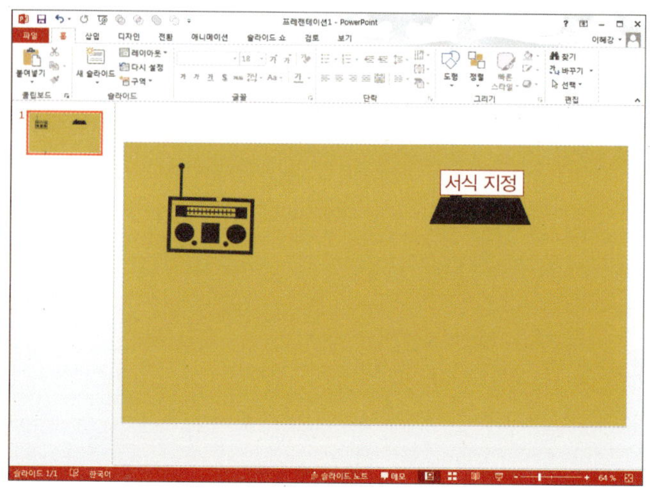

05 [삽입] 탭-[텍스트] 그룹-[텍스트 상자]를 선택해 텍스트를 입력하고 서식을 지정한다.

텍스트	글꼴 / 글꼴 크기 / 속성	글꼴 색
RADIO	나눔고딕 ExtraBold / 44 / 굵게	(1) 흰색
NO	나눔고딕 ExtraBold / 60 / 굵게	(3) 진회색
MOVING	나눔고딕 ExtraBold / 40 / 굵게	(1) 흰색
부가설명	나눔고딕 / 18 / 굵게	(3) 진회색

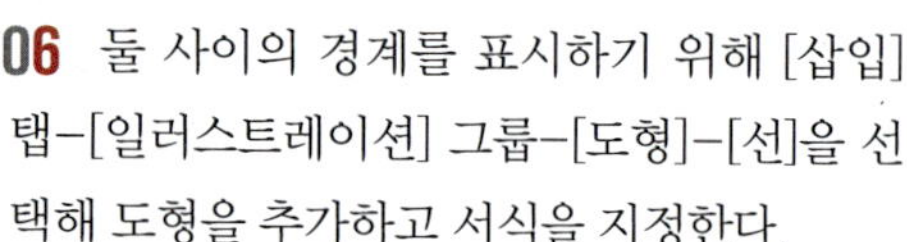

06 둘 사이의 경계를 표시하기 위해 [삽입] 탭-[일러스트레이션] 그룹-[도형]-[선]을 선택해 도형을 추가하고 서식을 지정한다.

도형	선 색	두께
선	(3) 진회색	3pt

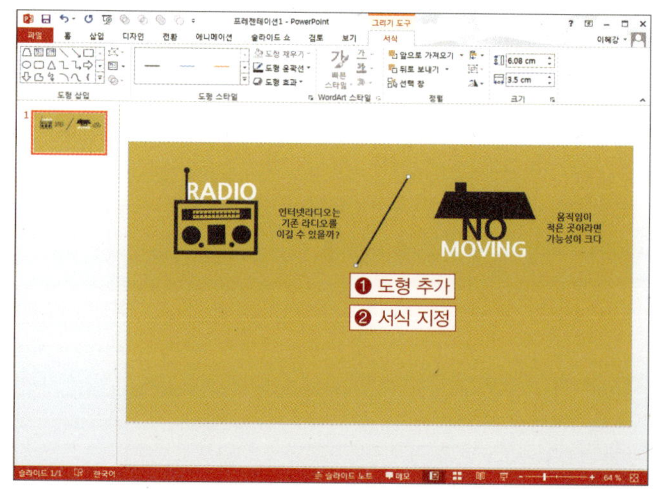

07 라디오를 시청하는 각 장소를 표현하기 위해 [삽입] 탭-[이미지] 그룹-[그림]을 선택하고 [인터넷 라디오] 폴더에서 적절한 파일을 찾아 삽입한 후, 서식을 지정한다.

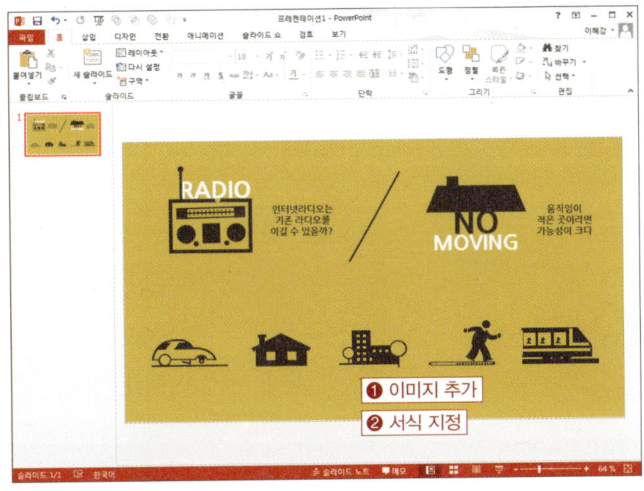

이미지	파일명	속성	
자동차	자동차.wmf	• 흰색 배경 : (2) 겨자색	• 검은색 : (3) 진회색
집	집.wmf	• 검은색 : (3) 진회색	• 창문 : (2) 겨자색
회사	회사.wmf	• 창문, 나무 : (2) 겨자색	• 나머지 : (3) 진회색
걷기	걷기.wmf	• 채우기 색 : (3) 진회색	• 도형 좌우 반전
열차	열차.wmf	• 창, 경계선 : (2) 겨자색	• 열차 본체 : (3) 진회색

08 각 장소별로 라디오와 인터넷 라디오 청취 수치를 도형으로 만들어보자. [삽입] 탭-[일러스트레이션] 그룹-[도형]-[직사각형]을 선택하여 가로 길이는 동일하고 세로 길이만 다른 도형을 추가한 후 서식을 지정한다.

도형	채우기 색	선
직사각형	(3) 진회색, (1) 흰색	선 없음

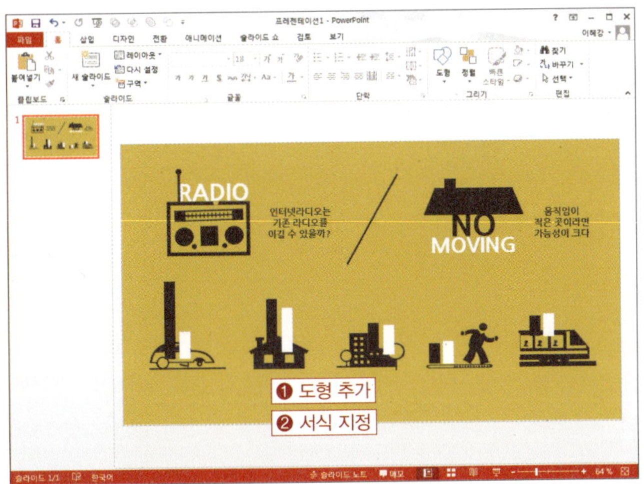

09 수치 도형을 나중에 만들었기 때문에 장소 도형 뒤로 이동해야 한다. 장소 도형들을 모두 선택한 후 마우스 오른쪽 버튼을 클릭하고 [맨 앞으로 가져오기]를 선택한다.

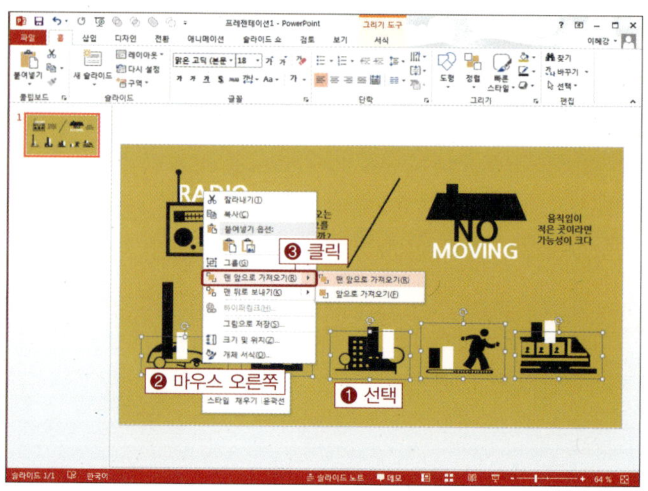

10 [삽입] 탭-[텍스트] 그룹-[텍스트 상자]를 선택해 각 장소에 대한 수치와 설명을 입력하고 서식을 지정한다.

텍스트	글꼴 / 글꼴 크기 / 속성	글꼴 색
수치	나눔고딕 / 16 / 굵게	(1) 흰색
설명	나눔고딕 / 20 / 굵게	(1) 흰색

11 각 수치 도형을 색상별로 하나씩 복제(Ctrl + D)한 후 그림과 같이 오른쪽 중간에 배치한다.

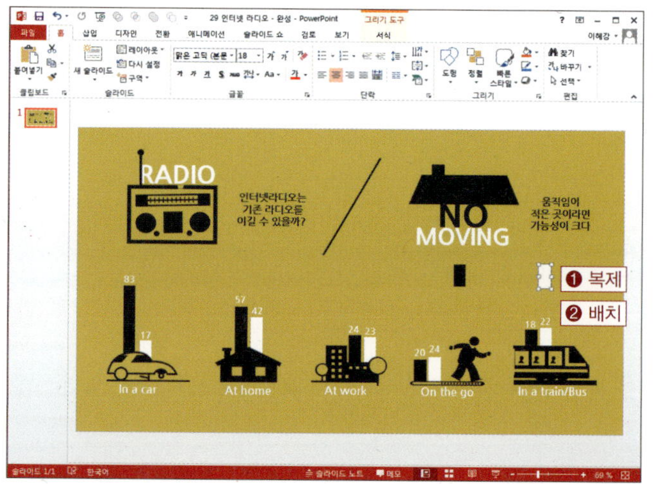

12 도형을 선택하고 Shift 를 누른 상태에서 키보드 화살표 키를 이용해 길이를 줄여준다. 진회색과 흰색 도형의 높이를 동일하게 하기 위해 [그리기 도구]–[서식] 탭–[크기] 그룹의 '도형 높이'를 '0.71'로 설정한다.

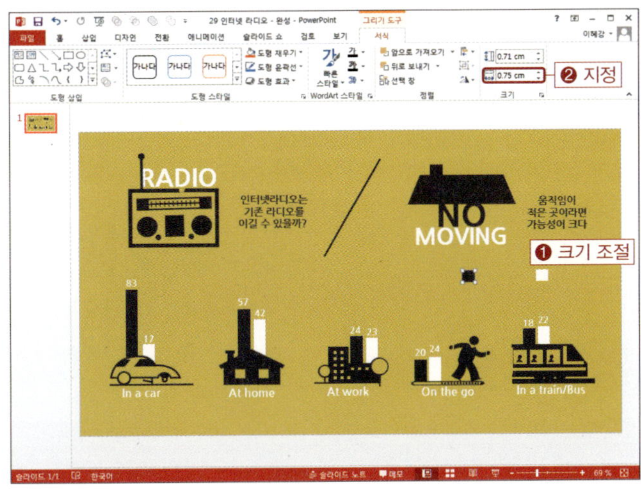

13 [삽입] 탭–[텍스트] 그룹–[텍스트 상자]를 선택해 설명글과 출처 텍스트를 입력한 후 서식을 지정한다.

텍스트	글꼴 / 글꼴 크기 / 속성	글꼴 색
데이터 설명글	나눔고딕 / 16 / 굵게	(1) 흰색
출처	나눔고딕 / 16 / 굵게	(1) 흰색
출처 부연설명	나눔고딕 / 14	(1) 흰색

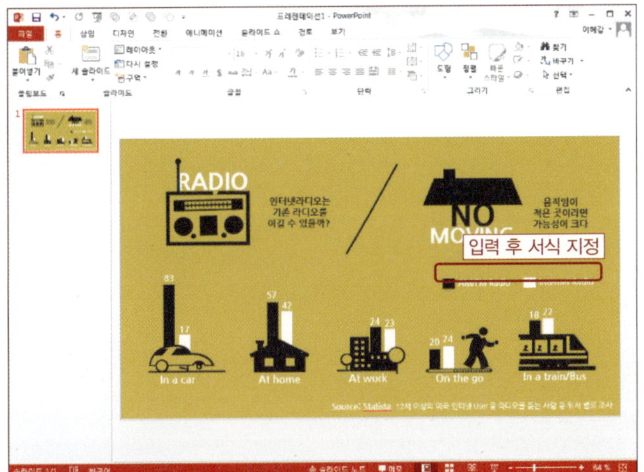

국가별 전자책
수익률과 전망

GLOBAL E-BOOK REVENUE FROM 2009 TO 2016, BY REGION

Global e-book revenue from 2009 to 2016*, by region (in million U.S. dollars)

	North America	Western Europe	Central & Eastern Europe	Middle East & Africa	Asia Pacific	Latin America
2009	500	93	4	5	817	1
2010	1,200	176	9	9	952	2
2011	2,696	324	12	18	1,088	4
2012	4,326	574	28	37	1,269	8
2013	5,992	938	53	57	1,477	14
2014	7,653	1,339	77	80	1,748	27
2015	9,324	1,816	108	107	2,007	46
2016	10,905	2,354	144	137	2,257	73

Revenue in million U.S. dollars

전자책 전망 슬라이드

전 세계적으로 전자책의 비율이 급격하게 증가하고 있으며, 그중 미국의 증가율이 가장 크다는 통계자료이다. 작년 대비 증가를 보여주는 것과 동시에 다른 나라와의 차이를 보여줄 수 있는 슬라이드를 제작해보자.

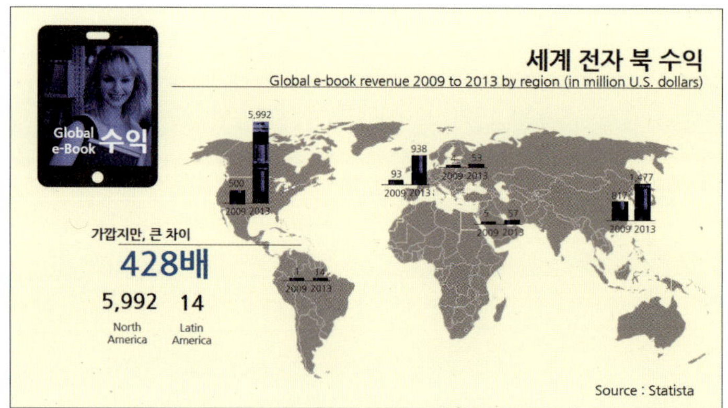

전자책 전망 인포그래픽

전자책과 관련 있는 인포그래픽이므로 전자 기기에 책을 든 소녀 이미지를 삽입하여 제목으로 사용하고 이미지를 파란색으로 변경해 통일성을 가질 수 있게 한다. 나라별 전자책의 수익을 비교하기 위하여 세계 지도를 배치한 후 각 나라에 맞게 막대그래프로 표현한다. 북아메리카와 라틴아메리카는 가까이에 있지만 전자책 수익에 크게 차이가 나타난다는 점을 보여주기 위해 '428배'라는 숫자를 강조한다.

실전 따라하기

• 완성파일 : 전자책 전망 – 완성.pptx
• 이미지 : 회색지도.png
• 색상정보 : 전자책 전망 – 색상.png
• 실습파일 : 국가별 전자책 폴더

01 빈 슬라이드에서 마우스 오른쪽 버튼을 클릭하고 [배경 서식]을 선택한다. [배경 서식] 작업 창의 [채우기]에서 '단색 채우기'를 선택하고 [색]을 '(1) 연노랑'으로 지정한다.

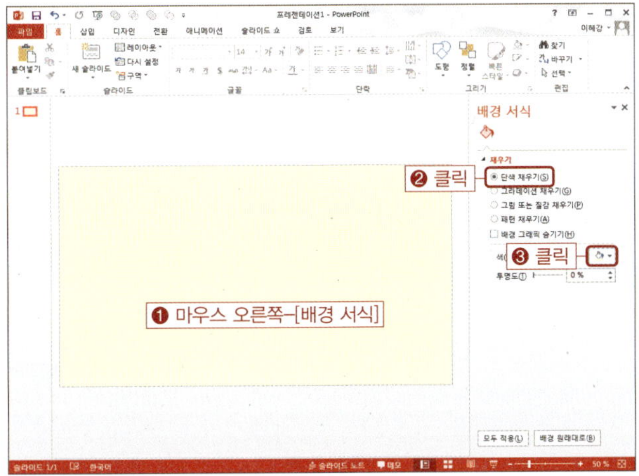

02 태블릿 PC 모양을 만들기 위해 [삽입] 탭-[일러스트레이션] 그룹-[도형]에서 [모서리가 둥근 직사각형]과 [직사각형], [타원]을 선택해 그림처럼 도형을 추가한다.

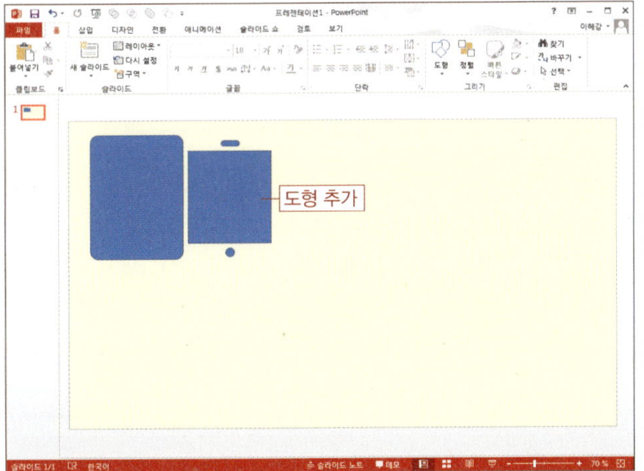

03 스피커, 액정, 홈버튼을 본체인 모서리가 둥근 직사각형 위에 배치한 후 Ctrl + A 를 눌러 전체 선택하고 [도형 빼기]를 선택한다.

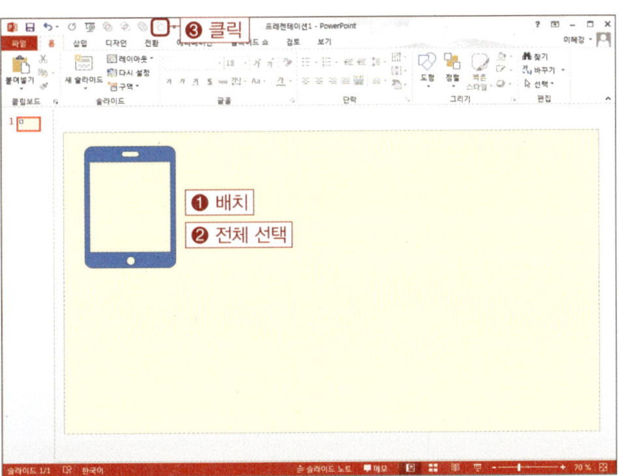

04 [삽입] 탭–[이미지] 그룹–[그림]을 선택하고 '책 여자.png' 이미지를 삽입한다. 이미지를 선택한 후 [그림 도구]–[서식] 탭–[크기] 그룹–[자르기]를 선택해 초록색 책을 든 여자만 남기고 이미지를 잘라준다.

05 태블릿 PC 액정 크기와 같게 이미지 크기를 지정한 후 도형 위에 배치한다. 이미지를 선택한 후 마우스 오른쪽 버튼을 클릭하고 [맨 뒤로 보내기]를 클릭한다. 이미지가 화면 안에 들어간 느낌을 연출할 수 있다.

06 이미지가 선택된 상태에서 [그림 도구]–[서식] 탭–[조정] 그룹–[색]의 [다시 칠하기]에서 '파랑, 어두운 강조색 5'를 선택해 파란색 느낌이 표현되도록 이미지 색상을 변경한다.

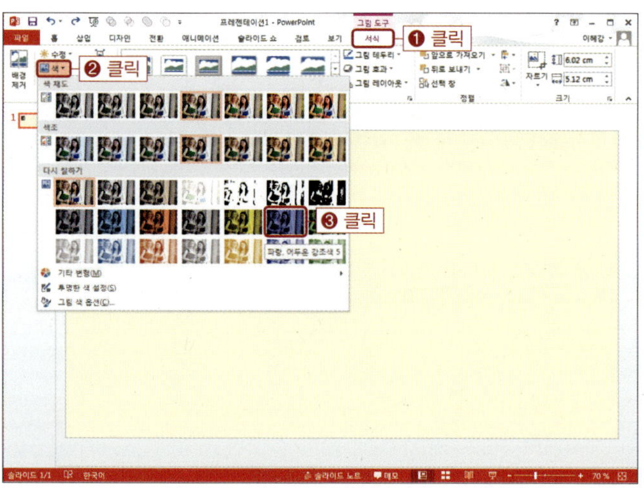

07 [삽입] 탭-[텍스트] 그룹-[텍스트 상자]를 선택해 제목을 입력하고 서식을 지정한다.

텍스트	글꼴 / 글꼴 크기	글꼴 색
Global e-book	나눔고딕 ExtraBold / 18	(4) 흰색
수익	나눔고딕 ExtraBold / 36	(4) 흰색

08 [삽입] 탭-[이미지] 그룹-[그림]을 선택해 '회색지도.png' 이미지를 삽입한다.

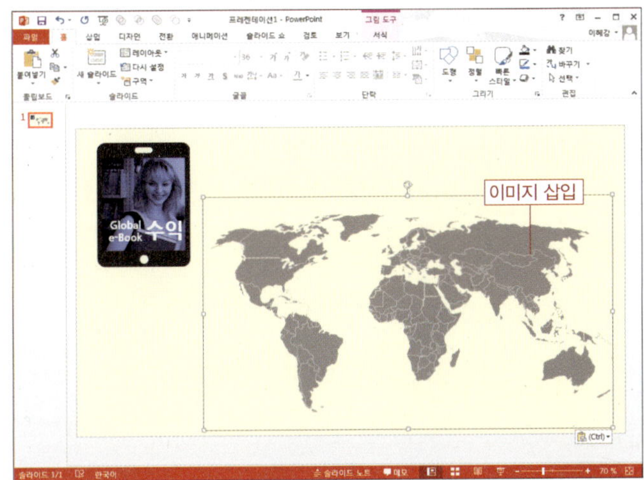

09 [삽입] 탭-[이미지] 그룹-[그림]에서 '책.jpeg' 이미지를 추가한다.

10 해당 슬라이드에서는 책을 활용하여 막대 차트를 만들 것이다. 이미지를 선택한 상태에서 [그림 도구]-[서식] 탭-[크기] 그룹-[자르기]를 선택해 책 부분만 보이도록 막대 모양으로 이미지를 자른다.

11 책 이미지를 선택하고 [그림 도구]-[서식] 탭-[조정] 그룹-[색]의 [다시 칠하기]에서 '파랑, 어두운 강조색 5'를 선택한다.

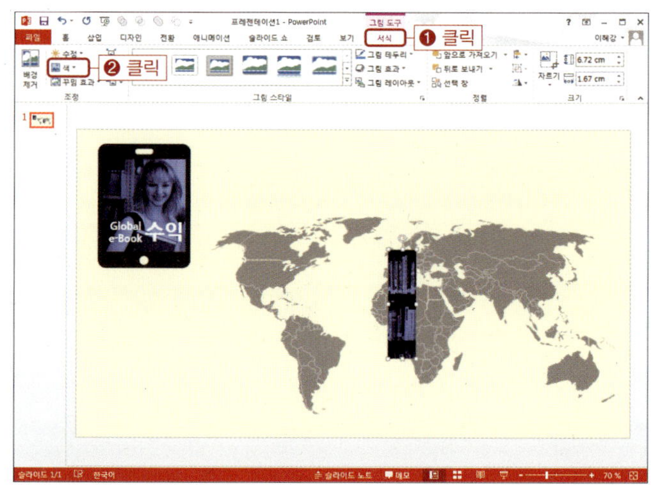

12 책 이미지로 미국의 13년도 전자북 판매량을 표시하고 그 아래에 [삽입] 탭-[일러스트레이션] 그룹-[도형]-[선]을 선택해 차트의 기준선을 만든 후 서식을 지정한다. [삽입] 탭-[텍스트] 그룹-[텍스트 상자]를 선택해 연도수를 입력하고 서식을 지정한다.

도형	선	선 색
선	실선	(3) 진회색

텍스트	글꼴 / 글꼴 크기	글꼴 색
연도수	나눔고딕 / 12	(3) 진회색

13 13년도 막대 이미지를 복제(Ctrl + D)한다. 가로 길이는 유지한 채 세로 길이만 변경하기 위해 이미지를 선택한 후 [그림 도구]-[서식] 탭-[크기] 그룹-[높이]에 책 권수의 비율만큼 직접 수치(0.65cm)를 입력한다. [삽입] 탭-[텍스트] 그룹-[텍스트 상자]를 선택해 연도를 입력한 후 서식을 지정한다. 같은 방법으로 각 나라의 판매량을 그래프와 수치로 나타낸다.

텍스트	글꼴 / 글꼴 크기	글꼴 색
연도, 판매량	나눔고딕 / 12	(3) 진회색

TIP

[마우스 오른쪽]-[그림 서식]-[크기 및 속성]-[가로 세로 비율 고정] 선택 해제된 상태에서 수치를 입력한다.

14 [삽입] 탭-[텍스트] 그룹-[텍스트 상자]를 선택해 관련 텍스트를 입력하고 서식을 지정한다. [삽입] 탭-[일러스트레이션] 그룹-[도형]-[선]을 선택해 부제목 하단과 428배 상단에 선을 만든 후 서식을 지정해 슬라이드를 완성한다.

텍스트	글꼴 / 글꼴 크기 / 속성	글꼴 색
세계 전자 북 수익	나눔고딕 / 32 / 굵게	(3) 진회색
부제목	나눔고딕 / 18	(3) 진회색
가깝지만, 큰 차이	나눔고딕 / 18 / 굵게	(3) 진회색
428배	나눔고딕 / 44 / 굵게	(2) 파란색
수익	나눔고딕 / 28 / 굵게	(3) 진회색
나라 이름	나눔고딕 / 14	(3) 진회색
소스	나눔고딕 / 18	(5) 회색

도형	선	선 색
선	실선	(3) 진회색

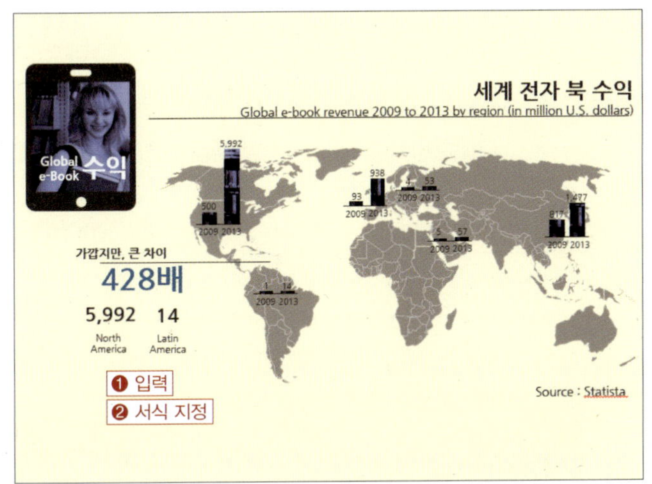

026

피라미드를 활용한
캠페인 발표 자료

B·E·F·O·R·E

구분	설명	인원수
위기 가구	사회적 관계 단절 일상생활 능력 심하게 제한	95,000
취약 가구	사회적 교류 일부 이루어지지만 일상생활 능력에 제한 많음	205,000
관심 필요 가구	가족 및 이웃과의 유대관계 있으나 복지 서비스 욕구 높음	100,000
자립 가구	가족과 유대 관계 강하고 모든 일상생활 스스로 영위 가능	790,000

보건복지부

	2000년	2013년
1인 가구	55만	106만
노인자살	1,100여건	4,300여건

국가통계포털

독거 노인 현황 슬라이드

노인들의 가구 형태는 크게 4가지로 나누어지며 그 계층이 순차적으로 달라진다. 이런 유형의 데이터를 효과적으로 나타내 보자. 위기 가구의 경우 노인 자살과도 연관이 깊으므로 자살 건수를 이미지화하여 심각성을 강조해 좀 더 관심을 가질 수 있는 인포그래픽을 제작해 보자.

A·F·T·E·R

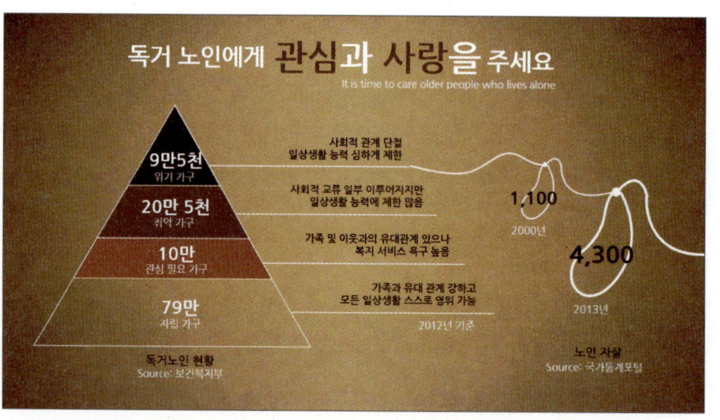

독거 노인 현황 인포그래픽

데이터의 성격에 맞는 어두운 느낌을 연출하기 위하여 갈색 질감의 배경을 활용하고 밝고 경쾌한 색보다는 어두운 느낌의 색을 조합하여 내용을 표현한다. 삼각형을 여러 개 포개어 피라미드를 만들고 위기 가구로 올라갈수록 진한 갈색으로 심각성을 표현한다. 위기 가구는 선을 연결하여 원 밧줄을 표현해준다. 2000년에 비해 2013년에는 4배로 증가한 것을 표현하기 위해 원 밧줄을 더욱 크게 만들어준다.

- 완성파일 : 독거 노인 현황 – 완성.pptx
- 이미지 : 독거 노인 현황 – 배경.png
- 색상정보 : 독거 노인 현황 – 색상.png
- 실습파일 : 독거 노인 현황 폴더

01 [보기] 탭–[마스터 보기] 그룹–[슬라이드 마스터]를 선택해 첫 번째 마스터 슬라이드를 선택한다. [삽입] 탭–[일러스트레이션] 그룹–[그림]을 선택해 '독거 노인 현황 – 배경.png'를 삽입하고 슬라이드 크기에 맞게 조절한다. [슬라이드 마스터] 탭–[닫기] 그룹–[마스터 보기 닫기]를 선택해 편집 창으로 이동한다.

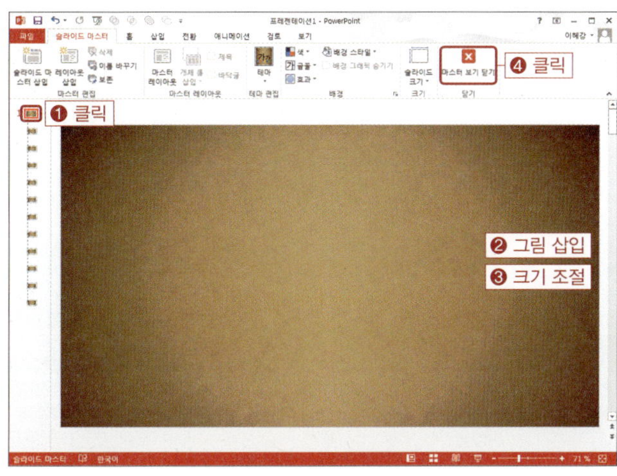

02 [삽입] 탭–[일러스트레이션] 그룹–[도형]–[이등변 삼각형]을 선택해 도형을 만든 후 서식을 지정한다.

도형	채우기 색	선 색
이등변 삼각형	채우기 없음	(1) 흰색

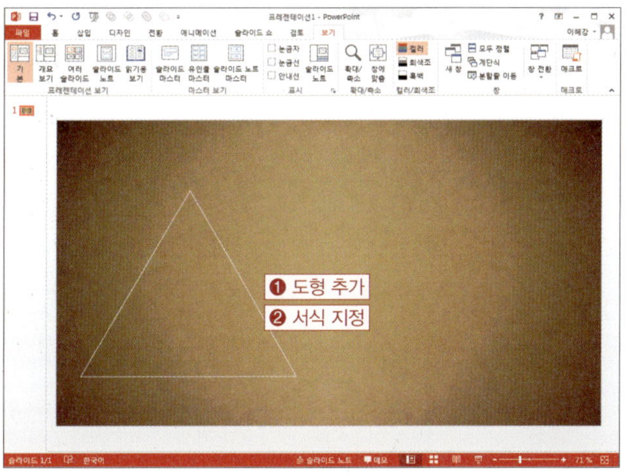

03 이등변 삼각형을 복제(Ctrl + D)한 후 자립 가구 비율 크기로 조절한 후 서식을 지정하고 배치한다.

도형	채우기 색	선 색
이등변 삼각형	(2) 연갈색	(1) 흰색

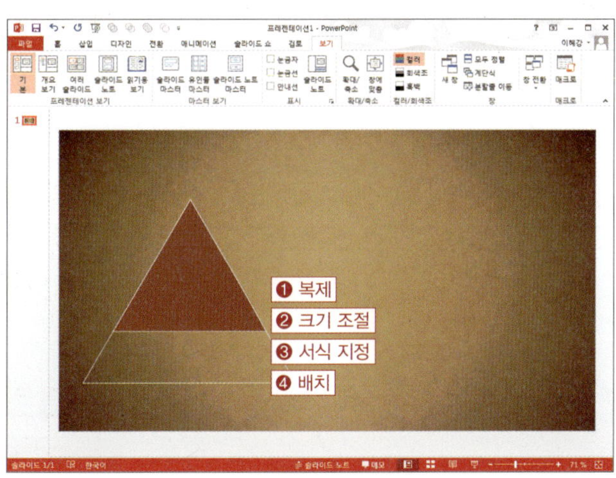

04 같은 방법으로 이등변 삼각형을 하나 더 복제(Ctrl + D)하여 관심 필요 가구 비율 크기로 조절한 후 서식을 지정하고 배치한다.

도형	채우기 색	선 색
이등변 삼각형	(3) 갈색	(1) 흰색

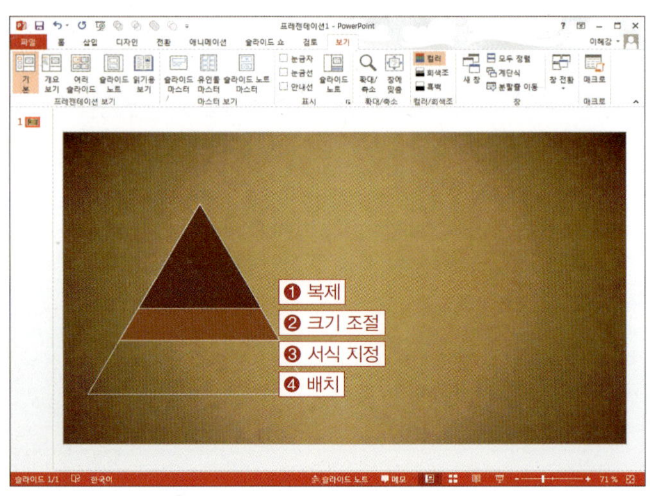

05 이등변 삼각형을 하나 더 복제(Ctrl + D)해 하고 가구 비율로 크기를 변경한 후 서식을 지정하고 배치한다. [삽입] 탭-[텍스트] 그룹-[텍스트 상자]를 선택해 관련된 내용을 입력하고 서식을 지정한다.

도형	채우기 색	선 색
이등변 삼각형	(4) 진갈색	(1) 흰색

텍스트	글꼴 / 글꼴 크기 / 속성	글꼴 색
인원수	나눔고딕 / 24 / 굵게	(1) 흰색
가구 유형	나눔고딕 / 14	(1) 흰색
독거노인 현황	나눔고딕 / 16 / 굵게	(4) 진갈색
출처	나눔고딕 / 14	(1) 흰색

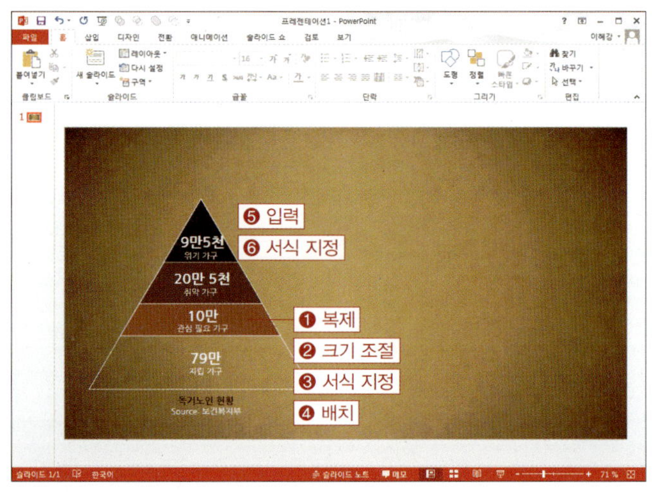

06 [삽입] 탭-[일러스트레이션] 그룹-[도형]-[선]을 선택해 각 가구 설명을 입력하기 위한 윤곽선을 만들고 서식을 지정한다.

도형	선 색
선	(1) 흰색

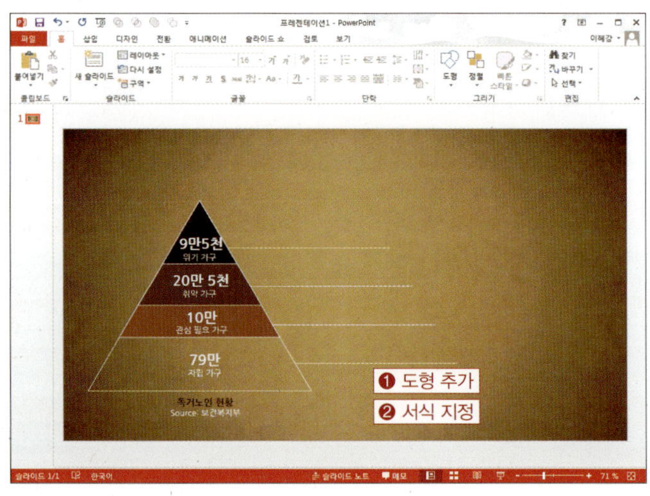

07 각 가구에 대한 설명을 입력하고 서식을 지정한다. 설명은 [홈] 탭-[단락] 그룹-[오른쪽 맞춤]을 선택하고 텍스트의 오른쪽에 끝나는 지점과 윤곽선 오른쪽 끝의 간격을 일정하게 배치해준다.

텍스트	글꼴 / 글꼴 크기 / 속성	글꼴 색
설명글	나눔고딕 / 14 / 굵게	(4) 진갈색
2012년 기준	나눔고딕 / 14	(1) 흰색

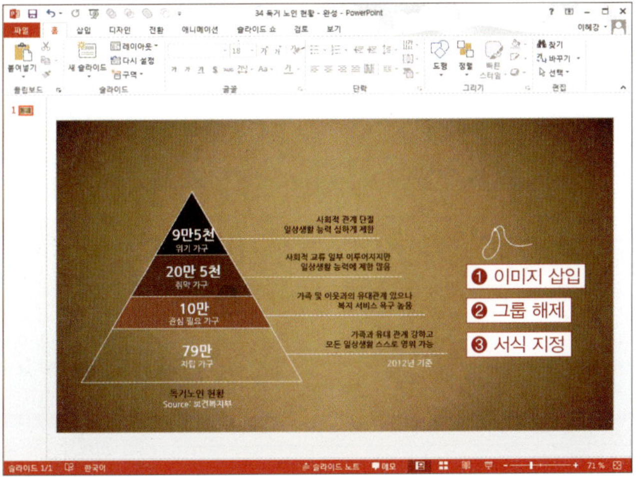

08 [삽입] 탭-[이미지] 그룹-[그림]-[독거노인 현황] 폴더에서 '밧줄.wmf' 파일을 불러와 그룹설정 해제(Ctrl + Shift + G) 후 서식을 지정한다.

도형	채우기 색
밧줄	(1) 흰색

TIP
보이기에는 윤곽선으로 보이지만 해당 이미지는 도형으로 만들어졌기 때문에 채우기 색을 변경해야 한다.

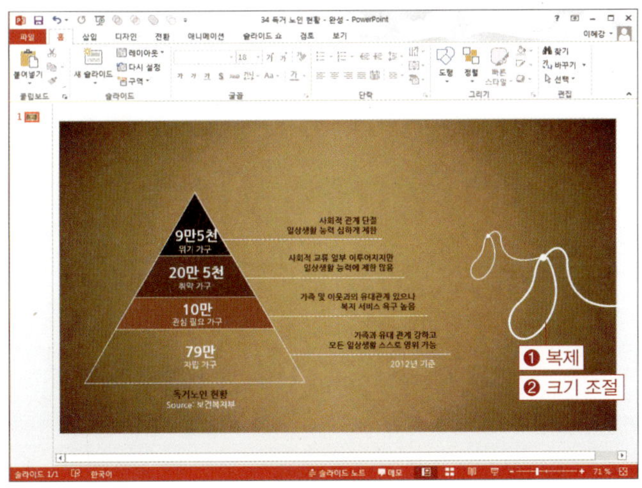

09 밧줄을 하나 더 복제(Ctrl + D)하고 기존 밧줄의 4배 정도 되는 크기로 크게 한 후 그림처럼 배치한다.

10 첫 번째 밧줄과 위기 가구를 연결시키기 위해 [삽입] 탭–[일러스트레이션] 그룹–[도형]–[곡선]을 선택한 후 두 선을 연결시키는 선을 그리고 서식을 지정한다.

도형	선 색	선 두께
곡선	(1) 흰색	2 ¼ pt

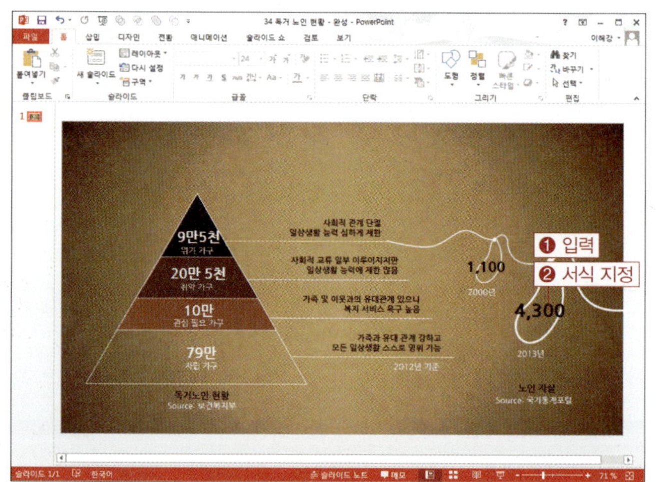

11 노인 자살 수치를 [삽입] 탭–[텍스트] 그룹–[텍스트 상자]를 선택해 입력하고 서식을 지정한다.

텍스트	글꼴 / 글꼴 크기 / 속성	글꼴 색
1,100	나눔고딕 ExtraBold / 24 / 굵게	(4) 진갈색
4,300	나눔고딕 ExtraBold / 32 / 굵게	(4) 진갈색
연도	나눔고딕 / 14	(1) 흰색
노인 자살	나눔고딕 / 16 / 굵게	(4) 진갈색
출처	나눔고딕 / 14	(1) 흰색

12 [삽입] 탭–[텍스트] 그룹–[텍스트 상자]를 선택해 슬라이드의 제목을 입력하고 서식을 지정한다.

텍스트	글꼴 / 글꼴 크기 / 속성	글꼴 색
독거노인에게, 주세요	나눔고딕 / 32 / 굵게	(1) 흰색
관심과 사랑	나눔고딕 / 48 / 굵게	(4) 진갈색, (1) 흰색
영어	나눔고딕 / 14	(1) 흰색

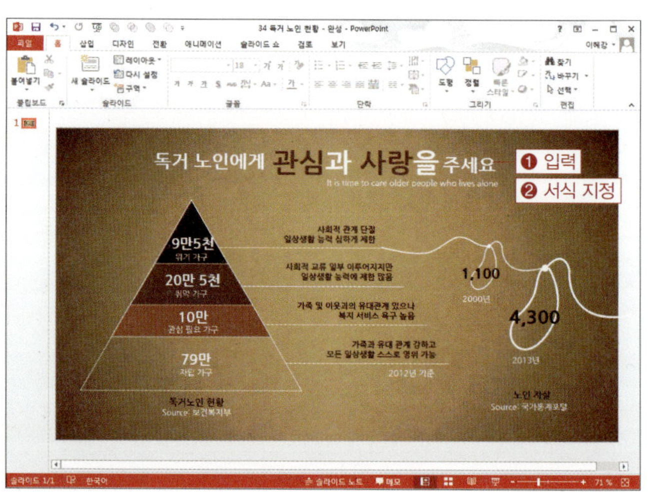

SPECIAL TIP

무료 이미지 사이트 추천

기존 파워포인트에서 제공되었던 클립아트를 더 이상 사용할 수 없게 되어, 파워포인트에서 사용할 무료 사진에 대한 고민이 깊어졌을 것이다. 아래 소개된 사이트에서는 저작권에 상관 없이 자유롭게 사용할 수 있는 이미지를 제공하고 있다.

- **Pixabay http://pixabay.com**

한국어로 검색할 수 있으며, 별도의 출처를 표기하지 않고도 자유롭게 사용할 수 있다.
검증된 사진만 제공되므로, 고품질의 이미지를 얻을 수 있다.

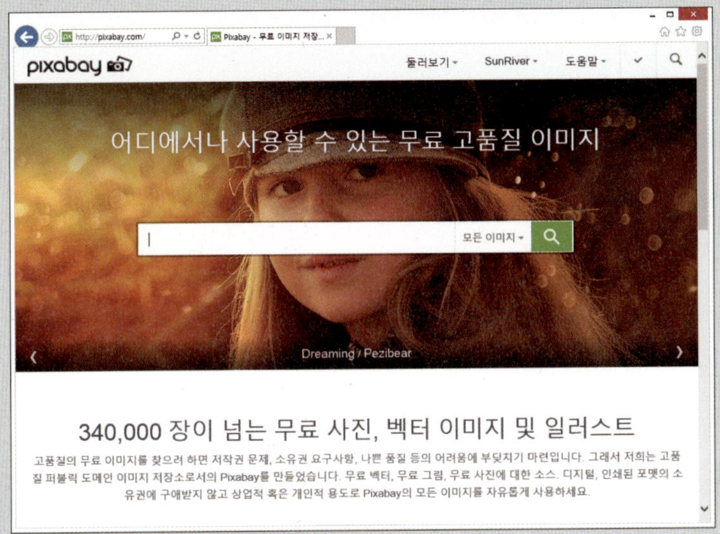

- **Unsplash http://unsplash.com/archive**

감성적인 고품질 무료 사진들이 10일에 10장씩 업로드된다.

- **Flickr http://flickr.com**

검색 조건을 Creative Commons로 지정 후 검색하면 무료 사진을 얻을 수 있다.

- **http://thisissunriver.blogspot.kr**

필자가 직접 올린 사진들을 무료로 제공하고 있다.

027

분야별 날씨정보
제공계획

분야별 5년 후 전망자료

대상	분야	현재(2013년)	5년 후(2017년)
전국민	•위험기상 정보 활용	단순 기상정보	재해·지리정보 포함
	•기상정보 활용 생활계획 수립	7일전	10일전
도시민	•시간대별 일일계획 수립	48시간	72시간
	•도심지역 돌발홍수 정보	5km 격자자료	1km 격자자료
농어민	•지역특화 맞춤정보 활용	17개 분야 27개 사업	50개 분야 100개 사업
	•기상기후산업 분야 일자리	296개	2200개(누적)
산업계	•기상기후산업 시장규모	3216억 원	9600억 원
	•이상기후대응 기후예측정보 활용	6개월 전	12개월 전

출처 : 기상청

날씨 전망 슬라이드

많은 자료와 수치를 비교해야 하는 데이터를 보기 쉽게 시각화하기 위해서는 정보의 분류를 통해 데이터를 간결화·시각화해야 한다. 왼쪽의 그림은 분야별 날씨가 2013년과 비교하여 5년 뒤 어떻게 변화할지에 대한 자료이다. 모든 자료를 다 표현하기보다는 도시민과 산업계를 위한 날씨 정보에 초점을 맞춘 시각화 자료를 제작해보자.

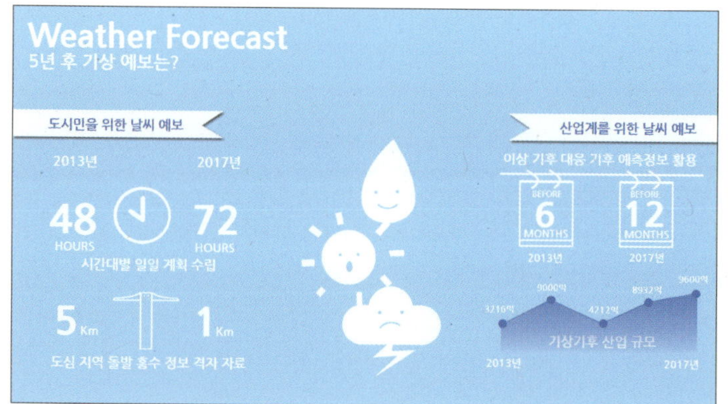

날씨 전망 인포그래픽

날씨와 관련되었다는 것을 나타내기 위하여 슬라이드 가운데에는 날씨 관련 이미지를 만들어준다. 날씨에 생동감을 주기 위해 날씨마다 표정을 만들어주는 것도 하나의 방법이다. 분야를 나타낼 수 있는 대표 이미지를 만들고 자세한 내용은 글로 설명한다.

실전 따라하기

• 완성파일 : 날씨 전망 – 완성.pptx • 색상정보 : 날씨 전망 – 색상.png
• 실습파일 : 날씨 전망 폴더

01 빈 슬라이드에서 마우스 오른쪽 버튼을 클릭하고 [배경 서식]을 선택한다. [배경 서식] 작업 창의 [채우기]에서 '단색 채우기'를 선택하고 [색]을 '(2) 하늘색'으로 지정한다.

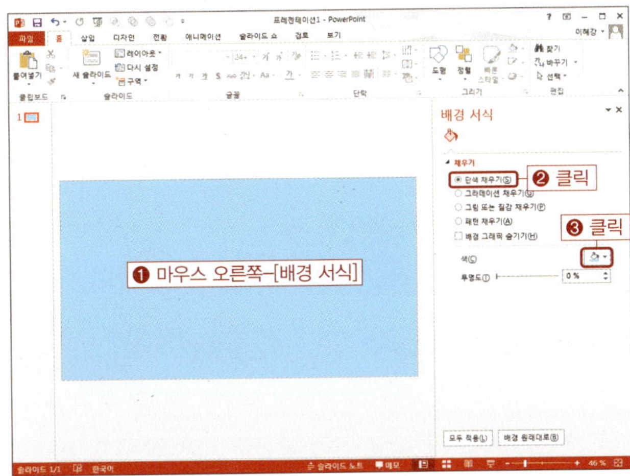

02 [삽입] 탭–[텍스트] 그룹–[텍스트 상자]를 선택해 제목과 부제목을 입력하고 서식을 지정한다.

텍스트	글꼴 / 글꼴 크기 / 속성	글꼴 색
제목	나눔고딕 ExtraBold / 44 / 굵게	(1) 흰색
부제목	나눔고딕 / 24 / 굵게	(1) 흰색

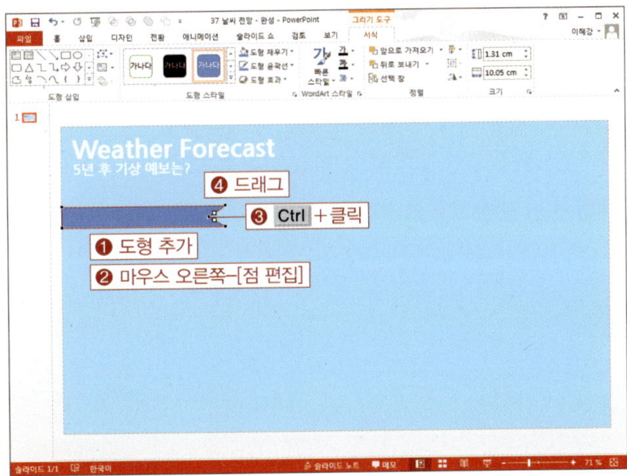

03 [삽입] 탭–[일러스트레이션] 그룹–[도형]–[직사각형]을 선택해 가로로 긴 사각형을 만든 후 마우스 오른쪽 버튼을 클릭하고 [점 편집]을 선택해 리본 모양을 만든다.

04 리본 도형을 선택하고 서식을 지정한 후 [그리기 도구]-[서식] 탭-[도형 스타일] 그룹-[도형 효과]-[그림자]에서 [바깥쪽]-[오프셋 대각선 오른쪽 아래]를 선택한다.

도형	채우기 색	선
리본	(1) 흰색	선 없음

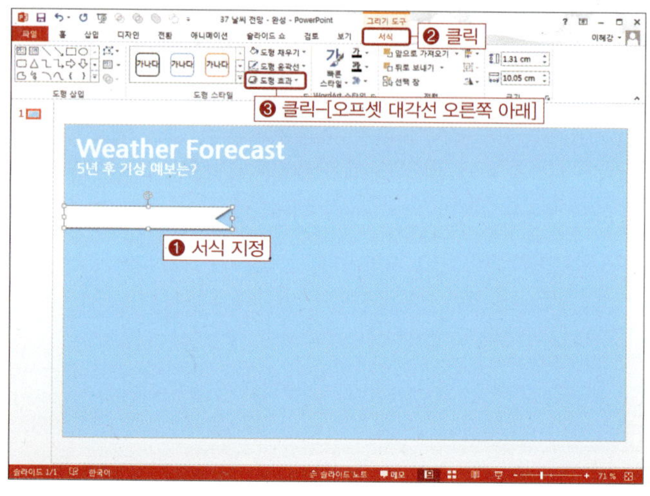

05 리본 도형을 복제(Ctrl + D)한 후 [그리기 도구]-[서식] 탭-[정렬] 그룹-[회전]-[좌우 대칭]을 선택하여 방향을 회전시킨다.

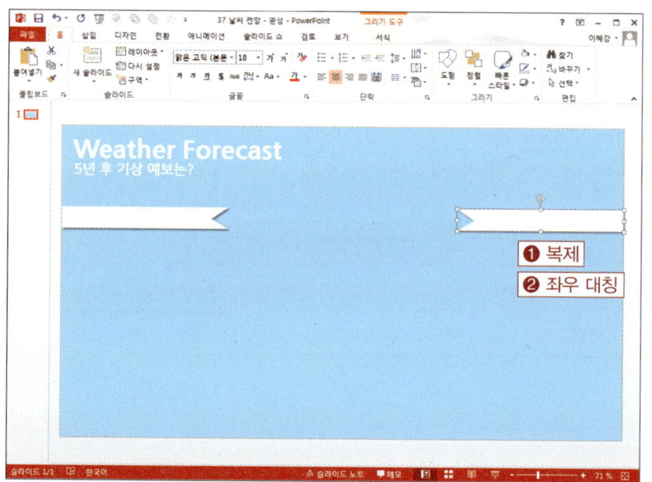

06 날씨를 나타내는 도형을 만들기 위해 [삽입] 탭-[일러스트레이션] 그룹-[도형]에서 [모서리가 둥근 직사각형]과 [타원](2개), [자유형]을 선택해 번개 모양을 만든다. 모서리가 둥근 직사각형 도형의 모양 조절점을 드래그해 모서리를 둥글게 만들어준다.

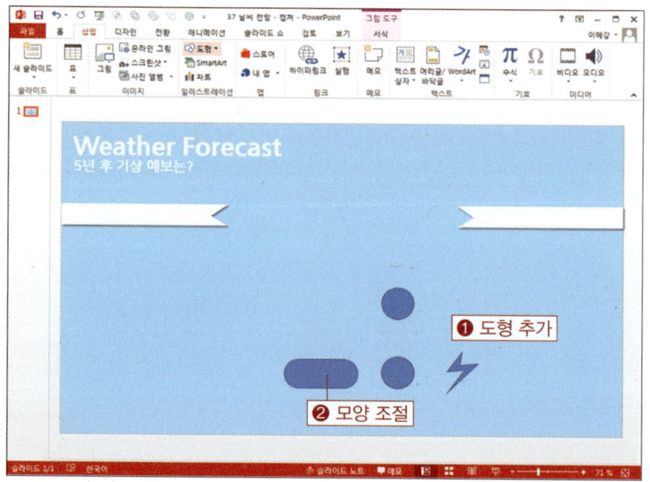

07 [삽입] 탭-[이미지] 그룹-[그림]을 선택하고 [날씨 전망] 폴더에서 wmf 파일을 불러온다.

이미지	파일명
	물방울.wmf
	태양.wmf

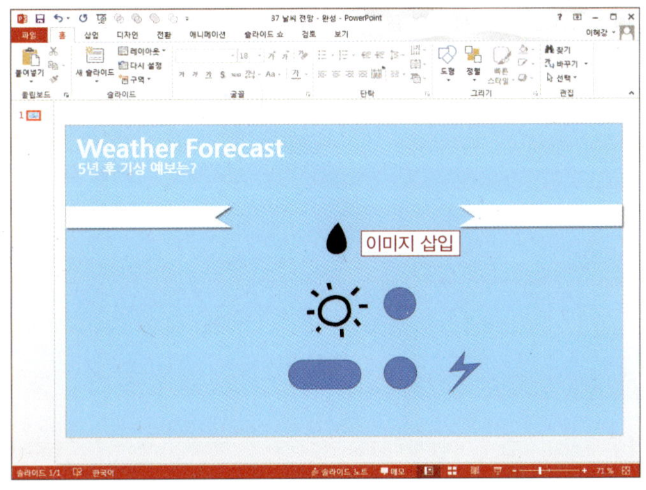

08 클립아트와 도형들을 조합해 비, 해, 번개를 그림처럼 만들고 도형들의 서식을 지정한다.

도형	채우기 색	선
날씨 도형들	(1) 흰색	선 없음

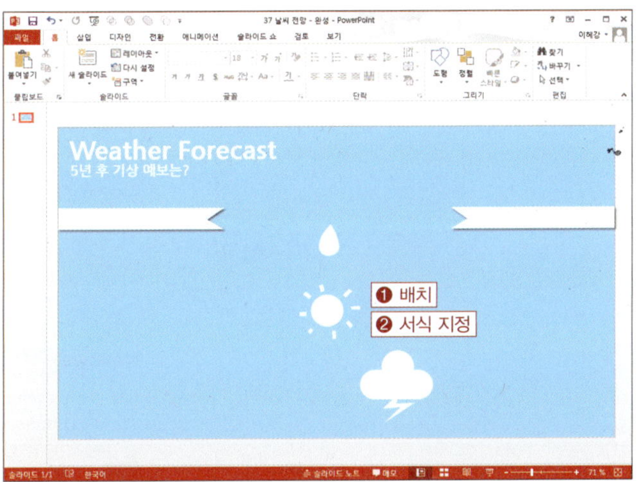

09 [삽입] 탭-[일러스트레이션] 그룹-[도형]에서 [타원]과 [곡선]을 선택해 표정을 만들고 서식을 지정한다.

도형	채우기 색	선 색
타원	(2) 하늘색	선 없음
곡선	–	(2) 하늘색

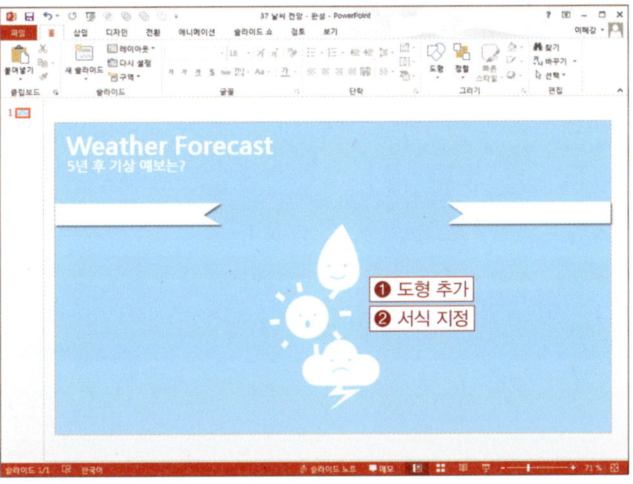

10 [삽입] 탭-[텍스트] 그룹-[텍스트 상자]
를 선택해 대주제와 소주제를 입력하고 서식
을 지정한다.

텍스트	글꼴 / 글꼴 크기 / 속성	글꼴 색
대주제	나눔고딕 / 18 / 굵게	(3) 파란색
소주제	나눔고딕 / 18 / 굵게	(1) 흰색

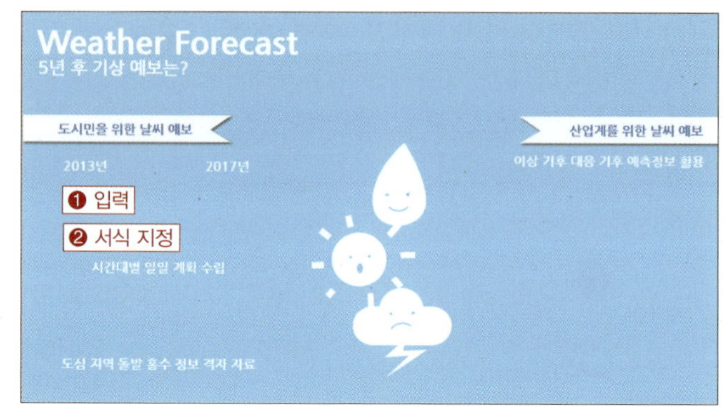

11 [삽입] 탭-[이미지] 그룹-[그림]을 선택
하고 [날씨 전망] 폴더에서 파일을 추가하고
각각의 서식을 지정한다.

이미지	파일명	속성
시계	시계.wmf	(1) 흰색, (2) 하늘색
자	T자.wmf	(1) 흰색, (2) 하늘색

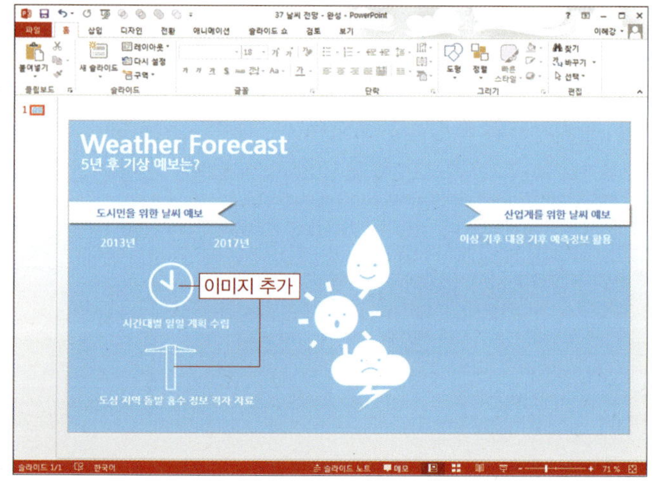

12 2013년도와 2017년도의 차이를 한눈
에 알아볼 수 있도록 표현하기 위해 [삽입]
탭-[텍스트] 그룹-[텍스트 상자]를 선택해
수치와 단위를 입력한 후 서식을 지정한다.

텍스트	글꼴 / 글꼴 크기 / 속성	글꼴 색
숫자	나눔고딕 ExtraBold / 54 / 굵게	(1) 흰색
단위	나눔고딕 / 16 / 굵게	(1) 흰색

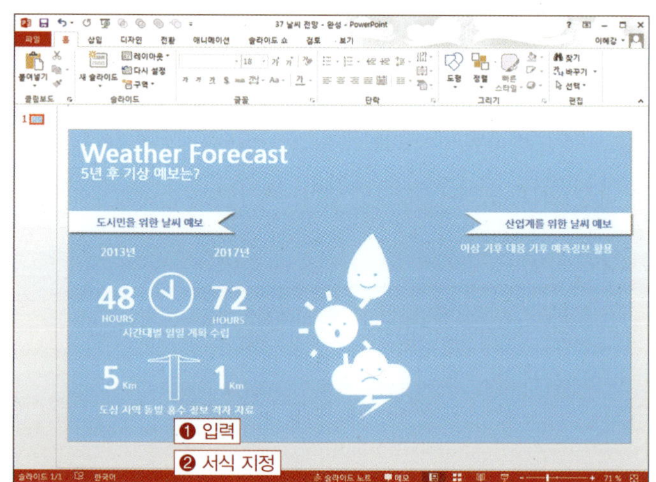

13 [삽입] 탭–[일러스트레이션] 그룹–[도형]에서 [선], [직사각형], [곡선]을 선택해 달력을 만들 도형을 추가하고 서식을 지정한다. 직사각형은 가로 길이는 같고 세로 길이만 다르게 지정해 달력 위의 장과 아래 장을 표현한다.

도형	채우기 색	선 색	두께
직선 / 곡선	채우기 없음	(1) 흰색	3pt
직사각형	채우기 없음	(1) 흰색	2 ¼pt

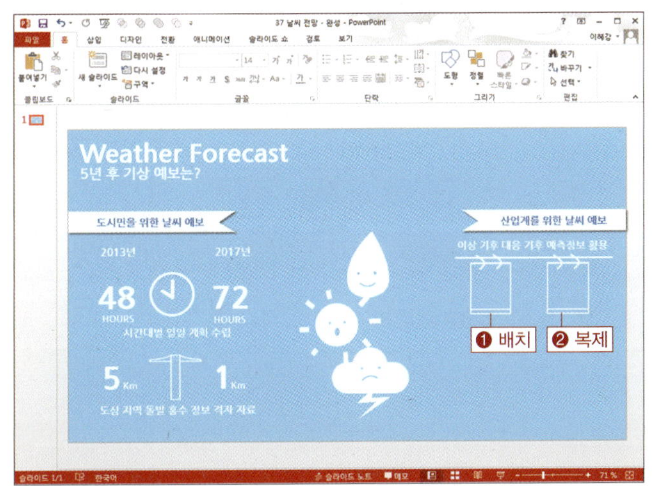

14 직선에 직사각형 두 개를 겹치고 곡선을 배치하여 달력을 만든 후 달력 도형들을 복제(Ctrl + D)하여 그림처럼 배치한다.

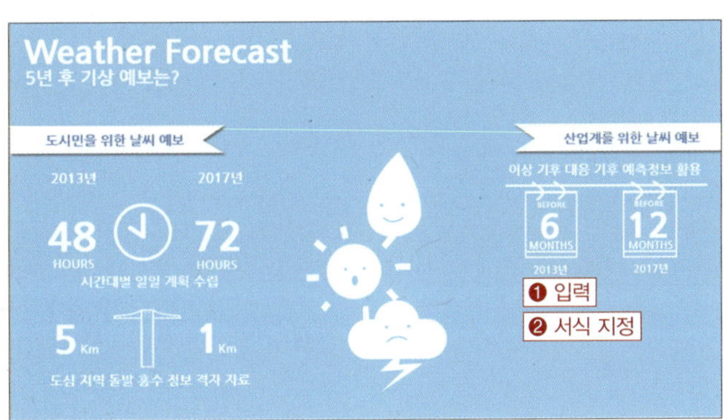

15 [삽입] 탭–[텍스트] 그룹–[텍스트 상자]를 선택해 달력 안에 수치를 입력한 후 서식을 지정한다.

텍스트	글꼴 / 글꼴 크기 / 속성	글꼴 색
BEFORE	나눔고딕 / 11 / 굵게	(1) 흰색
숫자	나눔고딕 ExtraBold / 48 / 굵게	(1) 흰색
MONTHS	나눔고딕 / 14 / 굵게	(1) 흰색
연도	나눔고딕 / 14 / 굵게	(1) 흰색

16 산업 규모를 나타내는 그래프를 만들기 위해 연도별 규모 금액의 위치에 [삽입] 탭-[일러스트레이션] 그룹-[도형]-[타원]을 선택해 도형을 추가한 후 서식을 지정한다.

도형	채우기 색	선
타원	(3) 파란색	선 없음

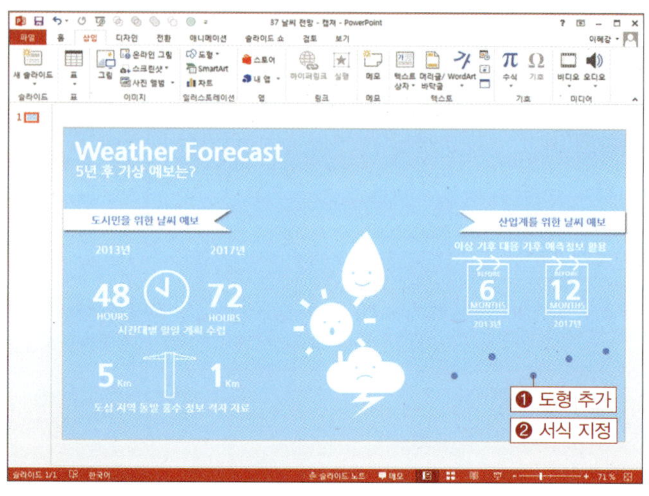

17 [삽입] 탭-[텍스트] 그룹-[텍스트 상자]를 선택해 차트와 관련된 텍스트를 입력한 후 서식을 지정한다.

텍스트	글꼴 / 글꼴 크기 / 속성	글꼴 색
수치	나눔고딕 / 12 / 굵게	(1) 흰색
연도	나눔고딕 / 14 / 굵게	(1) 흰색
기상기후 산업 규모	나눔고딕 / 18 / 굵게	(1) 흰색

18 [삽입] 탭-[일러스트레이션] 그룹-[도형]-[직선]을 선택해 원을 하나씩 연결하고 서식을 지정한다.

도형	선 색
직선	(3) 파란색

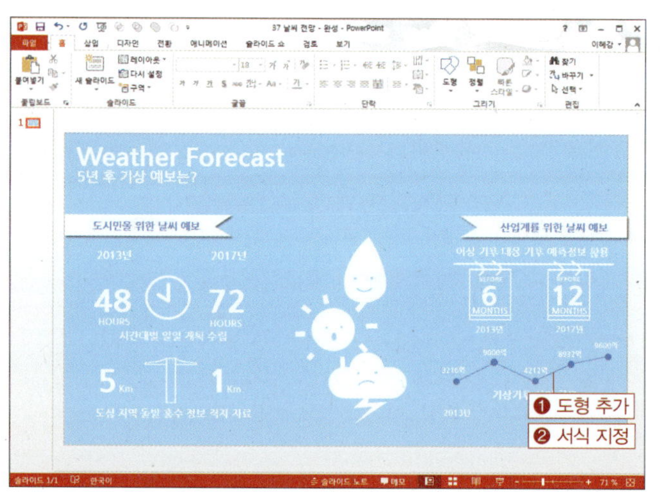

19 [삽입] 탭–[일러스트레이션] 그룹–[도형]–
[자유형]을 이용해 꼭지점을 클릭해 연결하여
자유 도형을 만든 후 서식을 지정한다.

도형	선
자유형	선 없음

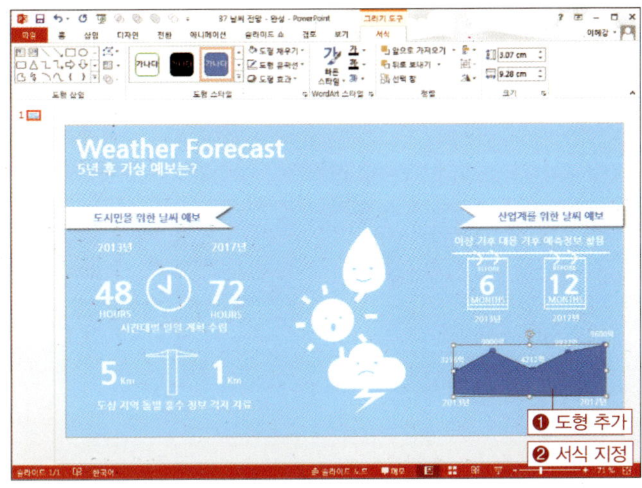

20 마우스 오른쪽 버튼을 클릭하고 [도형 서
식]을 선택한 후 [도형 서식] 작업 창의 [채우
기]에서 '그라데이션 채우기'를 선택하고 [그
라데이션 중지점]을 다음과 같이 지정한다.

중지점	속성	중지점 색
중지점 1/4	위치 0%, 투명도 19%	(3) 파란색
중지점 2/4	위치 55%, 투명도 55%	(3) 파란색
중지점 3/4	위치 88%, 투명도 89%	(3) 파란색
중지점 4/4	위치 100%, 투명도 100%	색상 무관

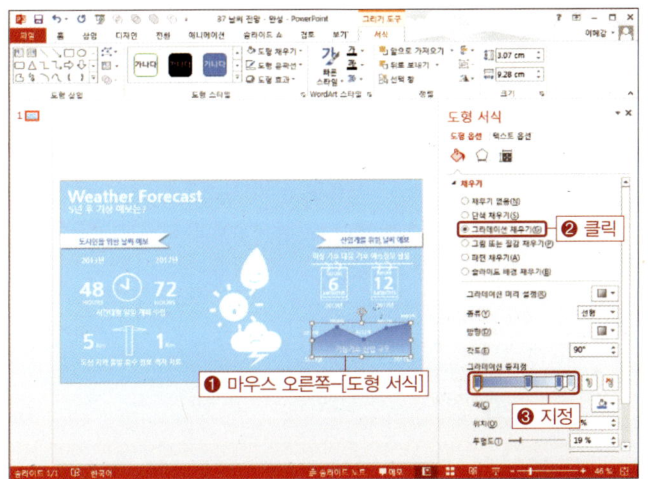

국기를 활용한
국가자료 분석현황

국기를 활용한 슬라이드

브라질의 빈부 격차를 나타내는 자료로 한 장의 슬라이드에 담기에 부족해 보인다. 브라질이라는 나라를 잘 표현하면서 데이터들을 이미지화하여 표현하는 인포그래픽을 제작해보자.

국기를 활용한 인포그래픽

한 나라에 대한 자료를 보여주고 설명하는 자료를 표현할 때 그 나라의 국기를 활용하면 독특하게 표현할 수 있다. 먼저 브라질 국기를 기준으로 슬라이드 전체에 들어갈 색을 선정한다. 초록색, 노란색, 파란색이 브라질 국기의 색상이므로 초록색은 제목 배경에 활용해 국기와 자연스럽게 연결될 수 있게 하고 파란색과 노란색은 차트에 활용한다. 브라질의 빈부 격차를 나타내기 위해 국부의 소유 비율과 농경지 비율 등을 차트로 만든다.

실전 따라하기

• 완성파일 : 국기를 활용한 인포그래픽 – 완성.pptx • 색상정보 : 국기를 활용한 인포그래픽 – 색상.png
• 실습파일 : 국기 활용 폴더

01 빈 슬라이드에서 마우스 오른쪽 버튼을 클릭하고 [배경 서식]을 선택한다. [배경 서식] 작업 창의 [채우기]에서 '단색 채우기'를 선택하고 [색]은 '(3) 연회색'으로 지정한다.

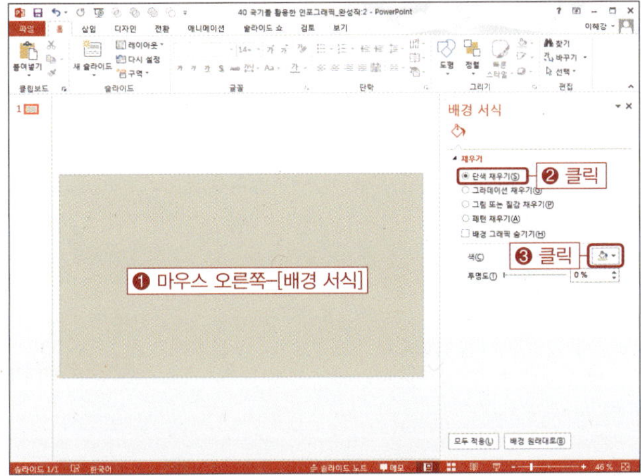

02 제목이 들어갈 배경을 만들기 위해 [삽입] 탭–[일러스트레이션] 그룹–[도형]–[직사각형]과 [순서도 : 지연]을 삽입한 후 [순서도 : 지연] 도형은 회전 조절점을 드래그하여 좌측으로 90° 회전시킨다. 가로 길이는 슬라이드 크기에 맞게 조절한다.

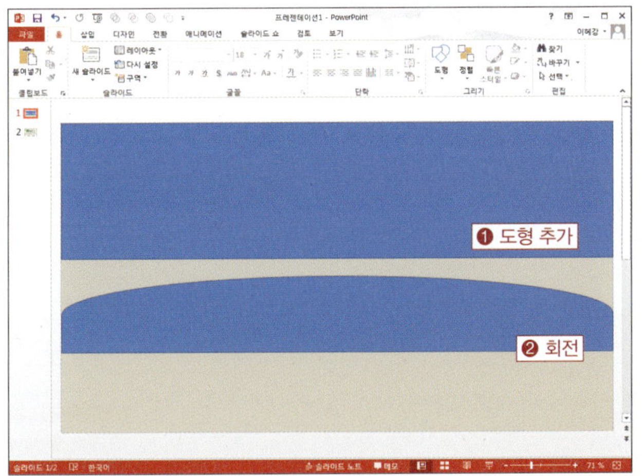

03 도형 빼기를 이용하여 [직사각형]에서 [순서도 : 지연]과 겹치는 부분을 빼주기 위해 [순서도 : 지연]을 [직사각형] 위로 이동시킨다.

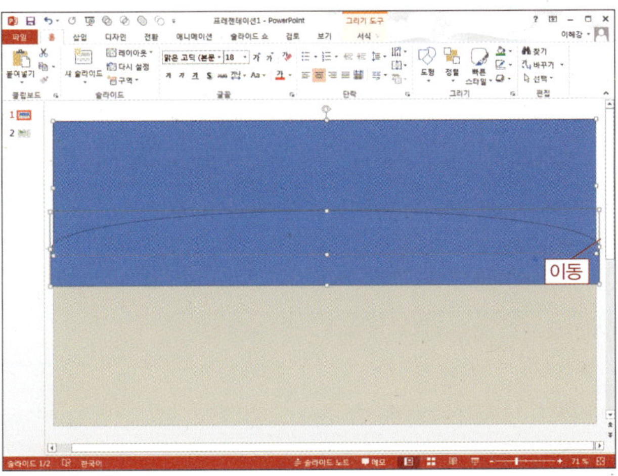

04 두 개의 도형을 모두 선택하고 [도형 빼기]를 클릭한다.

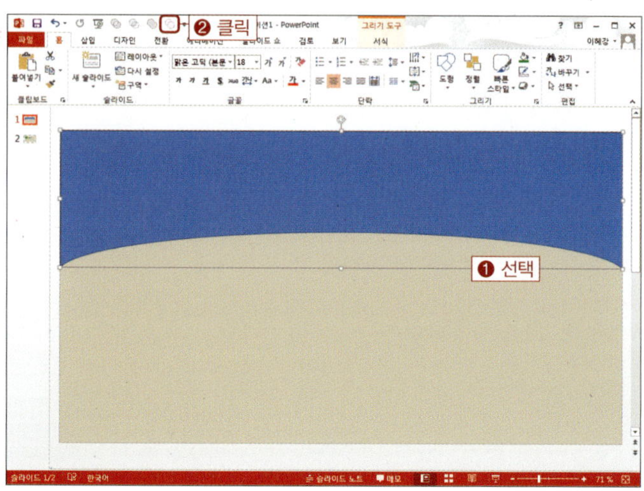

05 [삽입] 탭–[이미지] 그룹–[그림]–[국기 활용] 폴더에서 '브라질 국기.jpeg'를 삽입한다.

06 제목 배경을 선택한 상태에서 [그리기 도구]–[서식] 탭–[도형 스타일] 그룹–[도형 채우기]–[스포이트]를 선택한 후 브라질 국기의 초록색을 클릭해 도형 채우기 색을 초록색으로 지정한다. [삽입] 탭–[텍스트] 그룹–[텍스트 상자]를 선택해 텍스트를 입력하고 서식을 적용한다.

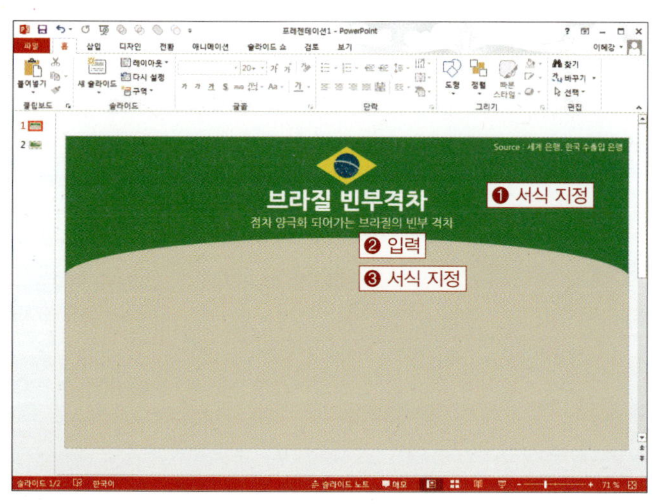

텍스트	글꼴 / 글꼴 크기	글꼴 색
출처	나눔고딕 / 14	(2) 흰색
제목	나눔고딕 ExtraBold / 40	(2) 흰색
소제목	나눔고딕 / 20	(2) 흰색

07 차트를 만들기 위해 [삽입] 탭-[일러스트
레이션] 그룹-[차트]를 선택한다. 차트 종류
에서 [원형]을 선택하고 가장 오른쪽에 있는
[도넛형]을 선택한 후 [확인] 버튼을 클릭한다.

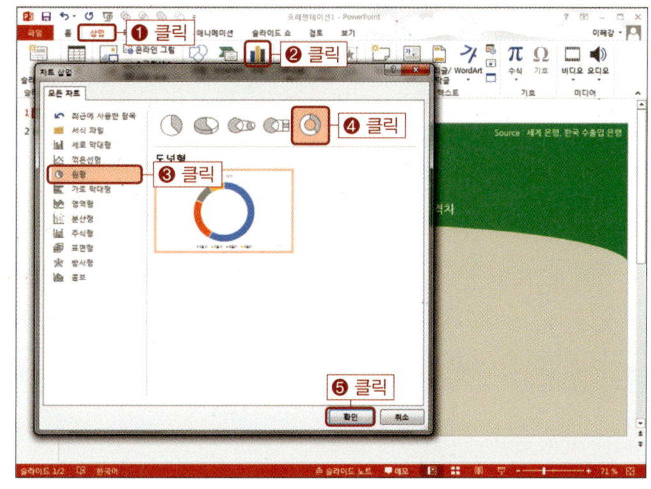

08 엑셀 데이터 창의 항목 중 2개의 계열만
사용할 예정이므로 나머지 필드를 선택하고
Delete 를 눌러 삭제한 후 데이터를 입력하고
엑셀 창을 닫는다.

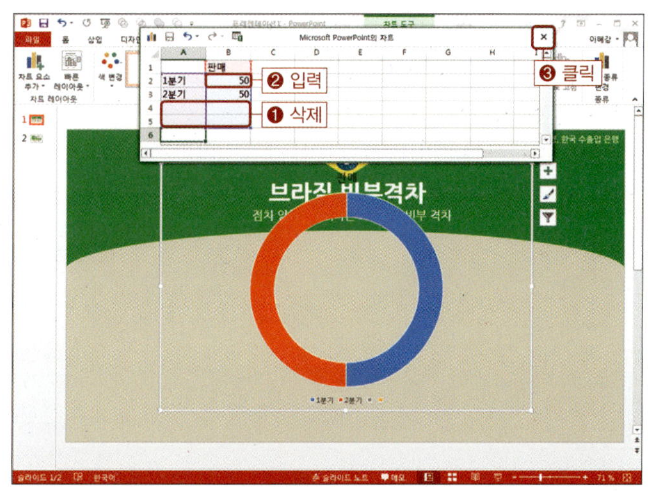

09 차트 제목과 범례 등 필요 없는 부분을
선택한 후 Delete 를 눌러 삭제한다.

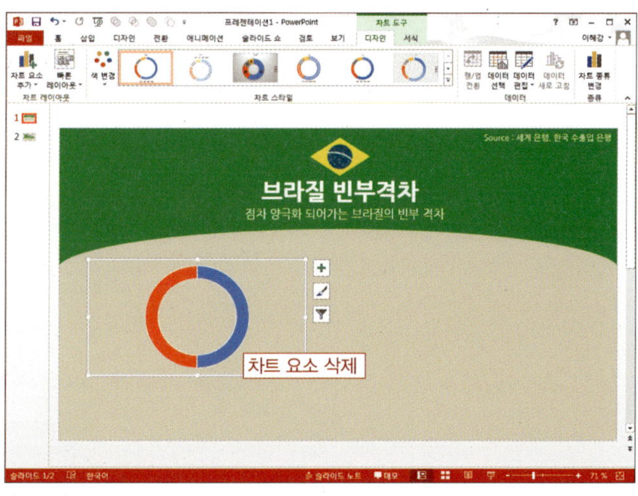

10 차트 계열에서 마우스 오른쪽 버튼을 클릭한 후 [데이터 계열 서식]을 선택한다. [데이터 계열 서식] 작업 창의 [계열 옵션]에서 [첫째 조각의 각]은 '90°'로, [도넛 구멍 크기]는 '60%'로 지정한다.

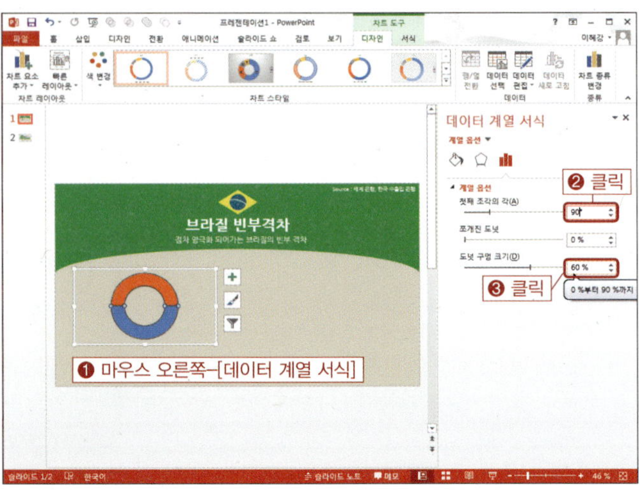

11 도넛형 차트 중 색을 변경하려는 계열만 선택한다. [데이터 요소 서식] 작업 창의 [채우기 및 선]을 클릭하고 [채우기]의 [색]에서 [스포이트]를 선택한 후 브라질 국기의 색을 클릭하여 계열 채우기 색을 파란색과 노란색으로 변경한다.

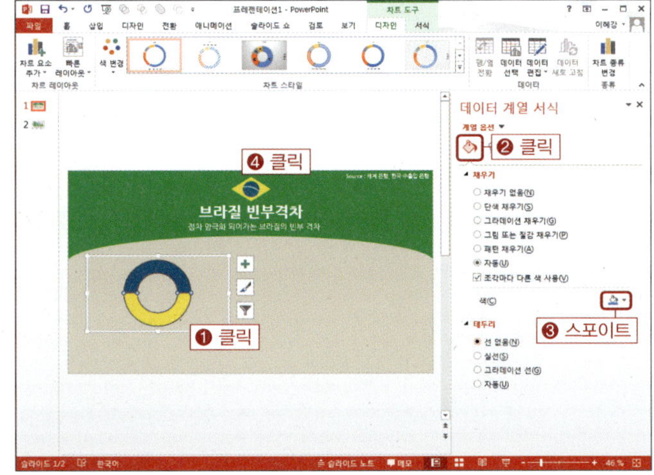

TIP

차트를 한 번만 선택하여 색을 변경하면 전체 차트의 색이 변경되고, 원하는 계열을 두 번 연속으로 선택한 후 색을 변경하면 해당 계열의 색만 변경된다.

12 차트를 선택한 상태에서 Ctrl + D를 눌러 차트 2개를 더 복제하고 차트를 적당히 이동시킨다. 차트 3개를 모두 선택한 후 [홈] 탭-[그리기] 그룹-[정렬]-[맞춤]-[위쪽 맞춤]과 [가로 간격을 동일하게]를 이용해 차트를 정렬한다.

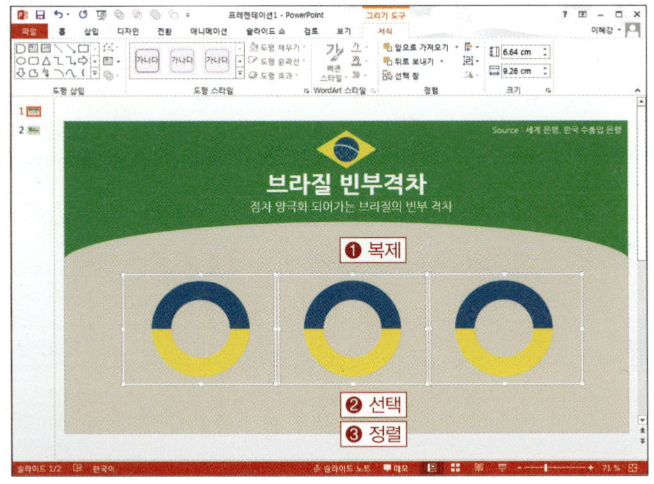

13 [삽입] 탭–[텍스트] 그룹–[텍스트 상자]를 이용해 텍스트를 입력하고 서식을 적용한다.

텍스트	글꼴 / 글꼴 크기 / 속성	글꼴 색
비율	나눔고딕 ExtraBold / 32 / 굵게	(5) 파란색
설명	나눔고딕 / 16	(6) 검은색

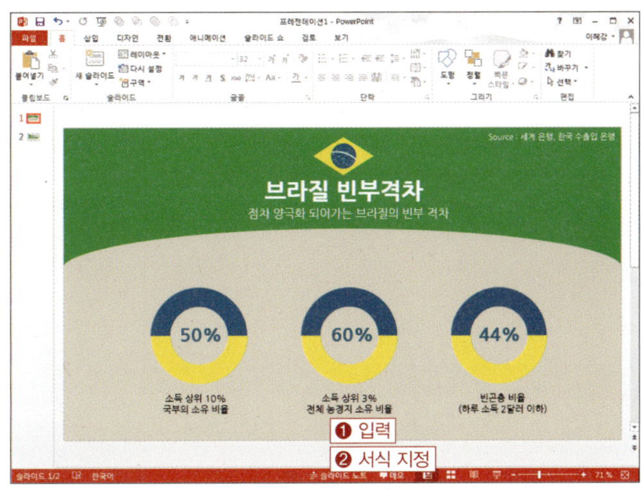

14 두 번째 차트를 선택한 후 [차트 도구]–[디자인] 탭–[데이터] 그룹–[데이터 편집]을 클릭하여 엑셀 데이터 창을 연다. 1분기에는 '40', 2분기에는 '60'을 입력하고 엑셀 창을 닫아 차트 비율을 변경한다. 같은 방법으로 세 번째 차트도 1분기 '44', 2분기 '56'으로 데이터를 변경한다.

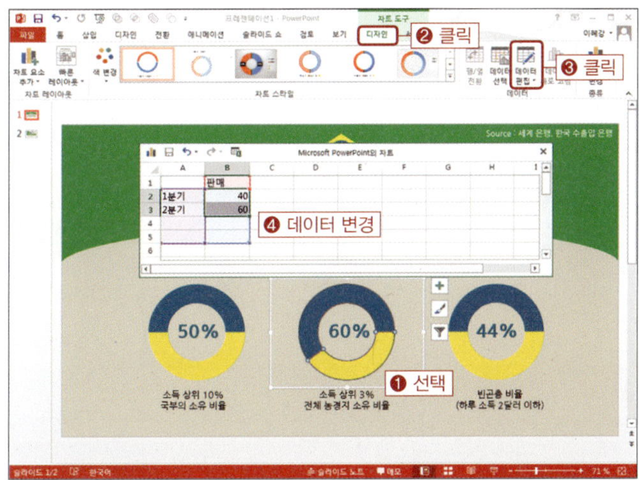

15 [삽입] 탭–[텍스트] 그룹–[텍스트 상자]에서 '$'를 입력한 후 회전 조절점을 드래그하여 회전시킨다. 차트의 파란 끝 부분과 텍스트가 겹치도록 배치한다.

텍스트	글꼴 / 글꼴 크기	글꼴 색
달러	나눔고딕 ExtraBold / 138	(5) 파란색

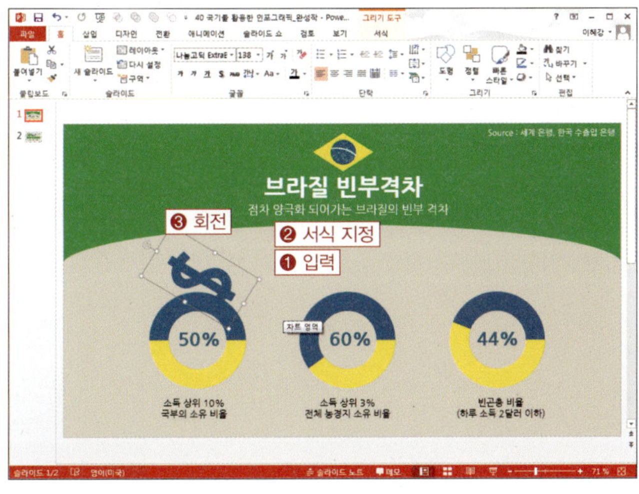

16 [삽입] 탭–[이미지] 그룹–[그림]을 선택하고 [국기 활용] 폴더에서 '농사.wmf' 파일을 삽입한다. 그룹 해제(Ctrl + Shift + G)를 두 번 적용하여 분리한다.

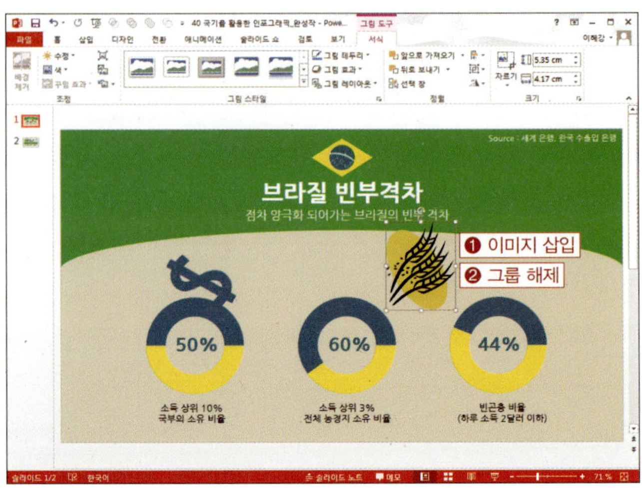

17 불필요한 부분은 제거하고 서식을 지정한 후 차트의 파란 끝 부분과 텍스트가 겹치도록 배치한다.

텍스트	채우기 색
벼	(5) 파란색

18 빈곤층을 표현하기 위해 지팡이를 들고 있는 사람을 만들어보자. [삽입] 탭–[일러스트레이션] 그룹–[도형]–[타원]을 선택해 사람 얼굴을 만든다.

19 [삽입] 탭–[일러스트레이션] 그룹–[도형]–[곡선]을 선택해 구부리고 있는 사람 몸을 만들어준다. 도형을 시작한 점과 끝점을 맞추어 도형으로 만들어준다.

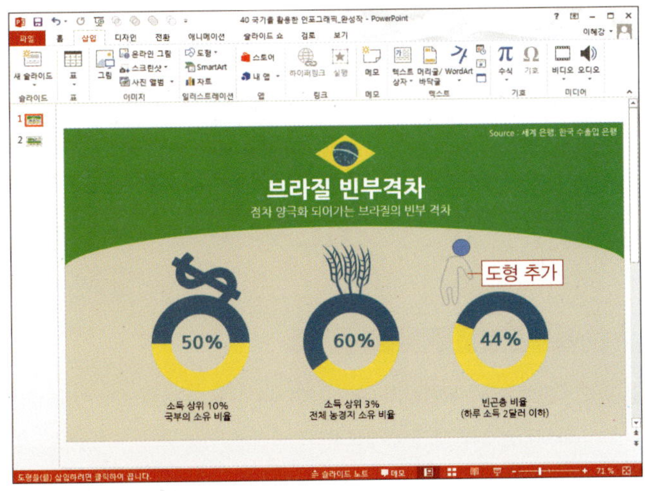

20 같은 방법으로 [삽입] 탭–[일러스트레이션] 그룹–[도형]–[곡선]을 선택해 지팡이를 만든다.

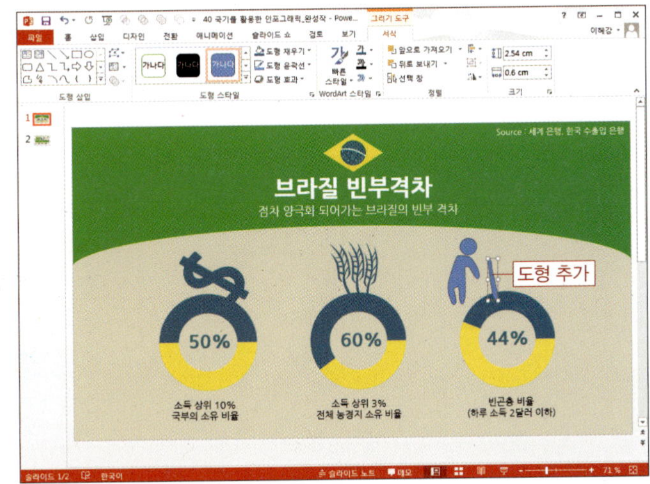

21 완성된 도형을 합쳐 사람 모양이 되도록 배치하고 서식을 지정한 후 차트 위로 이동한다.

도형	채우기 색
사람	(5) 파란색

실전 프레젠테이션
인포그래픽 제작 05

사업계획서 인포그래픽화

사업에 대해 지원받기 위해 사업계획서를 제출하고자 한다. 회사의 장점과 가능성을 최대한 표현하기 위해 인포그래픽
화시키는 작업을 진행해보자.

수 정 포 인 트

전체적인 슬라이드에 통일감을 주기 위해 팀원들 사진을 배경으로 적용하고 파란색 투명도가 지정된 도형으로
덮어 표지를 만들어보자.

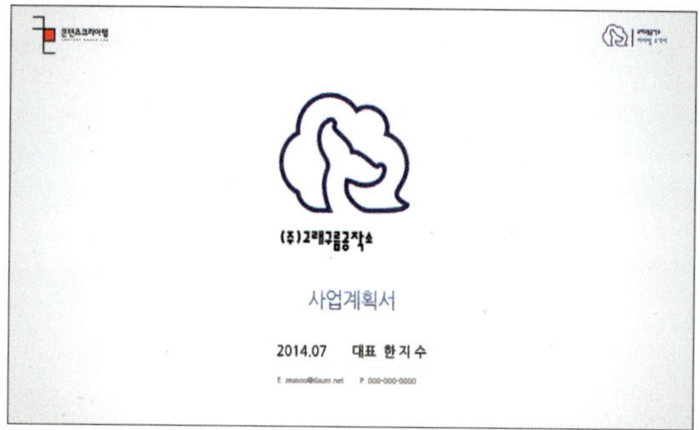

수 정 포 인 트

한 슬라이드에 너무 많은 내용이 들어가 있는 편이다. 스포츠 앱 시장은 증가하고 있는 것에 반해 가상현실 시
스템은 가능성에 비해 덜 개발되었다는 것을 슬라이드를 나누어 표현한다.

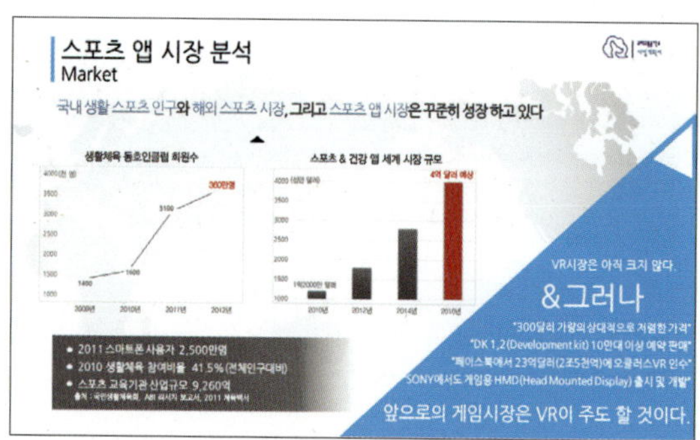

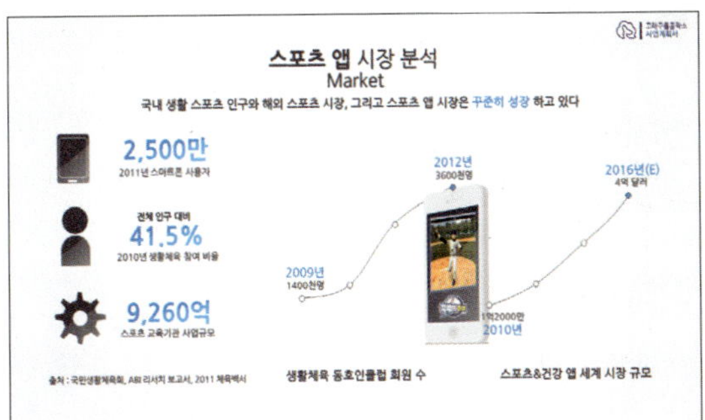

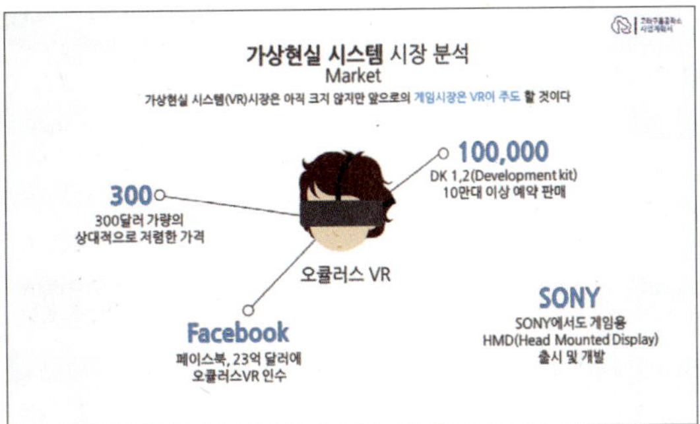

회사 제품에 대한 소개이므로 화려한 그래픽을 넣기보다는 제품 자체에 집중할 수 있도록 다른 부분들은 최대한 간결하게 표현한다.

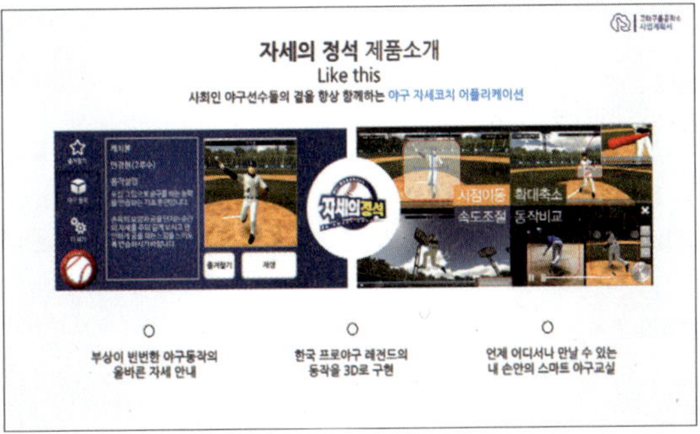

한 슬라이드에 너무 많은 내용이 담겨져 있으므로 설문조사를 시행한 것에 대한 슬라이드를 만들고 그 슬라이드 위를 파란 투명색 도형으로 덮은 후 조사 결과를 이모티콘으로 표현한다.

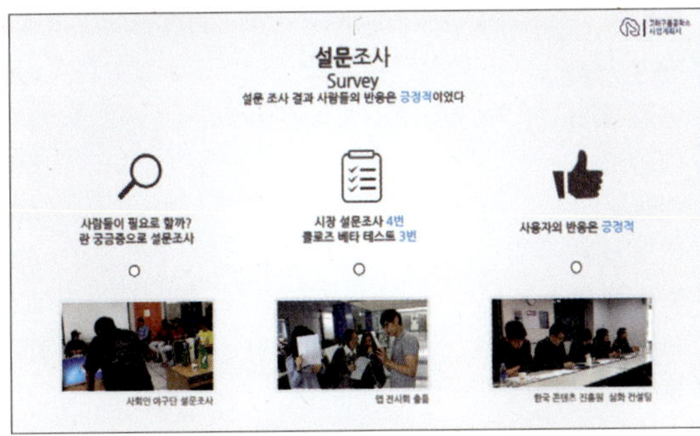

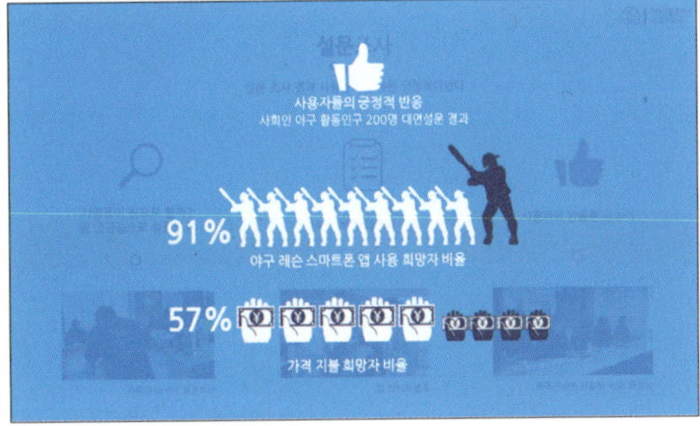

※ 자료 제공 : (주)고래구름공작소 이재호 님

비주얼 스토리텔링 프레젠테이션을 위한

파워포인트
FOR 인포그래픽

발행일 | 2014년 10월 10일 발행
2015년 5월 10일 1차 개정
2015년 9월 10일 2쇄
2016년 2월 15일 3쇄
2017년 4월 10일 4쇄
2019년 1월 20일 5쇄
2021년 5월 10일 6쇄

저 자 | 이 혜 강

발행인 | 정 용 수

발행처 | 예문사

주 소 | 경기도 파주시 직지길 460(출판도시) 도서출판 예문사

T E L | 031) 955-0550

F A X | 031) 955-0660

등록번호 | 11-76호

정가 : 18,000원

• 이 책의 어느 부분도 저작권자나 발행인의 승인 없이 무단 복제하여 이용할 수 없습니다.
• 파본 및 낙장은 구입하신 서점에서 교환하여 드립니다.

■ 예제CD 포함

http : //www.yeamoonsa.com

ISBN 978-89-274-1390-5 13000

이 도서의 국립중앙도서관 출판시도서목록(CIP)은 서지정보유통지원시스템 홈페이지
(http://seoji.nl.go.kr)와 국가자료공동목록시스템(http://www.nl.go.kr/kolisnet)에서
이용하실 수 있습니다.(CIP제어번호: CIP2015011893)